고영신의 저널리즘 강의

디지털시대의 취재보도론

나남
nanam

고 영 신

전남 장성에서 출생했으며 서울대 사범대학을 졸업했다. 현직 기자생활을 하면서 만학으로 연세대 언론대학원과 한양대 대학원 신문방송학과에서 언론학 석사, 박사학위를 취득했다.
1979년 《경향신문》 사회부기자로 출발해 30여 년의 기자생활 대부분을 정치부에서 국회, 정당, 총리실, 청와대와 각종 선거취재 등 다양한 취재현장을 누빈 정치전문기자이다.
정당팀장, 정치부장, 정치담당 편집부국장 및 수석논설위원을 역임했다.
미디어전략연구소장, 출판본부장, 총괄본부장 겸 사옥재개발본부장을 거쳐 상무이사로 재직중이다.
언론민주화 및 노조운동과 관련해 1980년 강제해직을 당하기도 했으며, 해직기간에 평화방송(PBC)에서 정경부장, 사회부장을 지냈다. 오랫동안 각종 TV, 라디오 매체의 시사토론, 대담 프로그램에 출연하면서 시사평론가로 활약했다.
현재 숙명여대, 명지대 겸임교수를 맡아 언론과 사회, 취재보도론, 저널리즘 실습 등을 강의하고 있다.
"정치변동에 따른 한국 언론의 뉴스프레임연구"(박사학위 논문), "통신기사 인용과 면책항변에 관한 연구", 《미디어사회》 (공저) 등의 논문과 저서가 있다.

나남신서 1239

고영신의 저널리즘 강의
디지털시대의 취재보도론

2007년 9월 5일 초판 발행
2007년 9월 5일 초판 1쇄

지은이_ 高永信
발행자_ 趙相浩
발행처_ (주) 나남출판
주소_ 413-756 경기도 파주시 교하읍
출판도시 518-4
전화_ 031) 955-4600 (代)
FAX_ 031) 955-4555
등록_ 제 1-71호(79. 5. 12)
홈페이지_ www.nanam.net
전자우편_ post@nanam.net

ISBN 978-89-300-8239-6
책값은 뒤표지에 있습니다.

⊙이 책은 삼성언론재단의 지원을 받아 출간되었습니다.

나남신서 · 1239

고영신의 저널리즘 강의

디지털시대의 취재보도론

나남

머리말

학교에 남아서 계속 공부를 하는 것이 어떻겠느냐는 은사님의 권유를 뿌리치고 대학 졸업과 동시에 직장생활을 시작했다. 학문에 정진해 보겠다는 엄두를 내지 못한 것은 당장의 먹고사는 문제를 해결하는 게 더 절박했기 때문이다. 대기업 무역회사에 잠시 적을 두었다가 언론계로 옮겨 어느덧 30년 가까운 세월이 흘렀다.

기자생활의 대부분을 정치부에서 눈코 뜰 새 없이 바쁘게 보냈다. 그런 가운데서도 은사님의 권유는 화인(火印)처럼 남아 늘 마음의 멍에가 되었다. 취재현장을 뛰어다니면서도 기회가 되면 더 공부해야겠다는 생각을 떨치지 못했다. 불혹(不惑)의 나이를 훌쩍 넘겨서 논설위원 발령을 받자마자 대학원 문을 두드렸다. 재충전을 겸해 본래의 전공은 아니지만 언론 쪽에서나마 못다 한 공부를 해보자는 각오를 다졌다. 시작이 반이라고 했던가. 다소 시간적 여유를 가질 수 있는 세 번의 논설위원과 미디어연구소장으로 있던 기간을 활용해 문학(언론학)석사, 박사학위를 취득했다.

그리고 박사과정을 마친 뒤 몇 대학에서 겸임교수를 맡아 시작한 취재보도론 강의가 5년째이다. 취재현장의 경험과 이론을 접목시켜 좋은 강의를 해보려고 애를 썼지만 욕심에는 미치지 못한 것 같다. 강의를 하면서 느낀 가장 큰 실무적인 어려움은 학생들에게 취재와 보도의 모든 것을 알기 쉽게 가르칠 수 있는 입맛에 꼭 맞는 교재를 찾지 못한 것이었다.

이미 출간된 여러 권의 취재보도 관련 저서들 상당수는 이론적으로는 깊이가 있지만, 실제 기사를 어떻게 취재하고 작성하는지를 보여주는 실무적인 내용이 미흡했다. 언론인 출신들이 쓴 취재보도론은 대개 개인적인 취재 경험담, 취재현장의 분위기와 관행 등의 설명에 치중함으로써 구체성이 부족했다. 대부분의 저서들이 취재보도의 각 부분별 내용을 심도 있게 다룬 반면 미디어문장에서부터 취재와 뉴스론 일반, 다양한 보도기사 전반을 총괄적으로 아우르지 못했다.

게다가 최근 각 언론사 입사시험이 '언론고시'라고 부를 정도로 치열해지면서 심층면접이 강화되는 경향이다. 심층면접은 리더십이나 기자로서 자질 등 인성적인 측면의 평가와 함께 현장 취재와 기사작성 같은 실무능력 측정에 중점을 두고 있다. 각 대학이 앞 다퉈 전, 현직 언론인들에게 실무 강의를 맡기고 있는 것도 이 때문이다. 언론사 지망생들의 경우 실질적인 취재보도 능력 배양은 필수적이다. 그런 점에서 취재보도의 핵심 사항을 체계적으로 일목요연하게 설명해 줄 전문서의 필요성이 더욱 절실해졌다.

무엇보다 인터넷으로 상징되는 디지털시대를 맞아 미디어 환경이 혁명적으로 변하고 있다. 마샬 맥루한(Marshal Mcluhan)이 말한 지구촌(*Global Village*)시대가 사이버 공간에서 실현되고 있다. 정보의 폭발, 멀티미디어시대의 도래는 매체간 경계마저 허물고 있다. 매체융합 현상이 보편화되는 추세다. 미디어빅뱅으로 불리는 매체환경의 변화는 뉴스의 성격을 바꾸고, 기존의 취재 시스템과 방식, 관행까지 바꿔놓고 있다.

이런 사정들을 감안하여, 이 책은 취재보도론을 공부하는 학생과 언론 지망생을 위해 기존의 취재보도 관련 저서에서 미진했던 부분을 보완하고, 미디어 환경변화에 부응하는 새로운 취재보도 방식을 소개할 목적으로 썼다. 30여 년의 기자생활과 늦깎이 언론학 연구, 5년여의 대학 강의를 바탕으로 쓴 필자의 강의기록이자 기사의 취재와 작성을 위한 실무지침서라고 할 수 있다. 이 책의 특징을 간추리면 다음과 같다.

첫째, 실무중심의 실용서이다. 언론사 채용시험이 실무능력 평가를 중시하는 경향에 맞춰 기사 취재와 작성에 실질적인 도움을 줄 수 있도록 썼다. 각 장마다 이론적인 설명과 함께 구체적인 각종 관련 사례와 기사를 제시, 이해를 돕도록 했다. 또 연습문제를 통해 심화된 지식을 학습하고 기사쓰기를 스스로 터득하도록 했다.

둘째, 신문방송학 전공자는 물론 비전공자라도 누구나 이해할 수 있도록 쉽게 쓰려고 노력했다. 현장의 경험과 관련 사례들을 가급적 많이 첨부했기 때문에 기자가 되고자 하는 예비 언론인, 언론 지망생들이 이 책을 공부한 것만으로도 충분히 기초적인 취재와 기사작성이 가능할 것으로 생각한다. 아울러 현직에 근무하는 초년 기자들에게도 취재방법을 익히고, 기사작성의 길잡이 역할을 할 수 있을 것으로 기대한다. 사실 각 언론사의 수습기자 훈련이 아직도 선배들의 어깨너머로 기사쓰기 관행과 요령을 배우는 도제식 훈련 수준을 벗어나지 못하고 있다. 선배기자들이 쓴 기사를 정독하고, 취재경험담을 들으면서 스스로 취재감각과 기사쓰기 능력을 키우는 것도 필요하다. 그러나 디지털 시대에 맞게 멀티 플레이어를 지향하는 체계적이고 종합적인 능력을 키워주는 기자 훈련이 절실하다.

셋째, 취재보도의 기본 원칙에 충실했다. 저널리즘이란 기자가 취재하고 보도하기 위한 모든 행위를 말한다. 아무리 미디어 환경이 변해도 취재보도의 본질적인 모습은 크게 변하지 않는다. 모든 일이 그렇듯이 기자도 기초가 가장 중요하다. 기초를 튼튼히 다져 놓으면 스트레이트, 피처, 해설, 기획, 온라인기사 등 어떤 기사도 소화할 수 있다. 저널리즘의 원칙에 충실할 때 우수하고 유능한 기자가 된다는 것은 두말할 나위가 없다.

넷째, 취재보도 전반을 포괄하는 개론서이다. 앞서 지적한 대로 기존의 책들이 학자들의 전공 및 관심분야에 따라 특정 부분만을 심도 있게 다루거나, 한 학기 정도의 강의 분량에 맞춰 저술하다보니 빠진 부분이 많았다. 따라서 이 책은 언론학 전공자든, 비전공자든 모두가 취재보도 전반을 한꺼번에 조감할 수 있도록 구성했다. 제 1 부(1~2장) 취재보도의 기초에서는 뉴스와 기자직과 관련한 일반론, 최근 언론환경의 변화 문제 등을 다뤘다. 제 2 부(3~5장) 미디어문장론은 미디어문장의 특성, 기사의 구조 및 서술방식을, 제 3 부(6~8장) 취재론은 취재보도 체계와 함께 여러 가지 취재기법을 상세하게 기술했다. 제 4 부(9~11장) 보도론은 다양한 유형별 기사쓰기와 분야별 기사쓰기의 실제를 보여줬다. 특히 전, 현직 방송기자 출신의 도움을 받아 방송기사쓰기에 상당부분 지면을 할애했다. 제 5 부(12장) 언론법제론은 언론보도로 인한 피해구제가 강화되고 있는 현실을 감안해 명예훼손, 프라이버시 침해 등 언론 실무에 참고가 될 만한 법적인 사항을 묶어서 다뤘다.

다섯째, 인터넷 시대의 도래에 따른 취재보도 방식의 변화를 적극 소개했다. 인터넷시대 언론환경의 변화, 컴퓨터 활용취재(CAR), 인터넷뉴스 취재보도 체제, 온라인 기사쓰기 등이 그것이다. 인터넷뉴스쓰기의 전형이 확립되지 않은 상태지만 새로운 뉴스형식과 기사쓰기의 전반적인 흐름은 이해할 수 있을 것으로 판단한다.

탈고하고 나니 기쁨보다는 걱정이 앞선다. 글 쓰는 사람의 숙명이지만 남에게 보여줄 글을 쓴다는 것은 늘 두렵고 고된 작업이 아닌가 한다. 당초 호랑이를 그려보겠다고 용기를 냈지만 필자의 역량부족으로 고양이를 그리는 데 그치고 말았다는 자괴감을 떨칠 수 없다. 하루에도 수없이 쏟아져 나오는 각양각색의 신간목록 속에 또 하나의 그렇고 그런 목록 하나를 추가한 것이 아닌지 모르겠다.

처음 '저서'라는 것을 쓰다 보니 여러 가지로 부족한 점이 너무 많다. 책 속에 인용한 타 저서의 좋은 기사문장이나 글의 출처를 미처 밝히지 못한 것이 있다면 전적으로 필자의 잘못이다. 이번 출간 경험을 바탕으로 누락되거나 미진한 부분은 끊임없이 보완해 나갈 것을 다짐한다. 아무쪼록 대학에서 언론학을 공부하는 학생은 물론 언론 지망생들에게 취재와 기사쓰기의 좋은 길잡이가 되었으면 하는 마음 간절하다.

출간에 많은 격려와 지원을 해준 삼성그룹 구조본부 이순동 사장님과 삼성언론재단 관계자에게 감사드린다. 여러 가지 어려움에도 불구하고 흔쾌히 출간에 응해 주신 (주)나남의 조상호 사장님, 난삽한 원고를 꼼꼼하게 편집·교열한 방순영 편집부장과 윤인영 씨를 비롯한 (주)나남 편집국 여러분에게도 심심한 감사의 마음을 전한다. 대학에서 취재보도론을 강의할 기회를 주시고, 여러 가지 조언을 아끼지 않은 숙명여대 박천일 교수님을 비롯한 방송정보학부 교수님들에게도 고마움을 표하고 싶다. 이 책이 나오기까지는 각종 자료 정리와 기사 스크랩, 컴퓨터 작업을 해준 숙명여대 인문학부 우보의 학생의 도움이 컸다. 무엇보다 석·박사과정 때부터 변함없는 관심과 격려로 필자를 이끌어 주신 연세대 서정우, 윤영철 교수님, 한양대 박영상, 김정기 교수님에게 깊은 감사와 존경의 마음을 이 책에 담아 드린다.

2007년 8월

고 영 신

나남신서 · 1239

고영신의 저널리즘 강의

디지털시대의 취재보도론

차 례

제 2 부 미디어문장론

제 3 부 취재론

제 4 부 보도론

제 1 부 취재보도의 기초

제1장

언론환경의 변화

1. 언론이란

인간은 자신의 안전을 보장하고, 삶을 영위하기 위해 본능적으로 정보를 추구한다. 이러한 정보추구 욕구는 인류 탄생기부터 있어왔다. 주변에 어떤 위험 요인은 없는지, 먹을 것과 쉴 곳은 어디에 있는지, 자신이 속한 집단이나 다른 집단에서는 무슨 일이 벌어지고 있는지 등 자기가 알지 못하는 사실에 대한 소식, 즉 뉴스가 필요하다. 원시시대나 부족국가 시대에는 이런 정보와 뉴스를 개인이나 조직, 공동체가 자체적으로 수집하고 교환했다. 이런 정보와 뉴스의 수집 및 교환행위를 커뮤니케이션이라 한다. 커뮤니케이션은 사회를 형성하고 발전시켜 나가는 데 가장 기본 요소이다. 그러나 인류문명이 발달하고 사회 규모가 커지면서 인간들이 타고난 신체적 능력에만 의존하는 원시적 방식만으로는 원활한 커뮤니케이션이 어렵게 되었다.

이에 따라 인간들은 가능한 범위 내의 모든 기술을 동원해 새로운 커뮤니케이션 수단을 개발하고 사용함으로써 정보추구 욕구를 충족시켜왔다. 문자와 종이, 인쇄술의 발명이 바로 그것이다. 사전적 의미에서 언론은 자기의 사상이나 생각을 말이나 글로 표현하는 행위이지만 일반적으로는 커뮤니케이션 수단의 발달에 따라 지식, 정보를 대량으로 생산, 유통시키기 위해 사회가 만들어낸 제도를 일컫는다. 나아가 언론은 정보, 뉴스를 전달하는 시스템 또는 조직체이자, 정보를 시·공간적으로 이동시켜주는 의사소통의 매개물로서 미디어, 뉴스와 해설과 같은 미디어의 내용물을 포괄하는 용어로 쓰인다.

언론의 구체적 표현 매체로서 대량으로 대중적 메시지를 전달하는 매개체(*vehicle*)를 매스미디어라 부른다. 즉 사회적 시스템으로 미디어가 많은 사람에게 정보를 실어 나를 수 있는 능력을 갖고 이를 실행하는 커뮤니케이션 수단이다. 그 대표적인 것이 신문, 라디오, TV, 잡지 등이고, 이런 전통적 커뮤니케이션 수단을 올드미디어(*old media*)라 한다. 더욱 높아진 정보 욕구, 커뮤니케이션 욕구를 충족시키기 위한 컴퓨터와 정보통신기술, 미디어기술이 비약적으로 발달하면서 인터넷 신문과 방송, 케이블 TV, 위성 TV, IPTV, DMB, 모바일, 포털, 와이브로 같은 새로운 미디어들이 속속 등장하고 있다. 이것들을 뉴미디어(*new media*)라 부른다.

특히 문자, 그림, 소리, 영상 등 어떤 형태의 신호라도 모두 0과 1이라는 이진부호로 바꾸어 처리, 전송할 수 있고 또 원래의 형태로 복원할 수 있는 디지털기술은 기존 미디어들을 통합적으로 운영하고 이용할 수 있는 멀티미디어시대를 열어 놓았다. 인터넷, 디지털로 상징되는 매체기술의 발전은 '미디어 빅뱅'이라 부를 정도로 미디어 환경에 근본적 변화를 몰아오고 있다. 언론과 관련한 몇 가지 기본사항들을 정리하면 다음과 같다.

1) 미디어의 일상성

오늘날과 같은 대중사회, 정보의 홍수시대에서 뉴스와 메시지를 대량으로 전달하는 매스미디어는 인간의 생활을 영위하는 데 있어서 필수불가결한 존재이다. 매스미디어는 눈뜨면서부터 잠자리에 들 때까지 우리 삶과 생각, 문화 등 모든 부분에서 절대적인 영향을 미친다. 사람들은 언론을 통해 세상에서 일어나는 사건을 인지하고, 필요한 정보를 얻는다. 언론에서 제시한 판단의 근거, 기준을 바탕으로 자신의 생각과 의견을 정립한다. 언론을 통해 재미와 오락을 추구한다. 무인도 같은 곳에서

〈표 1-1〉 하루 평균 미디어 접촉시간

(단위 : 분)

연도/매체	신문	TV	라디오	잡지	인터넷	계
1996	43.5	172.0	72.9	11.8		302.2
1998	40.8	193.6	68.3	7.6	30.4	340.7
2000	35.1	174.1	61.2	10.5	42.2	323.1
2002	37.3	163.7	70.6	13.0	77.0	361.6
2004	34.3	155.2	43.6	9.0	67.2	309.3

출처: 김춘옥, 2005; 한국언론재단, 2004.

〈그림 1-1〉 우리나라의 연도별 인터넷 이용자수, 전세계 인터넷 이용자수

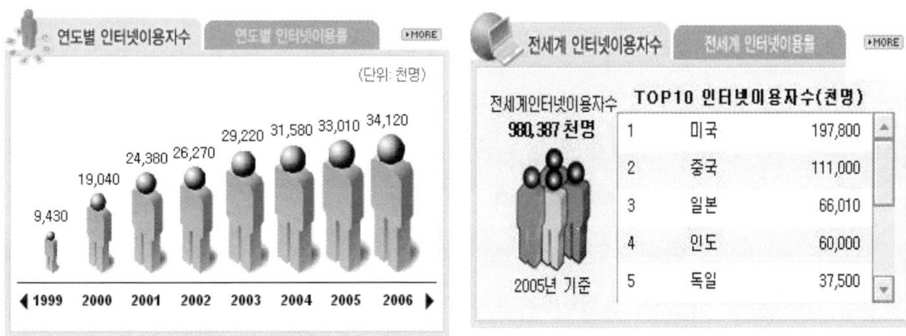

출처: 정보통신부 2006년 정보화 실태조사

혼자 살지 않는 한 언론이 없는 고립된 인간의 생활이란 생각할 수 없다. 현대인에게 있어서 언론은 사람들이 생활하는 일상적 시공간이며, 세상을 바라보는 창(窓) 역할을 하고 있다(김정기, 2006).

무엇보다 인터넷으로 대표되는 뉴미디어는 지식정보 사회의 총아이다. 각종 새로운 정보기술과 미디어기술이 다양하게 발달하고, 이용인구가 폭발적으로 증가하면서 정보사회를 주도하고 있다. 나아가 미디어는 이제 지식, 정보, 뉴스를 매개하는 차원을 넘어 휴식과 재충전 등 인간의 삶의 질을 결정하는 핵심요인으로 기능하고 있다. 사람들은 대부분 여가시간에 신문의 가벼운 읽을거리 기사를 읽으면서 시간을 보내거나, 라디오의 음악프로를 듣고 TV의 드라마, 쇼 등을 보면서 재미와 오락을 추구한다. TV가 한때 여가시간을 독점하다시피 했으나 젊은 층을 중심으로 인터넷 이용인구가 폭발적으로 늘어나면서 인터넷을 이용한 채팅, 인터넷 컴퓨터게임 등 뉴미디

어 이용 시간이 크게 늘었다.

2) 사실과 진실

언론은 사실에 근거해 보도를 한다. 언론은 사회의 거울, 즉 사회에서 일어난 일들을 반영한다. 그러나 언론보도는 실제로 일어난 현실의 단순 복제가 아니다. 수많은 사건·사고와 사회 현상과 이슈를 모두 보도할 수 없다. 보도는 이 가운데서 언론에 의해 선택되고 해석된 현실이다. 즉 현실을 거울처럼 그대로 보여주는 것이 아니라 현실을 재구성해 보여준다. 언론보도가 완전히 독립적인 상황에서 이뤄지는 것이 아니라 개별 언론의 정치적·이념적 정체성, 정치권력과의 관계 등 일정한 사회적 맥락 속에서 이뤄지기 때문이다. 이에 따라 기사가 키워지기도 하고 줄어들기도 하며 경우에 따라서는 전혀 기사화되지 못하기도 한다. 또 특정부분만을 부각시키기도 한다. 해설이나 사설을 통해 일정한 방향으로 여론의 방향을 유도하기도 한다.

언론보도가 사실을 바탕으로 쓰이지만 사실 자체가 꼭 진실은 아니다. 진실인 경우가 대부분이지만 사실과 진실이 일치하지 않을 수도 있다. 그래서 진실은 검증된 사실, 거짓이 아닌 바른 것을 뜻한다. 문제는 진실을 밝히기가 쉽지 않다는 데 있다. 정치인들의 수뢰사건 수사를 예로 들어보자. 사법기관이 정치인의 수뢰혐의를 포착, 수사에 착수하면 한결같은 반응은 "동전 한 푼 받은 적도 없고, 돈을 줬다는 사람과는 일면식도 없다"고 잡아뗀다. 그러나 수사결과 대부분 사실로 밝혀지면 "물의를 빚어서 국민들에게 죄송하다"고 고개를 숙인다.

이 경우 "돈 받은 사실이 없다"는 정치인의 발언은 사실이지만 진실은 아니다. 그런데 정치인의 말을 믿고 그대로 보도를 했다면 오보를 한 셈이다.

진실이 밝혀지기까지 시간이 오래 걸리기도 하고, 수사기관이 아닌 언론이 진실을 밝히기가 어려운 것도 많다. 어느 것이 옳은 것인지 정답이 없는 경우도 많다. 292명이 사망한 1993년 서해 위도 페리호 침몰사건 당시 처음 언론은 선장이 침몰하는 배를 버리고 도망간 것으로 보도했다. 선장이 살아있는 것을 봤다는 목격자의 주장까지 나왔다. 그러나 침몰한 배를 인양해 보니 선장은 끝까지 배를 사수하면서 배와 함께 사망한 것으로 확인되었다.

성격이 동일한 사건이라도 상황과 시각에 따라 전혀 다른 입장에서 보도하는 사례도 많다. 미국 언론들은 269명이 사망한 1991년 구(舊) 소련 전투기의 KAL기 격추사건을 구 소련군에 의한 고의적 행위이자 비인도적 만행이라고 비난했다. 그러나 1988년 발생한 미 해군함정의 이란항공(IA)격추사건은 군사훈련 중에 벌어진 불가피한 사고라며 인간적 실수였다는 관점에서 보도했다. 미국 언론들은 두 사건을 전혀 다른 '준거'(*frame*)에 따라 보도했다.

1987년에 발생한 KAL 858기 폭파사건도 당시 여당 대선후보였던 노태우 씨를 당선시키기 위해 폭파 주범인 김현희의 국내 이송시기를 대선에 가장 유리한 시점을 택해 치밀하게 조정한 것으로 국가정보원 과거사건 진실규명위원회 조사결과 밝혀졌다.

2003년 3월 대만 총통선거에서도 천수이볜 후보가 '자작 암살극'을 벌여 선거에서 승리했다. 선거 하루 전 벌어진 암살극은 언론에 크게 보도됐고, 암살미수사건 덕분에 천수이볜은 열세를 뒤집고 승리, 총통 연임에 성공했다. 두 사건에서 언론은 진실을 모른 채 보도함으로써 부정한 승리에 기여한 셈이다(설원태, 2006).

위에 예시한 사건들은 사실과 진실 보도 사이에는 먼 거리가 있음을 보여준다. 언론은 사건 발생시부터 진실을 보도하려 노력하지만 간혹 진실을 보도할 능력이 없기도 하고 여러 해 지난 뒤 진실을 보도하는 데 그치기도 한다. 그럼에도 언론은 진실이라고 믿을 만한 상당한 이유가 있는 사실을 보도해야 하며, 끝까지 진실을 확인하려는 노력을 기울여야 한다. 언론보도의 생명은 진실추구이기 때문이다.

3) 사실과 의견

뉴스보도(*news*)의 근거, 소재가 사실(*fact*)이다. 언론은 매일 매일 일어나는 수많은 사실들 가운데서 중요하고 흥미 있는 사실을 골라 마감시간, 방송시간, 지면이라는 공간적, 시간적 제약 속에서 보도한다. 인터넷의 발달로 시·공간적 제약이 많이 해소되었다고는 하지만 신속성, 압축성을 근간으로 하는 뉴스보도의 특성상 이런 제약이 완전히 사라지기는 어려울 것이다. 보도론에서 자세히 설명하겠지만 사건·사고, 정책발표, 기자회견 등 흔히 스트레이트기사로 불리는 뉴스보도는 객관성, 공정성,

정확성을 기본원칙으로 하고 있다.

보도된 사실에 대한 의견, 견해가 논평이다. 이런 논평을 의견기사(*views*)라 한다. 사설이나 칼럼, 단평 등이 대표적인 의견기사이다.

2. 언론의 역할

1) 정보제공

언론은 정보를 독자와 시청자에게 제공하는 것이 기본임무이다. 산업화, 도시화된 현대 대중사회에서 개인이 주변 또는 지역, 국가에서 일어나는 모든 정보들을 수집한다는 것은 불가능한 일이다. 언론은 정보에 대한 인간의 본능적 욕구를 충족시켜줌으로써 환경에 대한 불확실성을 감소시킨다. 사회가 다원화, 다양화될수록 뉴스와 정보에 대한 필요성이 더 커진다. 많은 정보를 획득해야 환경에 쉽게 적응하고 치열한 생존경쟁에서 성공적으로 살아남을 수 있다. 이처럼 귀중한 가치를 지닌 정보는 교환, 매매를 통해 상품화(*commodity*)가 가능하다. 신문이나 방송과 같은 매스미디어는 이런 정보 상품을 사고파는 시장을 형상화한 것이라 할 수 있다.

특히 대의민주주의를 근간으로 하는 현대 국가에서 국민들은 자신들이 선출한 공직자들이 권한을 위임받은 공적임무를 제대로 수행하고 있는지 '알권리'가 있다. 언론은 국민들의 알권리를 보장해 줄 사명을 지니고 있다.

2) 여론형성

현대 민주주의는 여론정치이고 이 여론을 형성하고 매개하는 역할을 언론이 담당하고 있다. 언론을 통해 정확하고 공정한 정보를 제공하고, 식견 있는 시민(*informed citizen*)들이 사회의 공적 문제에 대해 정확한 판단력을 갖고 건전한 여론형성을 하도록 해야 한다. 이런 공적 기능 때문에 언론은 정당과 함께 민주주의 필수요소이다. 언론을 제 4부(*the fourth estate*)라 하는 이유가 여기에 있다. 언론이 다양한 정보와 의견들을 제공함으로써 공론장(*public sphere*)을 형성하는 기능을 담당한다. 공론장에서 자유로운 토론과 정보의 교환을 통해 다수 여론이 형성되고 이 여론에 따라 정치를 해나가는 것이 민주주의 원리다. 여론형성, 중개의 막강한 영향력을 지닌 언론의 책임성과 공공성은 그만큼 막중하다. 그래서 미국 〈워싱턴포스트〉의 필립 그레이엄 사주(社主)는 "신문은 역사의 초고"(*Newspaper is the first rough draft of history*)라고 역설했다.

3) 의제설정

언론이 국가의 주요한 관심사와 정책의 우선순위를 결정하는 데 결정적 역할을 하는 것을 의제설정(*agenda setting*) 기능이라고 한다. 사람들은 언론이 어떤 사건이나 이슈에 주목하여 그것을 부각시킬 경우 수용자들도 그러한 이슈들을 중요한 것으로 인식하게 된다는 것이다. 언론이 어떤 이슈를 톱뉴스로 크게 보도하거나 많은 지면을 할애, 지속적으로 쟁점화하면 주요한 사회적 관심사로 부상한다. 아무리 중요한 내용도 언론이 보도하지 않거나 작게 취급하면 사람들은 별 것 아닌 것으로 생각하게 되는 것이 일반적이다. 이러한 의제설정 기능은 미국의 맥콤스와 쇼(McComs & Shaw)가 1968년 미국 대통령 선거과정에서 매스미디어가 공중들에게 지금 무엇이 중요한 논제인가를 설정하는 데 언론보도가 지대한 영향을 미친다는 것을 실증적으로 증명했다.

4) 환경감시

언론은 사회에서 일어나는 여러 가지 사건들에 관한 정보를 수집하여 정리하고 분배하는 기능을 한다. 태풍, 지진 등의 천재지변을 예고하거나 적국의 군사도발을 경고하고, 부정식품을 고발하여 국민들에게 경각심을 일깨운다. 인간을 둘러싸고 있는 정치, 경제, 사회, 문화 등 각종 환경을 감시하고 경고함으로써 안전하고 평온한 삶을 영위하도록 한다. 환경감시 기능 가운데서 가장 중요한 것은 권력에 대한 견제와 감시다. 과거에는 정치권력에 대한 견제와 감시가 핵심 과제였다. 정치권력의 권

▸ 각종 비리사건에 연루되어 구속된 전두환(왼쪽), 노태우 전 대통령

한남용, 부패, 비리, 무능 같은 행위를 감시하는 일이다. 그러나 민주화된 국가에서는 정치권력에 대한 견제와 감시보다는 경제, 문화, 노조시민단체, 이익단체, 압력단체와 같은 각종 권력화된 제도적 권력에 대한 감시와 견제가 더 중요한 과제가 되고 있다. 언론이 국민들을 대신해 이런 공적기능을 원활히 수행할 수 있도록 취재와 보도의 자유를 보장하고 있다.

3. 인터넷시대의 언론

1) 정보화시대 개막

20세기 후반부터 시작된 정보통신혁명, 즉 컴퓨터, 케이블, 인공위성으로 상징되는 디지털테크놀로지(NIT)는 정보량의 비약적 증가와 매체환경에 혁명적 변화를 초래했다. 컴퓨터의 발달로 CTS(*computerized type setting*) 시스템이 도입되면서 신문제작에서 활판과 원고지를 퇴장시켰다. 사진 전송도 디지털 카메라를 노트북 컴퓨터에 입력해 송신버튼만 누르면 편집국 데스크톱 단말기로 즉시 전송된다. 기사와 사진 모두 컴퓨터를 통해 취재 또는 편집부서에 전달되고 편집된 기사는 곧바로 전산제작실로 넘어가 인쇄된다. 과거 외부취재에 나갈 경우 기사와 사진을 전송하기 위해 전신전화국으로 달려가거나 전화통을 붙잡고 직접 편집국 내근기자에게 기사를 불러주던 일은 호랑이 담배 먹던 시절이 되었다.

무엇보다 개인 미디어라 할 수 있는 인터넷의 등장은 언론환경에 혁명적 변화를 몰고 왔다. 취재 및 제작방식은 물론 매체 영향력, 여론 형성의 주도권, 독자 및 광고시장의 변화 등 그 파장이 어디까지 미칠지 가늠하기 힘든 실정이다. 무엇보다 정보의 재가공 비용을 거의 제로로 만들었다. 인터넷을 비롯해 포털, 블로그, 카페, 커뮤니티, DMB, 와이브로, IPTV, NCC(*netizen creative contents*) 등 각양각색의 뉴미디어가 속속 등장해 하루가 다르게 매체환경을 바꿔놓고 있다. 통신기술의 발달은 방송과 통신의 융합을 가져옴으로써 매체간 영역을 허물고 있다. 방송과 통신의 융합을 넘어 신문, 방송, 통신, 즉 신·방·통 융합의 멀티미디어(*Multimedia*)시대로 접어들고 있다.

이 같은 뉴미디어의 기술의 발전과 급성장은 신문·공중파TV·라디오·잡지 등 전통적 올드미디어 산업의 생존을 위협하는 지경에 이르렀다. 1990년대 이후 급속히 전개되고 있는 언론환경 변화에 대처하기 위해 전 세계 언론계가 조직개편, 제작의 전산화, 뉴미디어와의 결합, 콘텐츠의 차별화 등 치열한 자구노력을 벌이고 있다. 뉴미디어의 급속한 발전으로 어려움을 겪고 있는 인쇄매체시장에 돈을 받지 않고 무료로 배포하는 무가지 신문이 돌풍을 일으키면서 신문의 위기론이 확산되고 있다.

2) 언론환경의 변화

(1) 다매체 다채널시대

컴퓨터 사용의 보편화와 정보통신기술의 비약적 발전은 본격적인 다매체 다채널시대를 열었다. 매우 제한된 수의 신문과 통신, 공중파 TV 3사로 불리는 KBS, MBC, SBS와 라디오 채널에 불과했던 매체시장이 수백 종에 이르는 전자(인터넷)신문을 비롯해 케이블 TV, 위성TV, 지역민방 등 많은 종류의 뉴미디어들이 속속 등장하고 있다. 한국의 YTN, 미국 CNN처럼 24시간 내내 뉴스만 전달하는 뉴스전문채널도 있다. 2000년 창간한 인터넷신문 〈오마이뉴스〉는 2001년 시사저널이 실시한 여론조사에서 영향력 있는 언론매체 7위로 오를 만큼 성장했으며, 2002년 대선은 인터넷언론들이 선거판도를 좌우했다는 평가를 받았다.

여기에 뉴스 유통기관인 포털의 등장은 미디어시장의 판도를 바꿔놓을 정도로 막강한 영향력을 행사하면서 매체환경의 급격한 변화를 몰고 왔다. 나아가 1인 미디어로 불리는 블로그, 카페, UCC(*user created contents*)의 출현은 미디어환경의 춘추전국시대를 열고 있다. 공중파 TV채널이 TV의 대명사였던 것은 옛말이고 지금은 케이블, 위성채널이 1백여 개에 달하고, 웬만한 외국의 TV채널도 안방에 앉아서 얼마든지 시청할 수 있는 시대가 되었다. 특히 인터넷 속에 들어가면 헤아릴 수 없이 많은 디지털 신문과 방송이 시간과 공간의 장벽을 뛰어넘은 많은 양의 정보와 지식을 전달하고 있다. 또 인터넷을 통해 세계 각국의 신문과 방송도 얼마든지 접속해서 실시간으로 보고 들을 수 있다.

미디어환경이 미디어빅뱅이라 부를 정도로 변하고 있다. 이에 따라 경쟁구도가 복잡화되면서 뉴스의 취재 및 제작방식의 변화는 물론 온·오프라인의 융합, 새로운 수익모델의 개발 등 각 미디어들은 독자와 시청자 확보, 미디어시장 확보를 위해 치열한 경쟁을 벌이고 있다. 무엇보다 향후 미디어시장의 향배는 얼마나 수용자들의 욕구를 만족시켜 줄 수 있는 콘텐츠를 생산, 확보하느냐에 달려 있다고 보고 양질의 콘텐츠개발에 전력투구하는 상태다.

(2) 뉴스제작 방식의 변화

① 지면과 시간의 제약 해소

뉴미디어는 지면과 시간의 제약을 받지 않고, 새 뉴스를 곧바로 업데이트할 수 있다는 것이 가장 큰 특징이다. 인터넷을 이용한 네트워크의 활성화는 미디어 상품을 유형재에서 네트워크를 통해 소비자의 컴퓨터에 직접 전달되는 무형재로 변모시켰다. 소비자들은 과거처럼 신문이 오기를 기다리거나 TV뉴스 시간이 되기를 기다릴 필요가 없다. 언제든지 자신의 PC를 통해 신문기사를 읽거나 방송프로그램을 원하는 시간에 볼 수 있게 됐다. 소비자들이 아무런 비용을 들이지 않고 원하는 시간에 뉴스와 정보를 개별적으로 서비스 받는 '온 디멘드'(*on demand*) 서비스를 받을 수 있게 되었다.

24시간 동안 뉴스를 전달할 수 있게 됨으로써 일정시간에 맞춰 신문을 인쇄하고 방송하는 마감시간(데드라인)제가 유명무실해졌다. 뉴스전달의 생명인 속보성 경쟁은 판가름이 난 셈이다. 뉴스 이외의 데이터베이스 자료 등 각종 부가적인 정보서비스도 제공한다. 미국의 언론학자 마샬 맥루한(Marshal Mcluhan)이 오늘의 세계를 지구촌(*global village*)이라 부른 것처럼 인터넷을 매개로 한 사이버공간은 시간과 공간의 제약을 넘어 정보의 바다를 이루고 있다.

② 쌍방향 의사소통 가능

뉴미디어의 또 다른 특징은 언론과 소비자인 독자, 시청자간 쌍방향 의사소통이 가능해졌다는 점이다. 종래 구(舊)매체(올드미디어) 수용자(*audience*)인 독자와 시청자들은 언론사가 일반적으로 제공하는 뉴스를 전달받는 데 그쳤다. 수용자의 미디어접근이나 선택권이 매우 제한되었다. 그러나 신매체(뉴미디어)에서는 소비자들이 언제든지 기사에 대한 자신들의 의견을 인터넷을 통해 올릴 수 있고, 기사를 쓴 기자에게 질문하고 토론할 수 있다. 이 과정에서 유용한 정보가 전달되고, 기사에 대한 반응도 신속하게 나온다. 이처럼 독자참여 언론이 실현됨으로써 언론보도에 대한 견제 및 감시 기능도 강화되었다.

③ 시민기자의 등장

언론사가 운영하지 않는 전문 인터넷신문의 경우 독자들이 기자로 참여하는 길을 터놓음으로써 전통적인 기자와 독자 간 경계조차 모호해지는 실정이다. 이른바 '시민기자'의 등장이다. 인터넷 신문에 기사를 쓰는 사람들은 일부 전문직 기자도 있지만 상당수 생업을 가진 일반시민들이 인터넷신문에 정보를 올리고 기사를 쓰고 있다. 기자만 기사를 쓰는 것이 아니라 일반 시민도 뉴스를 만들고 전파하는 시민참여언론 시대가 열린 것이다. 〈오마이뉴스〉에만 1만2천여 명의 시민기자가 활동하고 있는 것으로 나타났다.

인터넷 신문이 활성화되면서 종래 기존 오프라인 매체들이 거들떠보지도 않았던 인터넷 언론들이 잇따라 특종을 터뜨리면서 온라인상의 기사를 종이 신문과 방송 매체들이 인용 보도하는 사례가 빈번해지고 있다. 2000년 5·18 20주년 전야제 저녁에 있었던 이른바 386정치인들의 '광주(光州) 술판사건', 같은 해 이정빈 외교통상부 장관의 저녁 회식장소에서의 올브라이트 미 국무장관에 대한 성적 농담발언 파문을 비롯해 2006년 지하철 내에서 벌어진 '개똥녀 사건', 군 제대 후 2달여 만에 암으로 사망한 사건 등 커다란 사회적 파문을 일으킨 기사들을 발굴했다. 그러나 인터넷매체에 보도되어 화제가 되었던 지하철 내 결혼식기사는 신문, 방송이 받아서 보도했으나 실제결혼이 아니고 장난삼아 올린 위장결혼으로 드러나기도 했다. 사이버공간에서 시민기자들이 활동하면서 쌍방향 커뮤니케이션 시대가 열리고 인터넷언론이 활성화되는 긍정적 측면도 없지 않다. 반면 가히 정보의 홍수라 할 수 있는 많은 정보들이 마구잡이식으로 인터넷상을 떠돌면서 인터넷보도의 신뢰성에 심각한 문제를 제기하고 있다.

④ 저렴한 제작비

인터넷신문은 기존 매스미디어에 비해 제작비용과 인력이 비교가 안 될 정도로 적게 든다. 과거 신문사, 방송사를 설립하려면 규모가 작더라고 수십억 원은 족히 들었고, 제대로 된 방송사 하나 설립하려면 채널을 확보하기도 어렵지만 수천억 원이라는 천문학적 돈이 필요했다. 그러나 기존 언론사에 부속된 인터넷 신문의 경우 수십억 원이 들기도 했지만 대부분의 인터넷 언론은 몇 천만 원 정도면 설립할 수 있을 정도로 비용이 적게 든다.

심지어 개인이 홈피, 블로그를 통해 뉴스와 정보를 생산, 유통시키는 1인 미디어도 있다. 최근에 미국에서 선풍적인 붐을 일으키고 있는 사용자 제작 컨텐츠인 UCC(*user created contents*)가 대표적이다. 글, 동영상, 플래시 사진 등 인터넷 사용자가 직접 만들어 자신의 미니홈피나 블로그, 동영상 UCC사이트에 올리는 UCC 열풍이 우리나라에도 거세게 불 조짐을 보이고 있어서 향후 뉴스제작에 일대변화를 예고하고 있다.

⑤ 뉴스 포털의 급성장

언론환경의 변화와 관련해 주목할 현상은 뉴스 유통업체인 네이버, 다음 등 뉴스 포털의 급성장이다. 기존 뉴스매체들로부터 컨텐츠를 구입해 유통시키는 이들 포털 업체들은 단순히 구입한 뉴스를 재편집해 인터넷상에 올리는 유통업체 불과하다. 뉴스를 취재, 보도하는 언론사가 아님에도 이용자가 폭발적으로 늘어나면서 기존 언론사들을 능가하는 영향력과 매출액을 기록하고 있다.

특히 젊은 층을 중심으로 인터넷 이용자들이 기존의 개별 신문과 방송을 통해 뉴스와 정보를 접하기보다는 여러 매체에 대한 뉴스를 한자리에서 손쉽게 볼 수 있는 포털을 검색하는 경향이 두드러지고 있다. 이 때문에 '포털저널리즘'이라는 신조어가 생기고, 포털도 언론으로서의 역할과 책임을 져야 한다는 주장이 제기되고 있다.

이와 관련 최근 법원은 포털사이트에 게재되는 뉴스와 댓글, 인기 검색어 등을 통한 개인정보 유출로 정신적 고통을 입었다면 해당 포털 사이트에도 손해배상 책임이 있다는 판결을 내렸다. 언론보도와 네티즌 표현물 등 다양한 정보를 제공하는 포털에 대해 법원이 엄격한 관리책임을 물은 것이다.[1)]

〈표 1-2〉 기존 저널리즘과 포털 저널리즘의 차이

기존 저널리즘	포털 저널리즘
뉴스 있는 곳에 독자 있다.	독자 있는 곳에 뉴스 있다.
생산자 주도 시대	유통업자 주도의 백화점 시대
선택기준은 브랜드	선택기준은 플랫폼
몸통(기사)이 경쟁 포인트	깃털(댓글/토론 등)이 경쟁 포인트
기사 품질이 경쟁력	모인 독자 규모가 경쟁력

출처: 김익현, 2006, 《인터넷신문과 온라인 스토리텔링》.

1) 경향신문, 2007년 5월 18일자/ 서울 중앙지법 민사합의 22부(최영룡 부장판사)는 18일 김 모 씨가 NHN, 다음커뮤니케이션, SK커뮤니케이션, 야후 코리아 등 4개 포털 사이트를 상대로 낸 손해배상 소송에서 "피고들은 원고에게 1,600만 원을 지급하라"며 원고 일부 승소 판결했다. 김 씨는 2005년 여자 친구가 자살한 뒤 여자 친구의 어머니가 자신을 비방하는 글과 자신의 개인정보 포털 사이트에 게재, 비방 댓글이 달리자 명예훼손을 당했다고 소송을 냈다. 재판부는 "피고들은 원고에 대한 악의적 평가가 공개되어 명예가 훼손될 수 있다는 점을 알면서도 네티즌들이 댓글로써 원고를 비방토록 한 책임이 있다"고 밝히고 "피고들이 명예훼손 내용이 담긴 기사들을 적극적으로 특정 영역에 배치해 네티즌이 쉽게 접할 수 있도록 했다면 고의 또는 과실로 명예를 훼손했다고 할 수 있다"고 판시했다.

〈그림 1-2〉 대표적 포털업체인 다음과 네이버

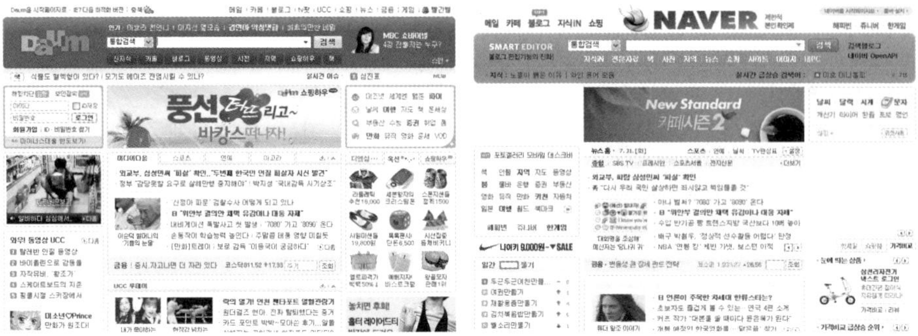

(3) 취재보도 방식의 변화

인터넷은 기자들의 취재방식에도 많은 변화를 몰고 왔다. 전통적인 취재는 기자들이 취재수첩을 들고 사건 현장으로 달려가 현장을 관찰하거나 관련 당사자를 인터뷰하는 것이다. 그래서 기사는 발로 쓰는 것이라고 했다. 현장을 부지런히 돌아다니면서 취재해야 한다는 뜻이다. 현장접근이 어렵거나 시간이 없을 경우 전화로 취재원(뉴스원)을 접촉, 정보를 얻었다.

그러나 인터넷 시대는 컴퓨터 활용 취재보도, 즉 CAR(*computer-assisted reporting*)이 취재의 전형으로 자리를 잡아가고 있다. 컴퓨터가 원고지를 대신하고, CAR을 통해 취재 아이디어를 얻기도 하고 자료검색 및 분석, 통계자료와 도표의 작성 등을 한다. 꼭 현장에 가지 않더라도 컴퓨터와 인터넷을 통해 필요한 자료를 수집하고 기사를 쓸 수 있기 때문이다. 영국 프로축구에서 활약하고 있는 박지성 선수에 관한 기사를 쓰고자 하는 경우 특파원이 현장에 가지 않더라도 편집국 체육부 데스크에서 얼마든지 기사를 쓸 수 있다. 영국 스포츠 전문지나 방송, 소속 축구팀인 맨체스터 유나이티드 홈페이지에 들어가 자료를 얻을 수 있다. 이처럼 CAR을 통해 취재영역이 날로 확대되고 있다. 이메일을 통한 취재와 인터뷰도 활발히 이뤄지고 있다.

나아가 디지털커뮤니케이션 시대의 웹 콘텐츠는 문자, 인터뷰 및 현장 동영상비디오, 사진과 음악이 결합되어 구성된다. 디지털 저널리스트들에게는 노트북, 디지털 카메라, 캠코더가 필수품이다. 휴대용 PC가 펜이다.

문자로 된 기사, 사진, 그림, 동영상, 그래픽, 음향 등을 다루고 사진과 동영상을 컴퓨터로 편집하고 웹 문서를 작성, 서버에 올릴 줄 알아야 한다. 컴퓨터 신기술 총아로 떠오른 멀티미디어는 문자, 그래픽, 음향정보, 영상정보 등과 같은 다양한 정보미디어를 하나로 묶는 통합 커뮤니케이션시스템이다. 따라서 멀티미디어 기자들은 취재기자와 편집기자가 따로 있는 기존 언론사와는 달리 취재와 편집을 함께하는 능력이 필요하다. 자신이 취재한 뉴스와 정보를 수용자에게 제공한다는 생각을 버리고 수용자와 정보를 공유한다는 인식의 전환이 이뤄져야 한다.

3) 기자의 역할 변화

첫째, 정보 수문장 독점시대가 끝났다. 매체환경의 변화는 당연히 기자들의 역할변화를 수반한다. 인터넷 시대의 도래는 종래 직업적 기자가 정보를 독점해 제공하던 정보전달자, 정보수문장(*gatekeeper*) 지위를 바꾸어 놓았다. 개인은 물론 정부 기업 사회단체 등 각종 취재원들이 언론매체를 통하지 않고 인터넷홈페이지, 카페, 인터넷 등에서 정보를 띄우고 의견을 제시할 수 있다. 오로지 기자만이 이것이 뉴스이고 정보라고 판단해 제공하는 시대는 종언을 고했다. 수용자에 대한 접근권이 무한정 열려 있다.

미국 유력 시사주간지 〈뉴스위크〉가 클린턴 대통령의 모니카 르윈스키 스캔들 사건에 대한 취재를 모두 끝내놓고 보도를 늦추는 사이 〈드러지 리포트〉(*Drudge Report*)라는 작은 인터넷매체가 먼저 인터넷에 올려 세계적인 특종을 낚았고 〈드러지 리포트〉는 일약 전국적인 인터넷매체로 부상했다. 앞에서 언급한 우리나라도 개똥녀 사건 등 많은 사건들이 인터넷 매체를 통해 사회적 의제로 부각되고 이를 기성언론들이 다시 이슈화하는 사례가 비일비재하다.

둘째, 정보소비자가 바뀌었다. 수용자들도 과거와 같은 일방적 정보소비자가 아니다. 이제는 정보를 생산하고 소비하는 이른바 '프로슈머'(*pro-summer*)로 바뀌었다. 이제 기자가 독점적 정보전달자에서 무엇이 올바른 정보인지를 가려주고 이끌어주는 정보항해사, 뉴스감별사 그리고 그런 정보가 나오게 된 배경과 담고 있는 의미가 무엇인지를 해석해주고 방향을 제시하는 전문가로 역할이 변하고 있다. 언론의 역할이 정보전달이나 의제설정, 여론형성, 환경감시와 같은 전통적 기능에서 해석저널리즘(*interpretive journalism*), 방향제시 저널리즘 쪽으로 무게중심이 옮겨가고 있는 추세이다. 수용자들은 백화점식 나열보도와 같은 단순한 정보의 전달이 아니라 적실성(*relevance*)있는 뉴스, 즉 유용하고 흥미 있는 뉴스를 기자들이 판단해서 알기 쉽게 방향을 정해 제공하기를 바란다.

셋째, 기자도 멀티플레이어(*multiplayer*)가 되어야 한다. 앞서 지적한 대로 인터넷시대의 또 다른 특징은 기자의 다기능화이다. 컴퓨터의 발달로 원고지와 활자가 없어졌다. 취재를 제외한 기사작성, 보도의 모든 작업이 거의 컴퓨터를 매개로 이뤄진다 해도 과언이 아니다. 인터넷시대에는 기자가 기사를 취재하고 보도하는 일만 하는 것이 아니다. 뉴스프로그램의 기획 및 취재는 물론이고 각종 비디오 및 오디오 장비를 능숙하게 다룰 줄 알아야 한다. 나아가 녹음과 편집, 연출, 방송을 함께 할 수 있는 1인 다역(多役)의 능력을 요구하고 있다. 신문기자라 해서 신문에만 기사를 쓰는 것이 아니다. 제작된 콘텐츠를 방송, 케이블 등 다른 매체에 제공해 활용하고, 직접 출연해 방송도 하는 멀티플레이어가 되어야 한다.

취재도 관찰과 인터뷰라는 고전적 방식 외에 컴퓨터 활용취재, 이메일취재, 데이터베이스 검색 능력은 물론 카페, 블로그, 홈페이지 운영 등 다양한 기능을 숙달하고 있어야 한다. DMB(*digital multimedia broadcasting*), 와이브로를 비롯한 새로운 디지털기술이 하루가 다르게 비약적인 발전을 거듭하고 있다. 따라서 기자들은 신매체와 신기술의 발전에 기민하게 대처해 나가야 한다.

다만 후술하는 것처럼 전통적으로 기자의 품성과 자질로 꼽고 있는 사항은 언론환경이 어떻게 변하든 기자로서 갖춰야 할 불변의 요건이다.

4. 전통적 기자의 정의 및 자질

1) 정의

전통적으로 기자는 언론사에 근무하면서 뉴스를 기사로 만들어 보도하는 사람이다. 부연하면 기삿거리를 갖고 있는 정보원(*news source*) 또는 취재원에 접근해 뉴스 소재를 발굴하고 이를 취사선택해 기사로 가공처리(작성)한 뒤 매스미디어를 통해 독자와 시청자에게 전달하는 일체의 행위를 하는 사람으로 정의할 수 있다. 따라서 기자와 뉴스는 불가분의 관계를 맺고 있다.

기자는 ▸업무별로는 취재기자, 편집기자, 사진기자, 교열기자 ▸매체별로는 신문기자, 방송기사, 통신기사, 잡지기사, 인터넷기자 ▸전문성별로는 대기자, 전문기자, 일반기자 ▸분야별로는 정치, 경제, 사회, 문화, 국제, 체육, 사진, 과학, 레저 기자 등으로 분류된다.

세계 유수 신문들은 해당 분야에서 전문성과 권위를 인정받는 전문기자, 대기자가 많다. 이들 전문기자, 대기자들이 특정 이슈나 뉴스를 어떻게 평가·분석하고 보도하느냐에 따라 국가정책 방향이 바뀌고, 이슈와 사안의 성격 및 성패가 판가름날 정도로 막강한 영향력을 미친다.

우리나라는 1990년대 들어 〈중앙일보〉를 선두로 박사학위 소지자(전문가)를 대거 전문기자로 채용했으나 성과는 기대에 미치지 못했다. 지식은 있으나 기자, 즉 언론인이 되기 위한 다양한 훈련과 전문성이 부족한 탓이다. 일부 타 언론사에서도 교수 및 박사급 연구원을 문화부장이나 국제부장, 논설위원 등으로 영입했으나 역시 만족할 만한 성과를 얻지 못했다.

전문가가 유능한 전문기자, 논설위원이 되는 것은 아니다. 기자로서 재능, 소질, 기질, 성격, 취미, 감각, 센스가 있어야 하고 여기에 전문성, 즉 지식(학식), 기능(취재력 등), 경력(경험)을 갖춰야 한다. 지식은 있으나 기자로서 역할을 수행할 수 있는 자질과 훈련, 경험이 없으면 전문기자는 물론이고 일반기자도 되기 어렵다.

전문기자제가 정식 도입된 1990년대 같은 무렵 대기자제도를 도입해 중후한 해

▸1953년 〈경향신문〉 편집국 풍경. 기자들이 갓 나온 신문을 펼쳐 보거나 부서별로 제작회의를 하고 있다.

설, 인터뷰, 칼럼 집필을 담당했다. 물론 공식적인 대기자제가 도입되기 이전에도 대기자로 불리는 기자들이 있었다. 장지연, 양기탁, 신채호, 박은식, 남궁억, 홍종인, 천관우, 최석채 씨 등과 같이 기자로서 오랜 연륜을 쌓고, 탁월한 식견과 필력을 갖춤으로써 언론계는 물론 국민들로부터 존경을 받는 원로언론인을 흔히 대기자라 불렀다. 미국의 월터 리프만, 해리슨 솔즈버리, 제임스 레스턴 같은 언론인들도 대기자라 불러도 손색이 없는 막강한 영향력을 발휘한 언론인이었다.

전문기자, 대기자와는 별개로 최근 각 언론사가 심층정보를 원하는 독자들의 욕구에 맞춰 부장, 부국장급 중견기자를 해당분야 선임기자로 임명, 깊이 있는 취재보도를 맡기는 추세이다.

2) 기자의 자질

① 글쓰기 능력

언론인은 글 쓰는 직업이다. 소설가, 시인과 다른 것은 문학적 글쓰기 아니라 기사라는 형식과 틀에 맞추어 논리적인 글을 쓰는 뉴스쓰기를 하는 것이다. 어느 경우든 자기가 쓰고자 하는 내용을 정확히 묘사하는 표현력이야말로 글쓰기의 기본이다. 천부적으로 글재주를 타고난 사람도 있지만 언론의 글쓰기는 후천적으로 훈련과 연습, 실천을 통해 테크닉을 익히고 향상시켜 나가는 경우가 일반적이다.

차별화된 좋은 언론 상품을 독자들에게 내놓으려면 특종도 많아야 하지만 객관성을 토대로 논리력, 설득력을 겸비한 기사와 논평이 뒷받침되어야 한다. 기자로서 대성하느냐 여부는 결국 글쓰기 능력으로 판가름난다. 풍부한 전문지식과 맛깔스런 글쓰기로 독자들을 끌어들이는 사람이 스타 기자, 스타 칼럼리스트이다.

② 폭넓은 사고력

기자는 다양한 상황 속에서 다양한 사건을 접한다. 일어난 모든 사건들이 다 기사화되는 것이 아니다. 그 가운데서 기자가 기사가치가 있는 것으로 판단해 기사화하는 것이 데스크의 판단을 거쳐 보도되는 것이다. 따라서 기자는 그 사건이나 사안이 발생한 전체 맥락을 이해하고, 기사가치에 대한 판단과 기사가 미칠 영향 등을 종합적으로 고려할 줄 아는 넓은 사고력, 안목이 필요하다.

무엇보다 기자가 특정 사안이나 인물에 대해 아집과 편견, 잘못된 선입관을 갖게 되면 공정하고 객관적인 기사를 쓸 수 없다. 사물과 사안의 다양한 측면, 다양한 이해관계자들의 입장과 주장을 취재, 합리적 판단을 내릴 수 있는 균형감각을 갖춰야 한다.

③ 특화된 전문지식

좋은 기사를 쓰기 위해서는 기자 스스로 끊임없이 자기연마를 통해 많은 것에 밝아야 한다. 최고의 기자는 많은 것을 아는 기자라는 말이 있다. 양질의 취재원을 확보해 좋은 뉴스소재를 개발하더라도 결국 기사의 질은 기자가 갖고 있는 지식의 깊이와 넓이에 따라 판가름난다. 지식정보화시대라는 요즘에는 더욱 그렇다.

④ 부지런함과 기민성

기자는 시간과 공간의 제약 속에서 기사를 취재한다. 아무리 좋은 기사라도 마감시간을 넘기면 무용지물이나 다름없다. 지면이나 방송제작에 차질이 없도록 민첩하게 취재하고 기사를 작성하는 일은 기자가 해야 할 기본의무이다. 부지런하게 발로 뛰는 기자에게는 반드시 좋은 기삿거리가 걸려드는 보상이 있게 마련이다. 취재원도 부지런하고 성실한 기자를 때론 귀찮아하면서도 정보를 주는 일이 많다.

기민성에는 예민한 기사감각을 갖춰야 한다는 의미도 포함된다. 동일한 사안을 보고도 어떤 기자는 톱기사를 만들어 내는 반면 1, 2단짜리 기사로 만들거나 때론 그마저도 못 쓰는 기자도 있다. 그런가 하면 취재원을 만나고 취재현장을 방문하더라도 기삿거리, 특종감을 찾아내느냐 여부는 기자 개인의 감각이 크게 작용한다. 특종의식이 강하고 눈치, 감이 빨라야 한다는 얘기다. 기사는 발로 쓴다는 말이 있지만 발로 뛰면서 머리로 생각한다면 금상첨화(錦上添花)다.

⑤ 용기와 정의감

언론의 가장 중요한 기능은 환경감시기능이다. 권력과 사회적 부조리와 비리, 부패를 파헤쳐 고발하고 바로잡기 위해서는 대단한 용기와 정의감이 요구된다. 사회정의를 세우고, 진실보도를 추구하다보면 만만찮은 물리적, 정신적 외압과 금전적 유혹도 없지 않다. 그러나 이런 압력과 유혹에 굴복하면 기자의 생명은 끝장이다. 때로는 자신의 신체적 위협을 무릅쓰고 취재를 해야 한다. 사회적 약자, 소외자를 부추겨주고, 따뜻한 시선을 보내는 정의감을 가져야 한다.

⑥ 호기심과 모험심

호기심과 모험심은 기사의 원천이다. 인간의 정보욕구 때문에 언론이 탄생했다면 그런 욕구를 충족시켜 주기 위해 기자는 끊임없이 주변에 어떤 일이 벌어지고 있는지, 왜 그런 일이 일어났는지, 뭔가 잘못된 일은 없는지 취재의 촉각을 곤두세워야 한다. 적극성과 호기심, 모험심이 없이는 민완기자가 될 수 없다.

미국의 닉슨 대통령을 하야시킨 워터게이트 사건이나 한국 민주화운동의 기폭제가 된 박종철 군 고문치사 사건도 하찮은 절도사건, 대학생 변사사건이 단서가 되었다. 작은 것도 가볍게 보아 넘기지 않는 기자의 호기심과 모험심이 대특종을 낚아올렸다.

⑦ 문제의식과 시대감각

기사는 문제의식 속에서 나온다. 왜 그럴까, 이것이 최선인가, 무슨 문제점은 없는가 등 공공선과 진실을 추구하기 위해 끊임없이 문제점을 지적하고 현상을 개선하고 숨겨진 잘못을 들춰내 바로잡는 작업이 기자가 하는 일이다. 비판을 위한 비판, 없는 사실을 왜곡하거나 작은 일을 침소봉대해 기사화하고 공연히 흠을 잡는 것과 같은 일은 결코 언론의 정도가 아니다. 문제의식은 시대감각을 바탕으로 해야 한다. 시대의 조류를 정확히 읽어내야 적실성(*relevance*)있는 기사가 된다. 아무리 새로운 사실을 발굴하고 기발한 기획아이디어를 내놓더라도 시대적 흐름과 동떨어져 시의성이 없다면 역사나 예언은 될 수 있을지언정 기사가 되기 어렵다.

⑧ 승부욕과 인내력

기자는 어떤 사건과 사안을 끈질기게 추적하고 물고 늘어지는 인내심을 가져야 한다. 이른바 기자 근성을 가져야 한다는 말이다. 어떤 사건을 취재하다가 벽에 부딪치면 쉽게 취재를 포기해서는 안 된다. 취재의 단서를 찾고 사실 확인을 위해 휴지통을 뒤지고, 집에도 들어가지 못한 채 몇 날, 몇 주를 사건현장에 머물면서 취재를 하는 경우도 흔하다. 앞서 언급한 워터게이트 사건처럼 몇 년을 두고 집요하게 사건을 파헤침으로써 진실을 규명하는 사례도 있다.

특히 인터넷의 발달로 독자들이 단순정보보다는 심층정보를 요구함에 따라 심층기획보도, 탐사보도가 늘어나고 있다. 이런 기사들은 오랜 시간과 비용, 많은 노력을 들여 취재해야 하기 때문에 기자의 성실성과 인내심이 전제되어야 한다. 언론은 하루하루의 싸움이라 할 정도로 언론사간, 기자간 경쟁이 치열한 곳이다. 경쟁을 하다 보면 낙종을 하는 경우를 피할 수 없다. 문제는 낙종을 한 것이 아니라 만회를 하지 못하는 경우다. 낙종은 반드시 만회한다는 승부사 기질이 없다면 기자가 되려는 생각을 재고해 보는 것이 좋을 것이다. 〈뉴욕타임스〉 편집국장을 지낸 클린턴 다니엘(Cliton Daniel)은 "취재 경쟁에 저금은 없다. 특종 없는 기자는 기자가 아니다"고 갈파했다.

⑨ 높은 공공성과 윤리의식

언론의 궁극적인 목적은 공공선의 추구이다. 기사를 사회의 목탁, 무관의 제왕이라고 하는 이유가 여기에 있다. 언론인은 일반 기업에 근무하는 엘리트 근로자 또는 회사원이 아니다. 공익성을 바탕으로 사회정의를 세우고, 국민의 행복을 증진시키는 일은 언론인에게 주어진 책무이다.

그렇기 때문에 사회가 언론인에게 취재자유를 최대한 보장하고 여러 가지 특별한 권리를 인정하는 것이다. 이런 기대에 부응하기 위해서는 기자들 스스로가 높은 공공심으로 무장되어야 한다. 기자는 특정신문 사주와 권력, 이해집단에 봉사하는 것이 아니라 공중에 봉사할 의무가 있다. 독자의 알권리를 보호하기 위해 최선을 다해야 한다.

이와 함께 높은 도덕성과 윤리의식은 기자에게 요구하는 가장 기본적인 품성이다. 권언(權言)유착, 정언(政言)유착, 경언(經言)유착과 같은 구조적인 비리도 배척해야겠지만 기자 각자가 취재일선에서 부딪히는 각종 금품 및 향응, 편의제공 등과 같은 언론윤리와 저촉되는 행태는 과감히 뿌리치는 자세를 가져야 한다. 특정 권력자·정치권에 몰래 정보를 제공하거나 기업체로부터 금품을 수수하고 우호적인 기사를 써준다든지 하는 행위는 언론 전체의 명예와 신뢰에 먹칠을 하는 자해행위이다.

3) 기자직의 유래

우리나라 최초의 신문은 박영효가 국민계몽을 위해 박문국에서 순한문으로 발간한 〈한성순보〉(1883. 10. 31~1884. 10. 17)이다. 〈한성순보〉는 매달 1일, 11일, 21일 발간한 최초의 신문으로 갑신정변으로 박문국이 불타면서 인쇄시설이 파괴되어 13개월 만에 폐간했다.

▸1883년 10월 31일 〈한성순보〉 제작 당시의 모습

獨立

독닙신문

▸ 우리나라 최초의 민간지 〈독립신문〉 창간호(왼쪽)와 〈독립신문〉 1호 1면

〈한성순보〉창간사인 순보서(旬報序)에서 "외보를 폭넓게 번역하고 아울러 내사까지 기재하여 나라 안에 알리는 동시에 열국에까지 반포하기로 했다", "백성의 견문을 넓히고, 나라의 외모(外侮)를 막으며 하의를 상달하는 데 있다"고 취지를 밝혔다. 국내사보란(國內私報欄), 즉 기자가 취재하는 국내뉴스란은 제 5호부터 등장한다.

〈한성순보〉의 취재는 탐사인(探査人), 탐방인(採訪人), 방사인(訪事人)이라고 부르는 사람이 두루마기 입고 다니면서 취재를 했으며 기사는 붓으로 썼다. 안에서 일하는 사람은 주사, 사사(司事, 박물국 관리)라 불렀다.

1896년 창간된 최초의 민간지인 〈독립신문〉은 탐보원이라는 외근기자가 있었다. 취재기자 2명 중 1명은 관청을 출입했고, 1명은 상점과 시장의 물가 등을 취재했다. 내근기자를 기재원이라 불렀고 논설은 서재필이 전담하다시피 했다. 1898년에 창간된 〈매일신문〉, 〈황성신문〉, 〈뎨국신문〉은 내 · 외근 취재원 모두를 기자로 호칭했다.

일본은 1860년대부터 기자라는 호칭을 사용했다. 구한말 기자들은 직업적 기자가 아니고 우국지사, 독립운동가로 구국 반일투쟁의 방편으로 기자직을 택했다. 직업기자로서 조선인 기자들이 탄생한 것은 1910년 일본 총독부기관지였던 〈매일신보〉이다. 여기에 근무하던 조선인 기자들이 1920년 〈동아일보〉, 〈조선일보〉가 창간되자 옮겨와 우리나라에 본격 직업기자시대를 열었다.

서양은 1609년 독일에서 주간으로 발행된 〈렐라치온〉(*Relation*)이 세계 최초의 신문이다. 최초의 일간신문은 1666년 독일에서 발행된 〈라이프치히 차이퉁〉이다. 17세기 초까지도 기자의 취재활동은 없었다. 인쇄업자들이 신문을 냈는데 전업기자 없이 술집, 카페에서 나온 대화를 옮겨 싣는 정도였다. 상업적 소식이 주로 실렸다.

17세기 후반부터 18세기 초에 일간신문들이 나오면서 기자를 고용해 취재를 시작했다. 1783년 프랑스에서 기자들이 의회를 출입하면서 취재했고, 1808년 런던의 〈더 타임스〉(*The Times*)는 기자 5명을 채용하고 계절에 따라 임시직도 고용했다. 미국에서는 1790년대에서 1800년대 보스턴의 〈팔라디엄〉(*The England Palladium*)지(紙)에서 일한 브레이크(Henry I. Blake)가 미국 취재기자의 아버지로 불린다(남시욱, 2001).

연_습_문_제_

1. 사실과 진실 간에 큰 차이를 보였던 보도기사 사례를 찾아보자.

2. 라스웰(Harold D. Lasswell)과 라이트(Charles R. Wright)가 제시한 언론의 사회적 기능은 무엇인가.

3. 언론의 사회통합과 변혁에 기여하는 역할에 대해 논의해 보자.

4. 인터넷신문의 제작 시스템을 알아보자.

제2장

뉴스란 무엇인가

1. 뉴스의 정의

수많은 매스미디어들이 매일 수많은 뉴스를 쏟아내고 있지만, 막상 무엇이 뉴스냐고 물으면 쉽게 정의 내리기 어렵다. 많은 학자, 언론인들이 뉴스에 대한 정의를 내렸지만 뉴스란 이런 것이라고 그 실체를 짚어내지 못했다. 각자의 관점에서 귀납적인 방법을 원용해 뉴스를 정의했을 뿐이다.

영어의 news는 새로운 것(new things, new tidings)의 약어라는 설도 있고 동서남북(north, east, west, south)의 첫 글자를 따왔다는 주장도 있다. 이는 어원상 유추해 본 속설(俗說)일 뿐 뉴스의 본질에 대한 설명은 아니다. 후술하는 뉴스에 대한 다양한 정의에도 불구하고 일반적으로 뉴스는 기자가 언론을 통해 보도한 것으로 이해하고 있다. 신문과 방송 등 매스미디어는 뉴스로서 가치가 큰 것일수록 크게 먼저 다루고, 뉴스가치가 작은 것은 작게 나중에 다룬다.

뉴스를 글로 표현한 것이 기사이다. 뉴스와 기사는 동전의 앞뒷면이다. 일선 기자

▸ 편집국 간부들이 제작회의를 열어 기사의 크기와 지면배치 등을 논의하고 있다(경향신문 편집국 제작회의).

가 송고한 기사는 게이트키퍼(*gatekeeper*), 즉 편집국내 데스크, 편집기자를 거쳐 기사의 크기, 지면배치 등이 결정되어 지면에 반영된다. 기사가치의 우선순위에서 밀리는 것은 아예 기사화되지 못하기도 한다.

그러나 기사의 가치는 상대적이다. 동일한 내용의 기사라도 연령, 남녀, 지식정도, 직업, 지역 등에 따라 얼마든지 달리 평가할 수 있다. 이 때문에 기사를 평가하는 편집자들은 제한된 지면과 시간 내에서 독자와 시청자에게 가장 호소력이 있는 기사를 선택하기 위해 고심한다.

게이 터크만(Gaye Tuchman)은 그의 저서 《메이킹 뉴스》(*Making News*)에서 "뉴스는 세상을 향해 나 있는 창이다. 뉴스는 현실을 그대로 반영하는 것이 아니라 사회적으로 재구성된 것이다. 뉴스는 사실 그 자체가 아니라 재구성된 현실이다"라고 말했다.

1) 뉴스에 대한 다양한 정의

- 개가 사람을 물면 뉴스가 되지 않지만 사람이 개를 물면 뉴스가 된다.(John B. Bogart/ 1880년 뉴욕 썬)
- 뉴스란 비일상적(*unusual*)이거나 예기치 못한 것(*unexpected*)이다. 평온한 것(*placidity*)은 뉴스가 아니다.(David Brinkley)

- 뉴스는 시의적절한 정보를 담아야 하고 관심사를 담아야 하며 내용을 파악하기 쉽게 형식을 차려 전달해야 한다.(W. Lance Benett)
- 첫째, 뉴스는 사람의 관계변화를 기술하는 것, 둘째, 뉴스는 현상을 깰 잠재 사건 또는 현상을 깰 잠재성이 있는 실제 사건을 기술하는 것, 셋째, 공동체에 영향이 큰 사건을 기술하는 것이다.(Julis Harriss & Kelly Leiter)
- 뉴스란 신문이 게재하는 것이다.(Gerald Johnson & Helen O. Mahim)
- 뉴스는 신문기자가 만드는 것이다. 기자가 보도한 것이다.(Walter Gieber)
- 뉴스란 사건의 본질적 뼈대를 재구성하려는 시도이다.(Wilbur Schramm)
- 뉴스의 3대 소재는 여자(*women*), 돈(*wampum*), 범죄(*wrongdoing*)의 3W다.(Stanley Walker/1930년대 뉴욕 〈헤럴드 트리뷴〉 사회부장)
- 뉴스는 독자들에게 그들의 개인적인 일들, 사회와의 관계에서 홍미 있고 중요하고 시의에 알맞은 사건이며 최선의 뉴스는 최대 다수의 독자들에게 최대 수준의 홍미와 중요성을 지닌 것이다.(Willard G. Bleyer)
- 기타

"인간에게 홍미 있는 사건이나 사실의 설명이다."

"인류에게 관심이 있는 모든 것이 뉴스의 대상이 된다."

"뉴스란 하나의 사건을 의미화하고 부호화하는 객관적 과정이며, 개인적 사건은 공적 권위와 연결될 때 뉴스가 된다."

"뉴스는 새로운 것이고 뉴스는 선택이다."

"뉴스란 이전에 주의를 끌지 못했던 것을 다시금 많은 사람에게 관심을 갖게 하는 것이며 현재의 상태나 현상을 깨뜨리거나 분열시키거나 또는 변화시킬 가능성이 있는 사태에 대한 설명이다."

뉴스에 대한 다양한 정의들을 종합하면, 뉴스는 기자가 사회적으로 중요하고 홍미 있는 새로운 정보(사실)나 사건을 선택, 대중매체(언론)를 통해 보도된 것이라고 할 수 있다. 즉 뉴스는 ‣중요하고 홍미 있는 새로운 정보와 사건 ‣정보나 사건을 취사선택하는 기자 ‣정보나 사건을 보도하는 언론매체 ‣보도된 기사를 읽거나 듣고 보는 독자와 시청자(수용자)라는 4가지 요소로 구성된다고 할 수 있다.

시와 소설이나 수필도 문장이지만 보도의 원칙과 틀에 맞춘 문장이 아니라는 점에서 기사는 아니다. 6하(何)원칙, 즉 누가(*who*), 언제(*when*), 어디서(*where*), 무엇을(*what*), 어떻게(*how*), 왜(*why*)라는 구성요소와 3C, 즉 Correct(정확), Clear(명료), Concise(간결)이라는 문장표현의 요건을 충족시켜야 한다.

나아가 사회적 연계성, 관련성이 기사의 핵심이다. 사회 구성원 모두 함께 읽고 듣기 위해 쓰는 글이 기사이다. 무엇에 대해 쓰는가, 어떻게 쓰는가, 얼마만큼 자세하게 쓰는가는 이런 대전제를 바탕으로 결정된다. 기자가 기사를 쓰는 문제인식이나 기사의 시각과 관점도 이런 사회적 요구를 반영해야 한다. 기자나 데스크의 관심사가 아니라 독자가 무엇을 원하는가, 우리사회는 무엇을 함께 생각해야 하는가 등의 판단기준이 항상 내면화되어 있어야 좋은 기사가 된다(《기사작성 길잡이》, 34 ~ 35쪽).

일부에서는 뉴스에 대한 이 같은 정의가 산업사회에서나 통용되는 이론이지 뉴스 제공자와 수용자 간의 쌍방향 대화가 가능한 정보화시대에는 맞지 않는 것이라고 주장한다. 멀티미디어시대에는 분중화(分衆化) 현상으로 수용자가 요구하는 뉴스도 극히 세분화될 수밖에 없으리라는 것은 충분히 예견된다. 뉴스의 파편화현상이 심화됨으로써 뉴스 독자가 과거의 일반대중에서 특정뉴스를 선호하는 목표대중으로 전환되고 있다.

과거의 잣대로는 별다른 뉴스거리가 되지 않던 것이 이제는 훌륭한 기삿감이 되고 있다. 그러나 분중화 시대가 된다고 해서 일반뉴스가 산업사회의 유물로 전락하거나 그 위력이 쇠퇴하지는 않을 것이다. 농경사회가 산업사회로 전환되었다고 해서 농업은 사라지고 공업과 상업만 살아남은 것은 아니다. 인간이 사회적 동물인 이상 정보화 사회에서도 여전히 대중매체는 위력을 발휘할 것으로 예상된다. 분중화로 인해 점차 엷어질 사회적 통합을 위해서도 그 중요성은 더욱 강조될 가능성이 높다. 다만 앞장에서 논의한 대로 뉴스의 제작체제와 방식, 편집, 전달체계 등 대중매체의 존재방식에 많은 변화가 예상된다.

2) 뉴스 정의의 어려움

첫째, 뉴스의 대상이 일정치 않고 가변적이기 때문이다. 뉴스는 생명체와 같다. 현실 속에서 살아 움직이는 것들이다. 우리의 삶 속에서 생성, 발전, 소멸한다. 그 예로 초기 좀도둑사건에 불과했던 1972년 미국 워터게이트 사건은 〈워싱턴포스트〉의 우드워드(Bob Woodward), 번스타인(Carl Bernstein) 두 기자의 끈질긴 추적보도 끝에 권력의 핵심부인 백악관이 닉슨 대통령을 재선시키기 위해 조직적으로 개입한 도청사건이라는 진실이 밝혀지면서 닉슨 대통령을 하야시키는 초대형뉴스로 발전했다. 뉴스의 가변적 성격을 말해주는 대표적 사례다.

둘째, 뉴스의 상대성 때문이다. 시대의 변화에 따라 기삿거리가 되기도 하고 안 되기도 한다. 미국 루스벨트, 케네디, 클린턴 대통령의 여성 문제는 대통령에 따라 전혀 성격을 달리했다. 처음 별 관심을 끌지 못했던 여성 스캔들이 여권신장에 따라 큰 뉴스거리가 되었다. 여성 스캔들을 명쾌하게 해명하지 못한 미국 민주당 게리 하트 상원의원은 대통령 출마를 중도에 포기하기도 했다. 같은 여성 관련 스캔들이라 하더라도 미국과 일본은 전혀 반응이 다르다. 일본에서는 정치인들의 여성스캔들을 거의 기사화하지 않는다. 인종차별 문제도 마찬가지다. 미국에서 주요 뉴스가 된다 해서 국내에서도 같은 비중으로 다루어질 수 없다.

연탄가스 사망기사, 농촌기사와 같이 경제발전에 따라 거의 사라졌거나 기사로서 주목을 받지 못하는 것도 있다. 같은 농촌기사라도 쌀 개방이나 농산물 수입개방과 같은 기사는 매우 민감한 이슈로 중요한 뉴스거리다. IT산업, 벤처산업, 한국영화산업의 발전 등 새롭게 기삿거리로 주목을 받는 분야도 많다.

셋째, 다양한 뉴미디어 출현과 급격한 수용자 변화도 뉴스 정의를 어렵게 한다. 뉴미디어 출현으로 일방적 전달이라는 전통적 뉴스 개념의 틀이 깨졌다. 상호작용을 특징으로 한 온라인저널리즘, 사이버저널리즘, 전자저널리즘은 인쇄저널리즘의 속도와 양적 제한성을 없애버렸다. 전문화 · 다양화되고, 능동적 수용자층의 형성은 뉴스의 형식과 내용은 물론 저널리즘 체계까지 흔들어 놓았다.

3) 뉴스에 대한 관점

(1) 현실사회 반영론

뉴스를 일어난 사건에 대한 보도가 아니라 일어난 사건 자체로 보는 것이다. 기자가 사회적 사건이나 이슈를 거울에 비추는 것처럼 있는 그대로 보도하는 것을 의미한다. 단순히 사회현실을 반영한다는 점에서 거울론이라고 한다. 따라서 거울론에서는 보도의 중립성, 객관성을 중시한다. 사실과 사건을 보도하는 스트레이트 기사에 적용되는 고전적인 주장이다. 그러나 기자가 뉴스를 취사, 선택하고 기사화해 보도하는 과정이 문자로 그대로 거울처럼 투명하게 현실을 비춘다고 하기는 어렵다.

(2) 현실사회 구성론

대중매체가 사회를 단순히 수동적으로 반영하고 재생하는 것이 아니라, 뉴스가 뉴스가 사회적으로 재구성된다는 관점이다. 즉 뉴스가 사회현실을 규정하고 해석한다는 입장이다. 이는 발생된 사건이 보도되기까지는 여러 가지 과정을 거치게 마련이고, 이런 과정을 거쳐 마지막 도달된 뉴스란 사건 자체라기보다는 사건 자체에 대한 해석이나 규정이라는 것이다. 기사구성과정에서 원래의 사건은 일부가 추출되거나 변형 또는 다른 모습으로 나타나며 이것이 뉴스라는 것이다.

이와 관련, 터크만(G. Tuchman), 메릴(J. C. Merril)과 같은 언론학자들은 언론이 제공하는 담론들은 현실을 있는 그대로 반영하는 것이 아니라며 언론보도의 객관성을 부인한다. 언론이 뉴스를 선택하고 배제하는 방식을 통해 적극적으로 사회적 현실을 재구성함으로써 현실에 대한 사람들의 인식을 특정한 방식으로 틀 짓는다는 것이다.

대중매체가 사건을 일정한 구성방식에 따라 기사화하고 수용자는 기호(언어)와 구성방식을 통해 기사화된 메시지로 사건을 이해하게 된다. 일반인들이 대중매체를 통해 알게 된 현실이란 실제 자체라기보다는 대중매체에 의해 만들어진 현실이다.

이 때문에 뉴스는 객관성, 중립성, 균형성이 요구되고 이는 뉴스보도의 근본 원칙이 되고 있다. 월터 리프만(Walter Lippman)은 '운동경기의 점수를 제외하고 온전한 사실을 기록한 기사는 없다'고 말했다. 뉴스가 사회적 맥락 속에서 재구성된다는 것을 강조한 언급이다. 그러면 뉴스가치는 어떤 잣대에 의해 결정되는가.

2. 뉴스가치 (*News Value*)

모든 사건이 뉴스가 되는 것이 아니다. 기자가 보도한 것이 뉴스다. 즉 뉴스는 사건의 기술이며 사건 자체가 뉴스가 되지는 않는다. 현장기자와 데스크가 뉴스가 된다고 판단해 글로 써내야 뉴스가 된다. 1차적으로 현장 기자의 감각과 데스크의 판단이 기사를 결정한다. 2차적으로는 편집기자, 담당 에디터(부국장급), 편집국장을 거치면서 기사의 크기, 양, 지면배치 등이 최종적으로 결정된다.

여러 언론사에서 매일 매일 비슷한 기사를 내보내고 기사의 배치나 양 등이 엇비슷한 것을 보면 기사를 보는 눈, 패턴이 언론사에 상관없이 일정 부분 동일하다는 것을 알 수 있다. 무엇이 기사가 되고, 어느 정도로 취급해야 하는지에 대한 판단기준이 비슷하다는 것을 의미한다.

그러나 어떤 신문에 1면 머릿기사로 다룬 뉴스가 다른 신문에서는 1단으로 다뤄지기도 하고, 경우에 따라 전혀 보도되지 않는 경우도 있다. 뉴스가치의 판단기준과 제작방향이 개인이나 매체에 따라 다를 수 있기 때문이다. 동일한 사건이나 내용이라도 기자가 어디에 초점을 두느냐에 따라 기사의 방향이 전혀 달라질 수 있다.

무엇이 기사로서 가치가 있는지를 판별하는 능력은 하루아침에 쌓이지 않는다. 기사를 보는 눈, 즉 안목과 감각은 오랜 취재경험과 관찰, 기사쓰기를 통해 점진적으로 길러진다. 기삿감이 되더라도 1단짜리인지, 2단짜리인지, 톱기사인지, 쓰레기통으로 가야 하는지, 보도를 유보해야 하는지를 구별하는 능력도 마찬가지다. 나아가 어떤 기사는 스트레이트기사만 쓸 것인지, 해설을 붙일 것인지, 도표나 스케치를 추가할지 등 지면구성에 대한 전문적 감각과 식견은 숙련을 통해 형성된다. 전문적 훈련과 사전 지식 없이 좋은 기사를 쓸 수 없다. 문제의식의 배양과 폭넓은 독서를 통한 지적 능력의 축적, 다양한 경험에 의한 기사감각의 함양, 직업적인 센스가 유능한 기자를 만든다. 좋은 기사를 쓰려면 취재능력과 함께 기사의 가치(*news value*)를 제대로 판단하는 안목이 있어야 한다. 기자나 데스크의 판단에 따라 1단짜리 기사가 톱기사가 되기도 하고 그 반대의 경우도 있다. 영국의 BBC는 뉴스를 '새롭게, 정직하게 그리고 정확하게 보도된 정보'라고 규정하고 있다.

1) 뉴스가치의 기준

기사가치를 제대로 판단할 줄 알아야 유능한 기자이고 데스크다. 경우에 따라 쓰레기통에 버릴 기사를 톱기사로 만들 수 있다.[1] 수용자와의 적실성(*relevance*), 효용성(*usefulness*), 흥미성(*interest*)이라는 큰 테두리를 기본으로 해서(Straubaahr & Larose, 2000), 언론학자들과 일선 편집 책임자들의 견해를 종합해 뉴스가치를 다음의 10가지로 정리했다.

(1) 영향성

기사의 내용이 얼마나 많은 사람, 얼마나 큰 영향을 미치는가이다. 주요한 인사들의 발언이나 행동이 크게 기사화되는 것은 바로 이 영향성(*impact*) 때문이다. 대통령 탄핵이나 남북정상회담 개최, 미국의 이라크침공과 같은 내용은 국내외적으로 엄청난 파장을 미치기 때문에 대서특필되는 것이다. 이에 비해 지하철 파업 뉴스는 이보다는 영향력이 떨어지고 버스요금과 목욕탕요금을 5%씩 인상한다는 뉴스는 이보다 더 뉴스가치가 낮다. 사람들에게 미치는 영향이 그만큼 떨어지기 때문이다.

(2) 시의성

시의성(*timeless*)은 뉴스가치를 판단하는 가장 기초적 기준이다. 아무리 좋은 기삿거리라도 적절한 타이밍이 맞지 않으면 기사로서 가치가 떨어진다. '모든 뉴스는 내일에는 가치가 없다, 새롭지 않은 것은 역사일 뿐이다'라는 말도 있듯이 사람들은 오늘 어떤 새로운 일이 일어났는가를 알기 위해 뉴스를 본다.

---

1) 필자가 정치부 데스크를 하고 있던 시절 일선기자가 의원들이 의원회관에서 심심풀이 고스톱 판을 벌이는데 위원회나 본회의에 들어가지 않고 밤늦게까지 고스톱을 치는 일이 있어서 빈축을 사고 있다는 기사를 송고해 왔다. 일종의 정가동정 내지 가십 기사로 송고가 되어왔다. 얼핏 심심풀이로 가벼운 화투판을 벌일 수도 있다는 생각도 들었지만 의원회관에서 의원들이 회기중에 하라는 의정활동은 안하고 고스톱 판을 벌인다면 가볍게 지나칠 일이 아니라고 판단했다. 그래서 의원들의 의원회관 고스톱실태에 대한 전면적 취재를 지시했다. 그 결과 기사에 거명된 소수 의원 외에 이런 일이 의원회관 곳곳에서 벌어지고 판돈도 상상이상으로 크다는 것이 확인되었다. 이 기사는 사회면 톱으로 보도되었다. 타 언론사들이 후속 취재에 나서고 시민단체들이 들고 일어나는 등 엄청난 파장을 몰고 왔다. 이 기사로 기자협회가 주는 이달의 기자상(賞)을 받기도 했다.

시의성에는 최근에 일어났거나 곧 일어날 것이라는 시간적 근접성, 최근성(最近性)이 있어야 한다. 과거의 일이라도 뒤늦게 새로운 사실이 밝혀지거나, 평가가 달라지면 얼마든지 뉴스가 된다. 그러나 새롭다고 다 뉴스가 되는 것은 아니다. 보도할 가치가 있고 독자의 관심을 끌 만한 흥미로운 것이어야 한다.

반드시 최근에 일어난 일은 아니지만 경우에 따라 하찮은 일이나 일상적인 일이라도 어떤 특정한 상황에서 발생했을 때는 뉴스가 될 수 있다. 마침 사회적 환경이나 세태와 맞아 떨어져 보도가치가 있을 때 적시성(適時性)이 있다고 한다. 평소 같으면 별 것 아닌 일이지만 사회적 관심사가 되고 있을 때 발생하면 기사가치가 높아진다. 중국 등 아시아 지역에 조류독감이 발생, 세계적 관심사가 되고 있는 마당에 한국에서도 조류독감이 발생했다면 기사가치가 매우 커지게 된다.

(3) 저명성

사람이 뉴스를 만든다는 말이 있다. 보통 사람이 했다면 아무 것도 아닌 일도 저명인사, 유명인사가 했기 때문에 기사가 되는 것이다. 예로 일반인이 결혼을 하면 뉴스가 될 수 없지만 유명 연예인이나 재벌가의 후계자가 결혼을 하면 앞 다퉈 기사화되는 것과 같은 이치다. 대통령의 말과 일선 공무원의 말의 무게에 차이가 나는 것도 저명성(*prominence*)의 차이 때문이다. 유명인사가 사망할 경우 기사화되는 것도 마찬가지다. AIDS만 하더라도 아프리카에서 오래전부터 있어온 풍토병으로 대수롭지 않게 취급되었지만 록 허드슨이라는 유명배우가 이 병으로 사망하면서 미국 사회의 주목을 받기 시작했다.

저명성은 사람이 중심이지만 인적 저명성과 함께 물적 저명성도 있다. 고려자기, 고구려 고분벽화, 스핑크스, 앙코르와트, 자금성 등 각국의 중요문화재, 유명한 미술품, 서적, 건물, 조각 등은 물적 저명성이 있다. 이런 물적 저명성과 관련이 있으면 뉴스가치가 높아진다. 유명하지 않은 화가의 그림이 도둑을 맞았다면 뉴스가 되지 않지만, 모나리자가 같은 명화가 도둑을 맞았다면 엄청난 뉴스가 될 것이다. 물적 저명성의 차이이다.

(4) 근접성

사건이나 사안이 일반 독자들에게 얼마나 근접한 상태에서 발생했느냐도 기사판단의 중요한 요소다. 수용자들이 뉴스의 발생을 얼마나 가깝게 느끼는 정도인 근접성(*proximity*)에는 공간적 근접성과 심리적 근접성이 있다. 서울에서 일어난 일과 지방에서 일어난 일과는 독자들의 체감정도가 다를 것이다. 우리나라에서 일어난 일과 아프리카에서 일어난 일도 받아들이는 느낌이 전혀 다를 것이다. 거리상 얼마나 가까이 있느냐는 공간적 근접성의 차이다.

그러나 같이 해외에서 일어났더라도 우리 교민이 많이 살고 있는 미국 뉴욕, LA에서 일어난 사건은 심리적으로 훨씬 가까이 느끼게 되는 것과 같은 심리적 근접성도 뉴스가치 결정에 영향을 준다. 미국 신문에서 소홀히 취급되는 한국관련기사가 우리나라에서는 크게 취급되는 이유는 이들 사안에 대한 심리적 근접성 때문이다.

(5) 갈등성

사람들의 관심이 평온한 상태보다는 대립하고 있는 것, 싸우고 있는 것, 긴장하고 있는 것에 집중되는 속성을 갖고 있다. 전쟁, 정쟁, 분규, 시위, 범죄 등 정치적, 경제적, 사회적 충돌 현장은 늘 기자들의 좋은 취재현장이 된다. 갈등(*conflict*)과 분쟁을 취재하면서 가장 주의해야 할 대목은 기자의 균형감각이다. 상호 이해관계가 대립하는 사안은 어느 일방의 얘기만을 듣고 기사를 써서는 절대 안 된다. 분쟁의 와중에서는 무엇이 진실인지 확인하기 어려울 때가 많고, 마감시간에 쫓겨 취재가 미흡한 상태에서 기사를 쓰는 경우도 있다. 그러나 양쪽 당사자는 반드시 인터뷰를 하고, 가능한 한 이해관계자의 의견도 들은 뒤 기사를 써야 한다. 상황 전체를 파악하기 어렵다면 최소한 양측의 입장을 정확히 전달하도록 해야 한다.

(6) 희귀성

새롭고 진기하고 색다르고 의외의 일은 늘 좋은 기삿거리가 된다. 희귀성(*novelty*)과 의외성(*unusualness*)을 의미상 구별하기도 하지만 실제 차이가 없다. 좀처럼 발생하지 않은 일, 처음 일어난 일은 인간의 흥미를 자극하고 관심을 불러일으키기 때문이다. “개가 사람을 무는 것은 기사가 아니지만 사람이 개를 물면 기삿거리”라는 예가 그것이다. 사람이 개는 무는 일은 흔하고 당연한 일이 아니기 때문에 기사가 되는 것이다. 개가 사람을 물었다고 다 기사가 안 되는 것은 아니다. 만약 도사견이 어린이를 물어 죽였다면 당연히 기사가 되는 것이다. 뉴스가치의 상대성 때문이다. 사건이 일어난 상황과 피해 정도, 의외성 여부, 경각심 고취 필요성 등 여러 가지 요인에 따라 기사가 결정되는 것이다.

샴쌍둥이, 다섯 쌍둥이 출산, 복제송아지 탄생, 100억 원짜리 복권 당첨, 미국 타이거 우즈 선수의 PGA골프 석권, 국악 신동 얘기 등 모두가 진기성, 의외성, 희소성 때문에 기사가 되는 것이다. 최초의 여성 총리, 대법관, 장관 임명 등이 크게 기사화되는 것도 의외성, 희소성 때문이다.

(7) 인간적 흥미성

기사 내부에 인간적 요소(*human interest*)가 가미되어 있느냐 여부도 기사가치를 결정하는 중요 요인이다. 사람의 마음을 움직이는 선행이나 안타까운 사연, 고난과 어려움을 극복하고 큰 성공을 이룬 사례 등은 감성적 호소력이 크다. 희귀병을 앓고 있는 어린이 보도에 성금이 쏟아져 들어오고, 두 다리가 없는 장애인이 한라산 등정에 성공했다든지, 노사가 화합해 망한 기업을 일으켜 세운 성공사례, 장기를 떼어내 다른 사람에게 이식하거나 노점상 할머니의 거액 장학금 희사 등과 같은 사례는 모두 기삿감으로 손색이 없다. 사건 속에 담겨있는 인간적 속성을 별도로 부각시키는 것은 늘 독자들의 관심과 구독 동기를 자극하는 소재다.

성(性)도 인간적 흥미를 일으키는 대표적인 것 중의 하나다. 유명인사들의 연예, 결혼, 이혼, 불륜, 성 추행, 친자확인 등 각종 성과 관련된 기사가 하루도 빠짐없다시피 언론에 보도되는 것도 성에 대한 인간의 본능과 무관하지 않다.

돈도 범죄, 성과 함께 뉴스거리 3대 소재라 할 정도로 인간의 관심을 불러일으킨다. 모든 뉴스의 상당부분을 돈과 관련된 기사가 차치하고 있는 것은 당연하다.

한국 언론이 선정주의라는 비판을 받으면서도 인물중심의 지면제작을 강화하는 것은 독자들의 사람에 대한 높은 관심과 사람을 통한 뉴스전달의 효용성 때문이다. 선거 때만 되면 언론이 후보들의 정책보다는 인물중심의 대결, 가십, 스케치보도에 치중하고 있다는 비난을 받으면서도 한사코 인물중심으로 지면을 구성하는 것도, 그래야 가독성이 높기 때문이다. 다만 감성적 호소력(*emotional appeal*)을 이용해 의도적으로 조그만 사실을 침소봉대해 기사화하는 선정주의(*sensationalism*)는 배격해야 한다.

(8) 부정성

보편적 가치, 규범체계를 일탈한 각종 사건, 사고, 범죄행위와 같은 부정적인 일(*negativity*)들이 뉴스가 된다. 동성애나 매 맞는 남성, 바람난 유부녀 등이 기사화되는 것도 부정성 때문이다.

(9) 관련성

동일한 일이라도 다른 사회적 이슈와 관련성(*relation*)이 높을수록 기사가 커진다. 한일관계가 악화된 상태에서 일본의 독도 근해 수심측량 움직임이나 일본 관광객의 추태사건은 크게 기사화된다. 중국이 동북공정을 통해 고구려사(史)를 중국사에 편입시키려는 움직임을 보이고 있는 상황에서 만주 일대의 고구려 유적을 발굴하거나 훼손하는 사건이 기사화되는 것도 같은 맥락이다. 우리 사회의 양극화 문제가 핵심 이슈가 되고 상황에서 각양각색의 양극화현상 및 해소방안이 기사화되는 것도 관련성에 기인한다.

(10) 유행성

사람들에게 유행(*currency*)되고 있는 현상은 기사화될 가능성이 높다. 유행되는 현상은 그만큼 사람들의 관심을 끌고 있다는 증거이다. 언론의 입장에서 유행과 관련한 트렌드(*trend*)기사는 가독성이 높은 읽을거리 기삿감이다. 과거 미니스커트 유행과 같은 각종 의복과 관련한 유행이나 성형, 건강식품, 웰빙 열풍, 조기유학 붐 등 유행과 관련한 기사는 무궁무진하다.

2) 뉴스가치의 변화

뉴스가치가 있다 해서 다 기사화되는 것은 아니다. 특정 사건이나 사안이 기사로서 선택되어야 한다. 그러면 어떤 사건이나 이슈가 기사로 선택되는가. 여러 가지 뉴스가치들이 서로 경쟁하면서 그 중에서 가장 적절하게 사건이나 이슈의 성격을 반영한 것이 선택된다. 과거 대구 지하철 공사장 폭발사건, 서울 삼풍백화점 및 성수대교 붕괴사건이나 2006년에 있었던 북한 핵실험이나 반기문 외교부 장관의 유엔사무총장 피선, 사담 후세인 전 이라크 대통령의 사형집행 등과 같은 이슈는 꼭 기자가 아니라도 뉴스가치가 크다는 것을 안다.

이런 명백하게 큰 사건이 아닌 한 뉴스가치는 여러 가지 요인에 따라 변한다. 뉴스가치가 매우 커서 기사화 가능성이 높던 것이 상황이 변하면 기사화가 잘 되지 않기도 하고, 동일한 사건이라도 사람에 따라 기사가치를 달리 평가할 수 있다. 이것을 뉴스가치의 상대성이라 한다.

뉴스가치가 변하는 이유는 ‣시간의 변화에 따른 가변성 ‣기자와 편집자의 주관적 판단 ‣독자와 시청자의 주관적 판단 3가지를 들 수 있다.

(1) 시간적 변화에 따른 가변성

시대가 바뀌고 사회가 발전하면서 뉴스를 재는 뉴스감각은 변한다. 과거에는 훌륭한 뉴스거리가 되었던 것이라도 시대상황이 바뀌면서 뉴스대상에서 밀려나게 되는 것이다. 시간의 변화에 따른 뉴스가치의 상대성은 앞서 언급한 농촌관련기사가 예이다. 과거 경제개발이 이뤄지기 전 농업인구가 전체인구의 60~70%를 차지하던 시절은 농촌관련기사가 많았다. 그만큼 관련 인구가 많고 기사의 파급력 영향력이 컸기 때문이다. 그러나 지금은 농업인구가 5%선에 불과하고, 경제에 차지하는 비중이 낮기 때문에 기사화되는 예가 드물다. 단골메뉴이던 추곡 수매가 기사조차 지면에서 사라졌다. 심각한 탈농현상이나 FTA개방을 둘러싼 농민들의 과격시위 정도가 기사화될 뿐이다.

최근 심각한 사회문제화 되고 있는 저출산 문제도 마찬가지다. 불과 20여 년 전만해도 저출산이 문제가 아니라 산아제한이 최대 이슈였다. 출산율을 낮추기 위한 갖가지 정책과 이벤트, 캠페인이 지면을 장식했다. 거꾸로 이제는 아이를 낳으면 육아보조금 지급 등 각종 혜택을 주는 출산장려정책이 국가적 당면과제가 되었다. 저출산 문제를 해결하기 위한 각종 정책과 대책 기사들이 쏟아져 나오고 있다.

(2) 기자와 편집자의 주관적 판단

뉴스결정에 참여하는 기자와 데스크, 편집기자, 편집책임자의 주관적 판단이 뉴스가치 평가에 영향을 미친다. 어떤 사건이나 이슈가 발생했더라도 기자가 기삿거리가 되지 않는다고 판단하고 기사를 쓰지 않는다면 기사화되지 않는다. 물론 데스크가 취재지시를 해서 기사화할 수도 있지만 그런 경우는 많지 않다. 또 편집국에서 내근하고 있는 데스크가 현장의 여러 가지 사건과 이슈들을 다 알 수도 없다.

기자가 기사를 보냈더라도 편집자가 기삿감이 안 된다고 판단해 지면에 싣지 않으면 기사가 될 수 없다. 기자와 데스크, 그리고 편집자 간에 기사에 대한 가치판단이 다를 수 있다. 기자가 톱기사라고 생각한 것도 데스크는 1 ~ 2단짜리 기사라고 판단할 수도 있고, 편집기자는 데스크와 다른 판단을 할 수 있다. 결국 하나의 사건이나 이슈가 기사화되는 데는 언론사 내부에서만도 여러 층위의 판단과 힘의 역학관계가 작용하고 이 속에서 기사가 최종적으로 결정되는 것이다. 갠스(H. Gans)는 '뉴스는 해석과정이며 이것은 종국적으로 힘의 관계에 의해 결정되는 줄다리기 싸움(*tugs of war*)'이라고 규정했다.

뉴스가치와는 별개로 지면사정에 따라 기사가 커지기도, 줄기도 한다. 큰 기사가 많은 날은 웬만한 기사는 줄어들거나 아예 기사화되지 못하기도 한다. 예로 남북정상회담과 같은 초대형 기사가 터진 날은 이와 관련한 기사로 지면의 대부분을 꾸민다. 이 때문에 문화기사와 같이 시의성이 없는 기사를 제외하고 그날 보도되어야 할 대부분의 기사들은 사장될 수밖에 없다. 기삿거리가 많지 않은 날은 평소에 3 ~ 4단짜리 기사가 톱기사가 되기도 한다. 톱기삿거리가 없을 경우 억지로 톱기사를 만들어 내기도 한다. 언론 용어로는 '작문기사'라고 한다. 기사의 꼬투리는 있지만 똑 떨어지는 기삿감이 아닌데도 불구하고 지면사정 때문에 기사를 만들어낸다는 뜻에서 그렇게 부른다. 바람직한 것은 아니지만 언론 현장에서 흔히 있는 일이다. 뉴스가치의 상대성을 설명하는 좋은 사례다.

(3) 독자와 시청자의 주관적 판단

독자나 시청자의 주관적 판단도 기사가치에 영향을 미친다. 언론이 보도를 통해 여론을 형성하기도 하지만, 역으로 여론의 방향은 언론의 뉴스가치 판단에 영향을 미친다. 당초 대수롭지 않게 취급한 사건이라도 여론의 관심이 고조되면 기사가치가 커지게 된다. 서울대 황우석 교수의 논문조작사건만 하더라도 처음에는 줄기세포연구에 필요한 난자기증과 관련한 윤리문제 정도 선에서 가볍게 취급되었다. 그러나 줄기세포연구 논문의 조작의혹이 제기되고, 여론의 관심이 고조되면서 연일 대서특필하게 된다.

더욱이 상호작용성을 특징으로 한 인터넷의 발달로 현안 이슈에 대한 네티즌들의 반응이 실시간으로 나타난다. 개별 언론사나 기자의 보도에 대해서도 독자와 시청자들의 반응이 즉각적으로 나와 기자와 기사에 영향을 미친다. 언론사, 기자가 일방적으로 정보를 전달하던 시대는 끝났다. 뉴스가치도 언론과 수용자가 함께 판단하는 시대가 도래한 것이다.

결국 뉴스가치는 시간의 흐름에 따른 변화, 기자와 편집자의 가치관, 수용자 요구, 지면과 시간사정, 기사의 공급가능성, 매체의 철학, 발행인의 압력, 광고주의 영향, 매체간 경쟁 등 언론보도에 영향을 미치는 여러 요인들의 총합체라 할 수 있다.

3. 뉴스보도의 원칙

1) 뉴스보도란

취재된 뉴스거리는 기사쓰기, 취사선택, 편집의 3단계를 거쳐 독자와 시청자에게 전달된다. 이 일련의 과정을 보도라 한다.

기자가 어떤 사건이나 이슈에 관해 취재를 했다고 다 기사가 되는 것은 아니다. 기자가 취재한 내용을 기사로 쓸 때 비로소 기사가 되는 것이다. 기자가 어떤 사건을 취재했으나 별로 기사가치가 없다고 판단하면 기사를 쓰지 않는다.

교통사고를 취재했는데 특별한 내용 없이 단순교통사고일 경우 기사가치가 없다.

그러나 같은 교통사고라도 휴대폰을 걸다가 사고를 냈거나, 자동차 안에 설치한 TV를 보다가 사고를 냈다면 훌륭한 기삿감이다. 도둑도 단순 절도사건이면 기사가 안 되지만 경찰서장 집에 도둑이 들어 금품을 털렸다면 당연히 큰 기사가 된다.

기자가 기사를 썼다고 곧바로 보도되는 것이 아니다. 일차로 데스크의 손을 거친다. 데스크는 먼저 기사가 뉴스가치가 있는지, 있다면 몇 단 정도인지를 판단한다. 기자가 기사가치가 있다고 보낸 기사라도 데스크가 뉴스가치가 없다고 판단해 기사화하지 않을 수도 있다. 때로는 기사의 수정, 보완을 지시하기도 한다. 뉴스가치에 판단뿐 아니라 문장이 문법에 맞게 제대로 쓰였는지, 매끄럽지 않은 구석은 없는지도 점검해 기사문장을 손질한다. 이처럼 데스크가 기사를 거르기도 하고 손질하기도 하는 기능을 게이트키핑(*gate keeping*)이라 한다.

데스크의 손을 거친 기사는 편집부로 넘어간다. 편집기자가 기사의 크기를 결정하고, 지면배치 및 편집을 한 뒤 전산제작, 인쇄과정을 거쳐 지면에 보도된다. 편집기자가 기사의 크기나 지면배치를 결정하면서 단독으로 하기보다는 담당 편집부장은 물론 출고부서의 데스크와 협의한다. 주요기사는 편집 책임자인 편집국장 주재로 열리는 데스크들의 편집회의에서 지면배치와 기사의 크기가 결정되는 것이 일반적 관행이다.

앞서 언급한 것처럼 기사는 보도하는 과정에서 기자가 취재한 대로 나가기도 하지만, 데스크 등 편집책임자들의 판단에 따라 새로운 사실이 추가되기도 하고, 뉴스의 초점이 바뀌기도 한다. 같은 기삿거리라도 어디에 초점을 맞추느냐에 따라 기사의 크기가 달라질 수 있다. 시각을 달리해서 보면 뉴스가치가 변한다.

예로 강원도 양양에서 산불이 났는데 별다른 인명피해가 없다면, 실화로 추정되는 산불이 나서 임야 얼마를 태웠다는 정도의 1 ~ 2단 기사에 불과할 것이다. 그런데 낙산사 근처에서 불이 났는데 단순 화재사건으로 기사가 송고되었다면 데스크로부터 당장 낙산사에 피해는 없는지 알아보라는 지시가 떨어질 것이다. 만약 화재로 인해 낙산사 문화재가 소실되었다면 기사는 커지게 된다. 그 문화재가 중요문화재일 경우 기사는 더 커진다. 경우에 따라 화재기사 차원을 넘어 산불 화재에 취약한 산사(山寺)의 문화재 보호문제, 관계당국의 방지대책 소홀문제 등으로 비화될 수 있다. 이것이 기사의 가변성, 상대성이자 보도의 묘미다.

2) 기본 원칙

뉴스는 일단 보도되면 파급효과가 크다. 보도는 정보로서의 유용성, 궁금증 해소, 판단의 준거틀 제공 같은 기능 외에 보도에 따른 관련자가 있기 때문에 반드시 사회적 역할을 하게 된다. 또 취재경쟁을 하다보면 기사를 크게 키울 욕심, 특종을 하고 싶은 의욕이 앞서 기사를 무리하게 과장하거나 챙겨야 할 내용을 다 챙기지 않은 채 서둘러 보도하는 사례가 없지 않다. 그 결과 '뻥튀기'로 불리는 과장보도나 오보, 허위보도, 추측보도, 명예훼손과 같은 위법행위가 발생한다. 따라서 언론이 기사를 작성하고 보도하는 데는 일정한 기준과 원칙이 있어야 한다. 기자와 데스크의 자의적 판단과 필요에 따라 보도가 이뤄진다면 어떻게 언론을 신뢰할 수 있겠는가.

시대를 초월해 뉴스 구성의 근본원칙이 되고 있는 것은 정확성과 균형성(공정성), 객관성 3가지다. 여기에 지식정보사회가 도래하면서 단순정보보다는 기사의 심층화, 해석저널리즘이 강조되고 있는 점을 감안할 때 심층성, 전문성 같은 원칙을 추가하는 것이 바람직하다.

(1) 정확성

정확성(*accuracy*)은 기사의 생명이다. 기사 내용에 담긴 사실관계가 틀리거나 부정확한 것으로 드러나면 언론의 공신력에 먹칠을 하는 것이다. 기사 내용의 정확성뿐 아니라 기사에 인용되는 인명, 지명, 나이, 직업 등 모든 사소한 사항 하나라도 오류가 있어서는 안 된다. 아무리 기사내용이 좋더라도 이름이 틀렸다든가, 주소가 다를 경우 기사 전체에 대한 신뢰가 떨어진다. 기사 내용은 6하원칙에 입각해 확인하고 또 확인해야 한다.

정확성과 관련해 어려운 문제는 첫째, 진실의 취재가 어렵다는 것이다. 둘째, 취재가 됐더라도 사실(*fact*)과 진실(*truth*)의 구별이 쉽지 않다. 취재한 정보에 대해서도 기자가 직접 관찰해 얻은 정보냐, 증인 또는 목격자가 관찰해 전한 정보냐, 현장을 관찰하지 않은 제 3자로부터 전해들은 정보냐에 따라 정확성이 달라질 수 있다. 그만큼 정확성을 확보하는 일은 어렵고 힘든 일이다.

언론보도의 핵심은 진실 추구이다. 그런데 기자의 부주의나 확인 노력의 부족이 아니라도 겉으로 드러난 사실과 숨겨진 진실을 확인하기가 어려울 때가 많다. 진실이 드러나기까지는 상당한 시일을 요하는 경우도 있다.

앞장에서 언급한 1993년 부안 위도 앞바다에서 낚싯배가 침몰해 292여명의 사망자를 낸 위도 페리호 침몰사건의 경우 당초 배가 침몰하자 선장은 배를 버리고 달아나 살아남고 승객들은 모두 죽었다는 보도가 나왔다. 달아난 선장을 보았다는 목격자도 있었다. 배와 승객을 지켜야 할 선장이 먼저 배를 버리고 탈출했다는 보도에 여론은 분노했으나 실제 배를 인양해 보니 선장은 키를 붙들고 죽어 있었다. 당시 달아난 선장을 매도한 모든 언론이 오보(*mis-reporting*)를 한 셈이고 죽은 선장과 그 유가족의 명예를 크게 훼손한 것이다. 진실보도의 어려움을 대변하는 사례다. 그래서 기자는 마감시간 전까지 진실을 확인하려는 노력을 멈춰서는 안 된다.

예 문

강석주, "北외교는 추락하는 토끼"

"핵무기 이미 5, 6개 이상 보유" 시사

"이제 우리가 설 자리는 없다."

올해 7월 평양에서 열린 북한 재외공관장 회의. 대표적 온건파로 꼽히는 강석주 외무성 제1부상은 참석한 외교관들을 향해 깊은 좌절감을 토로했다. 그의 자책은 계속됐다. 극히 이례적인 일이다.

김 부상의 연설은 2일 오전 한 토론회에서 미국 대북 전문가에 의해 생생하게 공개됐다. 영문으로 A4용지 13장 분량이다.

김 부상은 연설에서 2000년 미국 대통령선거 이래 북한 외교의 오만과 실수를 자책하고 2002년 제2차 북핵 위기 이후 군부를 비롯한 강경세력이 득세하면서 설 자리를 잃은 북한 외무성의 현실을 토로하고 있다.

강 부상은 2000년 10월 미국 대선 직전에 합의한 북-미 공동 코뮈니케 내용을 예로 들면서 "좀더 일찍 합의했어야 했다"고 반성했다. 〈동아일보, 2006. 9. 25〉

위 예문기사와 같이 〈동아일보〉를 비롯한 한국의 전 언론이 강석주 북한 외무성 제1부상이 재외공관장회의에서 외교실수를 자책하는 연설을 한 것으로 1면에 대서특필했다. 강 부상의 중대발언을 여러 각도에서 분석한 해설기사도 덧붙여졌다. 그러나 이 기사는 완전히 오보로 밝혀졌다. 각 언론사가 앞 다퉈 다음날 오보에 따른 사과기사를 실었다.

강 부상의 연설 내용은 실제 그가 한 연설이 아니라 로버트 칼린 전 미 국무부 정보조사국 동북아담당관이 미국의 북한관련 연구소인 노틸러스연구소 웹사이트에 '추락하는 토끼'라는 제목으로 올린 글이다. 북한 전문가인 칼린이 가상해서 만든 픽션을 우리 언론들이 사실확인도 제대로 하지 않은 채 그대로 전제한 것이다.

북한의 체제상 고위관리가 이런 중대발언을 했을 것으로는 도저히 믿어지지 않는 내용을 사실인 것처럼 보도하고, 간략한 변명성 사과기사로 책임을 회피하는 것은 언론의 정도가 아니다. 아무리 마감시간에 쫓겼다 해도 이런 정도로 비중이 큰 기사라면 당연히 노틸러스연구소 또는 필자에게 직접 사실을 확인하는 절차를 거쳤어야 했다.

예 문

정정보도

본보는 25일자에 "강석주, 北 외교는 '추락하는 토끼'"라는 제하의 기사를 게재했습니다. 이 기사는 이 날짜 대부분의 종합일간지가 보도했으나 강석주 북한 외무성 제1부상이 평양에서 열린 재외공관장회의에서 실제로 연설한 내용이 아니라 북한 전문가가 가상해 만든 픽션(허구)으로 밝혀졌습니다. 충분한 확인절차를 거치지 않고 기사를 게재한 데 대해 독자 여러분께 진심으로 사과의 말씀을 드립니다. 〈동아일보, 2006. 9. 26〉

(2) 공정성[2)]

공정성(*fairness*)은 보도내용이 공정해야 함은 물론 전후 상황과 정황이 잘 연결되어야 함을 말한다. 어느 일방의 주장만을 보도하거나 두둔하는 편파적 불균형적 뉴스, 진실을 은폐, 왜곡하는 보도는 언론의 정도를 벗어난 사이비 언론이다. 기자의 편견이나 선입관이 보도에 투영되지 않도록 균형감각(*sense of balance*)을 유지해야 한다.

2) 〈워싱턴포스트〉 윤리강령의 공정성

① 아주 중요하거나 특별한 요소를 제외시킨다면 어떤 기사도 공정치 않다. 공정성은 포괄성을 내포하고 있다.

어떤 사안에 대한 다양한 해석이나 시각, 이해관계의 입장을 공평하게 전달하도록 최대한 노력해야 한다. 뉴스가치가 있는 한쪽의 주장을 주된 내용으로 기사를 썼으면, 반드시 다른 쪽의 반론이나 의견도 들어서 기사에 반영해야 한다. 취재과정에서 체득한 기자 개인의 느낌이나 생각, 어떤 사안에 대한 언론사의 주장과 의견은 사설 또는 칼럼과 같은 의견기사를 통해 표출하는 것이 바람직하다.

예 문

이명박 48표 1위, 박근혜 1표 '최하위권'

기획 설문조사/ 증시전문가 118명이 뽑은 '경제 대통령' 후보는

증시전문가들은 이명박 전 서울시장을 '경제 대통령'에 가장 가까운 인물로 꼽았다. 〈오마이뉴스〉가 3월 13일부터 16일까지 12개 국내 증권사 애널리스트 및 펀드매니저 118명을 대상으로 실시한 설문조사에서, 시장을 가장 잘 이해하는 대선주자로 이 전 시장이 선정됐다.

② 특별한 사실을 희생시키면서 본질적으로 관련 없는 정보를 포함한다면 어떤 기사도 공정치 않다.

③ 의식적이든 무의식적이든 독자를 오도하거나 심지어 기만까지 한다면 어떤 기사도 공정치 않다. 공정성은 독자에 대한 성실성을 포함한다.

④ 기자가 "거부했다, 에도 불구하고, 시인했다" 등과 같은 단어들 뒤에 편견이나 감정을 숨긴다면 어떤 기사도 공정치 못하다. 공정성은 교활성이 아니라 솔직성을 요구한다.

이 전 시장은 올해 대통령 선거에 출마를 선언했거나 출마가 예상되는 인물 중 시장에 대한 이해가 가장 깊은 인물은 누구라고 생각합니까? 라는 설문에서 이 전 시장은 전체 응답자의 40.7%인 48표를 얻어 1위에 올랐다.
손학규 전 경기도지사가 그 뒤를 이었고 이 전 시장과 지지율 1, 2위를 다투고 있는 박근혜 전 한나라당 대표는 전체 19명(기타 응답 이해찬 포함) 후보 가운데 최하위를 기록했다. 증시전문가들은 차기 대통령이 가장 역점을 둬야 할 경제정책으로 '기업투자환경 개선(규제완화)'을 지목했다. 〈오마이뉴스, 2007. 3. 20〉

위 기사는 우선 조사대상이 모호하고 표본 집단의 선정이 정확하지 않다. 여론조사 전문기관이 아닌 자체조사 결과를 토대로 단정적인 보도를 함으로써 편파보도 시비를 낳을 만하다. '시장에 대한 이해도'를 물은 것 자체가 불공정하다는 오해를 살 가능성이 높다. 시장의 이해도는 누가 보더라도 이명박 전 시장이 가장 높을 것은 자명하다. 시장의 이해도가 누가 높으냐는 물음과 '경제 대통령' 후보와는 별개의 문제다.

(3) 객관성

사실 보도에 있어서 기자의 주관, 가치, 이념, 감정을 배제하고 객관적 현실을 있는 그대로 보도하는 것이 객관성(*objectivity*)이다. 기자들이 사회현실을 다룰 때 객관적, 중립적 자세를 견지, 어떤 의도적 왜곡이나 과장, 축소 없이 사건을 있는 그대로 전달함으로써 뉴스를 접한 독자들이 진실을 올바로 판단할 수 있도록 해야 한다는 것이다.

기자도 감정의 동물이기 때문에 취재를 하는 과정에서 감정이 작용할 때가 있을 수 있다. 특정인에 대한 선호를 가질 수 있다. 그러나 객관성은 언론 현업에서는 반드시 지켜나가야 할 직업적 지침 내지 최고의 언론윤리이다. 뉴스는 냉정하게 객관적 사실을 전한다는 자세를 가져야 한다. 사실의 판단에 전문적 식견이 필요하면 전문가의 의견을 들음으로써 객관성을 확보하기 위해 최선의 노력을 다해야 한다.

언론의 객관보도는 역사적으로 19세기 중엽, 20세기 초 서구 언론의 상업적 성장과 궤를 같이한다. 통신사의 등장, 신문의 상품화, 실증주의적 인식론과 사진리얼리즘의 대두가 그것이다. 사실을 정확히 반영하고 균형 있게 보도하는 객관보도가 하나의 뉴스보도 관행으로 나타난 것은 1830년대와 40년대 미국에서 정파신문 시대가 끝나고 대중지(*penny press*)[3]가 등장한 것을 기점으로 하고 있다. 인쇄술의 발달로 단시간 내에 대량생산이 가능해지고, 신문사 수익에서 신문광고와 판매가 차지하는 비율이 높아지면서 뉴스내용이 보다 많은 독자들이 거부감 없이 읽을 수 있는 사실 중심의 객관적 내용으로 바뀌었다. 신문사가 많은 대중에게 신문을 팔기 위해 정파적 입장을 떠나 공중의 이해에 봉사하는 것을 목적으로 내세웠다.

객관성은 통신사의 발족과 관련이 있다. 1848년 뉴욕 AP통신사의 발족을 객관보도의 시초로 보는 견해도 있다. 객관보도가 아니고는 고객인 신문사를 만족시킬 수 없기 때문에 통신사가 맨 먼저 객관보도의 원칙을 정립했다는 견해다.

이런 객관성 주장에 대해 뉴스의 현실 구성론을 주장하는 사람들은 객관성은 하나의 목표일 뿐 현실적으로 실현 가능한 것은 아니라고 반박한다. 뉴스의 객관성을 둘러싼 논란은 뉴스를 바라보는 관점의 차이에서 비롯된다. 객관성을 둘러싼 논쟁에도 불구하고 뉴스보도의 질을 담보하기 위해서는 객관성은 저널리스트들의 직업적 행위규범이 되어야 한다.

다만 언론인들이 유념해야 할 점은 객관성의 함정이다. 객관성을 지나치게 강조하다보면 진실보도보다는 객관적 사실의 전달에 그치는 '면피성 보도'가 될 우려가 있다. 기자가 어떤 사건을 취재하더라도 누구를 상대로 취재하는지, 질문의 초점을 어디에 두는지, 어떤 장소와 환경 그리고 어느 시점에 취재원(뉴스원)을 만나는지, 취재한 내용을 어떻게 쓸 것인지 등에 따라 기사에 차이가 나게 된다. 아무리 객관성을 강조하더라도 객관성에는 문제점과 한계가 있다는 말이다. 기자는 최대한 객관성을 유지하려고 노력하되 이 점을 유념하면서 취재에 임해야 한다.

(4) 심층성

심층성은 기사작성의 원칙이라기보다 디지털 시대에 심층정보를 선호하는 수용자의 요구에 부응하기 위해 갖춰야 할 요건이라고 할 수 있다. 인터넷의 발달로 정보의

3) 1833년 Benjamin H. Day가 페니 신문이라고 불리는 염가지 〈뉴욕 선〉(*New York Sun*)을 창간, 대성공을 거두자 다른 많은 신문들도 이를 모방해 대중신문 시대로 돌입하게 되었다.

홍수시대를 맞고 있다. 정보가 넘쳐나기 때문에 이 가운데 무엇이 진정한 정보인지 알 수가 없을 지경이다. 진짜 정보를 골라주는 정보 검색사, 항해사의 역할이 필요하다. 중요한 사건이나 쟁점에 대해서는 그런 일이 일어난 배경, 경과, 파급효과, 향후 전망 등을 심도 있게 해설하고, 취해야 할 방향을 제시해주길 독자들은 원하고 있다. 기존의 매스미디어가 인터넷 매체의 급신장에 대응해 콘텐츠의 차별화를 꾀하지 못한다면 존재 자체가 위협받는 상황이 올지도 모른다.

(5) 전문성

전문성은 심층성과 동전의 앞뒷면이나 다름없다. 전문성이 없이 기사의 심층성을 확보할 수 없기 때문이다. 사회가 갈수록 복잡다기화 되고, 지식과 정보의 양이 기하급수적으로 늘어나고 있으며, 기술의 발전속도가 엄청나게 빠르다. 이런 상황에서 기자가 과거처럼 만물박사를 자처하면서 백화점식으로 이것저것 변죽만 울리는 기사를 써서는 먹히지 않는다.

전문가 못지않은 전문성을 갖고 기사를 쓰지 않으면 독자들의 욕구를 충족시킬 수 없다. 앞으로 전문성이 없는 기자는 도태될 수밖에 없다. 기자가 전문성이 부족할 경우 최소한 전문가의 도움을 받아 전문성을 보완하는 노력이라도 기울여야 한다.

4. 뉴스기사

1) 기사의 분류

(1) 기능별 분류

① 보도기사

보도기사(스트레이트 기사, *straight news*)는 객관적 정보와 사실의 전달에 중점을 두는 뉴스기사를 말한다. 6하(何)원칙, 즉 5W1H(*who*, *when*, *where*, *what*, *why*, *how*)를 기본으로 기사를 작성한다.

② 해설기사

해설기사(*interpretive*)는 어떤 사건을 심층적으로 취재하여 사건이 일어난 원인 및 배경, 사건의 중요성과 의미, 향후 전망 등을 알기 쉽게 설명한 기사이다.

③ 피처기사

피처기사(*feature story*)는 사건 · 사고, 뉴스인물과 관련된 주변 얘기로 독자의 관심을 끌고 심층정보, 흥미, 오락 등을 제공하기 위해 작성한 읽을거리 기사다.

④ 의견기사

의견기사(*editorial*)는 보도된 사실과 관련, 문제점이나 고려해야 할 점, 해결책 등을 제시함으로써 사건에 대해 가치판단을 하거나 가치부여를 하는 글이다. 필자의 주관적 판단이나 주의, 주장, 전망을 담는다. 기사별 사실과 의견의 비중은 〈그림 2-1〉과 같다.

(2) 유형별 분류

보도, 해설, 기획, 스케치, 르포, 가십, 인터뷰, 속보, 날씨, 인사, 부음 등.

(3) 내용별 분류

정치, 경제, 사회, 문화, 스포츠, 국제(외신), 과학, 의학, 건강, 여행, 연예 · 오락, 탐방, 환경, 프로필 등.

〈그림 2-1〉 기사별 사실과 의견의 비중

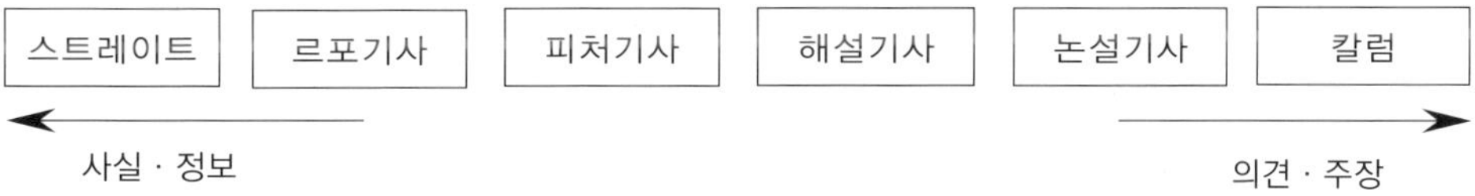

(4) 매체별 분류

신문, 방송, 통신, 인터넷기사.

2) 기사의 혼합화 현상

보도기사와 해설기사, 논평기사는 엄격히 구분해 쓰는 것이 원칙이다. 그러나 최근 이런 원칙들이 무너지고 기사의 혼합화현상이 나타나고 있다. 주요한 이슈와 관련된 내용을 한 지면에 배치함으로써 독자들이 기사를 읽는 데 편리함을 주기 위한 것이다. 또한 이슈가 되고 있는 사안에 대해 전문기자의 식견을 바탕으로 심도 있는 분석을 함으로써 기사의 심층성, 전문성을 요구하는 독자 수요에 부응하기 위한 조치이다.

〈조선일보〉와 〈중앙일보〉가 시도하고 있는 '뉴스 & 해설'은 스트레이트기사와 해설기사를 혼합한 형태의 기사이다. 〈조선일보〉는 데스크를 지낸 중견기자를 선임기자로 임명, 현안 이슈에 대한 깊이 있는 분석기사를 내보내고 있다. 이 분석기사는 해설기사의 차원을 넘어 객관적 사실에 입각하되 기자의 식견과 의견을 가미한 형태의 새로운 기사양식이다.

스포츠관련 기사는 스트레이트 기사에 피처기사를 혼합한 형태의 기사쓰기가 오래 전부터 관행화되었다. 경기결과를 단순히 소개하거나 경기일정을 예고하는 스트레이트 기사도 있다. 그러나 이런 종류의 기사는 재미가 없기 때문에 독자의 눈을 사로잡을 수 없다. 이 때문에 경기결과와 함께 경기내용이나 수훈선수 등에 관한 내용을 혼합해 읽을거리 기사형태로 보도하는 것이 일반적이다. 다음은 기사 혼합화를 보여주는 사례이다.

예 문

㉠ **열린우리당 정덕구 의원** 추 장관, 로데오 게임이란 것 들어보았죠.

추병직 건설교통부장관 네

정 의원 소는 떨어뜨리려고 그러고, 본인은 안 떨어지려고 그러고, 결국은 떨어지죠?

추 장관 네

정 의원 어떻게 떨어지느냐가 더 중요하지 않을까요? 어떤 모습으로 떨어지고 싶으세요?

추 장관 …

정 의원 침묵을 대답으로 인정하겠습니다.

㉡ 13일 국회 경제 분야 대정부 질문. 추병직 장관과 정덕구 의원 사이에 이런 문답이 오갔다. 정 의원은 산자부장관을 역임한 30년 경력의 정통 경제관료 출신이다. 그런 그가 추 장관을 길들여지지 않은 소 위에서 안간힘을 쓰며 버티다 결국 떨어지는 로데오 선수 처지에 빗댄 것이다.

추 장관은 최근 부동산 정책 실패 논란의 한복판에 서 있다. 지난해 6월 "신도시건설에 대해 검토한 바 없다"고 했다가 지난달엔 "두 곳(검단과 파주)을 포함해 신도시를 계속 건설하겠다"고 발표했다.

투기방지대책도 없이 불쑥 튀어나온 이 발언은 결과적으로 부동산 폭등의 원인이 됐다. 그는 지난해 9월 "서울 강남 집값이 하락할 것"이라고 예상했으나 최근엔 "지금 집을 사봐야 비싼 가격에 살 수밖에 없다"고 말했다. 세간에 추 장관 말의 반대로 움직여야 손해 안 본다는 얘기가 돈다. 이른바 '추병직 학습효과'다.

(중략)

㉢ 국회에서 이런 일이 벌어지는 동안 청와대와 열린우리당에선 추 장관 경질 쪽으로 가닥을 잡았다. 열린우리당 고위 관계자는 "당 지도부가 청와대에 추 장관이 스스로 사의를 표명하면 청와대가 수용하는 형식으로 추 장관을 물러나게 해야 한다고 공식 건의했다"며 "청와대도 이 건의를 긍정적으로 검토하고 있는 것으로 안다"고 말했다. 〈중앙일보, 2006. 11. 13〉

위 기사는 ㉠ 일문일답 형식의 기사, ㉡ 해설성 피처기사, ㉢ 스트레이트 기사의 혼합형이다. 1면 머리기사를 일문일답식으로 구성하는 포맷이 파격적이다. 정통적인 기사쓰기 형태라면 다음과 같이 리드를 썼을 것이다.

청와대와 열린우리당은 13일 부동산 정책실패의 책임을 물어 추병직 건설교통부 장관은 경질하기로 가닥을 잡았다. 이날 열린 국회 경제분야 대정부 질문에서도 여야 의원들이 한결같이 추 장관의 사퇴를 촉구했다.

예 문

㉠ 손학규 전 경기지사가 19일 한나라당을 탈당했다. 손 전 지사는 서울 효창동 백범기념관에서 기자회견을 열어 "새로운 길을 열기 위해 그동안 내가 지니고 있던 모든 가능성과 기득권을 버리기로 결심했다"며 "낡은 수구와 무능한 좌파의 질곡을 깨고 새로운 정치질서를 창조하기 위해 한나라당을 떠나기로 했다"고 밝혔다.
손 전 지사는 "새로운 정당을 포함해 미래선진화를 향해 창조적 능력을 갖고 있는 모든 정치세력을 모을 수 있는 바탕을 마련하겠다"며 "미래, 평화, 통합의 시대를 경영할 주도세력을 만드는 데 저 자신을 던지겠다"고 말했다.
㉡ 손 전 지사의 탈당은 대선 때마다 되풀이돼 온 한국 정치의 후진성을 집약하고 있다. 손 전 지사측은 "탈당과 당 대통령 후보 '경선 룰'과는 무관하다"고 강조했지만 결과적으로 그는 당당하게 경선에 임해 승부를 하는 길을 포기했다.
손 전 지사는 그동안 "내가 한나라당의 중심이자 주인"이라며 탈당 가능성을 부인해 왔다. 지난 1월 8일에는 "정도를 걷고 화합하고 한 길을 가는 데 앞장서겠다"고 다짐했다. 그러나 두 달 만에 "한나라당이 대한민국의 역사와 미래를 거꾸로 돌리려고 안간힘을 쓰고 있다"고 말을 바꿨다. 목진휴 국민대 교수는 "손 전 지사의 결정은 자기부정이자 자기모순이며 정당정치의 근간을 훼손한 것"이라고 말했다.
〈경향신문, 2007. 3. 20〉

스트레이트 기사 ㉠과 해설기사 ㉡의 혼합형이다. 뉴스와 해설을 엄격히 구분하던 기존의 관행을 깨고, 이 둘을 통합함으로써 독자들이 뉴스의 배경을 한 면에서 확인할 수 있도록 하는 기사형태이다. 뉴스와 분석기사를 분리해서 쓰되 두 기사를 한 면에 배치, 독자들이 편의를 도모하는 사례도 흔하다.

5. 지켜야 할 뉴스 관행

1) 취재원 비익권

(1) 개 념

취재원 비익권(秘匿權)이란 기자가 취재원을 보호하기 위해 취재원을 다른 사람에게 공개하지 않고 비밀로 할 권리를 말한다. 나아가 법정을 비롯한 사법기관에서 취재원에 대한 진술을 거부할 수 있는 권리를 말한다.

기자가 기사의 취재원을 밝히는 것이 원칙이지만 실제 공개하기 어려운 경우가 적지 않다. 취재원 비공개는 취재원의 요청에 의한 경우가 대부분이다. 그러나 기자가 취재원과의 관계를 지속적으로 유지하거나 취재원을 보호하기 위해 공개하지 않고 익명을 사용하는 경우도 있다.

외교협상이 진행중인 사안은 취재원을 노출하면 전략이 드러날 가능성이 있기 때문에 정부가 브리핑을 한 뒤 취재원을 밝히지 말 것을 요청하는 경우는 전자의 예이다. 워터게이트 사건처럼 미국 백악관 같은 권력심층부가 개입된 비리나 의혹사건은 핵심정보를 정확히 알고 있는 사람의 깊숙한 정보제공이 없이는 취재가 불가능하다. 이럴 경우 기자가 권력기관의 압력이나 사법당국의 요청에 의해 취재원을 밝히면 어떻게 되겠는가. 기자와 취재원 간의 신뢰관계가 완전히 무너져 더 이상의 취재가 불가능할 것은 말할 것도 없고 정보를 제공한 당사자는 여러 가지 불이익을 받게 된다. 각종 불이익을 받는 차원을 넘어 신상의 위해(危害), 나아가 생명의 위협까지 받을 수 있다. 워터게이트사건을 취재한 〈뉴욕타임스〉의 칼 번스타인, 밥 우드워드 두 기자는 끝까지 '깊숙한 정보원'(*deep throat*)의 신원을 공개하지 않았다.

기자가 취재원을 필요 이상으로 과잉보호하거나 취재원보호를 핑계로 무책임하게 익명을 남용해서는 안 된다. 언론이 법 위에 존재할 수는 없다. 그만큼 기사에 대한 철저한 책임이 전제되어야 한다. 그러나 정당한 취재원 보호는 언론윤리 이전에 기자의 생명이나 다름없다. 기자가 취재원을 밝히지 않기로 약속을 했으면 그것이 공익에 반하는 불법적인 일이 아닌 한 취재원을 보호할 책임이 있다.

(2) 법적 제도

우리나라는 관행상 취재원보호가 언론의 덕목으로 되어 있으나 현행법상 기자의 취재원 비익권을 인정하지 않고 있다. 다만 우리나라도 1980년 5공 군사정권이 만들었던 언론기본법은 악법이었지만 동법 8조 1항에 "언론인은 그 공표사항의 필자, 제보자 또는 자료의 보유자의 신원이나 공표내용의 기초가 된 사실에 관하여 질문을 거부할 수 있다"고 규정했다. 동법 2항은 범죄를 구성하는 기사를 제외하고 취재원과 관련한 수사, 압수수색을 하지 못하도록 했다.

이 같은 법규정에도 불구하고 5공 정권하에서 정권의 비위를 거스르는 기사의 취재원과 관련해 많은 언론인들이 관계기관에 강제 연행되어 불법적인 협박, 폭행, 고문 등을 당한 것은 널리 알려진 사실이다. 취재원을 찾아내기 위해 기사의 출처로 의심되는 기관이나 부서의 각종 연고관계를 샅샅이 뒤지거나 기자의 친인척 기업에 대해 세무사찰을 하는 것과 같은 압력을 가하기도 했다.

이 법이 1987년 6 · 29민주화선언으로 폐지되고 '정기간행물 등록 등에 관한 법률'로 대체 입법되었으나 취재원보호 규정은 반영되지 않았다. 소송이 진행되는 과정에서 기자에게 취재원을 공개하라고 요구한 사례는 발견되지만 아직까지 취재원 보호와 관련한 법원의 확정판결은 나오지 않았다.

미국은 1896년 메릴랜드 주를 필두로 지금까지 31개주에서 기자의 취재권을 보호하는 방패법(*shield law*)이라 불리는 취재원보호법을 제정해 시행하고 있다. 미국은 또 언론의 내부 기밀보호를 위해 1980년 통과된 사생활보호법(Privacy Protection Act)을 통해 공공 커뮤니케이션을 유통하는 사업체, 즉 언론사에 대한 압수수색을 금지하고 있다. 대신 관련문서 등의 증거제출명령을 발부한다. 그러나 미 연방헌법은 취재원 보호를 인정하지 않고 있다. 이 때문에 취재원을 공개하라는 법원의 명령을 받아들이지 않아 상당수 기자가 실형을 선고받은 전례가 있다. 어느 경우든 기자나 언론사가 국가안보를 위협하거나 직접 흉악범죄에 연루되었을 때, 인명손실 및 증거인멸 등 긴급한 필요성이 있는 때는 법의 보호를 받지 못한다.

(3) 사 례

2003년 8월 SBS가 양길승 청와대 부속실장의 청주 룸살롱 술자리를 몰래 찍은 몰래카메라 사건이 대표적 사례다. 수사를 담당한 청주지검은 법원으로부터 압수수색영장을 발부받아 SBS 본사에서 비디오테이프 등 일체의 자료를 넘겨줄 것을 요구했다. 법원이 압수수색영장을 발부한 것은 취재원 공개를 요구한 것이나 다름없다. 그러나 이 사건은 SBS 측이 언론사에 대한 압수수색은 언론자유에 대한 중대한 침해라며 검찰의 수색을 물리력을 동원해 강력 저지했고, 검찰도 강제수색을 포기함으로써 흐지부지되고 말았다. 언론과 법이 정면충돌하는 선례를 남겼으나 결과는 없었던 일이 되고 말았다.

▸SBS 관계자가 양길승 청와대 부속실장의 '청주 룸살롱 술자리 몰래카메라사건'과 관련, 청주지검 수사관들의 압수수색 집행을 막고 있다. 〈경향신문, 2003. 8. 9〉

미국은 연방대법원이 2005년 7월 이른바 '리크(*leak*) 게이트'사건과 관련, 취재원을 공개하지 않아 법정모독죄로 기소된 〈뉴욕타임스〉(NYT) 주디스 밀러 기자와 〈타임〉(*Time*)지(誌) 매튜 쿠퍼 기자의 상고를 기각한 것이 최근의 사례다. 이에 따라 "취재원과의 약속을 지키기 위해 취재원에 대한 증언을 거부한다"며 끝내 취재원 공개를 거부한 밀러 기자는 법정모독죄로 구속 수감되었다. 이 사건은 미국의 이라크 전쟁 명분이었던 사담 후세인의 우라늄 구매시도에 대해 언론을 통한 진위 공방을 벌이던 기고 및 칼럼에서 중앙정보국(CIA)요원의 신분이 누설돼 일어났다. 조지 W. 부시 미국 대통령은 2003년 1월 이라크가 아프리카 니제르에서 우라늄 구매를 시도했다고 발표하자 니제르를 답사했던 전 이라크 대리대사 조지프 윌슨은 같은 해 7월 〈뉴욕타임스〉에 '부시 대통령의 발표가 근거 없다'는 취지의 글을 기고했다.

일주일 뒤 부시 대통령의 정책을 지지해 온 칼럼니스트 로버트 노박이 같은 신문의 칼럼을 통해 윌슨을 비난하면서 윌슨의 부인 발레리 플레임이 중앙정보국 비밀요원이라는 사실을 폭로했다. CIA요원의 신분공개는 중대한 연방범죄다. 미 법무부는 2003년 12월 특별검사를 임명해 플레임의 신분을 누설한 사람이 누구인지 조사하도록 했다. 특별검사는 플레임에 관해 취재했거나 기사를 쓴 4명의 기자에게 대배심에 출두해 증언하라는 소환장을 발부했다. 밀러 기자도 여기에 포함되어 취재원에 대한 진술을 요구받았으나 거부했다.

2) 오프 더 레코드

(1) 개 념

취재원이 보도 관계자에게 정보를 제공할 때 보도 내지 공개하지 않는다는 조건을 붙이는 내용을 말한다. '기록하지 않는다'는 뜻의 '오프 더 레코드'(*off the record*)는 비보도 또는 보도금지로 해석한다. 미국에서는 '오프 더 레코드'와 익명보도(*not for attribution*), 배경설명(*background*), 심층배경(*deep background*)으로 구분한다.

우리나라 취재현장에서는 일반적으로 취재원이 취재기자의 이해를 깊게 하기 위해 특정 사안의 내용을 설명하되 보도 또는 공개하지 않는 것 또는 기사로 보도하지 않는다는 전제 아래 인터뷰하는 것이 '오프 더 레코드'의 일반적인 정의로 통용되고 있다. 취재원이 보도는 물론 데스크에 대한 구두보고, 사내 정보보고 형태의 내용전파도 하지 말아줄 것을 요구하는 경우도 있다.

따라서 '오프 더 레코드'는 우리나라에서는 취재원 비공개와는 다른 개념으로 쓰이며 일정시한까지 보도를 연기하는 엠바고와도 구별된다. 취재의 대상이 되는 사람이나 기관이 관련되는 내용을 보도하지 말아줄 것을 부탁하는 행위와도 다르다.

(2) 필요성

'오프 더 레코드'는 취재원에 대해 사찰권이나 수사권이 없는 언론으로서는 최대한 사실을 알아내기 위해서 취재원과 일정한 합의가 필요한 경우가 있다. 그런 합의 내용 중에는 취재원으로부터 입수한 정보를 보도하지 않거나, 취재원의 신원을 밝히지 않고 보도하는 것이다. 원론적으로 모든 정보에 대해 그 사실을 입수한 시간과 장소, 배경 그리고 그런 발언을 한 사람의 신원을 정확히 밝히는 것이 바람직하다. 하지만 기자들이 취재한 내용을 즉시 기사화하고 취재원을 모두 밝힌다는 것은 이상론에 가깝다.

기자가 취재를 하다보면 많은 장애물과 부닥친다. 적극적으로 정보를 감추려는 사람, 거짓 정보를 흘리는 사람 등 수많은 상황을 접하게 된다. 정치인이나 관리가 사석에서 발언하는 민감한 사안들, 기업이 경쟁사의 정보나 결점을 은근히 흘리는 비방 등에 '오프 더 레코드'가 걸리는 경우가 흔하다. 무엇보다 취재원이 자신의 신원이 밝혀질 경우 정보를 주지 않겠다고 한다면 기자로서 달리 방법이 없다. 정확한 정보를 입수하고, 사실을 확인하기 위해서는 취재원의 요구를 수용하지 않을 수 없다. 실제 많은 취재원들이 자기 이름이 실명으로 보도되는 것을 극히 꺼린다.

'오프 더 레코드'는 ‣중요한 취재의 단서확보 ‣충분한 정보 취득 ‣고급 취재원 확보를 위한 방편으로 활용된다. 그래서 대부분의 언론인들은 '오프 더 레코드'를 취재원을 보호하고, 공개적으로 알 수 없는 사실을 취재하는 데 사용하는 취재의 테크닉으로 인정하고 있다. 오프 더 레코드는 법률 용어가 아니라 미국을 중심으로 확립된 언론관행이다.

(3) 종 류

① 비보도

특정사안에 대해 말이나 자료제시 등은 할 수 있지만 기사화해서는 안 된다. 일종의 신사협정이다. 그러나 말하는 사람이 겉으로는 '오프 더 레코드'를 말하면서 속으로는 기사로 써줄 것을 은근히 바라는 경우도 있다. 우리나라 정치인이나 공직자들이 기사를 키우기 위해 특정 기자에게만 기삿거리를 흘리는 것처럼 '오프 더 레코드'를 걸어 특종의식을 조장하는 사례가 적지 않다.

'오프 더 레코드'가 지켜지지 않을 것을 뻔히 알거나 지켜지지 않을 것을 기대하면서 거는 '오프 더 레코드'는 언론플레이에 불과하다. 취재원과 기자 간에 고도의 수 싸움이 오가는 게임이다. 기자가 수용 여부를 현명하게 판단해야 한다.

② 익명보도

공익을 위해 부득이한 경우에 한해 뉴스소스를 익명으로 처리한다. 브리핑한 내용을 모두 보도할 수 있으나 취재원의 이름과 직위 등 신분을 밝혀서는 안 된다. '검찰(경찰)은 ~ 라고 밝혔다', '한 관계자는 ~ 라고 주장했다'라는 방식으로 처리하는 것이 일반적이다. 익명의 소스가 언론을 악용하는 경우 언론의 신뢰성을 좀먹고 무책임성을 조장할 가능성이 있다.

③ 배경설명

심층배경이나 익명보도가 독자나 시청자의 신뢰를 떨어뜨린다는 점을 감안, 가능한 한 기사의 신뢰성을 확보하기 위한 방식이다. 이 경우 정보를 이용할 수 있고, 직접 인용도 가능하다. '청와대(외교부)의 고위 소식통은 ~ 라고 말했다'와 같은 식으로 개략적인 출처를 밝혀 인용된다.

④ 심층배경

기사의 배경으로 해설기사 등의 정확성을 높이는 데 사용할 수 있는 정보이다. 미국 워싱턴이나 정치인들이 주로 이용하는 방법이다. 취재원을 일체 밝히지 못하고, 보도기자 자신의 견해로 표명하는 방식으로 이용된다. '~ 로 보인다', '~ 할 전망이다' 같은 방식으로 활용된다. 미국 워터게이트 사건의 '딥 스로트'(*Deep Throat*)도 일종의 심층배경으로 볼 수 있다(윤석홍, 1996).

(4) 요 건

첫째, 보도될 경우 국가안보, 외교관계, 개인의 명예, 수사와 같은 공적 업무 등에 중대한 지장을 초래할 경우이다. 국익이나 공익이라는 측면에서 입수한 정보를 취재원의 요구에 따라 쓸 수 없다.

둘째, 취재원이 밝혀질 경우 취재원 자신의 생명, 지위 등이 위협을 받을 가능성이 있는 경우이다.

셋째, 이해관계인에게 정보가 노출될 경우 부작용이 예상될 때이다.

(5) 제 한

'오프 더 레코드'는 취재윤리 및 취재기술상의 문제이다. 기자의 직업윤리 및 국민의 알권리보호라는 측면에서 '오프 더 레코드'는 최소화하는 것이 바람직하다. 그러나 '오프 더 레코드'를 받아들이지 않으면 주요 현안에 대한 뒷얘기나 배경을 관계자들로부터 들을 수 없거나 주요한 취재원을 확보하지 못할 가능성이 높다. 현실과 원칙의 적절한 조화가 필요하다.

'오프 더 레코드'가 성립되지 않는 일반적 기준은 다음과 같다.

첫째, 기자의 승낙이 전제되지 않은 것(취재원의 일방적 '오프 더 레코드'는 인정되지 않는다).

둘째, 기자가 직접 관찰한 것.

셋째, 타 취재원으로부터 취재 가능한 것.

넷째, 내용이 명백하거나 취재원이 요청하기 전에 기자가 직접 입수한 공문서와 자료.

다섯째, 현저히 공익 위반되는 내용으로 국민의 알권리를 침해할 가능성이 큰 것.

(6) 사 례

① 코니 정 사례

중국계 미국 여성으로 미국 3대 네트워크 중 하나인 CBS의 앵커우먼 코니 정은 〈Eye to Eye〉라는 자신의 프로그램에서 미국의 하원의장 뉴트 깅리치의 어머니 캐서린을 등장시키기 위해 인터뷰를 했다.

당시 깅리치 하원의장은 미국 중간선거에서 공화당을 이끌고 압승을 거둔 뒤 백악관과 정면대결 자세를 취해 미국 언론의 관심이 집중되던 시기였다. 코니 정은 깅리치 의장의 어머니 캐서린에게 "깅리치가 힐러리에 대해 어떤 식으로 이야기 하더냐"고 물었다. 캐서린이 대답을 꺼리자 코니 정은 "우리 둘만 살짝 알면 되지 않느냐"고 대답을 재촉하자 캐서린은 그제야 "잡년"(*She is a bitch*)라고 말했다.

이 인터뷰는 1995년 1월 5일 방송되었다. 캐서린의 발언은 백악관과 깅리치에게 큰 파문을 일으켰다. 깅리치측이 사과를 하면서 파문은 일단락되었다. 깅리치측은 자신의 어머니가 그런 내용이 방송될 것으로 예상하지 않았기 때문에 그런 말을 했다면서 코니 정의 행동은 멸시당할 만한 것이라고 혹평했다.

언론 내부에서도 코니 정의 양식을 질타하는 소리가 높았다. 그러나 CBS측은 캐서린이 CBS뉴스 카메라 앞에서 명백히 방송이 되는 줄 알면서 그런 말을 했기 때문에 사실상 오프 더 레코드라고 할 수 없다"고 주장했다.

② 서석재 장관 4천억 발언 파문

1995년 8월 1일 저녁, 서석재 당시 총무처 장관은 부산지역 민자당 지역구 조직책 복귀를 앞두고 〈조선일보〉기자를 비롯해서 7명의 기자들과 저녁 회식자리를 마련하였다.

서 장관은 식사가 시작되면서 "오늘 얘기는 기자들이 안 쓰는 것으로 하자"고 사실상 '오프 더 레코드'를 제안했다. 기자들도 동의했다.

서 장관이 이런 저런 시국과 관련한 얘기를 하던 중 "전직 대통령 중 한 사람의 대리인이 가명계좌로 4천억 원이 있는데 2천억 원을 정부에 줄 테니 2천억 원을 보호해줄 수 있느냐고 물어왔다"면서 "내가 청와대 경제수석과 국세청장에게 방법이 있는지 물었더니 도저히 없다고 하더라"고 말했다.

저녁 회식이 끝난 뒤 일부 기자들은 이 사실을 데스크에 보고하고, 일부 기자들은 보고하지 않았다. 보고를 받은 〈조선일보〉는 편집국장이 기사화할 것을 강력히 주장해 3일자 톱으로 대서특필했다.

이 기사는 그 후 박계동 의원이 가명계좌를 찾아내 국회에서 폭로하고, 검찰 수사를 통해 사실로 밝혀졌다. 결국 가명계좌의 실제 소유자인 노태우 전 대통령이 구속되어 실형을 살았다.

이 경우 〈조선일보〉의 보도가 '오프 더 레코드'를 파기했느냐가 논란이 되었다. 비록 서 장관이 시중에 유포된 얘기를 확인해 주는 성격이었다 해도 그는 당시 민주계 실세 장관으로 믿을 만한 정보를 얻을 수 있는 공적 자리에 있었다. 그런 점에서 서 장관의 발언은 직무와 관련된 사실관계를 밝힌 것이기 때문에 '오프'를 적극적으로 보호해야 할 필요가 없다는 것이 다수 견해다. 또 전직 대통령이 불법으로 4천억 원의 비자금을 조성했다는 사실 자체가 엄청난 내용이다. 대통령이 금융실명제를 무력화시키고 불법적인 정치자금 조성, 권력형 비리를 자행했다는 점에서 국기(國基)를 뒤흔드는 사안이다. 설사 서 장관이 '오프'를 걸었다 해도 국민의 알권리를 보호하고, 언론의 공익적 기능이라는 측면에서 보도하는 것은 당연하다.

③ 유시민 보건복지부 장관 발언파문

유시민 보건복지부 장관이 취임 1주년을 맞아 2007년 2월 8일 출입기자들과 만찬을 함께했다. 노무현 대통령의 복심으로 불리는 유 장관은 현역 열린우리당 의원인 데다 친노(親盧)세력의 핵심인물이기 때문에 자연 정치문제가 화제에 올랐다.

유 장관은 '오프 더 레코드'를 전제로 열린우리당 분당사태, 한나라당에 대한 솔직한 생각 등을 털어놨다. 이대로 가면 한나라당의 집권 가능성은 99%이며, 여권이 통합신당을 만들지 못할 것이라는 등 민감한 사안에 대해 언급했다.

유 장관의 발언은 일단 '오프'가 잘 지켜졌으나 그 자리에 동석했던 국민일보 출입기자가 그 후 18일 유 장관 자택을 방문, 보충취재를 한 뒤 20일자 조간신문에 단독인터뷰 형태로 1면 톱 스트레이트와 3면 전체를 인터뷰 박스로 대서특필했다.

보도가 나간 뒤 유 장관 측은 '국민일보 보도에 대한 입장'을 통해 "국민일보 기자가 예고 없이 찾아와 15분 정도 머물다 갔으며 1주년 간담회에서 한 얘기 이상 다른 이야기를 하지 않았다"면서 "당시 기사를 쓰기 위한 취재인지 여부를 물었으나 전혀 그럴 의도가 없다는 대답을 들었는데도 기사화돼 유감"이라고 밝혔다.

유 장관 발언에 대한 국민일보의 보도는 비록 단독인터뷰의 형태를 취했지만 1주년 기념 기자간담회의 내용이 골자라는 점에서 '오프'를 깼다는 것이 언론계의 중론

노대통령 측근 유시민 장관 정국 전망 파장

“한나라 집권 가능성 99%
여권 통합신당 못만들것”

▸ ‘오프 더 레코드’ 파기 논란을 일으킨 국민일보 기사

이다. 더욱이 자택을 방문, 단독 면담하는 자리에서도 기사화하지 않겠다는 약속을 해놓고 이를 파기했다면 기자 윤리문제가 될 수도 있다. 이 사건은 해당 신문사가 복지부 기자단의 3개월 출입정지 징계를 수용함으로써 일단락되었다.

3) 엠바고

(1) 정의 및 형태

엠바고(*embargo*)란 상선의 입항금지나 화물체적 금지 또는 수출금지 등 국가간의 경제제재조치를 취할 때 사용하는 통상(通商)용어다. 언론에서는 취재보도과정에서 과당경쟁이나 이로 인해 국익 및 사회전반의 이익이 배치되는 결과가 초래되는 것을 막기 위해 보도를 일정시점 이후로 제한하는 ‘시한부 보도유보(유예)’로 쓰고 있다.

엠바고는 각 출입처 기자실에서 기자들간의 합의로 이뤄지기도 하고 출입처 등 정보제공자의 요구를 기자들이 받아들여 이뤄지기도 한다. 취재원과 취재기자 사이에 있어서의 보도시기에 관한 일종의 약속이다. 엠바고는 원칙적으로 해당내용을 기자들에게 공개해야 한다. 엠바고를 거는 표시 양식은 없으며 통상적으로 보도자료 위쪽에 “언제 이후부터 기사화해 달라”는 엠바고 표시를 한다.

〈그림 2-2〉 3월 6일 조간부터 보도해 달라는 엠바고가 붙은 보도자료

보도자료

출처: 교육인적자원부

일시: 2007년 3월 5일

제목: 서울대 · 충남대 여성 Power, 양성평등에 앞서간다.

2006년 양성평등조치 우수대학: 서울대 · 충남대 · 한국해양대 · 경북대

★ 3월 6일(화) 조간부터 보도하여 주시기 바랍니다.

보도자료 2006. 3. 5.	교육인적자원부 MINISTRY OF EDUCATION & HUMAN RESOURCES DEVELOPMENT
	정책홍보담당관실 ☏ 2100-6036

자료문의: ☏ 2100-6210 여성교육정책과 과장: 서영주, 담당: 서기관 최승복

제목: 서울대 · 충남대 여성 Power, 양성평등에서 앞서간다.

2006년 양성평등조치 우수대학, 서울대·충남대·한국해양대·경북대

□ 교육인적자원부(부총리 겸 장관 김신일)는 3월 6(화) 2006년도 양성평등조치 우수대학으로 '서울대, 충남대, 한국해양대, 경북대'를 선정·발표하였다.

□ 2006년도는 국·공립대학의 교원임용 및 의사결정 참여에 있어 성별균형을 유도하기 위한 "양성평등조치계획"을 실시한 지 3년이 되는 해로, 이번에 우수대학으로 선정된 대학들은 지난 3년간 노력들이 성과로 나타났다는 측면에서 그 의미가 크다.

〈이하 생략〉

엠바고는 '몇 월 며칠 조간/석간부터'로 나타내고 방송매체는 이에 따른 보도 가능 시간을 명시하는 형태로 건다. 막연히 특정 사안이 확정, 발표될 때까지와 같은 포괄적 엠바고는 곤란하다.

① 보충취재용 엠바고

뉴스가치가 높은 발표기사이면서도 전문적이고 복잡한 문제를 다룰 때 또는 기자들이 보충취재가 필요하다고 판단할 때 취재원과 합의하에 이루어지는 시한부 보도유보를 말한다. 예로 대학입시 수능 점수 발표 같은 경우 곧바로 자료를 주고 보도하도록 하면 수능점수 분석, 전문가 인터뷰, 응시 가능대학 선별, 학생들의 반응 등 관련 보도내용이 많아서 물리적 시간도 부족하고 부정확한 보도로 인한 수험생과 학부모들의 혼란을 초래할 가능성이 높다. 이 때문에 교육당국이 최소한 하루 전쯤에 엠바고를 걸어 자료를 배포함으로써 보충취재의 편의를 제공하는 것이 관례다.

② 조건부 엠바고

뉴스가치가 있는 사건이 일어날 것이라는 예측은 할 수 있으나 언제 일어날 것인지 시간예측을 할 수 없을 때, 사건이 일어난 후에 기사화한다는 것을 조건으로 보도자료를 미리 배포하는 경우이다. 국회의원들이 대정부질문 자료를 미리 배포하거나 외국과의 외교관계 수립에 관한 보도자료를 미리 제공하면서 언제 이후 보도해 달라고 하는 경우이다.

③ 공공이익을 위한 엠바고

국가이익과 안전에 관련된 사건(사안)에 대해 그것이 해결될 때까지 보도 자제를 요청하는 경우이다. 어린이 유괴사건, 국가간 외교협상, 국가원수의 건강이상 등과 같은 유고사태가 발생하는 경우 즉각적 보도 자제를 요청하는 것을 말한다.

④ 관례적 엠바고

재외공관장 인사와 같이 외교적인 관계를 존중하여 인사이동에 관한 기사를 미리 취재했더라도 주재국정부가 아그레망(*agrement*)을 부여할 때까지 보도를 보류하거나,

양국이 동시에 발표하기로 한 기사를 공식발표가 있을 때까지 일시적으로 보도를 유보하는 경우를 말한다.

(2) 엠바고의 기능과 역기능

엠바고는 정부정책이 확정되지 않은 상태에서 보도될 경우 생기는 혼선을 막고, 자료와 내용에 대해 언론이 자체 확인, 분석할 수 있는 시간적 여유를 준다. 기사 제공자는 시간을 갖고 자료를 충분히 검토할 수 있으며, 기자 역시 심층취재를 통해 보다 완벽한 기사를 작성할 수 있다는 점에서 잘만 운영되면 양자 모두에게 도움이 된다. 또한 어린이 유괴 사건처럼 보도가 나갈 경우 피해자 도주와 증거인멸, 인질의 생명위협과 같은 사건수사에 막대한 지장을 초래하거나, 외국과의 민감한 협상이 미리 보도될 때의 국익에 악영향을 주는 사례도 없지 않아 현실적 필요성이 있다. 엠바고는 뉴스소스와 기자 간의 신사협정으로 이를 지킬 것인지 여부는 어디까지나 기자의 윤리와 관련된 문제이다.

그러나 기자들이 서로 취재경쟁을 피하자는 발상에서 엠바고를 설정하는 경우도 있다. 출입처의 언론플레이에 이용당하는 경우도 있다. 일부 부처에서는 기사가 될 만한 것은 몽땅 엠바고를 걸어 기사를 통제하거나 심지어 외신에 보도된 내용에 대해 엠바고를 걸기도 한다.

사건 수사에서는 수사의 편의나 수위조절을 위해 엠바고를 남발하기도 한다. 이러한 엠바고를 이용한 언론통제의 유형으로는 보도효과의 극대화, 언론플레이, 정보통제, 여론조정 등이 있다.

더욱이 인터넷 등 뉴미디어의 발달로 정보 사이클이 갈수록 빨라지고 있는 상황에서 엠바고는 정보의 리얼타임(*realtime*)서비스에 장애요인이 되고 있다. 특정 출입처나 기자들이 엠바고를 수용했다 하더라도 수많은 매체들이 수용한다는 보장이 없다. 정보유출로 인한 루머의 진원지 구실을 할 수 있다. 증권시장에서는 수익과 직결된다. 국민의 알권리보호라는 차원에서 엠바고는 신중하게 이뤄져야 한다. 엠바고가 가져다주는 부정적 영향으로는 정보의 불평등(*information gap*), 관급기사의 확대재생산(발표저널리즘), 기업정보의 조작, 보도내용의 획일화를 들 수 있다.

연_습_문_제_

1. 뉴스가 무엇인지 정의를 내려보자.

2. 기사의 크기를 결정하는 편집국 메커니즘에 대해 알아보자.

3. 기사 내용이 동일한데도 언론사마다 기사의 비중이 다른 것은 무엇 때문인가.

4. 디지털시대의 뉴스가치 변화에 대해 논의해 보자.

5. 뉴스가 사회적으로 재구성된다는 것은 무슨 뜻인가.

6. 뉴스가치가 변하는 원인에 대해 논의해 보자.

7. 취재원 보호와 언론윤리에 관해 토의해 보자.

8. '오프 더 레코드' 파기논란을 불러일으킨 국내외 보도사례를 찾아보자.

9. 엠바고의 역기능에 관해 논의해 보자.

제 2 부 미디어문장론

제 3 장

미디어문장

1. 미디어문장이란

신문이나 잡지, 통신, 방송 등의 매체가 불특정 다수의 대중에게 어떤 메시지를 전달하기 위해 특정한 틀(*frame*)에 맞추어 작성한 문장이 미디어(언론)문장이다. 사적인 문장이 공인된 기호체계로 구성된 것이라면, 미디어문장은 그 위에 공인된 관행체계라는 여과장치를 더 거쳐야 한다.

대중이 알기 쉽게, 지면이나 방송시간이 제한되어 있기 때문에 경제적으로 써야 한다. 대중매체는 이런 특성에 맞춘 기사를 일정한 틀에 넣어 편집하거나 편성해 대중에게 전달한다.

일정한 틀이나 관행을 익히지 않으면 좋은 언론문장을 쓰기 어렵다. 미디어문장론을 배우는 목적이 여기에 있다. 기사를 잘 쓰는 첩경은 연습밖에 없다. 이론으로 배우고, 부단한 훈련을 통해 완성도를 높여 나가는 것이다. 언론사는 갓 입사한 초년 기자들에게 주로 사건기자를 시키면서 취재감각을 익히고 기사쓰기 연습을 시킨다. 중도 탈락하는 사람이 나올 정도로 고된 훈련을 받는다. 선배기자의 지도를 받아 취재기법도 습득하고, 다양한 상황에서의 기사작성 훈련을 받는다. 이런 과정을 상당기간 거쳐 독자적인 취재와 기사작성법을 익혔다는 판단이 선 뒤에 비로소 단독 출입처를 맡는다.

아무리 훌륭한 언론학 교수라도 막상 취재현장에 내보내 기사를 쓰라고 하면 쓰지 못한다. 학문적으로 언론현상을 분석하고 이론화하는 데는 능숙할지 모르지만 취재의 기법과 기사문장작성에 대한 훈련을 받지 않았기 때문이다. 우리나라 일부 언론에서 전문기자제도를 도입하면서 해당분야 박사급 인력을 기자로 채용했으나 대부분 실패했다. 학문적으로는 박사일지 모르지만 마감시간이라는 정해진 시간 안에 필요한 내용을 모두 취재한 뒤, 쉽고 정확한 기사문장으로 만들어 독자들에게 전달하는 훈련은 받지 않은 탓이다.

좋은 기사문장을 쓰기 위해서는 기사문장의 특성과 관행을 이해하고 부단한 글쓰기를 통해 전문성, 완성도를 높여가는 것 외에 왕도가 없다.

2. 미디어문장의 범위

미디어문장은 크게 뉴스(*news*)와 주장(*views*)으로 나뉜다. 뉴스는 사실을 있는 그대로 전달하는 데 목적이 있기 때문에 원칙적으로 평가를 배제한 문장이다. 객관성, 공정성, 정확성을 기본으로 한다. 뉴스는 스트레이트기사를 비롯해 해설기사, 기획기사, 피처기사 등이 있다.

반면 주장 또는 논평은 논설과 칼럼처럼 평가를 위주로 한 문장이다. 객관적 사실을 바탕으로 주관적인 견해와 입장, 주장을 펴는 글이다. 대중의 반응을 유발하기 위한 글이기 때문에 평가적일 수밖에 없다.

광고도 뉴스이고 카피(*copy*)라 부르는 광고문장이 있기 때문에 미디어문장에 넣어야 한다는 주장도 있다. 문인이나 문필가의 기행문 같은 것은 언론에 맞게 글을 쓰고 시사적인 내용도 있기 때문에 미디어문장의 범주에 넣기도 한다. 그러나 이런 문장은 언론인이 뉴스와 논평을 쓰는 미디어문장과는 구별된다.

3. 미디어문장의 특성

(1) 실용성

미디어문장은 실용산문이다. 중학생 정도면 누구나 읽을 수 있는 실용성을 우선으로 하기 때문에 학술적인 논문이나 시, 소설 문장과도 구분된다. 대중에게 쉽게 전달되고 이해하기 쉽도록 작성해야 한다. 현학적 표현이나 화려하고 아름다운 수식어를 가급적 생략하고 간결, 명료하게 쓰는 것을 원칙적으로 한다.

(2) 대중성

미디어문장은 남녀노소, 학력, 지적수준을 불문하고 모든 사람이 읽는 것을 전제로 한다. 대중 절대다수가 읽을 수 있는 문장이어야 한다. 아무리 좋은 내용이라도 독자들이 이해하지 못하면 아무 소용이 없다. 기사가 어려우면 당장 읽기를 그만두는 것이 독자들의 성향이다. 방송은 눈으로 읽는 것이 아니라 눈으로 보고 귀로 듣기 때문에 더 대중성이 요구된다. 어려운 단어나 문장은 귀에 들어오지 않는다. 쉽고 일상적인 구어체 문장으로 써야 한다. 대중적인 문장은 이해하기 쉬울 뿐 아니라 재미가 있어야 한다. 기자는 기사를 쓸 때 독자들의 눈높이에 맞추는 노력을 게을리 해서는 안 된다. 기사는 기자의 지식을 자랑하는 글이 아니다.

(3) 시간적, 공간적 제약성

미디어문장은 마감시간이라는 제약과 지면이라는 제약이 있다. 신문은 하루 4 ~ 5차례 마감시간이 있다. 마감시간 내에 기사 송고가 끝나야 기사가 되는 것이다. 마감시간을 넘긴 기사는 아무 소용이 없다. 기자는 늘 마감시간에 쫓기기 일쑤이다. 그만큼 기사작성의 숙련을 필요로 한다. 필요한 내용을 빨리 취재해 단시간에 기사화하는 능력이 절대적이다. 좋은 기삿거리를 취재하고도 기사를 쓰지 못해 사장시키거나, 기사화하는 능력 부족으로 빛을 보지 못하는 일은 비일비재하다. 방송도 마찬가지다. 라디오가 있기 때문에 마감시간이 신문보다는 유연하지만 타 방송과 경쟁하는 입장에서 마감시간에 쫓기기는 마찬가지다. 방송 역시 메인 뉴스프로그램이라 해도

30~40여분 안에 모든 뉴스를 마쳐야 한다. 초단위로 나눠서 방송시간이 배당될 정도로 시간의 제약이 절대적이다.

기사는 지면이라는 한정된 공간 내에서 쓰기 때문에 압축하는 능력을 가져야 한다. 국내신문의 지면이 보통 40, 48면으로 과거에 비해 많이 늘어났지만 정보의 양이 기하급수적으로 늘어나고 있다. 전 세계의 소식을 40여 페이지 안에 다 담으려면 지면의 제약은 불가피하다. 많은 내용을 다 기사화할 수 없는 경우가 대부분이다. 가지를 과감하게 잘라내고 간명하게 쓰는 것이 기사다.

인터넷신문과 같은 온라인상에서는 지면의 제약요인은 거의 없다. 마감시간에 쫓길 필요도 없다. 언제든지 인터넷 상에 올리면 되기 때문이다. 인터넷의 발달은 매체환경 전반에 혁명적인 변화를 몰고왔다. 그러나 속보성, 압축성이라는 뉴스의 속성이 변하지 않는 한 정도의 차이일 뿐 시간적, 공간적 제약은 변하지 않을 것이다.

(4) 객관성

기사는 사실에 입각한 객관적인 내용을 기술해야 한다. 독자들이 기사를 통해 사건을 있는 그대로 직접 대하는 것과 같은 느낌을 받도록 서술하는 것이 기사 작성의 원칙이다. 기자 개인의 가치관이나 느낌, 선입견, 편견 같은 요인은 철저히 배제해야 한다. 다만 어떤 사건이나 현상의 겉모습만 봐서는 본질에 접근하기 힘들다. 사건이나 현상 속에 숨겨진 이면의 진실을 정확히 캐내는 작업이 기자가 해야 할 일이다. 기사의 생명은 객관적 사실을 바탕으로 진실한 보도에 있다.

(5) 현장성 또는 경험성

기자들은 모든 뉴스를 취재를 통해 쓴다. 구체적 사실과 실증적 정보를 바탕으로 기사를 쓴다. 기자가 현장을 직접 관찰하지 못했다 해도 관련자들을 상대로 취재를 함으로써 간접적인 경험을 하게 된다. 기사는 사건과 사회현상을 직·간접적 경험 속에서 보도하는 특성을 갖는다(최재완, 2006).

4. 기사작성요령

글은 다양하고 깊이 있는 정보와 지식을 알기 쉽게 써서 독자들에게 전달하는 것이다. 정보와 지식은 뿔뿔이 흩어진 사고의 조각들이다. 단어를 이용해 이 조각들을 한 줄로 꿴 것이 문장이다. 이런 점에서 문장력은 사고를 논리적으로 체계화하는 능력이라 할 수 있다. 특히 언론문장은 대중을 상대로 한다는 점에서 일반 글과는 다르다. 문자해독 능력만 있으면 누구나 읽고 그 의미를 이해할 수 있어야 한다. 대체로 좋은 기사문장은 정확하게, 명확하게, 간결하게 그리고 쉽게, 재미있게 쓰는 것을 원칙으로 한다. 특히 정확(*correct*), 명확(*clear*), 간결(*concise*)의 3C는 기사쓰기의 3대 원칙이다.

그러나 아무리 글솜씨가 좋더라도 한 번에 휘갈겨 써서 좋은 글이 나오지 않는다. 글쓰기의 왕도가 없는 것처럼 기사쓰기도 왕도가 없다. 그 어떤 기사쓰기의 기술도 좋은 기삿감을 취재해 보도하는 것보다 좋은 기사는 없다. 다만 같은 재료라도 요리를 잘하면 더 맛있는 음식이 되는 것처럼 꾸준한 기사쓰기 훈련, 다른 사람이 쓴 많은 기사와 칼럼 읽기, 비판적 안목의 증진을 통해 부단히 자기 연마를 하면 훨씬 더 좋은 기사를 쓰게 되는 것은 당연한 일이다.

또한 일차 기사를 작성하고 나서 곧바로 출고하지 말고 시간이 허락하는 한 여러 차례 고쳐 쓰는 퇴고(推敲)를 해야 한다. 글재주는 타고나는 부분도 있지만, 후천적 연마를 통해 길러질 수도 있다. 글쓰기를 자주 하다보면 이른바 '글발'이 올라 기사가 술술 풀려나가는 것을 느끼게 된다. 쓴 기사도 다시 보면 띄어쓰기나 맞춤법이 잘못된 곳을 바로 잡을 수 있고 문맥이 어색하다든지, 논리적 연계가 잘 안 되는 부분을 손질할 수 있다. 글은 마지막 순간까지 보고 또 봐야 한다. 몇 가지 좋은 기사 작성의 원칙을 소개한다.

(1) 명확한 주제

기자가 무엇을 쓰려고 하는지 주제(*theme*)가 명확해야 한다. 스트레이트 기사나 사설, 칼럼은 말할 것도 없고 해설기사나 피처기사도 먼저 기사의 주제 설정이 제대로 되어야 좋은 기사가 된다. 주제는 기자가 독자에게 전달하고자 하는 핵심 내용이자 기사의 목표이다. 이 주제를 중심으로 기승전결(起承轉結)의 기법이든 서론, 본론, 결론의 기법이든 적절한 논리전개의 기법을 동원, 글을 풀어나가는 것이다.

주제가 명확하지 않으면 목표 없는 항해나 마찬가지다. 글의 초점이 오락가락 하다가 끝나기 때문에 다 읽고 나서도 무슨 말인지 모르겠다는 반응이 나온다. 자구(字句)나 단어의 뜻이 애매모호해서는 안 되겠지만 글 전체가 일목요연하게 통일성, 일관성을 유지해야 한다.

(2) 정확한 표현

표현의 정확성은 기사에 맞는 정확한 어휘의 선택을 의미한다. 기사는 명료하고 구체적이며 정확하고 재미있어야 한다(AP통신 기사작성지침).

정확성에는 첫째, 단어의 정확성이다. "화창한 날씨 탓인지 유원지마다 가벼운 옷차림의 행락객들로 붐볐다"에서 '탓'은 잘못된 까닭을 나타내는 단어이기 때문에 적절치 않다. 날씨 '탓'이 아니라 '덕택'으로 해야 한다. "궂은 날씨 탓에 사람들이 오지 않았다"가 정확한 표현이다.

둘째, 의미의 정확성이다. 표현하는 의미가 애매모호하거나 이중성을 띠어서는 안 된다. 예로 어느 정당이 중도개혁을 지향한다고 하면 중도개혁의 의미가 무엇인지 명한 설명이 있어야 한다. 중도개혁이란 말은 매우 다의적이고, 중도와 개혁은 상충되는 개념이다. 의미가 정확하지 못하면 무슨 말인지 알 수가 없다.

셋째, 용어의 정확성이다. '부패'를 '부조리'로, '가격인상'을 '가격현실화'로 표현하는 것은 본래의 뜻을 희석시키는 용어이다. 특히 이념적 용어인 '보수, 진보, 개혁, 수구, 급진적, 애국주의' 등의 용어 사용은 표현에 신중을 기해야 한다. 동일한 맺음말이지만 '선언했다. 경고했다. 단언했다. 설명했다'는 표현과 '강변했다, 주장했다, 해명했다'는 표현은 어감이 다르다. '말했다'와 같은 중립적인 용어가 아니라 기자의 주관적 해석이 담긴 용어다.

예 문

㉠ 손학규의 모험이 시작됐다. ㉡ 물론 이미 많은 ㉢ 언론이 여론조사에까지 반영했던 예고된 결단이다. 손 전 지사의 탈당에 대한 여론조사 결과는 ㉣ 언뜻 예상과는 다르다. ㉤ 그동안 내내 경선불복의 학습효과를 강조하던 것과는 달리 국민여론은 찬반이 팽팽한 ㉥'유보' 상황이다. 〈오마이뉴스, 2007. 3. 20〉

기사 전체가 요령부득의 문장이다. ㉠ 은 무슨(*what*) 모험이 시작됐나? ㉡ 부사, 형용사의 중복 ㉢ 언론이 무엇을 여론조사에 반영했나? ㉣'언뜻'이라는 단어의 사용이 적합한가? ㉤ 누가 학습효과를 강조했나? ㉥'유보 상황'이란 표현이 정확한가?

(3) 명료한 내용

전체 기사내용은 물론 자구, 단어 하나하나가 명료해야 한다. 기사는 소설처럼 허구를 다루는 글이 아니다. 사실을 독자들에게 현장을 경험하듯이 전해주는 글이다. 그러기 위해서는 해석을 달리할 수 있는 모호한 표현이 들어가서는 안 된다.

예 문

㉠ 10일 하오 서울 강남구 삼성동 D빌라에 20대로 보이는 도둑 4명이 뒤 베란다 창문을 뚫고 침입, 물건을 훔쳐 달아나다 신고를 받고 출동한 경찰이 발사한 총탄에 맞아 이들 중 1명이 숨졌다. ➜
㉡ 10일 하오 서울 강남구 삼성동 D빌라에 20대로 보이는 도둑 4명이 뒤 베란다 창문을 뚫고 침입, 귀중품을 훔쳐 달아나다 이 중 1명이 신고를 받고 출동한 경찰이 쏜 총탄에 맞아 숨졌다.

㉠ 기사는 4명이 모두 총탄에 맞았는지, 한 명이 맞았는지 불분명하다. ㉡과 같이 고치는 것이 내용이 명확하다.

(4) 설득력

좋은 기사문장은 설득력(호소력)이 있어야 한다. 기사를 읽고도 그 글에 공감을 하지 않는다면 기사로서 실패한 글이다. 독자를 기사에 끌어들이기 위해서는 호소력이 있는 기사, 공감하는 기사를 써야 한다. 또 재미가 있어야 한다. 기사의 호소력에는 논리적 호소력과 정서적 호소력이 있다. 기사가 논리적 모순이 없이 통일성 · 일관성을 유지해야 읽는 사람이 공감한다. 뉴스기사와 달리 피처기사(*feature story*)는 글의 정서적 호소력이 중요하다. 글이 딱딱하고 재미가 없으면 독자들은 금방 싫증을 느끼고 읽기를 중단한다. 글을 읽는 맛이 나야 한다.

설득력을 높이기 위해서는 기자가 현장을 자기의 시각에서 서술하려 하지 말고 적나라하게 보여주는 표현 기법을 구사하는 것이 좋다. 부모를 여의고 슬픔을 당한 가족들이 엉엉 울었다고 서술하기보다 가족들의 표정이나 분위기를 그대로 보여주면 슬퍼하는 모습이 진하게 느껴질 수 있다.

또한 기사를 뒷받침하는 좋은 인용문을 활용하거나 인간적 흥미를 자극하는 사연들을 기사 안에 넣는 것도 설득력을 높인다. 적절한 비유, 강조기법도 활용하면 큰 효과를 볼 수 있다.

(5) 간결성

기사문장은 간결해야 한다. 기사가 중문 복문이 뒤엉켜서 길어질 경우 이해하기 어렵고 주제가 뚜렷이 부각되지 않는다. 가급적이면 기사를 압축해서 간결하게 쓰고, 짤막짤막한 단문으로 표현하는 것이 좋다. 이를 위해서는 '한 문장 한 의미 원칙'을 지켜야 한다. 한 문장 안에 한 가지 개념, 한 가지 사실(*fact*)만을 서술하도록 해야 한다. 형용사, 부사, 접속사 등 군더더기 수식어나 연결어를 과감히 줄여야 한다.

한 문장은 50자 안팎, 즉 40 ~ 60자 정도면 읽고 이해하는 데 무난하다는 것이 전문가들의 분석이다. 가급적 60자를 넘기지 않는다. 우리 신문기사의 한 문장은 대개 70자 안팎으로 조사되었다. 방송기사는 신문기사보다 더 짧아야 한다.

기사를 짧게 쓴다고 반드시 좋은 기사는 아니다. 기사에서 표현하려는 내용을 정확하고 명확하게 전달하는 것이 우선이다. 그러나 긴 문장은 지루하고 난해한 경우가 많으며, 앞뒤 호응이 잘 맞지 않거나 시제의 불일치 등 비논리적 글이 될 수 있다. 단문일수록 의미전달이 명확하다.

기사의 성격에 맞게 적절한 문체를 선택하는 것도 중요하다. 간결체, 만연체, 강건체, 우유체, 건조체, 화려체 등 여러 문체 가운데 기사에 가장 적합한 문체를 골라야 한다.

예 문

벤처기업을 운영하려면 특허 등 지적재산권에 대해 모르면 안 될 것 같다는 생각이 들어 관련 책을 사서 독학을 해봤지만 어려운 법률용어로 가득 차 있어서 더 혼란스럽기만 했다. ➜
벤처기업을 운영하려면 특허 등 지적재산권에 대해 모르면 안 될 것 같다는 생각이 들었다. 관련 책을 사서 독학을 해봤지만 어려운 법률용어로 가득 차 있어서 더 혼란스럽기만 했다.

(6) 쉬운 문장

가장 좋은 기사는 가장 쉽게 쓴 기사라는 말이 있다. 기사는 기자의 해박함을 과시하기 위해서라거나 전문가, 지식인을 위한 글이 아니다. 언론문장은 대중을 상대로 한 글이다. 모든 사람들이 읽고 들어서 이해하기 쉬운 글을 써야 한다. 기사가 난해하거나 복잡해 무슨 말인지 선뜻 이해가 가지 않는 기사는 잘못 쓴 기사이다. 문어체보다는 구어체를 많이 쓰는 것이 읽는 데 부담을 덜어 준다.

예 문

중앙포럼/ 좌절하지 마세요

송명희, 그녀는 시인입니다. 올해 마흔셋입니다. 그녀는 장애인입니다. 중증 뇌성마비지요. 태어날 때부터 그랬답니다. 그녀의 집안은 가난했습니다. 치료도 못 받았습니다. 학교는 가보지 못했습니다. 일곱 살 때까지 누워 있었지요. 숟가락을 쥔 게 열 살입니다. 그녀에게 희망은 없었습니다. 모든 게 절망이었지요. 저주받은 운명이라 생각했습니다. 죽고 싶었습니다. 그래서 자살도 생각하게 되었습니다.
그녀는 세상을 원망했습니다. 왜 이리 불공평할까. 그래서 따지기 시작합니다. 신을 향해서요. 매일 몇 시간씩 기도했습니다. 그 속에서 소리쳤습니다. 울부짖었습니다. 왜 공평하지 않으시냐고요. 몇 년을 그랬습니다.
그러던 어느 날이었습니다. 그녀가 펜을 들었습니다. 시를 씁니다. 아무것도 배운 것 없는 그녀였습니다. 그런데 시를 씁니다. 뒤틀리는 몸을 움켜쥐고서요. 한참의 시간이 지났습니다. 완성된 시에 제목을 붙입니다. '나'

"나, 가진 재물 없으나/ 나, 남이 가진 지식 없으나/ 나, 남에게 있는 건강 있지 않으나/ 나, 남이 없는 것 있으니 … / 나, 남이 못 본 것을 보았고/ 나, 남이 듣지 못한 것 들었고/ 나, 남이 받지 못한 사랑 받았고/ 나, 남이 모르는 것 깨달았네/ 공평하신 하나님이/ 나, 남이 가진 것 없지만/ 공평하신 하나님이/ 나, 남이 없는 것 갖게 하셨네."

달라진 것 없었습니다. 그 무엇도 말입니다. 모든 것 그대로였습니다. 제자리였지요. 그러나 달라졌습니다. 모든 것이 바뀌었습니다. 하나도 빠짐없이요.
세상은 세상 그대로였습니다. 그러나 세상을 보는 눈이 바뀌었습니다. 그동안은 올라봤습니다. 그때의 나는 한없이 작았습니다. 그러다가 내려다봤습니다. 그때의 나는 한없이 컸습니다. 감사가 싹텄습니다. 살아 있다는 것만으로요.
그녀는 세상에 나옵니다. 휠체어를 타고서요. 뒤틀리는 입으로 희망을 말합니다. 1,500여 회의 강연을 했습니다. 뒤틀리는 손으로 시를 씁니다. 24권의 책을 냈습니다. 그의 시에 노래가 붙습니다. 100여 곡의 노래가 나왔습니다. 1년 동안의 일입니다. 〈중앙일보, 2006. 1. 11〉

중증 장애인 송명희 씨의 삶과 도전을 간결하면서 설득력 있는 필치로 엮어내고 있는 칼럼이다. 글이 지나치게 단문화되어 깊은 맛이 떨어진다는 지적도 있지만 미사여구나 수식어 없이 빠른 호흡, 쉬운 말로 풀어나가는 단문의 맛을 느끼게 한다. 그러면서 여운을 남기는 감동과 여백의 미가 있다.

(7) 높은 완성도

스트레이트기사는 내용에서 6하원칙에 입각한 취재를 통해 독자의 궁금증에 답해야 한다. 전체 문장은 물론 기사 자구 하나하나가 명료해야 한다. 애매모한 표현이나 사실관계가 불투명해서는 안 된다. 해설기사, 기획기사, 피처기사도 문장이 정확하고 명료하게 표현돼야 한다. 기사 전체가 짜임새가 있고 물 흐르듯이 매끄럽게 문장과 문장, 문단과 문단의 연결이 이뤄져야 한다. 논리적 비약이나 개인적인 주장, 편견이 개입된 기사는 독자의 공감을 살 수 없다.

기사는 내용뿐 아니라 맞춤법, 띄어쓰기, 표준어 사용, 지명과 인명의 표시 등 형식면에서도 하자나 오류가 없어야 완성도가 높다. 기자는 완벽한 기사를 만들기 위해 마지막 순간까지 끊임없는 노력을 경주해야 한다.

예 문

지난해 기준으로 아이스크림 콘별 매출액은 롯데제과 월드콘이 449억 5백만 원으로 가장 많았고, 해태제과 부라보콘 313억 4천2백만 원, 롯데 삼강 구구콘 158억 5천만 원, 빙그레 메타콘 164억 4,200만 원의 순이었다.

롯데 삼강 구구콘보다 빙그레 메타콘의 매출액이 더 크다. 매출액 순이라면 빙그레 메타콘을 앞에 써야 한다.

5. 단어, 문장, 문단의 구성

글은 단어의 조합이다. 단어 하나하나가 모여 문장을 이루고, 문장이 모여 문단(*paragraph*)을 이룬다. 문단이 여러 개 모여 하나의 완성된 글을 이룬다. 따라서 단어의 사용이 적합하지 않으면 좋은 글이 되기 어렵다. 좋은 기사는 먼저 올바른 단어를 선택하고, 이를 문장구조에 맞게 잘 엮어서 논리적으로 연결하는 것이다.

1) 문 장

① 주어와 술어

주어와 술어의 호응관계를 분명히 해야 한다. 말의 호응과 함께 거리의 호응도 있다. 주어와 술어 사이에 다른 말이 많이 들어가면 독자의 이해가 떨어진다.

예 문

한나라당 대권주자들에 대한 여론조사 결과, 이명박 전 서울시장이 여전히 선두를 유지하고 있으나 박근혜 전 대표의 지지율이 최근 후보검증 주장에 힘입어 급등세로 돌아서면서 오차범위내의 각축전을 벌이고 있는 반면 손학규 전 경기지사의 지지율은 5%선에서 답보상태를 면치 못하고 있으며 소장파대표인 원희룡 의원은 미미한 상승세를 보인 것으로 나타났다.

▸ 위의 문장은 한 문장 안에 여러 대권주자들의 지지도를 분석하려고 했기 때문에 문장이 지나치게 길어졌다.

한 문장에 이명박, 박근혜, 손학규, 원희룡 등 4개의 주어가 등장, 혼란스럽고 주술관계가 복잡하다.

위의 예문을 다음과 같이 고치면 훨씬 간결하고 주술관계도 명료해진다.

한나라당 대권주자들에 대한 여론조사 결과, 이명박 전 서울시장이 여전히 선두를 유지하고 있으나 박근혜 전 대표의 지지율이 최근 후보검증 주장에 힘입어 급등세로 돌아섰다. 이에 따라 두 사람 간 지지율이 오차범위 내에서 각축전을 벌이고 있는 것으로 나타났다. 반면 손학규 전 경기지사의 지지율은 5%선에서 답보상태를 면치 못하고 있으며 소장파 대표인 원희룡 의원은 미미한 상승세를 보였다.

예 문

서울 중앙지법은 변호사들이 판사실을 방문할 경우엔 반드시 방문대장을 작성하도록 했지만, 전화통화와 관련한 별도 규정은 없었다.

▶ 주어(서울 중앙지법)와 술어(별도 규정은 없었다) 관계가 부적절하다. 두 개의 문장으로 나눠 주·술 관계를 명확히 하는 것이 좋다.

서울중앙지법은 변호사들이 판사실을 방문할 경우엔 반드시 방문대장을 작성하도록 했다. 그러나 전화통화와 관련한 별도 규정은 없었다.

---

② 수식어와 피수식어

주어와 술어가 뼈대라면 수식어는 살이다. 살이 알맞게 올라야 보기가 좋다. 수식어와 피수식어가 잘 호응해야 한다. 관형어는 명사, 대명사, 수사를 수식하고, 부사어는 동사, 형용사 등 서술어를 수식한다.

예 문

주민들은 술을 마신 김 시장과 일행 두 명이 박 씨의 멱살을 잡아 쓰러뜨렸다고 주장했다. 〈중앙일보〉

▶ 수식어가 김 시장만 술을 마신 것인지, 김 시장과 일행 두 명이 모두 술을 마신 것인지가 불분명하다.

예 문

35세의 경제학 박사를 자칭한 8절지 크기의 이 유인물은 '네 후보에게 드리는 공개질의서'라는 제목으로 후보 순에 따라 몇 개씩의 질문을 던지고 유세장에서 답변을 요구했다.

▶ 이 문장은 '경제학 박사'가 '이 유인물'을 수식하는 잘못을 저질렀고, "유세

장에서 답변을 요구"는 답변을 유세장에서 하라는 것이지 요구 장소가 유세장은 아니다.

또한 수식어는 피수식어 바로 앞에 와야 한다. 수식어도 글쓴이의 주관이 들어가는 표현은 가급적 억제해야 한다.

예 문

북한에서 핵시설을 갖고 있는 영변에서 핵폭탄을 제조할 수 있는 고농축우라늄을 폐기하기 위한 1단계 조치를 논의하기 위한 북 · 미 간 실무회담이 9일 뉴욕에서 열렸다.

▸ 이 기사는 '~ 에서' 3개, '있는' 2개, '~ 한' 2개, 5개의 수식어가 차곡차곡 쌓인 형태이다. 기사에 군살이 너무 붙어서 요령부득의 문장이다.

③ 병치구조

같은 기능을 가진 성분이 한 문장 안에 둘 이상 위치되는 형태를 말한다. '사과와 배'는 명사의 병치이며, '큰 사과와 작은 배'는 관형어 구조의 병치다. '인영이는 중학생인데 정우는 대학생이다'는 절의 병치(竝置)구조이다. 병치구조는 명사면 명사끼리, 구나 절이면 구나 절끼리 놓아야 자연스럽다. '동사무소와 신자가 예배를 보는 교회당은 공공장소이다'는 병치구조가 되지 않아 어색한 문장이다. 의미상으로 동질성이 있는 말들이 병치돼야 한다.

"인영이는 중학생인데 정우는 공부를 잘 한다"는 전혀 다른 의미를 지닌 문장을 연결한 비문(非文)이다. 중학생이라는 신분과 공부를 잘한다는 능력은 별개의 내용이며 의미상 병치가 되지 않는다.

"관객들은 구호와 노래를 불렀다"는 문장도 "관객들은 구호를 외치고 노래를 불렀다"고 해야 병치구조가 된다. 말의 생략에 주의해야 한다.

예 문

6자회담 비핵화 실무그룹과 개막식이 열렸던 어제까지 사흘 동안 BDA(방코 델타 아시아 은행)문제 때문에 이렇다 할 논의의 진전이 없었다.

▸ '실무그룹'은 '실무그룹회의'로 고쳐야 병치구조가 맞는다.

④ 문맥

주어와 술어, 수식어와 피수식어가 서로 호응하면 문맥이 통한다. 문맥은 문장구조가 이루어내는 한 줄기의 흐름이며, 이것이 막히면 문맥이 끊겼다고 말한다.

예 문

22일 상오 11시 20분쯤 ○○도 ○○폭포에서 회사동료들과 함께 놀러왔던 김 모 씨가 폭포 뒷산을 오르다 미끄러져 벼랑 아래로 떨어져 그 자리에서 숨졌다. 동료 직원들에 따르면 김 씨는 ○○폭포에 놀러와 혼자 폭포 뒷산을 오르다 바위에서 미끄러지면서 절벽 아래로 굴러 떨어져 일어났다.

▸ 굴러 떨어져 일어났다 → 굴러 떨어지는 '사고가' 일어났다.

예 문

신용카드나 휴대전화 씀씀이 모두가 큰 것이다.

▸ 주어가 생략되었다.

국내 업체가 일단 거둔 뒤 해외 통신사에 줘야 한다.

▸ 목적어가 생략되었다.

중언부언하는 문장은 물론, 동일한 단어, 조사의 반복도 가급적 피하는 것이 좋다. 그러나 과도한 생략은 문장의 의미를 훼손한다. 문맥이 잘 통하는 글을 쓰는 것은 문장 기술의 테크닉 문제이다. '문장은 과학이다'라는 말을 명심해야 한다.

2) 단어

① 용법이 정확한 단어, 의미상 적합한 단어의 사용

예 문

6자회담 북한 측 수석대표인 김계관 외무성 부상은 10일 미국과의 실무회담이 성과를 거둔 탓인지 여유 있는 표정으로 비교적 상세하게 기자들의 질문에 답변했다. 〈경향신문〉

▸ '탓'은 잘못된 까닭을 나타내는 단어이기 때문에 '궂은 날씨 탓'으로 사용해야 용법이 맞다. 화창한 날씨는 '덕택'이나 '때문'으로 표현해야 한다.

'숨은 미담의 장본인'에서 장본인은 나쁜 일을 한 사람이기 때문에 '주인공 또는

중심인물'로 써야 한다. 또한 징크스도 나쁘거나 불길한 일이 지속적으로 생길 때 사용하는 말이다. 이 용어를 좋은 일이 일어날 때 사용하면 안 된다. "나는 바둑을 두면 대마를 잡는 징크스가 있다"는 틀린 용법이다.

예 문

> 조지 W. 부시 대통령의 텍사스 크로퍼드 목장 앞에서 오랜 기간 농성을 한 '반전 엄마' 신디 시헨은 연설에서 "우리는 전쟁기계의 그늘 밑에 있다"며 부시 행정부를 '성토'했다." 〈중앙일보〉
>
> ▸ '성토'는 '여러 사람이 모여 국가나 사회에 끼친 잘못을 소리 높여 규탄함'을 뜻하므로 '성토했다'는 '규탄했다', '비난했다'로 고치는 것이 바람직하다.

② 맞춤법에 맞는 단어를 써야 한다

표준어는 소리 나는 대로 적되 어법에 맞도록 함을 원칙으로 한다.

- ㄱ, ㅂ 받침 뒤에 된소리는 된소리로 적지 않는다.

  딱지, 깍두기, 색시, 갑자기, 법석
- 그러나 ㄴ, ㄹ, ㅁ, ㅇ 받침 뒤에서 나는 된소리는 다음 음절의 첫소리를 된소리로도 적는다.

  날짜
- ㄷ, ㅌ 뒤에 -이, -히가 와서 ㅈ, ㅊ으로 소리 나더라도 그대로 적는다.

  해돋이, 굳이, 같이, 걷히다, 닫히다, 묻히다

③ 품위 있는 표준말을 써야 한다

표준말은 중부 수도권 지역에서 사용하는 '서울말'을 기준으로 한다.

사업을 하다보면 골때리는 일이 많다. → 골치 아픈 일이 많다.

④ 가급적 쉬운 말을 써야 한다

장질(長姪) → 큰 조카, 전원 → 모두, 화재가 나 → 불이 나,
여론이 비등하자 → 여론이 들끓자, 추후 고지키로 → 다음에 알리기로,
한강에 폐수를 무단 방류한 혐의로 → 한강에 폐수를 몰래 버린 혐의로,
시화호를 담수호와 해수호로 구분 조성키로 → 민물 호수와 바닷물 호수로 나누어,
전세가 과다 인상자를 색출하여 → 전세 값을 많이 올린 사람을 찾아,

가격하다 → 때리다, 간과하다 → 빠뜨리다. 놓치다,
금품 수수설을 날조한 → 돈을 받았다고 헛소문을 낸, 박탈하여 → 빼앗아,
빙자하여 → 내세워, 방화혐의로 → 불을 지른 혐의로, 야기한 → 일으킨,
오수 → 구정물, 지가 상승으로 → 땅값이 올라, 추월하여 → 앞질러,
하자를 발견하여 → 흠을 찾아, 전복되어 → 뒤집어져

⑤ 정확한 용어를 구사해야 한다

버스 값 → 버스 삯
길에 쓰레기를 버리는 우리의 모습(→ 자세, 태도)은 선진국의 모습은 아닙니다.
그런 부분(→ 일, 측면)은 우리가 함께 노력해서 고쳐야 합니다.
노무현 대통령은 미국에게(→ 에 대해) 분명한 목소리를 내야 합니다.
밤새도록 끌인(→ 곤) 사골 국물
관광객이 크게 불었다(→ 늘었다)
피의자가 돈 준 기업인과 사용처에 대해 한사코(→ 일절, 전혀) 입을 열지 않았다.

⑥ 권위주의적이거나 극단적인 용어는 가급적 삼간다

진언했다 → 건의했다
하사금, 접견, 친서, 통치권자, 대권
초대형, 초특급, 슈퍼, 최정상, 초호화

⑦ 불필요한 곁말을 써서는 안 된다

처갓집 → 처가, 서울역전 앞 → 서울역 앞 또는 서울역전, 외갓집 → 외가,
속내의 → 내의, (따듯한) 온정의 손길, (차가운) 한파가 밀려와, (남은) 여생을,
(서로) 상의하여, 매월 2백만 원씩 (정기적으로), (숨은) 저의,
학생들이 (스스로) 자각하여, (늙은) 노파, (매주) 일요일마다, (아름다운) 미모,
사회악을 (완전히) 근절해야 한다. (열심히) 공부에 열중한다.
(여러 가지) 잡다한 것을 많이 기록했다.

⑧ 같은 말은 되풀이하는 것은 삼가야 한다

예 문

조석래 효성그룹회장(72)이 20일 서울 영등포구 여의도동 ㉠ 전경련회관에서 열린 ㉡ 전경련 임시총회에서 제 31대 ㉢ 전경련 회장으로 선출됐다. 〈동아일보〉

▸ 한 문장에 전경련이라는 단어가 3개가 겹쳐있다. ㉢의 '전경련'은 삭제해도 무방하다.

예 문

㉠ 하나은행이 '하나 마이웨이 카드'의 신규발급을 중단한다. 금융감독원이 은행 수익성을 저해할 수 있는 과도한 혜택을 축소하라고 권고한 데 따른 것이다. ㉡ 하나은행은 19일 금감원의 과당 경쟁 우려를 감안, '하나 마이웨이카드'의 신규 발급을 4월 이후 중단키로 했다고 밝혔다. 〈한국일보, 2007. 3. 29〉

▸ ㉠과 ㉡의 내용이 중복된다. 간단한 기사이기 때문에 별도로 리드를 뽑을 필요가 없다.

---

⑨ 지나친 외래어 사용은 삼가야 한다

전투장면이 늘어나 분위기는 어둡지만 스케일(→ 규모)도 더 크고 훨씬 다이내믹(→ 역동적)하다.

출연자들을 스탠바이 시켰다 → 대기시켰다.

여야는 선거구 게리맨더링(→ 불합리한 또는 자의적인 선거구조정)으로 자신들의 밥그릇을 지켰다.

"와이드릴리스(→ 대량배급방식)라는 대규모 상영방식과 작은 영화를 외면하는 관람풍토에서 그는 자신만의 색깔을 담은 저예산 영화를 고집했다." 〈매일경제〉

면접 때 오버(과장된 언행) 금물 … 솔직해지세요.

▸ **영어합성어**

롱다리, 숏다리, 개혁 드라이브, 옵션거래, 재테크, 이벤트 업, 팬 사인회

▸ **외래어**

레임덕, 엠바고, 오프 더 레코드, 플레이오프, 업그레이드, 머천다이징, 벤치마킹, 니즈, 컨버전스

▸ **일어식 한자어**

가봉 → 시침질, 각선미 → 다리맵시, 공급선 → 공급처, 매물 → 팔 물건,
불하하다 → 매각하다/팔다, 나대지 → 빈 땅, 매입하다 → 사들이다,
배전의 → 더 한층, 취급하다 → 다루다, 단도리 → 준비,
행선지 → 갈 곳, 목적지, 요지 → 이쑤시개, 우와기 → 상의,
입빠이 → 가득 한껏, 소데나시 → 민소매 옷, 조시 → 상태, 단스 → 장,
와리바시 → 나무젓가락

⑩ 약자는 본래의 뜻으로 풀어쓴다

사용자제작콘텐츠(UCC), 양도성예금증서(CD), 기업어음(CP),
경제협력개발기구(OECD), 고농축우라늄(HEU)
DJ(김대중), YS(김영삼), JP(김종필), MB(이명박), DY(정동영)

⑪ 불필요한 수동형, 사역형 사용은 삼간다

발사된 총에 맞아 → 발사한(쏜) 총에 맞아
사고가 일어나게 되었다 → 사고가 일어났다
준비되지 않은 상태에서 → 준비하지 않은 상태에서
알려지게 되었다 → 알려졌다
병력이 배치되었다 → 병력을 배치했다
사고를 일으키게 했다 → 사고를 냈다
3명에게 중경상을 입게 했다 → 3명이 중경상을 입었다
입원까지 하게 만들었다 → 입원하기에 이르렀다
직위해제 시켰다 → 직위해제했다

예 문

합격자들은 신설되는 '빠른 창구'에서 입출금과 공과금수납, 통장정리 등의 업무를 담당하게 된다. 〈문화일보〉

▸ '업무를 담당하게 된다' → '업무를 담당한다'

예 문

"내년 말 가동을 목표로 추진 중인 이 데이터베이스는 회원국들이 보유한 개인 정보들을 통합해 만들게 된다." 〈한겨레〉

▸ '내년 말 ~ 만들게 된다' → '내년 말 ~ 만든다'

⑫ 불필요한 '들, 의, 에의, 에서의'

이런 인식(들)을, 그런 생각(들)을, 각자의 맡은 부분(들)을, 잊을 수 없는 추억(들)이 많다
창조의 정신 → 창조정신
통일에의 길 → 통일의 길
대선에서의 압승을 위해 → 대선에서 압승하기 위해

⑬ 약어를 쓰되 남용하지 말아야 한다

지자체(地自體) → 지방자치단체

가투(街鬪) → 가두투쟁

춘투(春鬪) → 봄 투쟁(쟁의)

⑭ 품위 있는 말을 써야 한다

강간하다 → 욕을 보이다. 성폭행하다

병신 → 장애인

자살하다 → 스스로 목숨을 끊다

미친 년 널뛰듯 한다. 똥 묻은 개가 겨 묻은 개 나무란다.

일부에서 오역 혹은 왜곡 사실을 지적했음에도, 총장들은 한 번도 확인하지 않은 채 앵무새처럼 왜곡된 내용을 읊조렸다. 〈한겨레, 2007. 3. 23〉

⑮ 이름, 시간을 쓰는 여러 가지 관행

개별 언론사마다 이름, 시간, 지명, 주소, 직업 등을 표기하는 고유 관행이 있다. 스타일북을 마련해 독자적인 특성을 나타낸다.

홍길동 씨(洪吉童, 42)

洪吉童 씨(홍길동, 42)

홍길동(42) 씨가

홍길동(洪吉童, 42) 씨가

오전 10시경, 10시쯤, 10시께 등

3) 문 단

문단은 하나의 사상을 표현하기 위해 여러 문장들을 모아놓은 하나의 문장더미이다. 전체 글의 한 부분을 이루는 문단은 다른 부분과 유기적 관계를 가져야 한다. 여러 개의 문단이 유기적 연결 속에 통일성을 갖춰야 좋은 글이 된다.

첫째, 한 문단에는 한 소주제만을 서술한다.

둘째, 한 문단에서 말한 내용을 다른 문단에서 중언부언해서는 안 된다. 즉, 문단이 일관된 통일성을 가져야 하고 전체의 의미와도 일관성을 이뤄야 한다.

셋째, 연결성과 유연성을 가져야 한다. 연결성은 문단의 각 부분들이 논리적으로 연결되어야 함을 의미한다. 유연성은 문단속의 각 부분들이 유연하게 연결되는 것을 말한다.

넷째, 한 문단은 3~5개의 문장으로 구성한다.

다섯째, 문단의 길이는 엇비슷하게 함으로써 글의 균형미를 고려한다.

연_습_문_제_

1. 다음 동일한 사건을 다룬 2개의 기사를 비교 평가하라.

① 지난달 16일 제주도 서귀포시에서 실종된 양지승(10, 서귀포초교 3년) 양이 숨진 채로 발견됐다. 실종 40일 만이다. 경찰은 같은 동네에 사는 송 모(49) 씨를 붙잡아 지승 양을 살해했다는 자백을 받았다. 시신은 24일 오후 5시 20분쯤 서귀포시 시흥동 지승 양이 살던 아파트에서 70여 m 떨어진 감귤 과수원 인근의 폐가전제품 더미 속에서 발견됐다. 검은색 비닐로 싸서 마대자루에 담긴 상태였다. 경찰은 "시체가 심하게 부패해 얼굴을 알아보기는 힘들지만 지승 양의 부모가 안경, 신발, 바지색 등이 실종 당시 지승 양의 것과 같음을 확인했다"고 말했다. 〈중앙일보, 2007. 4. 25〉

② 지난달 16일 학원을 마치고 돌아오다 자신의 집 앞에서 감쪽같이 사라졌던 양지승(9, 서귀북초 3) 양이 결국 싸늘한 시신으로 발견됐다. 실종된 지 49일 만이다. 24일 오후 5시 20분 쯤 서귀포시 시흥동 양 양의 집에서 북서쪽으로 70여 m 떨어진 과수원 관리사 담장 옆에 놓여 있는 양 양의 시신을 경찰견이 수색 중에 발견했다. 발견 당시 양 양의 시신은 검은 비닐과 마대로 싸인 채 폐가전제품 더미 사이에 놓여 있었다. 경찰은 발견된 시신이 심하게 부패했지만, 시신과 함께 발견된 옷과 신발이 양 양이 실종 당시 착용하고 있던 것과 같다고 확인했다. 경찰은 양 양이 납치된 뒤 살해돼 버려진 것으로 판단하고 주변을 수색하고 있다. 〈조선일보, 2007. 4. 25〉

2. 다음의 기사 중 잘못된 부분을 고쳐보자.

① 제6차 6자회담이 18개월이나 회담 진전을 가로막았던 방코델타아시아(BDA)문제를 털어내고, 19일 중국 베이징 조어대에서 열려, 초기단계 다음 조처인 북핵 불능화와 6자 외무장관 회담 일정 등을 놓고 본격적인 논의에 들어갔다.

② 피란코 프리티니 EU 법무담당 집행위원의 대변인은 "필수불가결하지는 않을지라도 대단히 중요한" 작업이라고 말했다.

③ 화창한 날씨 탓인지 유원지마다 가벼운 옷차림의 행락객들로 붐볐다.

④ 김 씨는 문자메시지를 받고 밤잠을 설쳤다. 만약 남편이나 시댁 어른들이 피임수술 사실을 알면 자칫 수습이 어려운 상황으로 문제가 커질 수 있다는 걱정 때문이었다.

⑤ 범행은 김 씨가 협박에 시달리고 있다는 사실을 안 다른 친구가 경찰에 신고하고, 경찰이 피해자 김 씨를 설득해 수사에 착수, 전모가 밝혀졌다.

⑥ 노무현 대통령이 손학규 전 경기지사의 자질이나 역량에 대해 비판적 견해를 밝혔다고는 알려진 바가 없다.

⑦ 경찰에 따르면 D대 일문과 중퇴자인 이 씨는 2004년 12월 위조 브로커에게 500만원을 주고 위조된 모 명문대 사회대 졸업증명서 5장을 건네받았다.

⑧ 발암물질인 벤조피렌이 과다 함유된 중국산 옥수수유가 국내에 다량 수입된 것으로 밝혀진 가운데 식약청이 중국산 옥수수유의 유통경로 파악에 총력을 기울이고 있다.

⑨ 의사, 치과의사, 한의사들이 21일 의료법 개정에 반대하는 대규모 시위를 강행키로 함에 따라 전국에서 집단휴진 사태가 발생할 것으로 보인다. 정부는 엄정 대응한다는 입장이다.

⑩ 연세대는 수험생의 지적 능력을 다양한 각도에서 평가하는 다면(多面)사고형 논술고사가 수험생의 실력 차이를 파악할 수 있는 변별력이 있는 것으로 결론짓고, 올해 정시 일반모집에서 다면사고형 논술고사의 실질 반영 비율을 높이는 방안을 검토키로 했다.

제 4 장

기사의 구성

신문사에서 기자들이 일하는 공간을 편집국이라 한다. 넓은 의미에서 편집은 취재계획에서 취재, 기사작성, 데스킹, 그래픽작업, 지면구성에 이르기까지 편집국에서 이루어지는 모든 작업을 가리킨다. 그러나 일반적으로 좁은 의미에서 편집은 편집부에서 하는 작업을 말한다. 이때 편집이란 "신문이 그 내용을 전시, 진열하는 데 이용되는 인쇄기술상의 배열작업" 또는 "기사를 효과적으로 배열, 전시하여 기사를 읽게 하는 기술"(한국 편집기자회, 《신문편집》 참조)을 말한다. 기사가 내용이라면 편집은 그 내용을 효과적으로 전달하기 위해 내용을 읽기 쉽고, 보기 쉽고, 흥미롭게 포장하는 기술적 작업이다.

모든 기사는 일단 편집부로 넘겨져 편집과정을 거친 후 제작 · 인쇄에 들어간다. 취재기자들이 열심히 취재해서 좋은 기사를 써내더라도 편집을 제대로 하지 못하면 빛이 나지 않는다. 설사 기사의 질이 좀 떨어지더라도 편집을 잘해서 멋지게 제목을 뽑고, 사진배치, 그래픽 등 레이아웃(*layout*)을 잘하면 기사가 돋보인다.

편집기자가 하는 일을 종합하면 뉴스가치의 판단, 기사의 취사선택, 기사의 외래어 표기 등을 자사의 표기법에 맞게 수정, 지면을 보기 좋게 메이크업, 내용을 가장 적절히 압축해 표현하는 제목달기의 기능을 수행한다.

▸컴퓨터를 이용해서 CTS 편집을 하고 있다(경향신문사 전산제작국).

1. 제 목

제목(표제)을 다는 작업은 편집부 소관이다. 제목은 주제목과 부제목으로 나뉜다. 주제목(대제목)은 기사 전체를 요약하거나 가장 중요한 사실을 적시한다. 굵은 고딕체를 사용한다. 부제목(소제목)은 주제목을 보완해서 주제목을 단 이유나 목적, 구체적인 내용을 포함한다. 작은 명조체를 사용한다.

1) 제목의 기능

첫째, 독자의 주의를 사로잡는다. 제목을 어떻게 다느냐에 따라 기사에 대한 관심도, 주목도, 구독욕구가 좌우된다.

둘째, 스토리의 핵심을 말한다. 기사의 핵심적 내용이 제목으로 선택되기 때문에 제목만 봐도 기사 전체의 주요 내용을 알 수 있다.

셋째, 뉴스를 등급화 한다. 제목의 크기에 따라 톱기사에서 1, 2단 기사까지 구분이 된다. 많은 뉴스 중에서 중요한 뉴스가 무엇인지 감을 잡게 해준다.

넷째, 신문을 매력 있게 만든다. 제목은 신문을 매력 있게 만드는 포장(*layout*)의

하나이다. 편집기자는 독자들이 기사를 읽고 싶은 욕구가 생기도록 매력적인 제목을 달아야 한다.

다섯째, 고유한 스타일을 통해 그 신문의 특징을 나타낸다.

2) 제목달기 요령

첫째, 제목은 전문이나 본문을 압축하여 단다. 6하원칙을 염두에 두되 그중 중요한 것을 뽑아내어 단다(〈그림 4-1〉, 〈그림 4-2〉 참조).

예 문

외환은행 매각관련, 감사원 감사 결과

감사원은 12일 금융감독위원회가 2003년 미국계 사모펀드 론스타의 외환은행 인수를 승인한 것은 불법이므로 지금이라도 이를 취소할 수 있다는 결론을 내리고 금감위에 직권 취소를 포함해 적절한 조치를 마련하라고 통보했다.

감사원을 지난해 3월부터 실시해온 '외환은행 매각 추진실태 감사 결과'를 이날 발표하고 금감위가 은행 대주주 자격이 없는 론스타에 대해 외환은행 대주주 자격을 예외로 승인해 준 것은 불법이라고 지적했다.

감사원은 이날 브리핑을 통해 "론스타가 은행법상 인수 자격이 없음을 금감위가 알고도 이를 승인하고, 과장 왜곡된 국제금융결제은행(BIS) 기준 자기자본비율에 근거하는 등 위법부당하게 이뤄졌다"고 밝혔다. (중략) 감사원은 또 매각 당시 대주주였던 수출입은행장에게 이강원 전 행장 등 외환은행 경영진과 모건스탠리 등 관련자에 대해 손해배상청구를 하도록 통보했다. 〈동아일보, 2007. 3. 13〉

둘째, 제목은 문장으로 표현되어야 한다. 다만 지면을 절약하기 위해 완전한 문장 형태가 아니라 최대한 줄여서 표현한다. 토씨나 활용어를 극도로 제한한다.

정부, FTA 재협상 전략 美 로펌에 의뢰
메가스터디, 시가총액 1조 돌파
개인파산 신청 2.5배 늘었다
북, 잠수함 요원 송환 요구 / 정부, 즉각 거부
국회, 대북 경고 결의안 채택 / 美 '北압박 완화' 요청 일축

<그림 4-1> 역피라미드 기사와 제목

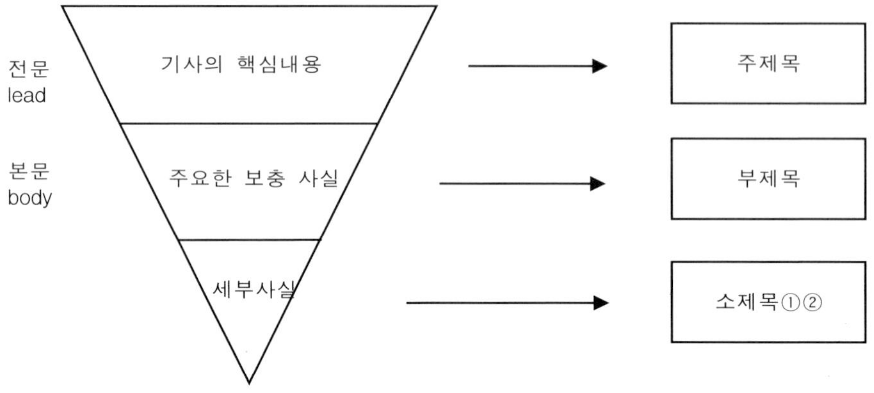

박종화, 2003, 186쪽

셋째, 제목은 정확성(*correctness*), 명료성(*clearness*), 간결성(*conciseness*), 즉 3C를 지녀야 한다. 기사의 성격에 따라 때로는 직설적 제목보다는 '술이 시인을 먹어 버렸다'와 같이 은유적, 풍자적 제목이 어울리는 경우가 많다. 좋은 제목을 달기 위해서는 단어감각, 문법감각, 의미감각이 뛰어나야 한다. 이를 위해 기사의 내용과 핵심을 충분히 파악해 소화해야 하며 부단한 훈련과 연구가 필요하다.

넷째, 품위 있고 일상생활에서 흔히 쓰이는 구어로 작성한다.

다섯째, 독자의 호기심을 자극할 수 있도록 작성한다. 독자의 개인적 관심, 금전, 성, 투쟁, 신기성, 영웅 숭배와 명성, 서스펜스, 인정미담, 다수인의 관련성, 범죄, 발명과 발견 등이 예이다.

여섯째, 대제목과 소제목의 행수는 각각 1행 내지 2행이 되게 한다. 제목은 대제목, 소제목을 합쳐 4행 이내가 좋다.

일곱째, 제목은 각 신문사에서 내부적인 작성지침으로 정해 놓은 자수에 맞춰 작성한다. 큰제목은 8~13자, 소제목은 18자 이내가 적당하다.

여덟째, 기타

- 준말이나 약자는 널리 알려져서 독자가 쉽게 이해할 수 있는 것 외에는 가급적 사용하지 않는다.

  안보리, 국감, DJ, OECD

〈그림 4-2〉 기사와 표제의 상관관계

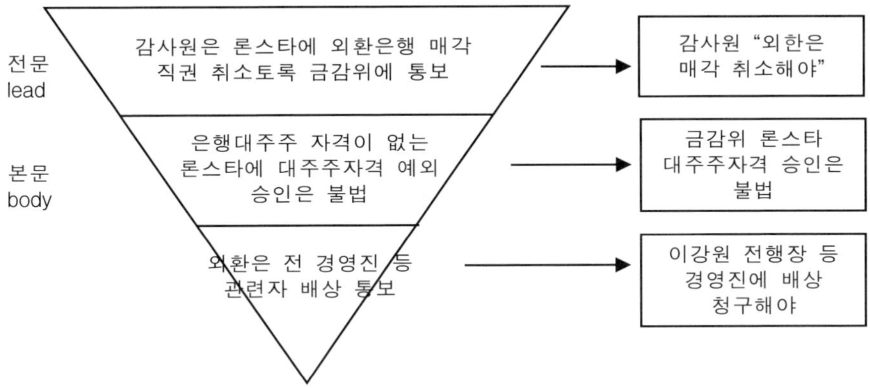

- 어휘를 압축한다.

    노동자와 사용자 → 노사(勞使), 산업재해 → 산재(産災)

    국정감사 → 국감(國監), 경제원조 → 경원(經援)

- 상징어 사용에 주의한다.

    부도 → 이행되지 못한 계획, 불씨 → 논쟁이나 분규의 도화선,

    공수표 → 공약 불이행

- 의미의 중복은 피한다.

    금강산 지척거리 불구 전화요금 세계 최고 →

    지척 금강산, 전화요금 세계 최고(지척은 아주 가까운 거리)

    여, 부처별 당정협의 격월 주기로 개최 →

    여, 부처별 당정협의 격월 개최 또는 여, 부처별 당정협의 격월로

    보완책조차 (아직) 미흡

    관광버스 (추락) 전복

- 단어의 중복을 피한다.

    끝나기 1분 전 끝났다.

    나는 만년 순경/ 23년 9개월의 최고참 순경 김말복 씨

- 사건기사는 보통 행위를 제목으로 단다.

    정신 나간 경찰관/ 수배 폭력배와 도박판

    지점장은 불법 환전, 공항경찰은 '통과 통과'/ 외화 밀반출 3명 추가적발

▸ 핵심 내용을 첫줄에 처리한다.

APEC 정상회의 개막
내년 서울투자박람회 개최
노 대통령 APEC 정상회의에서 제의
→
투자박람회 내년 서울개최 제의
노 대통령 내년 6월에
21개국 APEC 정상회의 개막
(APEC개막보다 투자박람회 서울개최 제의가 더 중요하므로 앞으로 배치)

3) 제목의 유형

(1) 기본형 제목

① **누가**(*who*)

한나라당, 대북정책 전면 수정키로
김연아 '피겨 여왕' 빨간불

② **언제**(*when*)

서울 오늘 영상 30도 웃도는 무더위
오늘 의사 7만 명 시위 / 집단휴진 불가피 할 듯

③ **어디서**(*where*)

이라크 또 자살테러 / 최소 60여 명 사상
러시아 광산 가스폭발 97명 사망

④ **무엇을**(*what*)

유엔 안보리 "북핵 제재키로"
유럽 각국 "이라크戰 반대"

⑤ **어떻게**(*how*)

막판 100m차 뒤집은 '활화산 스퍼트' / 이봉주 어떻게 우승했나
산 채로 저수지에 … 인천 초등생 유괴범 "살려 달라" 애원 무시

⑥ **왜**(*why*)

온난화 영향, 봄 빨리 온다
경찰, 늑장대응으로 집단 성폭행 방치

(2) 응용형 제목

① 비교형

손해나도 … ‘목매는 협상’ 손해나면 … ‘당당한 포기’ 〈경향신문〉

성형하러 오고 … 토익보러 가고 〈동아일보〉

‘신용등급’, 기업은 뛰고 … 국가는 기고 … 〈문화일보〉

② 단정형

“고객이 NO하면 끝장” … 법률시장 사활 건 싸움 〈동아일보〉

“일본 소비자들이 지갑을 열기 시작했다” 〈조선일보〉

③ 기호사용

손학규 탈당해도 이 + 박 지지율 70% 〈중앙일보〉

태양 + 바람 + 물 ‘神이 빚은 포도주’ 산지 〈조선일보〉

④ 의문형

결국은 독자적으로? / 여 탈당 통합신당모임 오늘 창당 선언키로 〈동아일보〉

당신도 성형 美人? / 성형열풍 ‘끝없는 욕망’ 왜? 〈경향신문〉

⑤ 권유형

온라인 클릭 … 전문가 6만 명과 만나세요 〈경향신문〉

⑥ 한자어 변용

부시 위험한 弗장난 (부시 정부의 약달러 정책 비난) 〈문화일보〉

화난 盧 “법대로” … 놀란 勞 “일터로” 〈국제신문〉

⑦ 유행어 패러디형

美대선 ‘거부들의 전쟁’ 〈서울신문〉

증시, 돈 먹는 하마 〈조선일보〉

⑧ 속담, 격언, 관용어 활용형

신입사원 3개월 교육이 평생 간다 〈경향신문〉

⑨ 한자 조어형

파병혼선 … 방탄국회 … 청탁논란 … 뭐하는 巨與? 〈동아일보〉

⑩ 위트형

[이혼] ‘사랑을 반송합니다’ 〈세계일보〉

2. 리 드

1) 리드의 개념

기사는 제목(표제, *title*)과 리드(*lead*), 본문(*body*)으로 구성된다. 리드는 기사의 핵심 내용을 요약한 머리글이다. 전문, 서두문, 요약문이라고 하며 기사를 여는 문장이다. 일본에서는 마에가끼(まえかき/前書)라 한다.

리드를 쓰면 기사의 절반을 쓴 것이나 다름없다고 할 정도로 리드는 기사의 성패를 좌우한다. 리드가 좋으면 기사는 대체로 성공한다. 머리글인 리드를 잘 쓰면 몸통이랄 수 있는 본문이나 결론도 술술 풀어 나갈 수 있다. 그래서 리드를 기사의 얼굴, 기관차라고 한다. 기관차가 고장 나면 열차 전체가 움직이지 못하는 것처럼 리드가 잘못되면 기사는 생명력을 잃고 만다.

기자는 좋은 리드를 쓰기 위해 고심에 고심을 거듭해야 한다. 취재단계에서부터 리드를 생각하고, 기사를 쓰기 직전에도 생각하고 기사를 쓰는 동안 또다시 생각해야 한다.

2) 리드의 기능

첫째, 리드는 기사의 내용을 간단명료하게 압축한다. 리드만 읽으면 그 기사가 무엇을 말하는지 알 수 있도록 핵심내용을 담아 작성한다.

둘째, 리드는 기사의 뉴스성을 강조한다. 리드를 보면 기사의 가치와 비중을 알 수 있다.

셋째, 리드는 6하원칙의 의문에 대해 설명한다. 기사를 이해하는 데 필요한 사람, 장소, 사건에 대한 인식을 빠르게 해준다.

넷째, 리드는 독자가 기사를 읽도록 유인하는 역할을 한다. 리드가 좋아야 기사 전체를 읽을 마음이 생기게 된다.

다섯째, 편집자가 제목을 다는 데 용이하다. 편집자들이 시간이 촉박할 경우 기사 전체를 읽지 않고 리드만 보고도 기사의 제목을 뽑을 수 있어야 한다.

3) 리드의 작성요령

① 가장 중요한 내용(*climax*)을 압축

- 독자에게 전할 핵심적 주제를 명확히 잡는 것이 리드의 요체다.
- 사건의 가장 중요한 점, 특이점 또는 이상한 점이 무엇인가에 주목해 작성한다.

  승객이 운전자 폭행

  청와대 행정관이 부인 살해

  명품 값, 미 백화점 판매가의 2배

예 문

손학규 전 경기지사가 19일 한나라당을 탈당했다. → **리드**

손 전 지사는 서울 효창동 백범기념관에서 "낡은 수구와 무능한 좌파의 질곡을 깨고 새 정치 질서를 만들겠다"며 "이를 위해 한나라당을 떠나겠다"고 말했다.

그는 "지금의 한나라당은 군정 잔당들과 개발독재시대의 잔재들이 버젓이 주인 행세를 하고 있다"며 "새로운 한나라당을 만들겠다는 국민과의 약속을 지키지 못했다"고 주장했다.

탈당 후 선택과 관련해 손 전 지사는 정운찬 전 서울대 총장, 진대제 전 정보통신부 장관을 거론하며 "이 분들은 대한민국 선진화와 미래의 중요한 힘이다. 드림팀으로 확대해 새 역사를 만들고 싶다"고 밝혔다.

그는 이어 "지금의 여권과 한나라당, 새 정치를 추구하는 세력들이 새로운 이념 · 정책적 좌표를 설정해야 앞으로 나갈 수 있다"고 했다. 〈중앙일보 2007. 3. 20〉

간결하고 명료한 리드 문장이다. 그러나 독자가 가장 궁금해하는 탈당의 이유를 부리드로 처리한 점이 아쉽다.

② 6하원칙의 내용 포함

누가(*who*), 무엇을(*what*), 왜(*why*)와 같이 독자가 궁금해 하는 중요 항목의 내용을 포함한다.

누가(who) 손학규 전 경기지사

언제(when) 19일
무엇을(what) 한나라당을 탈당
왜(why) 낡은 수구와 무능한 좌파의 질곡을 깨고 새 정치 질서를 만들기 위해

③ 가능한 하나의 주제(테마)로 작성

기사의 성격에 따라 직접적 리드 또는 지체리드, 단일요소 리드 또는 복합요소 리드 가운데 어느 것이 적합한지 결정한다.

예 문

일본 정부는 19일 각료회의를 열어 6자회담 복귀를 거부하고 있는 북한에 대한 추가 금융제재 법안을 의결하고 즉각 대북제재에 착수키로 했다./ **1개의 주제**

일본 정부는 19일 각료회의를 열어 6자회담 복귀를 거부하고 있는 북한에 대한 추가 금융제재 법안을 의결하고 즉각 대북제재에 착수키로 했다. 일본 정부는 이 같은 사실을 외교경로를 통해 한국정부에 통보하고, 한국도 대북제제에 동참할 것을 촉구했다./ **2개의 주제**

④ 50자 음절 안팎의 간결한 문장

난해한 한자어, 외래어, 약어, 전문용어, 복잡하고 모호한 문장은 가급적 피한다. 리드에 주어나 동사를 설명하는 수식어를 장황하게 늘어놓거나 구체적 시간이나 방법 등을 나타내는 말은 삼간다.

비중이 큰 기사일수록 모든 팩트(*fact*)가 다 중요한 것으로 판단되기 때문에 리드가 길어지기 쉽지만 큰 기사일수록 리드가 짧아야 한다.

예 문

손학규 전 경기지사는 19일 기자회견을 갖고 한나라당 탈당을 공식 선언하면서 "신당 창당을 포함한 새로운 정치질서를 모색하겠다"고 밝혔다. 이에 따라 대선구도, 특히 범여권 대선 경쟁구도의 변화가 불가피해졌다. 〈조선일보〉

6하원칙 중 누가, 언제, 무엇을, 왜가 포함되어 있다. 두 개의 주제로 이뤄진 리드다. 하나는 손학규 전 경기지사가 한나라당을 탈당했다는 것이고, 다른 하나는 범여권 대선 경쟁구도에 변화가 있으리라는 것이다. 주어나 동사를 설명하는 수식어가

▸ 손학규 전 경기지사가 한나라당 탈당 기자회견을 한 뒤 차에 오르면서 지지자들에게 손을 흔들고 있다.

적어 간결하고 명료한 리드다. 리드가 독자들의 궁금증을 해소했다.

예 문

한나라당 대선주자 '빅 3' 가운데 한 명인 손학규 전 경기지사가 19일 "낡은 정치를 깨고 새로운 길을 열기 위해 더 어려운 길을 택하겠다"며 독자적인 세력과 지지기반 없이 '단기필마'로 탈당을 선언했다. 〈동아일보〉

누가 한나라당 대선주자 '빅3' 가운데 한 명인 손학규 전 경기지사가
언제 19일
무엇을 한나라당을 탈당
어떻게 지지기반 없이 '단기필마'로
왜 낡은 정치를 깨고 새로운 길을 열기 위해

6하원칙 중 어디서(*where*)를 제외한 나머지 5개가 포함되어 있다. 문장에 긴 수식어가 붙어 간결하지 않고, 독이성(讀易性)이 떨어진다. 단기필마는 독자가 이해하기 어려운 단어다.

예 문

손학규 전 경기지사가 19일 한나라당을 탈당했다.
손전지사는 서울 효창동 백범기념관에서 기자회견을 열어 "새로운 길을 열기 위해 그동안 내가 지니고 있던 모든 가능성과 기득권을 버리기로 결심했다"며 "낡은 수구와 무능한 좌파의 질곡을 깨고 새로운 정치질서를 창조하기 위해 한나라당을 떠나기로 했다"고 밝혔다. 〈경향신문〉

손 전 지사의 탈당이유가 리드에 나오지 않았다. 두 번째 문장이 너무 길어 읽기에 숨이 차다. 또 '손전지사'는 띄어쓰기 되어 있지 않아 혼란을 줄 수 있다. '손 전 지사'로 수정하거나 지시대명사 '그'라고 바꾸는 것이 좋다.

예 문

손학규 전 경기도지사가 19일 '새로운 정치질서 창조'를 내세우며 한나라당 탈당을 선언했다.
그는 이날 오후 서울 백범기념관에서 기자회견을 열어 "한국정치의 낡은 틀을 깨뜨리고 새로운 정치질서 창조의 길에 저 자신을 던지고자 한다"며 "무능한 진보와 수구 · 보수가 판치는 낡은 정치구조 자체를 교체하자"고 말했다. 〈한겨레〉

간단명료하면서 탈당의 이유가 잘 드러난 리드다. 그러나 두 번째 문장의 '새로운 정치질서 창조의 길'이 겹쳐서 같은 말을 되풀이한 느낌이다.

예 문

㉠"우리나라로 밀입국하려던 조선족 일가족 등 5명이 수입 컨테이너 안에서 모두 숨진 채 발견됐다."
㉡"보리스 옐친 러시아 대통령이 심장수술을 견뎌낼 수 없을 정도로 복잡한 건강상의 문제점을 안고 있다는 우려가 제기된 가운데 러시아 정가는 23일 공산당을 중심으로 그에 대한 하야 압력이 거세게 일었다."

㉠은 의존명사 '등'(等)을 잘못 사용하고 있다. 등은 둘 이상의 명사, 관형절이 대등한 자격으로 나열되어 있을 경우에 맨 끝에 놓여서 선행 명사, 관형절이 지시하는 바를 낮추어 일컫는다. 여기서는 '등'을 삭제해야 자연스런 문장이다.

㉡은 영문 번역투의 문장으로 다음과 같이 고쳐 써야 한다.

"러시아 공산당은 심장병으로 위독한 상태에 있는 보리스 옐친 대통령의 하야를 촉구했다."

⑤ 호기심과 관심을 자극하는 표현

이를 위해 화려한 표현이나 극적인 구절을 사용하기도 한다.

"명문대 나왔다는 입시학원 강사에 현혹되지 마세요"

4) 리드의 종류

(1) 기본리드

역삼각형 기사의 전형적인 리드로 주로 사건 · 사고기사, 행정기사 등 정보전달에 중점을 두는 스트레이트기사에 주로 쓰인다. 기사의 핵심내용을 요약하는 서두문이다. 직접리드, 일반리드, 기사 요약형 리드라고도 한다.

① 누구를 강조하는 리드(*the who lead*)

예 문

- 조석래(72) 효성그룹 회장이 제31대 한국경제인연합회장에 선출됐다. 〈중앙일보〉
- 김대중 전 대통령(DJ)은 13일 "남한과 북한 양쪽에서 저의 방북을 바란다면 북한을 방문해 우리의 당면한 문제를 얘기하고 싶다"고 말했다. 〈조선일보〉
- 문화재 전문털이 조직이 가정집에 침입, 국보급 그림을 털어갔다. 2일 새벽 3시경 모 건설업체 사장 김 모(50, 서울 서대문 대신동) 씨 집에 도둑이 들어 2층 서재에 있던 겸재(謙齋), 정선(鄭敾)의 산수화 1점 등 소장품을 털어 달아났다. 경찰에 따르면…(후략) 〈동아일보〉

② 언제를 강조하는 리드(*the when lead*)

예 문

- 올해 서울 지역 6개 외국어고와 2개 과학고 신입생 전발 전형이 예년보다 한 달 이상 늦은 11월 말 ~ 12월 초 실시된다. 〈동아일보〉
- 경찰이 잠복근무를 하고 있는 시간에 도둑이 근처 주택가를 침입, 금품을 훔쳐 달아났다. 1일 새벽 3시경 서울 용산구 청파동 구청 공무원 김 모(50) 씨 집에 도둑이 들어 집안 장롱을 뒤져 물방울다이아몬드 반지 등을 털어 달아났다. 김 씨 집 근처 주택가 일대에서 최근 잇따라 도난 절도사건이 발생하자 경찰은 이날 저녁 청파 파출소 경찰을 동원, 잠복근무 중이었다.
- 협상이 진행되는 동안 협상장인 하얏트호텔에는 시위대들이 몰려와 기습시위를 벌였습니다. 곳곳에서 FTA반대집회도 잇달았습니다. 〈MBC〉

③ 어디를 강조하는 리드(*the where lead*)

예 문

- 경기도 포천 소재 주한미군 훈련장 106만 평과 미군 장교들의 사교클럽으로 한국 정 · 관계 인사들에게 널리 알려진 서울 서대문 '서울의 집'이 우리 측에 반환된다.
- 터키 서부지역에서 17일 리히터 규모 7.8의 강력한 지진이 발생했다.
- **앵커멘트/** 독일에서 한국예술의 위상이 높아지고 있습니다. '아침이슬'로 널리 알려진 작곡가 김민기 씨가 어제 독일정부의 문화훈장과 '괴테메달'을 받았고 무용수 김수진 씨도 무용분야 최고 장인으로 선정되었습니다. 〈KBS〉

④ 왜를 강조하는 리드(*the why lead*)

예 문

- 자신의 인생에 걸림돌이 된다며 다섯 살 난 딸을 목 졸라 숨지게 한 뒤 시체를 바다에 버린 비정한 아버지가 경찰에 붙잡혔다. 〈동아일보〉
- 군대에 가는 아들에게 겨울 잠바를 사주기 위해 행인의 지갑을 훔쳤다가 구속 기소돼 1심에서 실형을 선고받은 40대 여성이 항소심 재판부가 집행유예 선고로 선처해 감옥에서 풀려났다. 〈동아일보〉
- 외국에 밀반출을 목적으로 문화재 절도단이 가정집에 침입하여 국보급 미술품을 훔쳐갔다. 5일 새벽 4시쯤 서울 용산구 이태원동 김 모(56) 씨 집에 3인조 문화재 전문털이범이 침입, 김 씨가 소유하고 있던 단원 김홍도의 풍속화 1점과 겸재 정선의 산수화 1점 등 국보급 미술품을 털어 달아났다.

⑤ 어떻게를 강조하는 리드(*the how lead*)

예 문

- 체세포복제 배아줄기세포 연구가 제한적으로 허용된다. 또 난자와 정자의 유상거래는 금지되고 난자의 기증조건은 크게 강화된다. 〈한겨레〉
- 지난 19일 여수에서 실종된 이 모(5) 양은 아버지에 의해 살해된 뒤 바다에 버려진 것으로 경찰조사 결과 밝혀졌다. 〈조선일보〉

⑥ 무엇을 강조하는 리드(*the what lead*)

예 문

- 환경오염이 적은 일부 제조업체의 수도권내 공장 증설이 올해까지 한시적으로 허용된다. 정부는 13일 청와대에서 국무회의를 열어 이 같은… 〈조선일보〉
- 휴전 55년 만에 처음으로 남북을 오가는 관광도로가 뚫렸다. 김운규 현대아산사장을 비롯한 금강산 육로관광을 위한 사전 답사반 87명은 1일 오후 2시 강원도 고성군 통일전망대에서 버스 10대에 나눠 타고 휴전선을 넘어 동해선 임시도로를 따라 북한으로 향했다.
- **앵커 멘트/** 어린이 충치 발생률을 3분의 1로 줄여주는 방법이 있다고 합니다. 어린 자녀를 둔 분들은 잘 봐두셔야 할 소식입니다. 〈KBS〉

(2) 특수리드

스트레이트 기사에도 사용되나 주로 피라미드형이나 혼합형 기사리드로 기획기사, 피처기사, 해설기사 등에 많이 사용된다. 지연리드, 대체리드, 특별리드, 소프트뉴스리드라고도 한다.

① 1-2-3-4 형 리드(*the* 1 2 3 4 *lead*)

중요도의 순차에 따라 번호를 매겨 몇몇 특징을 제시하는 리드이다.

예 문

김대중 대통령과 북한의 김정일 국방위원장은 15일 역사적인 남북공동선언을 발표, "남과 북은 나라의 통일문제를 그 주인인 우리민족끼리 서로 힘을 합쳐 자주적으로 해결해 나갈 것"을 천명했다.
선언문은 또 "남과 북은 나라의 통일을 위한 남측의 연합제안과 북측의 낮은 단계 연방제안이 서로 공통성이 있다고 인정하고 앞으로 이 방향에서 통일을 지향시켜 나가기로 했다"고 밝혔다.
김 대통령과 김 위원장은 "경제협력을 통해서 민족경제를 균형적으로 발전시키고 사회, 문화, 체육, 보건, 환경 등 제반 분야의 협력과 교류를 활성화하여 서로의 신뢰를 다져나가기로 했다"고 다짐하고 "이상과 같은 합의사항을 조속히 실천에 옮기기 위하여 빠른 시일 안에 당국 사이의 대화를 개최하기로 합의했다"고 약속했다. 〈경향신문〉

② **도표형 리드**(*the tabulated lead*)

하나의 뉴스 상황이 여러 국면으로 전개될 때 유용하다. 뉴스상황을 일목요연하게 보여주고 관심을 유도하는 데 좋다.

예 문

한나라당 내 대권후보 경합이 양강 구도로 압축된 가운데 이명박 전 서울시장과 박근혜 전 대표 간 지지율 격차가 최근 들어 더욱 벌어지고 있는 것으로 나타났다. 경향신문과 현대리서치가 15일 공동으로 조사한 여론조사에서 이 전 시장의 지지율이 45%대에 육박, 박 전 대표의 지지율 23.1%에 비해 2배 가까운 차이를 보였다. 이 같은 여론조사결과는 지난달 15일 조사한 여론조사에 비해 이 전 시장은 4.5%가 올라 지속적인 상승한 반면 박 전 대표는 답보상태를 면치 못하고 있다. 〈경향신문〉

여론조사 도표

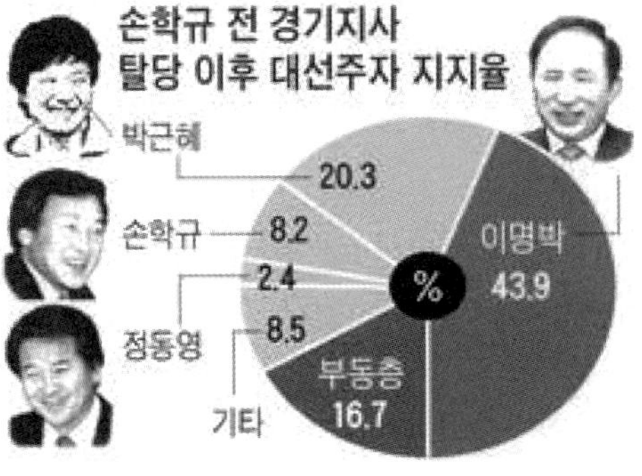

〈조선일보, 2007. 3. 20〉

손학규 전 경기지사의 탈당은 잘못된 것이라는 응답이 46%로 잘했다는 응답 30%보다 많았습니다. 자신이 한나라당 수문장이라고 말한 지 한 달 만에 한나라당은 군정과 개발독재 잔당들의 정당이라고 입장을 바꾼 것에 대한 비판여론이 반영된 것으로 보입니다. 이런 가운데 손 전 지사에 대한 대선주자 선호도는 6.15%로 지난달에 비해 1.2% 포인트 올랐습니다. 〈MBC〉

③ **탄약통형 리드**(*the cartridge lead*)

가능한 한 한 문장으로 된 가장 짧은 리드. 아주 간단명료하고 폭발적으로 기술하는 형태의 리드다.

예 문

황제가 복병의 일격에 쓰러졌다.

남자테니스 세계랭킹 1위 로저 페더러(스위스)의 연승행진이 '41'에서 멈췄다. 페더러는 12일(한국시간) 미국 캘리포니아주 인디언웰스에서 열린 퍼시픽라이프오픈 단식 2회전에서 기예르모 카나스(아르헨티나, 60위)에게 0대 2(5-7, 2-6)로 졌다. 〈조선일보〉

예 문

2%가 부족하다.

쇼트 프로그램 1위, 세계선수권 3위, 그리고 세계랭킹 2위 점프. 대한민국 100년 피겨 역사상 최고 성적을 뽐낸 김연아(17 · 군포 수리고)를 보면서 가슴 한편에 진한 아쉬움이 남는 이유는 뭘까. 그 2%는 아마도 체력일 것이다.

지난 23일 끝난 2007 국제빙상경기연맹(ISU) 세계피겨선수권대회에서 김연아를 제치고 1위와 2위에 나란히 오른 안도 마키(20)와 아사다 마오(17)는 연이틀 빙상을 누비고도 가쁜 숨을 몰아쉬기는커녕 웃음까지 흘리는 여유를 보였다. 〈매일경제〉

예 문

남 · 북 열차 반세기 만에 분단을 넘었다.

17일 남과 북을 떠난 열차가 분단(分斷) 이후 처음으로 56년 만에 군사분계선(DMZ)을 넘었다. 이재정 통일부 장관과 권호웅 북한 내각참사 등 남북 150명을 태운 열차는 이날 오전 11시 28분 경의선 문산역을 출발해 낮 12시 18분 군사분계선을 통과했고, 1시간 반 만인 오후 1시 3분 개성역에 도착했다. 북측 금상산 역을 출발한 동해선 열차도 낮 12시 21분 군사분계선을 통과해 출발 1시간여 만인 12시34분 우리측 제진역에 도착했다. 〈조선일보, 2007. 5. 16〉

예 문

〈앵커멘트〉

또 한번 세계를 놀라게 했습니다. 우리 박태환 선수는 특히 동양인에게는 넘지 못할 벽처럼 느껴졌던 단거리 자유형에서 아시아신기록으로 메달을 따내면서 수영 역사를 새롭게 써가고 있습니다. 김세의 기자입니다.

〈리포트〉

미국의 마이클 펠프스, 네덜란드의 피터 반 호헨벤트 등 세계적인 스타들과 어깨를 나란히 한 박태환. 그러나 박태환은 키 182cm로 결승진출자 중에 가장 왜소해 보였습니다. 〈MBC〉

---

④ 편치형 리드(*the punch lead*)

탄약통형 리드와 유사하지만 그렇게 짧거나 비약적이지 않다. 일격을 가하는 펀치가 있다. 스포츠기사 리드에 많이 사용한다.

예 문

좀처럼 보기 드문 명승부였고, 극적인 레이스였다. 지켜보던 사람들이 '아, 이제 힘들어'하고 느끼던 바로 그 순간 이봉주(37 · 삼성전자)의 진가가 빛을 발하기 시작했다.

이봉주는 처음부터 선두그룹에서 레이스를 펼쳤다. 처음 10여 명이던 선두그룹은 한 명씩 떨어져 나가기 시작해 25km 지점에서 8명으로 줄었고, 35km지점에 이르러 이봉주와 폴 키푸로프 카루이, 라반 킴켑보이, 에드원 코멘(이상 케냐)과의 4파전 양상으로 변했다. 〈동아일보〉

예 문

서울 용산 일대가 꿈틀대고 있다.

도심에서 가깝고 한강 옆이라는 지리적 이점을 가진 용산의 각종 개발사업에 탄력이 붙었다. 용산역 옆에 국내에서 가장 높은 건물이 들어설 수 있게 되면서 재개발 등 현재 진행중인 사업들이 더욱 속도를 낼 것으로 예상된다. 〈연합뉴스〉

예 문

〈앵커멘트〉

동갑내기 피겨여왕들의 맞대결! 드디어 내일입니다. 한국의 자존심! 김연아와 일본의 자존심 아사다 마오~ 우리의 김연아는 무척 여유로워 보이네요.
정현숙기자입니다.

〈리포트〉

강철 나비라는 별명답게 큰 무대에서 강한 김연아냐, 절정의 컨디션을 보이고 있는 일본의 아시다 마오냐, 역대 전적 2승2패의 팽팽한 균형이 깨질 순간이 다가왔습니다. 〈KBS〉

---

⑤ 놀람형 리드(*the astonisher lead*)

리드에서 최상급을 사용하거나 기자의 느낌을 표현하기도 한다.

예 문

"벨기에 박물관에 아프리카 보물지도가 있다?"
자원 및 에너지 분야의 세계적인 기업들이 벨기에 왕립 중앙아프리카 박물관으로 달려가고 있다고 미국 월스트리트저널(WSJ)이 19일 보도했다.
이 박물관에 보관된 아프리카 지도들을 보기 위해서다. 기업들은 수십 년 전 수작업으로 세밀하게 작성된 이 박물관의 지도를 아프리카 천연자원 매장지를 알려주는 '보물지도'로 여기고 있다. 〈조선일보〉

예 문

고졸 출신의 철강 명장이 세계 최대 열연공장의 총책임자가 됐다.
포스코는 30년간 열연부에서 근무해온 임채식(54) 씨를 전남 광양제철소 1열연공장의 공장장으로 최근 승진 발령했다. 임 씨는 2005년 노동부와 산업인력공단이 선정한 '압연 명장'으로 포스코의 첫 명장출신 공장장이다. 〈중앙일보〉

예 문

멋집니다. 세계 수영 선수권 대회에서 우리는 그동안 금메달은 물론이고 동메달도 따본 적이 없습니다. 게다가 막판 역전 장면은 속이 다 시원하죠. 〈MBC〉

---

⑥ 대칭형 리드(*the contrast lead*)

현재 또는 이전 상황과 후발 상황 사이에 여러 가지 이유에서 차이를 보일 경우가 있는데 그럴 경우 이 같은 기이한 상황의 뉴스거리를 한 리드에 담게 된다.

예 문

"팀장은 지고 대리가 뜬다."

지난해까지 샐러리맨들을 사로잡았던 팀장관련 서적의 인기가 수그러들고 올해 들어 대리에 관한 책들이 인기를 끌고 있다. 〈동아일보〉

예 문

70년대 아시아의 물개 조오련, 80년대 아시아의 인어 최윤희. 조오련과 최윤희는 아시안게임에서 각각 금메달 4개와 5개를 따내며, 아시아 무대를 평정했습니다. 그러나 한국 수영의 독보적인 스타 조오련과 최윤희도 세계무대는 넘지 못할 벽이었습니다.

17살의 마린보이 박태환, 10대 고교생이 불가능한 벽을 허물며, 아시아는 물론 세계 수영계를 발칵 뒤집어 놓았습니다. 〈KBS〉

---

⑦ 의문형 리드(*the question lead*)

의문형 문장으로 공적 관심을 고취시키는 리드이며 직접적 호소력이 높다.

예 문

한국음식을 기호학적으로 분석하면 어떤 특징을 뽑아낼 수 있을까.

기호학자인 김성도 고려대 교수는 최근 《기호, 리듬, 우주》(인간사랑)란 책에서 '요리, 리듬, 우주'라는 제목의 글을 통해 이런 작업을 시도했다.

그에 따르면 한국음식의 기본 구조는 밥, 국, 김치, 반찬이라는 4가지 요소로 구성된다. 〈동아일보〉

예 문

"아니, 직장과 꿈, 내 가정이 모두 날아갔는데 아무도 잘못한 사람이 없단 말입니까?"
다단계 사업체인 제이유 그룹에 투자했다 재산을 몽땅 날리고 가정마저 풍지박살이 난 김상길(39) 씨는 21일 제이유 그룹 주수도 회장과 이 사건 관련, 공정위와 금감원 관계자들이 1심 재판에서 모두 무죄판결을 받고 풀려났다는 소식을 듣고 망연자실했다. 〈동아일보〉

예 문

〈앵커멘트〉

요즘 대학가에서 가장 인기 있는 강의는 무엇일까요? 다이어트, 몸짱, 화장법 등을 알려주는 외모관련 수업이라고 합니다. 반면에 딱딱한 인문사회과학은 학생이 적어서 폐강되는 경우가 많다고 합니다. 전홍준 기자가 취재했습니다.

〈리포트〉

대형 강의실에 학생들로 빼곡합니다. 이 강의는 현대인의 다이어트라는 교양과목입니다. 한 남학생이 비만도를 측정하기 위해 강단에 올라가 허리둘레를 잽니다. 〈MBC〉

---

⑧ 기술형 리드(*the descriptive lead*)

르포 기사의 경우처럼 기자의 관찰(*eye witness*)을 바탕으로 리드를 기술하는 형태이다. 이 경우 진부한 단어(*cliches*)의 사용은 피해야 한다.

예 문

日 '오사카 유니버설 스튜디오 저팬' 새 단장, 짜릿한 롤러코스터

철컥철컥 하는 기계음도 없다. 그저 느릿한 음직임으로 작동이 시작된 것을 감지한다. 서서히 오르는 느낌. 공포의 정점을 향해 천천히, 하늘이 손에 잡힐 듯한 순간, '아악～' 하는 혜성꼬리와 같은 비명의 궤적을 남기고 추락하듯 살벌한 급강하. 〈동아일보〉

예 문

12일 오전 10시 대한민국 국토 최남단 마라도에 있는 가파초등학교 마라분교. 2교시를 알리는 벨소리가 울리자 이 학교 유일한 학생인 2학년 이현진(8) 군과 강성일(46) 교사가 10여 평 크기 교실 한가운데 놓인 책상에 마주 앉았다. 2교시에는 1교시 때 현진이가 이해하지 못한 수학문제 풀이가 이어졌다. 마라분교는 이번 신학기가 시작되면서 전교생 수가 달랑 한 명뿐인 '나홀로 학교'가 됐다. 〈조선일보〉

예 문

라디오를 듣다 보면 노래도 부르고 또 사연도 있는 사람들을 만날 수 있습니다. 그럴 때면 '과연 어떤 사람들일까', '어떤 사연이 있기에 라디오에까지 나오는 걸까'. 궁금하기도 하죠. 그분들 만나봤습니다. 〈MBC〉

⑨ 비유형 리드(*the figurative lead*)

리드나 뉴스기사 속에서 메타포, 웃음 및 연설적 요소를 사용하는 리드를 말한다. 이 리드는 진부함을 피해야 한다.

예 문

'흑진주' 비제이 싱(44 · 피지)은 1993년 30세의 나이에 미국프로골프(PGA)투어에 뛰어들었다.
피지의 하층민으로 태어나 공항기술자였던 아버지의 캐디를 하면서 골프를 접한 뒤 산전수전 다 겪고 뒤늦게 '아메리칸 드림'에 도전했다. 그는 '40대 청춘론'을 주창하며 2007 미국프로골프(PGA) 투어 시즌 개막전을 우승으로 장식했다. 〈경향신문〉

예 문

'마린 보이'에서 '수영 황제'로.
한국 수영의 역사를 새로 쓰며 세계선수권자유형 400m 우승을 차지한 18세 소년 박태환, 끝까지 포기하지 않는 집념과 놀라운 막판 스퍼트가 그를 정상에 올려놨다. 〈중앙일보〉

⑩ 경구형 리드(*the epigram lead*)

기사의 톤이나 격이 경구(警句)형 리드를 사용함으로써 강조될 때도 있다. 리드에 사용하는 경구는 간결하면서도 핵심을 끄집어내야 하고 위트가 있어야 한다.

예 문

"인생살이 새옹지마"(塞翁之馬)라는 말이 새삼 떠오른다.
국민의 정부 시절 나는 새도 떨어뜨릴 정도의 권세를 누렸던 박지원 전 청와대 비서실장이 정권이 바뀌기가 무섭게 '꽃이 지기로서니 바람을 탓하랴'라는 김춘수 시인의 시를 화두로 남긴 채 영어(囹圄)의 몸이 되었다. 〈동아일보〉

예 문

"소 잃고 외양간 고친다"는 말이 있습니다. 기왕에 외양간을 고치려면 잘 고쳐야 하는데 우리 전투기가 불안합니다. 지난해 서해에서 추락한 KF-16 전투기의 사고 원인이 정비 결함 때문이었는데 여전히 엔진이 불량한 전투기 한 대가 추가로 발견됐습니다. 〈MBC〉

---

⑪ 문학적 암시형 리드(*the literary allusion lead*)

소설 속의 주인공이나 역사 속의 인물은 독자들에게 친숙하다. 더욱이 문학적 표현은 독자들에게 친밀감을 주기 때문에 문학적 의미를 지닌 리드를 활용하는 경우가 종종 있다.

예 문

'텃밭에 가랑비가 가랑가랑 내립니다/ 빗속에 가랑파가 가랑가랑 자랍니다/ 가랑파 가꾸는 울 엄마 손가락 가랑가랑 젖습니다.'(〈가랑비〉 전문)
'가랑비'란 가늘게 내리는 비이고 '가랑파'는 '실파'의 경상도 방언이다. 가늘게 내리는 가랑비를 맞고 가랑파는 가늘게 자란다. 그걸 표현하는 부사는 빗물이 촉촉이 떨어지는 가느다란 소리인 듯 역시나 '가랑가랑'이다. 만물을 생동케 하는 원천인 비를 맞으며 파를 가꾸는 엄마의 손은 자식을 키우는 부모의 간절한 마음과 통한다. 〈조선일보〉

---

⑫ 풍자형 리드(*the parody lead*)

대중가요의 히트곡, 유명인사의 명언, 베스트셀러나 영화의 타이틀 등이 풍자형 리드로 사용된다. 잘 다듬어진 풍자적 표현은 뉴스를 빛나게 할 수도 있다.

예 문

'정치냐 사랑이냐, 이것이 문제로다'
2008년 미국 대선에 출마하는 민주당 유력후보 존 에드워즈(54) 전 상원의원이 미국인들에게 어려운 질문을 던졌다. 부인 엘리자벳 에드워즈(57)가 유방암 재발에도 불구하고 대선후보 경선에 계속 참여하기로 한 그의 결정이 미국 내에서 죽음과 결혼관계, 야망과 헌신, 희망과 국가에 관한 뜨거운 논란을 일으켰기 때문이다. 〈한국일보〉

예 문

〈앵커 멘트〉
요즘 애들 못쓰겠단 얘기는 피라미드에도 적혀있다고 합니다만, 최근 일부 10대들의 일탈은 걱정을 넘어서 무서울 지경입니다. 나중에 이들이 커서 더 무서운 어른이 되기 전에 무슨 수를 내야 하지 않을까요? 〈SBS〉

---

⑬ 인용문형 리드(*the quotation lead*)

발표문, 연설문, 보고서에서 직접 인용하여 리드를 작성하는 경우이다. 1962년 존 F. 케네디 미국 대통령이 텍사스주 달라스에서 오스왈드의 저격을 받아 암살당했을 때 미국 신문들은 한결같이 부인 재클린이 절규한 "오! 노!"란 단어를 인용해 리드를 썼다.

예 문

"최근 이건희 삼성그룹 회장이 지적한 '샌드위치론'처럼 지금은 기업 간의 경쟁시대가 아니라 나라 간의 경쟁시대입니다. 나라 경제를 위해서 국민이 힘을 합쳐 국가 경쟁력을 갖출 수 있도록 해야 합니다."
조석래(72) 효성그룹 회장이 20일 서울 영등포구 여의도동 전경련 회관에서 열린 전경련 임시 총회에서 제 31대 전경련 회장으로 선출됐다. 〈동아일보〉

예 문

"오리콘 차트 1위를 하지 않으면 돌아오지 않을 각오로 활동 중이에요"
일본에서 정규 2집 음반을 내고 본격 활동 중인 동방신기가 일본 정복을 하겠다는 당찬 포부를 밝혔습니다. 〈YTN〉

⑭ 대화형 리드(*the dialogue lead*)

드물기는 하지만 독자들의 관심이 많은 법원기사나 대통령 선거, 국회의원 선거 등 중요한 쟁점이 있는 기사를 작성할 경우에 이 형태의 리드가 동원되기도 한다. 대통령 후보 TV토론 등은 대화형 리드를 사용해서 생생한 현장을 보도할 수 있다.

예 문

"김광현이 정말 그렇게 좋아요?"
"그래도 좀 더 다듬어야지."
"그런데 왜 그렇게 기사가 많이 나와요?"
"스포테인먼트이니까."
지난주 연습 경기에서 김인식 한화감독과 김성근 SK감독이 나눈 이야기 한 토막이다. 요즘 SK관련기사에는 '스포테인먼트'(스포츠 + 엔터테인먼트)란 말이 빠지질 않는다. 이름에 걸맞게 참 많은 행사가 기획되고 있다. 〈동아일보〉

⑮ 일화 소개형 리드(*the anecdote lead*)

실제의 인물과 구체적 사건을 등장시켜 독자에게 사실감, 친근감을 준다.

예 문

1950년대 미국 로스앤젤레스 벤 너이스(Van Nuys)고등학교. 늘 양복 재킷을 입고 넥타이를 걸치고 다니는 좀 지나치다 싶을 만큼 반듯한 학생이 하나 있었다. 그는 늘 학업에 충실했고, 특히 수학에 재능이 뛰어났다. 이 소년이 훗날 세상을 완전히 바꾸어 놓을 '혁명'을 일으킬 것이란 사실을 당시엔 아무도 몰랐다.
그가 1973년 탄생시킨 것이 인터네트워크(*internetwork*), 바로 인터넷(*internet*)이다. 빈트 서프(Vint Cerf · 64) 구글 부사장은 '인터넷의 아버지'로 불리는 인물이다. 그는 현재 인터넷에서 데이터를 전송할 때 표준규약으로 사용하는 TCP(*Transmission Control Protocol*)를 만들었다. 〈조선일보〉

⑯ 권유형 리드(*the invite lead*)

예 문

〈앵커 멘트〉

자녀의 키가 작아 고민인 부모님들이라면 주의 깊게 들어보시기 바랍니다. 전문가들이 키를 키울 수 있는 과학적인 방법을 제시했는데요. 신수아 기잡니다. 〈KBS〉

⑰ 장면 묘사형 리드(*the scene description lead*)

예 문

연주가 갑자기 멈췄다. 뒤틀린 손가락이 펴지질 않았기 때문이다.

뇌성마비 1급 장애인 피아니스트 김경민(26) 씨(사진)의 첫 피아노 독주회가 열린 지난 17일 경기도 용인시 용인문화회관. 네 번째 곡인 유키 구라모토의 〈명상〉을 연주하던 김 씨가 잠시 연주를 멈추고 땀을 닦자 객석(관객 7백여 명)에서 박수가 터져 나왔다. 〈조선일보〉

⑱ 감정이입형 리드(*the empathy lead*)

예 문

남편의 눈물을 처음 봤다.

"여보 보험금을 못 받아 주고 가네."

아내 김 모(56 · 경북 구미시) 씨는 "괜한 소리 말라"고 했다. 목이 메었다.

작년 10월 간암으로 사망한 남편 손 모 씨는 눈을 감는 마지막 순간까지 보험금을 아내의 손에 쥐어 주지 못한 것을 안타까워했다. 〈동아일보〉

예 문

〈앵커 멘트〉

다음 소식입니다. 이 소식을 대체 어떻게 전달해드려야 할지 모르겠습니다. 다섯 살 난 친딸을 살해해 바다에 버린 뒤 실종된 것처럼 꾸몄던 비정한 아버지가 경찰에 붙잡혔습니다. 〈광주방송〉

5) 리드쓰기 사례

스트레이트, 해설, 박스, 스케치 등 기사의 유형 그리고 정치, 경제, 사회기사 등 기사의 성격, 톱기사냐 1단짜리 기사냐 같은 기사의 비중에 따라 각각의 형태에 맞게 리드를 작성한다.

예 문

오토바이-학원버스 충돌, 여학생 1명 숨져

22일 오후 9시쯤 서울시 송파구 잠실동 롯데월드 앞 사거리에서 신호를 무시하고 달리던 서울 중랑 라1305호 125cc 오토바이(운전자 홍길수 · 16 · 무직)와 서울 3조 4603호 학원버스(운전자 임석정 · 33)가 정면충돌했다.
이 사고로 오토바이 뒷자리에 타고 있던 이보라 양(15 · K중 3년 · 서울 송파구 가락동)이 그 자리에서 숨지고 홍 군과 학원버스 운전자 임 씨 등 10명이 중경상을 입었다.

기사의 밸류가 1 ~ 2단 정도에 불과해 제목이 리드를 대신하고 바로 본문으로 들어간 형태이다. 그러나 같은 교통사고라도 피해규모가 크거나 특이한 유형이어서 관심을 끌 만한 사안이면 따로 리드를 뽑아주어야 한다.

예 문

또 … 또 … 학원車에 어린이 참변

학원 차량의 안전불감증으로 어린이들이 희생되는 사고가 잇따르고 있지만 관련 법령이나 대책이 없어 큰 문제로 지적되고 있다.
3일 오후 8시쯤 서울 관악구 봉천동 W아파트 앞길에서 윤 모(11) 군이 박 모(46) 씨가 몰던 태권도학원 승합차에서 내리다 문이 옷에 끼는 바람에 80m를 끌려가 숨졌다.
경찰조사결가 학원장인 박 씨가 차량을 운전했으며, 박 씨는 "윤 군이 완전히 내린 것을 확인하지 못하고 출발했는데 이상한 느낌이 들어서 차를 멈췄더니 아이가 끼어 있었다"고 진술한 것으로 알려졌다. 경찰은 박 씨에 대해 교통사고처리특례법위반 혐의로 구속영장을 신청할 예정이다.

이에 앞서 지난달 19일에는 울산에서 피아노학원을 다녀오던 박 모(6) 양이 차 문에 끼어 20m를 끌려가 숨졌고, 2월 13일에는 경기 양주에서 황 모(8) 군이 합기도 학원 차량에서 내리다 점퍼가 낀 채 10m를 끌려가 현장에서 숨졌다.
〈문화일보, 2007. 4. 4〉

학원차량의 안전불감증 운행으로 인해 어린이 사망사고가 잇따라 났다는 특이성 때문에 리드를 따로 뽑았다.

예 문

한 · 러 외무장관회담 열려

아태경제협력체(APEC)각료회의 참석차 말레이시아를 방문중인 반기문 외교통상부 장관은 22일 이바노프 러시아 외무장관과 한 · 러 외무장관회담을 갖고 양국관계 강화방안 및 북핵문제 해결방안 등을 협의했다.
양측은 이날 회담에서 양국간 미래지향적인 우호협력관계를 확대해 나가기로 합의하고 이를 위해 양국 고위인사 교류를 확대하기로 했다고 외교통상부가 밝혔다.

회담내용에 특별한 것이 없기 때문에 회담이 열렸다는 사실만을 전하는 리드를 썼다. 그러나 아래 기사처럼 회담 내용에 비중 있는 사항이 있으면 그것을 리드로 뽑아야 한다.

예 문

후진타오 중국주석 "위안화 평가절하 없다"

후진타오(胡錦濤) 중국 국가주석은 22일 "중국 위안(元)화 평가절하를 하지 않을 것"이라고 다짐했다.
후 주석은 이날 다오위타이(釣魚臺)에서 노무현 대통령과 한 · 중 경제협력방안을 논의하는 자리에서 위안화 평가절하가 없다는 점을 분명히 하면서 "한국은 안심해도 된다"고 밝혔다고 배석했던 이백만 청와대 홍보수석이 전했다.

한 · 중 정상회담 개최 소식보다는 논란을 빚고 있는 위안화 평가절하 문제에 대한 후진타오 주석의 발언이 더 중요하기 때문에 이를 리드로 앞세웠다.

예 문

중복리드

㉠3 · 4 분기 우리 경제의 성장률은 작년 동기대비 마이너스 3.5%를 기록했지만 2 · 4분기와 비교해서는 호전돼 경기저점이 가까워지고 있는 것으로 나타났다.
㉡이에 따라 경기저점이 오래가지 않도록 금리인하 등 적극적인 정책대응이 필요한 것으로 지적되고 있다.
한국은행은 22일 "3 · 4분기 중 실질 국내총생산(GDP)이 소비, 투자 등 내수가 부진하고 수출도 증가세가 둔화돼 작년 같은 기간보다 3.55% 감소됐다"고 밝혔다.
〈매일경제〉

주리드 ㉠과 부리드 ㉡으로 나뉘어 구성되었다.

해설, 스케치, 기획기사 등은 반드시 전체 내용을 요약한 문장으로 리드를 쓸 필요가 없다. 아래의 기획기사들은 독자들의 관심을 유발하기 위해 소설식 기법, 충격요법 등 다양한 형태의 특수리드를 활용하고 있다.

예 문

2006년 3월 22일 아침 6시, 무역회사 부장인 K씨는 인천국제공항에서 미국 로스앤젤레스(LA)행 비행기에 몸을 실었다. 자사 상품 구매를 꺼리는 미국인 바이어 A씨를 설득하기 위해서다.
12시간의 비행 끝에 LA국제공항에 내렸다. K씨는 이미 해가 지고 있는 LA 시내 한 레스토랑에서 A씨를 만났다. 힘든 상담(商談)이었지만 다행히 긍정적인 답변을 들었다.

예 문

참여정부 5년째에 접어든 지금, 우리의 사회와 가정은 더 이상 물러설 수 없는 막다른 골목으로 내몰리고 있다.
경기침체가 계속되면서 지난 2월말 현재 실업자 수는 150만 명에 육박하고 있다.
게다가 각 분야의 양극화 현상이 심화되고, 이념적 대립이 격화되면서 우리 사회의 계층간, 보수 · 진보세력간 갈등의 골이 치유불능 상태로 빠져 들고 있다.

---

3. 본 문

1) 본문이란

뉴스기사의 본문(*body*)은 리드(전문)에 표현된 6하원칙 가운데 중요하고 흥미 있는 사실을 상세하게 부연하거나, 전문에 표현되지 않은 부가사실을 첨가하는 것이다. 사건의 배경이나 원인, 경과, 전망, 사건관련자 인터뷰내용, 전문가 의견, 통계자료 제시, 일화소개, 개념 설명, 상반된 주장 소개 등이 본문을 이루는 요소들이다. 이들 요소들은 중요도에 따라 논리와 흐름이 맞도록 일목요연하게 배열해야 한다. 수용자들은 본문을 통해 뉴스의 내용을 자세하게 알게 된다.

2) 본문쓰기 요령

(1) 문장의 구성

첫째, 가급적 단문으로 작성한다. 기사 한 문장의 길이는 50자 안팎의 단문 중심으로 간결하게 작성하는 것이 좋다. 긴 문장은 이해도가 떨어지고 지루한 느낌을 준다. 속도를 강조하는 시대적 흐름을 반영해 기사도 가급적 압축하고 문장도 짧아지는 추세다. 과거에는 웬만한 해설은 보통 200자 원고지 12매 안팎이었으나 지금은 7~8매로 줄었고 짧은 것은 4~5매로 압축한다. 다만 문장의 길이가 천편일률적으로 짧을 경우 글을 읽는 맛이나 깊이가 없어 보이는 단점이 있다. 단문 중심으로 하되 너무 이에 구애받을 필요는 없다. 기사의 맥락, 가독성을 고려해 단문과 복문을 적절히 배합, 신축적으로 쓰면 된다.

둘째, 정확성, 명료성, 객관성 있는 문장으로 작성한다. 문장의 정확성이나 명료성, 객관성은 본문뿐 아니라 모든 기사쓰기의 기본원칙이다. 내용이 애매모호하고 불분명해서는 안 되고, 기자 개인의 선호나 자의적 판단이나 주관적 의견이 들어가지 말아야 한다.

그러나 뉴스전달에 중점을 둔 기사는 이런 원칙을 철저히 지켜야 하지만 르포기사나 기획기사, 미담기사, 인터뷰, 스케치기사 같은 경우는 이런 원칙에 너무 얽매이다보면 글의 맛이 떨어지기 쉽다. 객관성, 정확성, 공정성을 유지하면서도 독자의 흥미를 유발할 수 있도록 창의적인 기사쓰기가 필요하다. 아무리 유익한 기사라도 글이 무미건조해 독자들이 읽지 않으면 소용이 없다. 대화체 기사, 서간문체 기사 등 문학적 기법을 활용해 기자의 느낌이나 견해를 담을 수 있다. 다만 선정적 보도, 편파보도에 흐르지 않도록 주의해야 한다.

예 문

㉠ 강 순경은 21일 장미카페에서 한국건설대표 한원석 씨에게 200만 원을 받고 같이 술을 마시다 시비가 붙어 한 씨를 폭행한 혐의로 22일 불구속 입건됐다.
㉡ 이들은 또 최 모 씨 등 10여 명이 불법으로 가건물을 지은 사실을 알고 구청에 잘 말해주겠다며 이들로부터 500만 원을 갈취한 혐의를 받고 있다.
㉢ 다국적군에 참여할 것을 밝힌 영국의 킹 국방장관은 10일 키프로스에 배치된 토네이도 전투기 중대를 사우디 지역에 이동 배치하겠다고 밝혔다.

㉠ 은 '한원석 씨에게' 또는 '한원석 씨한테'로 고치는 것이 맞다.

㉡ 은 '이들은', '이들로부터'의 '이들'이 겹쳐서 혼동을 준다. '최 씨 등으로부터'로 고치고 최 모 씨 등의 '등'은 '최 모 씨를 비롯한' 또는'최 모 씨 외'로 하는 것이 맞다.

㉢'다국적군에 참여할' 주어가 생략되어 의미가 명료하지 않다. '영국군이'라는 주어를 넣어야 한다.

또한 '가장, 몹시, 매우, 너무, 아주', '반드시, 꼭, 기필코, 정말, 모름지기, 마땅히'와 같은 품사는 주관성이 강하므로 가급적 사용을 자제해야 한다.

셋째, 구체적이고 실감나게 표현한다. 기사에 숫자가 들어가면 문장이 딱딱해지는데 숫자에 생명력을 불어넣어야 한다. 예로 예산 1조 원을 낭비했다는 기사를 쓸 경우 1일 십만 원 비율로 돈을 쓴다고 계산하면 1조 원은 3천 년분에 해당한다고 구체적으로 기술한다. 유조선 사고로 남해안 250평방마일이 기름에 오염됐다는 내용도 여의도 면적의 10배라고 표현하면 훨씬 이해가 빠를 것이다.

기사의 본문에 관심을 끌기 위한 기법으로는 현장에서 쓰는 것처럼 묘사하는 것이다. 현장을 보여주는 것은 말하는 것보다 낫고, 설명을 위해서뿐 아니라 재미있기도 하다. 안전하지 못한 교량 기사를 쓸 때 학생들을 가득 태운 버스가 매일같이 그 교량을 통과하는 모습을 소개, 독자가 그 버스 안에 있는 것처럼 느끼게 한다.

넷째, 기사를 낭독해 보고 문장의 문제점을 점검한다. 혀끝으로 제대로 발음하기 어려운 부분, 부적절한 리듬, 고쳐야 할 진부한 표현, 대화에서 잘 사용하지 않는 길고 의미 없는 접두사, 관료들이나 학자들의 상투적인 문장 등을 걸러낸다. 품위 있고 누구나 이해하기 쉬운 일상적인 구어로 작성한다.

(2) 단락의 설정

첫째, 단락은 중요한 순서대로 배열한다. 지면과 시간의 제약 속에서 작성되는 기사는 신문 · 방송 · 인터넷기사든, 스트레이트 기사든, 피처 기사든 중요한 순서대로 배열하는 것이 기본이다. 리드를 제외한 본문의 경우 언제든지 잘려나갈 수 있다는 점을 감안하면 살리고 싶은 내용은 앞부분에 배치하는 것이 당연하다.

둘째, 하나의 단락은 하나의 화제(*topic*)로 구성한다. 기사는 리드에 압축된 하나의 주제가 있고 이 주제를 뒷받침하는 소주제로 구성된다. 각 단락은 2 ~ 3개의 문장으로 구성되는데 하나의 단락은 상관성이 있는 것만 모은 하나의 토픽을 담고 있어야 한다. 상관성이 없는 내용은 별개의 단락을 만들어야 한다. 한 단락에 토픽이 여러 개가 있으면 통일성이 없어 혼란스럽고, 핵심이 무엇인지 알 수가 없게 된다.

예 문

㉠ 정부는 폐기물의 적정처리를 위해 그린벨트(개발제한구역) 안에 매립지의 입지를 선별적으로 허용하기로 했다.

㉡ 김말동 환경부 장관은 21일 국무회의에 보고한 '환경개선대책'을 통해 "위생적인 폐기물 시설의 확충을 위해 전국을 34개 권역으로 구분, 대단위 위생 매립지를 조성키 위해 관계당국과 협의를 거쳐 폐기물 매립지에 대한 법령의 제한을 완화시키겠다"고 밝혔다.

㉢ 이에 따라 지금까지 폐기물 매립지 설치가 금지되어 온 그린벨트 내에서의 매립지 설치는 물론 공유수면 매립까지 허용될 전망이다.

㉣ 김 장관은 또 대기오염을 줄이기 위해 1t 이상 난방시설과 중소형 아파트의 액화천연가스(LNG)사용 의무화의 적용대상을 현재 서울에서 전국 주요 도시로까지 연차적으로 확대하겠다고 보고했다.

㉤ 이와 함께 경유를 사용하는 소형 화물차와 시내버스의 연료를 휘발유, 액화가스

로 대체할 계획이라고 밝혔다.

㉢은 ㉡과, ㉤은 ㉣과 내용상 같은 것이므로 한데 묶어 하나의 단락으로 설정하는 것이 좋다. ㉢과 ㉣은 내용이 다르므로 별개의 단락을 설정했다.

셋째, 단락들을 통일성과 응집성이 있도록 연결한다. 단락들이 모여서 완성된 기사가 된다. 단락들은 물 흐르듯이 논리적, 유기적으로 상호 연결되어야 한다. 글의 흐름을 좋게 하기 위해서는 각 문장과 단락을 자연스럽게 전이(轉移)시켜야 한다. 이런 전이 방법은 앞문장 단락의 주제를 이어받아 발전시켜 나가는 것이 일반적이다. 통일성은 어떤 글이나 단락에서 다루어지는 화제 혹은 주제가 하나이어야 하는 성질을 말한다. 응집성이란 어떤 글이나 단락을 이루는 여러 문장 혹은 문장의 구성요소들이 긴밀한 결합력을 가지고 있는 성질을 말한다. 뉴스를 효과적으로 독자에게 알리려면 상호 관련되는 중요한 사실을 일관성 있게 나열해야 한다. 일정한 뉴스의 핵심 내용을 표현하는 데 적절한 문장으로 뉴스가치를 구성하되, 앞뒤 문장은 서로 긴밀한 관계를 맺어야 한다.

예를 들어 서해대교에서 25중 추돌로 30명의 사상자가 났다면 먼저 이런 대형교통사고가 발생한 이유, 사고 당시의 상황, 사상자 구조작업, 다친 사람이나 목격자 인터뷰, 교통정체, 사상자 가족 표정 스케치, 서해대교에서 일어났던 사고, 보험관계, 사고를 줄이기 위한 대책 등의 순으로 단락을 전이시켜 가면서 기사 전체를 짜임새 있게 구성해야 한다.

내용의 연속성을 유지하는 것도 전이의 한 방법이다. 정책 기사일 경우 향후 정책의 시행계획, 예상되는 문제점이 언급될 수 있다. 바다에 관해 쓴 다음, 산에 관해 쓰거나 봄을 묘사한 다음 여름, 가을 순으로 묘사하는 것, 아버지 다음에 어머니 얘기를 쓰는 것처럼 자연스럽게 글의 흐름을 잡아 나간다.

그러나, 그런데, 한편, 또한, 그럼에도 등 접속사를 이용해 글의 반전을 꾀하거나 내용을 추가할 수 있다.

(3) 본문기사 분석

예 문

신문기사

㉠ 서울 서초경찰서는 13일 서울 강남권을 중심으로 전국 주요 도시를 돌며 100여 차례에 걸쳐 중소기업과 개인병원 사무실 등의 금고를 턴 혐의로 권 모(51) 씨 등 3명을 구속하고, 이들에게서 훔친 물건을 사들인 추 모(37) 씨 등 3명을 불구속 입건했다.

㉡ 경찰에 따르면 권 씨와 이 모(46) 씨는 지난해 3월 30일 새벽 서울 서초구 서초동 S건설 사무실에 들어가 공구로 금고를 부순 뒤 안에 있던 현금 1억2천만 원을 털어 나오는 등 2004년 7월부터 최근까지 서울 강남 일대와 부산 · 대구 · 청주 등지의 건설회사와 벤처기업, 병원, 변호사 사무실 106곳에서 7억5천여만 원 상당의 금품을 훔친 혐의를 받고 있다.

㉢ 조사결과 절도 전과 11범인 권 씨는 개인택시 마련 비용 3천만 원을 경마로 탕진한 뒤 자신의 장기를 팔아 다시 돈을 마련하려고 장기매매 브로커 최 모(51) 씨에게 연락했다가 최 씨의 권유로 이 씨와 '2인조 금고털이단'을 구성, 현금뿐 아니라 사무실 컴퓨터까지 모조리 훔쳐 최 씨를 통해 팔아온 것으로 드러났다.

㉣ 이들은 건물 내부나 주변에 폐쇄회로(CC)TV가 없고 소규모 사무실을 범행대상으로 삼았으며 훔친 돈을 대부분 유흥비로 탕진한 것으로 조사됐다.

㉤ 이벤트기획사 등 일부 기업체들은 사업계획서와 거래선 연락처 등 중요 영업정보가 담긴 컴퓨터를 이들에게 도난당하는 바람에 거의 도산위기까지 몰렸다고 경찰은 전했다.

㉥ 경찰은 이들의 여죄를 캐고 있으며 컴퓨터 등 장물을 찾아 피해자들에게 돌려줄 방침이다.

㉠은 리드, ㉡~㉥은 분문이다. 역피라미드형 스트레이트기사이다. 본문의 ㉡은 리드를 설명하는 중요한 보충사실, ㉢, ㉣은 추가 정보, ㉤, ㉥은 세부사실이다.

㉠ 리드가 너무 길고 2개의 토픽으로 구성되어 있다.

> 서울 서초경찰서는 13일 서울 강남권을 중심으로 전국 주요 도시를 돌며 100여 차례에 걸쳐 중소기업과 개인병원 사무실 등의 금고를 턴 혐의로 권 모(51) 씨 등 3명을 구속했다. 또 이들에게서 훔친 물건을 사들인 추 모(37) 씨 등 3명을 불구속 입건했다.

위 기사처럼 2개의 문장으로 나누거나 장물을 사들인 추 모 씨 등 3명을 불구속했다는 기사는 삭제해도 무방하다.

㉡, ㉢의 기사도 너무 길고, 범행수법인 ㉣과 범행동기인 ㉢은 중요도로 볼 때 순서를 바꾸는 것이 바람직하다. ㉥의 여죄(餘罪)는 쉬운 말로 고치는 것이 좋다.

예 문

방송기사

〈앵커멘트〉

㉠ 2008학년도 대입부터는 수능시험을 점수 대신 등급으로만 표시하게 됩니다. 문제는 동점자가 많아질 수 있다는 것입니다. 난이도 조절이 최대과제가 되고 있습니다. 이성일 기자입니다.

〈리포트〉

㉡ **기자** 상위 4%는 1등급, 11%까지는 2등급, 점수 대신 등급을 부여하는 수능 9등급제가 올 입시에 처음 도입됩니다.

㉢ 점수에 따른 서열화를 막자는 취지지만 자칫 동점자가 많아질 경우 입시전형에 큰 혼란이 발생할 것이라는 우려가 나오고 있습니다.

㉣ 예를 들어 한 과목에서 만점자가 전체의 11%를 넘을 경우 모두 1등급이 되고 2등급은 아예 없어지게 됩니다.

㉤ 한 문제만 실수해도 3등급으로 떨어지는 것이어서 수능의 변별력에 의문이 제기되는 것은 물론 수험생들 사이에도 큰 불만이 예상됩니다.

㉥ 실제로 지난 3년간 수능시험을 분석한 결과 2등급이 없는 과목이 5번이나 나왔습니다.

㉦ **이만기 이사** 두 개 등급 차이라면 등급별 점수를 탐구영역을 100점 만점으로 줬다고 할 때 5점 이상 차이가 나기 때문에 논술이나 내신으로 만회하기가 상당히 버거운 점수라고 할 수 있습니다.

㉧ **기자** 유일한 해결책은 문제를 다소 어렵게 내는 것입니다.

㉨ 하지만 지나치게 어려우면 사교육을 조장한다는 지적이 나올 게 뻔해 난이도 조절이 수능 성패의 관건이라는 말이 나오고 있습니다.

㉩ **정강정 교육평가원장** 9등급의 브릿크가 전혀 없습니다. 이렇게 이야기하기는 심히 어렵다는 말씀을 미리 양해를 구합니다.

㉪ **기자** 문제출제를 맡은 한국교육과정평가원은 시험의 난이도를 조절하기 위해 출제위원의 절반을 고등학교 교사로 충원하기로 했습니다.

위 방송기사의 ㉠은 리드이고 ㉡~㉪은 본문이다. ㉢의 '~발생할 것이라는 우려가 나오고 있습니다'는 너무 긴 서술어이기 때문에 '~큰 혼란이 우려됩니다'로 줄여도 된다. ㉡~㉥까지 기사의 도입 리포트가 너무 길다. ㉤은 고등학생의 인터뷰로 대체, 수험생들의 불만을 듣는 것이 생생하게 느껴질 것이다. ㉦의 전문가 인터뷰도 수능 등급표시제의 문제점을 정확히 짚지 못하고 있다. ㉧'~관건이라는 말이 나오고 있습니다'도 ㉢과 어휘가 중복되고, 기사에 자신감이 결여된 듯한 인상을 준다. '~관건이 되고 있습니다'로 줄여도 된다. ㉨인터뷰 중 브링크가 무슨 뜻인지 난해하고, 멘트를 잘라서 그런지 몰라도 무슨 얘기를 하려는 것인지 알 수가 없다.

3) 종결문

스트레이트 기사는 종결문을 잘 쓰기 위해 고심할 필요는 없다. 사건이나 사안의 전개 순서에 따라 역피라미드 방식으로 기사를 작성하면 된다. 그러나 칼럼과 사설은 물론 기자가 쓰는 피처기사, 기획기사 등은 마무리가 중요하다.

마무리 부분에서 독자나 시청자의 마음속에 깊은 생각이나 인상, 감명을 남겨줄 수 있도록 해야 한다. 서두 못지않게 산뜻한 마무리를 해야 한다.

결론을 강요하거나 설교하는 식이 되어서는 안 된다. 흐지부지 끝나서도 안 된다. 기사 전체의 가치와 의미를 죽이는 꼴이다. 마무리를 잘하기 위해 의도적으로 사건을 확대해석하거나 새로운 사실을 제시하는 것은 바람직하지 않다. 몇 가지 마무리 기법을 소개하면 다음과 같다(김숙현, 2004).

① 리드와 유기적으로 연결

수미쌍괄(首尾雙括)식의 글쓰기이다. 결론은 리드에 연결시킴으로써 글의 일관성을 유지하고, 강조점을 분명히 드러낸다.

예 문

교육은 백년대계(百年大計)라고 한다. → **서두문**
3불(不)은 대학과 규제 당국 간 이기주의 게임을 넘어 국가의 백년대계가 걸린 문제다. 이를 바로 잡을 진정한 교육 대통령이 나와야 할 때다. → **종결문**
〈중앙일보, 2007. 3. 28〉

한 여가수의 노래가 전쟁으로 찢어진 이라크 국민들의 가슴을 하나로 모으고 있다.
→ **리드**
걱정하지 마세요. 바그다드는 다시 아름다워질 거예요. → **종결문**
〈조선일보, 2007. 3. 30〉

---

② 주장이나 제안

주로 사설에서 많이 쓰는 기법으로 주장하고자 하는 내용의 핵심을 압축하는 문장으로 글을 끝낸다. 글 마무리에서 강한 인상을 남긴다.

예 문

이제는 이념에 치우친 찬반 논쟁을 접고 한·미 FTA를 받아들여 새로운 체제가 가져올 변화에 적응하려는 노력에 힘을 모아야 한다. 무엇보다도 정치권이 이러한 노력에 앞장서야 할 것이다. 〈조선일보, 2007. 4. 3〉

종교인이나 정운찬, 문국현 씨가 정치를 하지 말라는 법이 없지만 현실 정치에 몸담으려면 성직자, 대학교수, CEO의 모자를 벗고 당당하게 참여하는 것이 옳다.
〈동아일보, 2007. 3. 26〉

---

③ 의문형으로 마무리

일종의 반어법으로 강한 긍정이나 부정의 뜻을 내포한다.

예 문

4월 시한에 쫓기지 말고 앞으로 지방자치 발전에 뼈대가 될 합리적인 조세제도를 만들어 정착시켜야 함이 우리의 사명 아니겠는가. 〈조선일보, 2007. 3. 31〉

한나라당을 탈당한 손학규 전 경기지사가 노무현 대통령으로부터 보따리장수는 안 된다고 공격을 받자 노 대통령이야말로 무능 좌파의 표본이라고 반격했다. 탈당은 패착이지만 반격은 제대로 짚은 것 아닐까. 〈문화일보, 2007. 3. 30〉

무사안일을 최고의 덕목으로 삼는 관료주의가 문화재 관리에까지 침투한 것인가.
〈조선일보, 2007. 3. 30〉

---

④ 인용문 제시

자신의 주장이나 의견을 대변할 만한 명구나 유명인사의 어록, 글을 인용해 자신의 주장을 최종적으로 뒷받침한다.

예 문

일찍이 셰익스피어는 〈햄릿〉을 통해 역설하지 않았나? "옷은 그 사람에 대해 소리친다." 〈한겨레, 2004. 3. 22〉

바둑 격언에 '묘수를 세 번 쓰면 진다'는 말이 있다. 묘수를 세 번 쓰지 않으면 안 될 만큼 형편이 어렵다는 뜻이다. 지금 정부가 바로 그 꼴이다. 〈조선일보, 2007. 4. 30〉

---

⑤ 가정, 추측

글의 여운을 남기거나 자신의 주장이나 견해를 직설적으로 펴기보다 완곡하게 제시함으로써 설득력을 높이기 위해 사용한다.

예 문

다수 국민이 내 자식의 출세와 인재 입국(入國)을 동시에 생각하는 균형감각과 '큰 이기심'을 보인다면 교육 재생(再生)의 가능성도 생겨나지 않겠는가. 〈동아일보, 2007. 3. 27〉

여야가 초당파적 개정법안을 마련해 통과시키지 않는다면 다음 세대에선 연금 재앙이 불가피할 것이다. 〈조선일보, 2007. 4. 3〉

---

⑥ 말줄임표

독자로 하여금 생각에 잠기게 하거나, 글의 여운을 남기기 위해 사용한다. 수필의 느낌이 나는 효과가 있다.

예 문

취재진이 기자회견장을 썰물같이 빠져 나가자 30평 남짓한 기자실 바닥에는 버려진 종이와 음료수 병이 나뒹굴고 있었다. 청소를 하러온 호텔 직원이 혀를 끌끌 찼다. "여기가 기자실인지, 난민촌인지 …" 〈조선일보, 2007. 4. 2〉

일부에서는 이런 현상에 대해 곱지 않은 시선을 내놓기도 한다. 하지만 마냥 이를 탓할 수는 없다. 프랑스 철학자 부르디외가 적시했듯 '구별 짓기'는 현대 소비사회의 운명적 동반자이니 … 〈중앙일보, 2007. 3. 29〉

4. 좋은 기사쓰기 지침

첫째, 불법행위가 눈에 보이도록 하라. 잘못된 제도를 해부하고 역기능을 부각시키는 것에서 잘못을 저지른 사람, 곤란을 당하는 사람, 어려운 사람을 핍박하는 사람, 잘못된 일이 일어나도록 방치하는 상황에 초점을 맞춘다.

사 례

미국에서 매년 2백 명 이상의 요양원 환자들이 그들을 보호하기 위해 고안된 벨트와 조끼로 인해 죽고 있음을 보여주는 시리즈 기사가 게재됐다. 특히 보호구 제조업자가 오래 전부터 이와 관련한 사망사실을 알고 있었고, 문제가 계속되고 있음에도 정부 담당 공무원들이 이를 외면한 사실을 고발했다. 이런 무관심에 대한 기사가 호소력 발휘했다.

둘째, 사람들을 전면에 등장시켜라. 기획기사를 쓸 때 주장이나 증거자료를 주요 부분으로 하고, 개별 사람들의 이야기는 보조 역할을 하는 것이 일반적이다. 그러나 독자들은 여러 주제들에 대해 관심을 가지고 있지만 추상적인 내용을 좋아하지 않는다. 문제점과 논란이 되는 것을 있는 그대로 보고자 한다. 관련자들이 어떤 생각을 하는지 알고자 한다. 무겁고 딱딱한 주제일수록 더 인간적 접근이 필요하다.

사 례

성범죄의 경우 성범죄 통계, 높은 재범비율, 관대한 형량선고, 갱생 프로그램의 실패, 경찰관 인터뷰 같은 전통적인 주제 외에 성범죄자, 피해자들의 범죄 내용과 심층인터뷰, 강간으로 인해 생활이 산산이 부서진 여성과 어린이에 대한 묘사 같은 내용을 함께 다뤄야 한다.

셋째, 독자들과 얘기하라. 즉 독자들에게 강의하려 들지 말라. 독자들은 강의 듣는 것을 싫어한다. 길고 따분하고 특성이 없으며 설교하는 식의 기사를 싫어한다. 공자님 말씀을 하려고 하지 말고 옆 사람에게 얘기하듯이 기사를 쓰라.

넷째, 그래픽을 사용해 의사전달을 분명히 하라. 그래픽은 분명한 메시지를 갖고 있어야 한다. 그래픽은 보조도구가 아니라 그 자체로 의사를 전달해야 한다.

다섯째, 시작단계에서 마지막 단계에 대해 생각하라. 기획초기 단계부터 집필자, 취재기자, 자료 분석가, 사진기자, 삽화가, 지면디자이너가 합동회의 및 점검을 통해 기사와 지면의 구성 및 배치, 문제점 등을 점검해야 한다.

여섯째, 독자들은 기사에 흥미를 갖지만 오래 참지 않는다. 기사가 너무 어렵거나 너무 복잡하거나 너무 무미건조하면 읽지 않는다.

일곱째, 진부한 표현은 피하라. 경험이 많은 기자일수록 자신이 보기 원하는 것만을 보려고 한다. 일상적이지 않은 어떤 원인, 예상하지 못한 결과, 과거에 들을 수 없었던 답변 등이 기사다. 언어의 진부함은 경범죄이지만 시각의 진부함은 중범죄라는 금언을 명심해야 한다.

스티브 와이버그의

호소력 있는 기사작성 지침

사건을 이해한 뒤 기사를 쓴다.
쓰고자 하는 내용이 무엇인지를 정확히 알고 쓴다.
기사는 말이 아니라 기사로 보여주라.
기사 속에 좋은 인용과 인간적 관심사를 많이 넣는다.
기사 속에 적합한 예증과 일화를 많이 넣는다.
구체적 명사와 역동적 동사를 많이 사용한다.
형용사와 부사를 많이 사용하는 것을 피한다.
뉴스기사는 판단이나 추론을 피한다. 사실을 말한다.
대답할 수 없는 문제를 기사 속에 포함시키지 않는다.
명료하고, 간단하게, 정직하게 그리고 신속하게 쓴다.

연_습_문_제_

1. 기본형 제목, 응용형 제목을 신문과 방송기사에서 찾아보자.

2. 다음 기사를 읽고 알맞은 제목(주제목/부제목)을 작성해 보자.

예시 1

노무현 대통령은 13일 한 · 미 자유무역협정(FTA) 추진과 관련, "경제 외적 문제는 고려할 필요가 없다"며 "철저하게 경제적으로, 실익 위주로 면밀하게 따져서 이익이 되면 체결하고 이익이 안 되면 체결하지 않을 것"이라고 말했다.

노 대통령은 국무회의에서 "한 · 미FTA협상을 철저하게 장사꾼의 원칙으로 협상해 나가라"고 지시하며 이같이 말했다. 노 대통령은 또 "우리가 신속협상절차 기간 안에 타결하면 아주 좋고, 그 절차의 기간 내에 못하면 좀 불편한 절차를 밟더라도 그 이후까지 지속해 갈 수도 있다"고 말했다.

그는 이어 "높은 수준의 협상이 아니더라도 중간이나 낮은 수준의 협상이라도 합의되면 된다"며 "미국에 대해 열지 못하는 것이 있어 합의수준을 높일 수 없으면 중간이나 그 보다 낮은 수준이라도 검토하라"고 지시했다. 〈경향신문 2007. 3. 14〉

예시 2

4일 청와대에서 장애인들의 '돌발시위'가 벌어졌다. 청와대 안에서 시위가 벌어진 것은 현 정부 출범 이후 처음이다.

노무현 대통령이 이날 오후 3시부터 청와대 영빈관에서 열린 장애인차별금지법 서명식에 참석해 서명하려 하자 행사에 초대받은 장애인 중 휠체어를 탄 남녀 2명이 갑자기 노 대통령 앞으로 다가갔다.

한 참석자는 "이들은 장애인 차별을 시정하라는 플래카드를 들고 노 대통령 앞 2m 정도까지 다가갔다"고 전했다.

먼저 시위를 시작한 박영석 '장애인 차별 금지법 체결 추진연대' 공동대표는 "행복한 장애인 아름다운 대한민국이라지만 장애인은 교육과 대우도 못 받고 있다. 우리는 굶고 있다"고 목소리를 높였다.

박 대표의 얘기를 듣던 노 대통령이 "시간을 달라고 말하면 말할 시간을 주겠다"고 했으나 박 대표는 "이 야만의 대한민국에서 장애인이 차별받는 현실을 대통령이 알아야 한다"고 물러서지 않았다.

청와대 경호원이 휠체어를 밀어 이들을 밖으로 퇴장시키려 하자 함께 시위를 벌인 박

김영희 장애인이동권연대 공동대표는 "강제로 끌어내지 않도록 해 달라"고 했으나 노 대통령은 "말을 중단하지 않으면 밖으로 모시겠다"고 말했다. 경호원들이 시위자들을 행사장 밖으로 내보내 상황은 2분 만에 종료됐다. 〈동아일보, 2007. 4. 6〉

3. 신문과 방송에서 각종 유형의 리드를 찾아서 비교하라.
(1) 기본리드 찾기 및 비교
(2) 특수리드 찾기 및 비교

4. 다음 사건의 내용을 참고해 기사 리드를 써보자.

예시 1

• 13일 오후 6시쯤 서울 서초구 반포동의 한 성형외과에서 최 모(여 · 21, 서울 구로구 개봉동) 씨가 수면마취 주사를 맞고 쌍꺼풀 수술을 받았다.
• 최 씨는 수술을 받은 후 의식을 잃어 인근 대학병원으로 옮겼으나 숨졌다.
• 그동안 수면내시경 검사 도중 숨진 사례는 있었으나 쌍꺼풀 수술을 받다가 사망한 사고는 처음이다.
• 수술을 집도한 의사 K씨는 수술을 마친 뒤 수면상태에서 깨어난 환자에게 진통제와 항생제 주사를 놓자 새파랗게 질리면서 의식을 잃었다고 경찰에서 진술했다.
• 병원 측은 저녁 7시6분쯤 119구급대에 신고, 최 씨를 서울 순천향병원으로 옮겼으나 병원실 도착 당시 최 씨는 숨져있었다.
• 최 씨 가족들은 사고 즉시 큰 병원으로 옮기는 조치를 신속히 취하지 않아 숨졌다고 주장하고 있다.

예시 2

• 이중구(45 · 대전 동구 미근동 · 무직) 씨는 1997년 2월부터 최근까지 대전, 충남 · 북 지역을 중심으로 전국의 원룸 건물이나 다세대 주택에 침입해 부녀자를 성폭행하고 금품을 빼앗았다.
• 작년 한 해 동안만 1월 충북 청주, 4월 대구 수성구와 대전 서구, 6월 충남 논산 등 9건의 성폭행 행각을 벌인 것으로 확인됐다.
• 경찰은 성폭행 피해 여성들로부터 채취한 범인 DNA 중 77건이 이 씨의 것과 일치했다고 밝혔다. 성폭행 피해 여성들이 통상 이를 숨기려는 경향이 있기 때문에 실제 피해자 수는 100명이 훨씬 넘을 것으로 추정했다.
• 이 씨는 새벽 시간대에 귀가하는 여성의 뒤를 따라가 침입하거나, 가스 검침원이나 친구 등을 사칭해 피해자들이 문을 열어주면 범행했다. 문이 잠겨 있는 경우 가스배관

을 타고 열린 창문으로 들어가 범행했다.

• 이 씨는 여성 3～4명을 한꺼번에 성폭행하거나 체액을 없애기 위해 피해자에게 목욕을 강요하기도 했다.

• 이 씨는 3년 전 택시운전을 하다 그만둔 뒤 특별한 직업이 없었고, 부인과 대학생 아들, 직장을 다니는 딸 등 가족도 있다.

• 대전 동부경찰서는 19일 오후 6시쯤 서울 강동구 천호동 한 PC방에서 '발바리'로 불리는 사건 용의자 이 씨를 검거했다. '발바리'는 범행에 지역을 가리지 않는 데다 검거 직전 동물처럼 날렵한 동작으로 경찰을 따돌려 붙여진 별명이다.

예시 3

• 22일 오전 8시쯤 서울 성북구 돈암동 ㅅ아파트 정 모(49 · 여) 씨 집에 세 들어 사는 이 모(26) 씨가 숨져있는 것을 정 씨가 발견해 경찰에 신고했다.

• 정 씨 증언: 인기척이 없어 방에 들어가 보니 이 씨가 방문에 달린 경침에 허리띠로 목을 맨 채 숨져 있었다. 카페 여종업원으로 나가면서 혼자 살고 있는 이 씨는 빚에 쪼들려 죽을 지경이라는 얘기를 가끔 했다.

• 이 씨가 시골에 있는 부모님 앞으로 남긴 A4 한 장 분량의 유서에는 서울에서 열심히 살아보려고 했는데 세상이 너무 힘들었다는 내용을 담고 있다.

• 경찰 조서: 이 씨는 친구와 전날 서울 대학로에서 주인공이 자살하는 내용의 뮤지컬을 관람했다.

예시 4

• 서울 중앙지검 특수1부(부장 유재만)는 18일 서울예고 전 교장 H씨와 예원학교 전 교장 K씨 등이 최근 수년간 편입생 학부모 100여 명으로부터 수백억 원대의 돈을 받고 학생들을 부정 편입학 시킨 정황을 포착했다.

• 검찰은 최근 소환조사한 이 학교 관계자들과 학부모들로부터 H씨가 수년간 국내 일반계 고등학교나 외국학교를 다니는 학생의 학부모들로부터 수천만 원에서 억대의 돈을 받고 서울예고에 편입학 시켰다는 진술을 확보했다.

• 검찰은 예원학교 전 교장 K씨 역시 중학생 학부모 수십 명으로부터 수백만～수천만을 받고 다른 학교에서 이 학교로 부정 편입학 시켰다는 단서를 확보했다.

예원학교 관계자는 기업대표인 김 모 씨로부터 수천만 원을 받고 그의 자녀를 편입시키는 등 K씨 재임기간 동안 부정 편입학한 학생이 수십 명에 달한다고 말했다.

• 돈을 주고 자녀들을 부정 편입학 시킨 학부모들 중에는 기업 대표와 임원, 고위공직자, 정치인, 의사, 대학교수, 언론인 등 사회 지도층 인사들이 다수 포함되어 있다.

• 검찰은 조만간 H, K 전 교장을 소환해 부정 편입학 경위를 조사한 뒤 비리혐의가

확인되면 배임수재 혐의로 사법처리할 방침이다.

예시 5

• 13일 오후 1시쯤 경기도 포천군 영주면 농협에 군용 마스크를 쓴 채 K-1 소총을 든 괴한이 침입했다.

• 이 괴한을 실탄 6발을 쏘고 여직원에게 가방에 돈을 담으라고 소리쳤다.

• 여직원은 시키는 대로 돈 가방에 현금 2,500여만 원을 담아주자 괴한을 가방을 들고 달아나기 시작했다.

• 괴한이 달아나자 강도를 잡으려고 뒤쫓아 가던 고객 조명식(45) 씨가 괴한이 쏜 총에 하복부를 맞았고 은행원 이철희(43) 씨도 어깨에 총상을 입었다.

• 경찰은 검정색 바지와 노란색 티셔츠를 입고 흰색 운동화를 신은 키 175cm 정도의 강도용의자를 긴급 수배했다.

• 경찰은 군용 총을 들고 있었던 점으로 미뤄 범인들이 탈영병일 가능성이 큰 것으로 보고 수도권 일대의 주요 도로에서 검문검색을 강화하고 군에 수사를 협조했다.

5. 복문, 중문의 문장을 찾아 단문으로 고쳐보자.

6. 정확성, 명료성, 객관성이 결여된 기사를 찾아 고쳐보자.

7. 단락이 바르게 설정되지 않은 기사를 찾아보자.

8. 신문 및 방송기사의 본문을 분석해 보자.

9, 종결문의 기법에 해당하는 기사를 찾아보자.

제 5 장

기사의 구조

뉴스기사 서술방식은 당초 연대기적이거나, 현상기술적 형태를 띠었다. 18세기 미국에서 염가신문(*penny paper*) 등 대중지의 등장으로 신문경쟁이 치열해지면서 신문기사구조는 현대적 의미의 역피라미드(*inverted pyramid form*) 구조가 자리를 잡게 된다.

1. 역피라미드형 기사

1) 구조

역피라미드형 기사는 리드-중요한 보충사실-추가정보-세부사실의 순서로 전개된다. 리드는 who, what 등 W5H1을 강조한 요약이다. 중요한 보충사실은 리드를 설명하고 강화하는 자료이며, 추가정보는 필요한 사건의 배경자료이거나 흥미로운 구체적인 사실로 채워진다. 마지막으로 세부사실, 즉 2차 자료, 덜 중요한 자료 순으로 구성된다.

〈그림 5-1〉 단순 스트레이트

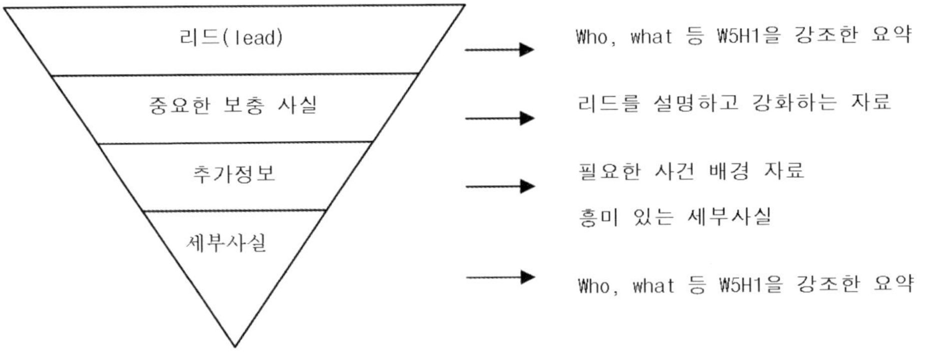

〈그림 5-2〉 종합 스트레이트

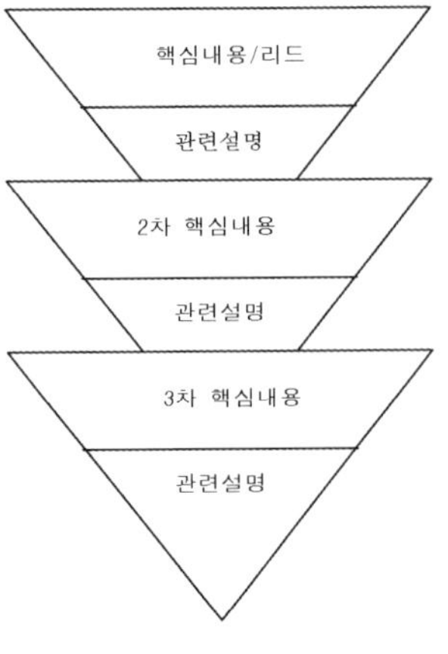

예 문

반기문 외교통상부 장관은 15일 "만약 북한이 핵실험까지 한다면 그것은 북한의 미래를 위해서도 바람직하지 않으며, 북한이 그야말로 잘못된 길로 가는 것이라는 점을 강력히 경고한다"고 밝혔다. → **리드**
반 장관은 이날 서울 조선호텔에서 열린 '21세기 동북아 미래포럼' 토론회에서 북한 핵실험 준비설에 대한 잇따른 외신보도와 관련, 이같이 말한 뒤 "북한이 국제사회의 반대를 무릅쓰고 핵실험을 강행할 경우 북한이 스스로 고립을 심화시키고 미래를 보장받을 수 없는 길로 가게 될 것"이라고 강조했다. → **중요한 보충사실**
반 장관은 또 북한이 미국에 대해 '폭정의 전초기지' 발언 사과와 적대정책 철회를 요구하는 데 대해 "비현실적인 요구를 계속하고 있는 것"이라며 "그런 요구에 대해 콘돌리자 라이스 미 국무장관이 북한을 '주권국가'라고 언급한 의미를 알아듣고 행동해야 한다"고 말했다. → **추가정보**
한편 크리스토퍼 힐 미 국무부 아시아 태평양 담당 차관보는 14일 인천공항에서 가진 기자회견에서 "북한이 6자회담을 계속 거부해 북핵문제 해결이 계속 표류하는 사태를 방치할 수 없다"며 "이 경우 다른 방안을 찾아야 할 것"이라고 밝혔다. 힐 차관보는 한 · 중 · 일 3국을 차례로 방문, 관계자들과 교착상태에 빠진 6자회담의 재개방안을 논의할 예정이다. → **2차 정보, 세부사항**

예 문

국내 연구팀이 세계 최초로 늑대를 복제하는 데 성공했다. → **리드**
서울대 수의학과 이병천 교수 연구팀은 11일 멸종위기 동물인 회색 늑대 암컷 2마리를 복제했다고 발표했다. → **중요한 보충사실**
이 교수팀은 서울대공원에서 사육 중인 2년생(2005년 당시) 암컷 회색 늑대 '누리'의 귀 안쪽에서 체세포를 채취, 핵이 제거된 일반 개의 난자에 이식한 뒤 수정된 난자를 대리모의 자궁에 착상시켰다.
복제 늑대는 60일간의 임신 기간을 거쳐 지난 2005년 10월 18일과 26일에 각각 서울대 동물병원에서 제왕절개를 통해 태어났다. 출생 당시 체중은 각각 420g, 530g이었고, 1년 5개월이 지난 현재 두 마리 모두 20kg으로 건강하게 자라났다. 복제 늑대는 '스널프'(snuwolf)와 '스널피'(snuwolffy)로 명명됐다. 복제 늑대 2마리는 30일부터 과천 서울대공원에서 특별 전시된다. → **추가정보**
이번 연구 결과는 동물 복제 분야 학술지 '클로닝 앤드 스템셀즈'(Cloning and Stem cells) 3월호에 게재된다. 서울대 김민규 교수가 제1저자로, 황우석 전 서울대 교수도 공동저자로 참여했다. → **세부사항**

〈그림 5-3〉 역삼각형 기사형식에 입각한 리드와 본문 분석

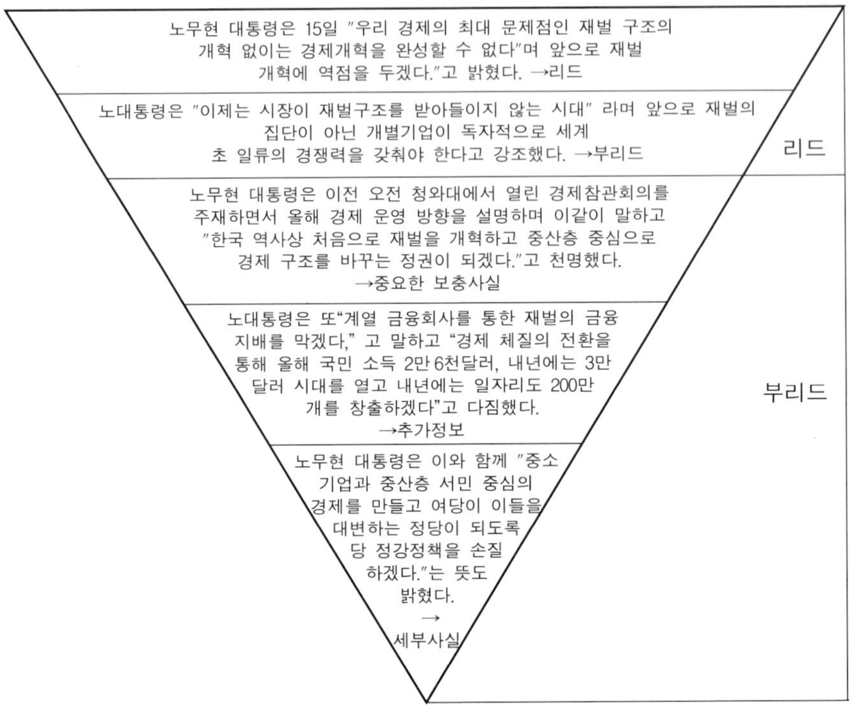

2) 필요성

화재가 나서 소방서에 신고할 경우 어떻게 할 것인가를 생각해 보면 된다. 지금 어디서 불이 났으니 빨리 와달라고 할 것이다. 중요한 것은 불이 났다는 사실과 불이 난 장소다. 언제, 어떻게 불이 났으며 불이 난 사실은 어떻게 발견했는지 등은 천천히 얘기해도 된다. 이와 마찬가지로 역(逆)피라미드 형식의 기사는 뉴스 가운데 독자들에게 가장 중요한 내용부터 앞에 쓰는 서술방식이다. 중요도에 따라 기사를 배치한 것이 삼각형을 거꾸로 세워놓은 것 같다고 해서 역피라미드라 한다. 문장론의 두괄식 구성이라 할 수 있다. 기사의 70% 정도는 역피라미드 형식의 기사이다.

역피라미드 형식의 특징은 다음과 같다.

첫째, 기사 전체의 핵심내용을 빨리 파악할 수 있도록 한다. 모든 사람들이 기사를 처음부터 끝까지 읽거나 듣는 것이 아니다. 따라서 일부를 읽거나 듣는다는 가정 아래 가장 필요한 정보를 가장 빨리 얻을 수 있도록 기사를 구성해야 한다.

둘째, 기사는 편집과정에서 얼마든지 삭제될 수 있다. 시간과 공간의 제약 때문에 기사가 언제든지 잘려나갈 수 있다. 리드 또는 앵커 멘트만 나갈 수 있다. 따라서 앞부분부터 중요도에 따라 내용을 배열해야 한다. 지면에 따라 기사의 길이를 조절할 수 있다. 시간, 지면의 제약이 적은 전자신문과 같은 뉴미디어에서는 역피라미드 기사작성의 필요성이 줄어든다.

셋째, 편집기자가 기사의 제목은 다는 데 편리하다. 시간의 제약 속에서 지면제작이 이뤄지기 때문에 편집기자가 기사내용을 다 읽어보지 못할 경우도 있다. 이때는 리드만 봐도 기사제목을 뽑을 수 있어야 한다.

넷째, 독이성(讀易性)을 위해 지면의 활자가 커지고, 시각적 편집이 일반화되면서 그만큼 기사량이 축소되고 있다. 기사 앞부분에 핵심내용 간명하고 정확하게 기술할 필요가 있다.

다섯째, 방대한 양의 보도자료 내용을 신속하게 파악해 짧은 시간 내에 처리하기 위해서는 역피라미드 구성이 효율적이다.

3) 유래

서구는 신문의 등장 이래 연대기적, 현상 기술적 형태를 보이다가 18세기 염가신문 등 대중지 등장으로 신문의 경쟁이 치열해지면서 신문기사의 구조도 획기적으로 바뀐다.

현대적 의미의 역피라미드형 기사가 자리를 잡은 것은 19세기 후반에서 20세기 초반부터다. 특히 남북전쟁(1861~1865) 당시 막 발명한 불완전한 전신을 이용해 송고했기 때문에 뉴스가치가 높은 기사를 서둘러 송신하지 않을 수 없었다. 뉴스를 빨리 타전해야 할 필요성이 큰 AP통신이 맨 먼저 이 형식의 기사작성법을 사용했다. 통신이 지금처럼 발달하지 않았던 시대이기 때문에 우선 급보를 전하고 자세한 소식은 원고지에 기사를 써서 기차나 마차를 이용해 전달했다. 높은 전보 비용도 고려하지 않을 수 없었다.

우리나라는 19세기 말 〈한성순보〉이후 〈독립신문〉(1896~1910), 〈대한매일신보〉[영국인 배설(Ernest Thomas Bethel), 1904~1910], 1920년 창간한 〈동아일보〉, 〈조선일보〉 모두 연대기적 이야기체 서술방식을 기사작성에 사용했다. 해방 직후에도 역삼각형 기사를 쓰지 않다가 1950년대 후반부터 본격적으로 쓰이기 시작, 지금은 스트레이트 기사의 전형적 작성양식이 되었다.

4) 변형 역삼각형 기사

기사의 재미를 높이기 위해 맨 앞에 일화를 넣고 그 다음에 리드를 넣는 역삼각형 변형이다. 이처럼 변형된 역삼각형 기사 리드를 지체, 지연리드(*delayed lead*)라 한다. 주로 프로필기사, 탐사보도기사, 시리즈물, 시사 잡지기사 등에서 사용한다.

예 문

'역장님'들 이마에 땀이 송골송골 솟아 나왔다. 지팡이는 허공에서 혼자 놀기 일쑤다. 지하철 5호선 왕십리～학당～신금호역을 왕복하는 데 한 시간이 걸렸다. 평소라면 20분인데 몸이 말을 듣지 않으니 어쩔 수 없다. 시각장애인 체험을 위해 안대로 눈을 가리고 보니 매순간 낭떠러지로 떨어질 것만 같다. → **일화**
10일 5～8호선 도시철도공사 역장 40여 명이 한국시각장애인연합회의 안내를 받아 눈을 가리고 지하철을 타보는 체험을 했다. → **지연리드**
역장 140명 모두가 체험에 나서는 것은 처음이다. 역장들은 11일까지 체험 교육을 마치고, 공익근무요원 922명도 차례로 교육을 받는다. '시민의 발' 지하철이 시각장애인 손님들의 '고객만족'에 팔을 걷고 나선 것이다. 〈한겨레 2007. 4. 11.〉

2. 피라미드형(*pyramid form*) 기사

역삼각형 기사가 나오기 전까지 오랫동안 사용되어온 전통적인 기사 작성법이다. 기사에 대한 흥미를 유발하기 위한 도입 부분, 중요한 사실, 기사의 고삐를 다잡는 서스펜스를 형성하고 클라이맥스로 결론을 맺는 방식이다. 문장론의 미괄식 구성과 유사하다. 미국에서는 이야기체 기사(피처기사), 소설체 기사(*literary form*) 또는 피라미드형 기사라 한다. 기사작성의 금과옥조로 여기는 역피라미드 기사 방식에 대한 비판에서 비롯되었다. 객관적 사실보도 위주의 무미건조한 역삼각형 방식으로는 독자의 관심과 흥미를 끌기 어렵다는 것이 이유다. 아무리 좋은 기사라도 독자들이 읽지

〈그림 5-4〉 피처기사형

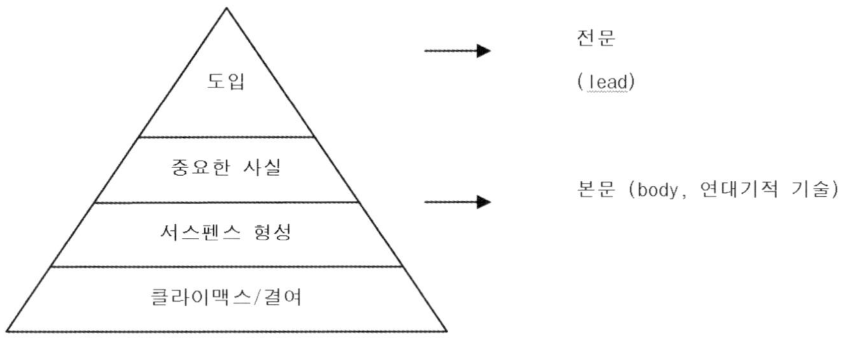

않으면 아무 소용이 없는 것은 당연하다.

르포기사, 연대기적 기사 등 주로 연성기사 작성에 많이 쓰인다. 서론, 본론, 결론의 구성방식을 취하는 일반적인 논설, 시론과 같은 의견기사도 여기에 속한다.

예 문

총리대신 이완용 씨는 어제 오후 1시에 마차를 타고 한성구락부로 가서 즉시 내부대신 박제순 씨와 농상공부대신 조준웅 씨를 청하여 오찬을 같이 하고 밀실로 들어가 세 사람이 마주 앉아서 어떤 사람이든지 가까이 하지 못하게 하고 여섯 시간동안이나 비밀히 의논하였다고 한다. 세 사람은 사내(寺內)통감이 어떻게 하기를 기다려서 진퇴를 함께 하며 무슨 일을 당하든지 한뜻으로 행동을 함께 하자고 약속을 한 후에 오후 7시쯤 되어 작별하고 헤어졌다더라. 〈대한매일신보, 1920. 8. 2〉

서술방식은 대체로 다음 두 가지 형태로 구성된다.

1) 피처기사형

예 문

祝! 자장면 100주년

새까만 춘장에 흰 면발을 비벼 후루룩 먹는 자장면. '짜장면'이라고 발음하는 것이 더 자연스러운 한국인의 영원한 외식 메뉴다. → **도입부**

이 자장면이 올해로 탄생 100주년을 맞는다. 인천 차이나타운에서 한 화교(華僑)가 운영하던 중화요리집 공화춘(共和春)에서 점심 메뉴로 처음 선보인 것이 1905년. 탄생 100주년을 기념해 오는 7일부터 사흘간 자장면 본고장인 인천 중구 자유공원 앞 차이나타운 일대에서는 '자장면 대축제'가 열린다. → **중요한 사실**

가장 볼 만한 것은 밀가루 반죽에서 수천 개의 면발을 뽑아 바늘구멍(털실이 들어갈 만한 크기)에 꿰는 용수면(용의 수염처럼 가느다란 면) 시연. 매일 두 번씩 펼쳐지는 용수면 시연에는 차이나타운 내 각 중국집에서 초빙된 장인들이 참여해 실력을 겨룬다. 점심시간에는 근처 모든 중국집에서 1,000원 할인된 가격으로 자장면을 맛볼 수 있다.
공화춘 자장면은 100년 전 인천항 부두 노동자들 사이에서 큰 인기를 끌며 점차 대중음식으로 떠올랐다고 한다. 인천 중구청에 따르면 공화춘은 수십 년간 영업을 해오다 1980년대 중반 경영난을 이기지 못하고 문을 닫았다.
→ 서스펜스/흥미로운 세부사실
소유주인 화교는 한국을 떠났으며 현재는 아무도 사용하지 않는 빈 건물로 방치돼 있다. 중구에선 이 건물을 매입해 자장면 박물관을 만들 계획이다. 〈조선일보, 2005. 10. 1, A10면〉 → **결어**

---

2) 논설형

예 문

'인문학 살리기' 돈만으로 안된다

㉠ 정부가 엊그제 발표한 인문학진흥 기본계획은 일단 평가할 만하다. 우리 고전을 영문으로 번역하며, 연구소를 확충하고, 인문학 교수들에게 연구비를 지원하다는 구체적인 내용을 담고 있기 때문이다. 앞으로 10년간 진행될 이 계획에 투입되는 4천억 원의 예산만 해도 획기적인 규모다. 계획이 늦어지긴 했지만 대학생들의 극심한 취업난 속에서 이미 찬밥이 되어 버린 인문학을 되살리는 계기를 마련해 줄 것으로 기대한다.
㉡ 그러나 계획이 성과를 거두려면 학계, 문화계, 출판계를 포함한 우리 사회 전반의 분위기가 함께 바뀌어야 한다. 지금껏 상아탑 안에서만 맴돌던 인문학이 일반 대중과 폭넓게 소통할 수 있는 기반이 마련돼야 한다는 얘기다. 대학에서 이른바 '문사철'(文史哲)로 불리는 인문학 과목이 수강생 기근에 시달리는 등 쇠퇴의 길을

걷고 있는 것도 그런 기반이 허물어진 탓이다. 따라서 인문학의 중요성에 대한 사회적인 동의를 얻어내지 못한다면 막대한 지원금만 쏟아 붓고 허사로 끝날 수도 없지 않다.

ⓒ 계획이 추진되는 과정에서 인문학계 나름대로 새로운 관례를 가꿔나가는 것도 중요하다. 그동안 논문형 작품만 학위논문으로 인정해온 관행을 바꿔 동양 고전의 번역도 논문으로 인정키로 한다는 방침도 하나의 사례가 될 것이다. 지역학 연구소에서 각 지역의 언어 · 풍습 · 종교 등을 종합적으로 연구한다면 기업들과의 산학연계도 큰 도움이 될 것이다. 결국은 학계 자체적으로 인문학의 자생력을 높이려는 다양한 노력과 시도가 요구된다.

ⓔ 우려되는 것은 자칫 그럴듯한 명목만 앞세운 나눠먹기식으로 끝나지 않을까 하는 점이다. 이미 '두뇌한국(BK)21'을 비롯한 여러 프로젝트에서 그런 전례를 적잖이 겪어왔다. 실적을 부풀리거나 권력층과의 연줄을 내세워 연구비를 타가는 등의 사례는 단호히 막아야 한다. 영문으로 번역할 고전 및 번역자의 선정과 장학금 지원 대학생을 배분하는 과정에서도 확실한 기준과 원칙이 마련돼야 뒤탈을 줄일 수 있다. 이미 이번 계획에 대해 졸속이라는 지적이 제기되고 있다는 사실을 깊이 새겨야 할 것이다. 〈경향신문, 2007. 5. 19〉

이 사설의 ㉠은 서론에 해당한다. 정부가 발표한 인문학진흥 기본계획을 긍정적으로 평가하면서 인문학 진흥의 계기가 되길 기대하고 있다.

㉡, ㉢은 본론이다. 인문학 진흥계획이 소기의 성과를 거두기 위해서는 첫째, 사회전반의 인문학에 대한 인식이 바뀌어야 하고, 둘째, 폐쇄적인 상아탑 안에 머물러온 인문학 나름의 새로운 관행정립이 필요하다.

㉣은 결론부분이다. 진흥계획이 실효성 있게 추진되도록 확실한 기준과 원칙 마련이 선행돼야 한다. 연구비 나눠먹기식이 되어서는 안 된다.

3. 혼합형 기사

혼합형(*mixed form*, 역삼각형 + 삼각형)기사는 기사내용의 핵심이 되는 전문을 먼저 쓰고 다음에 연대기적 기법을 구사해서 서술해 나가는 것으로 해설기사, 상자(*box*)기사 등에서 많이 쓰이는 형태로 사건, 사고의 배경이나 문제점 또는 주요 정치행위나 정책 등의 의미를 풀어주고 독자들이 쉽게 알 수 있도록 인도하는 기사다. 수정된 '역피라미드형'이라고도 한다.

〈그림 3-5〉 혼합형

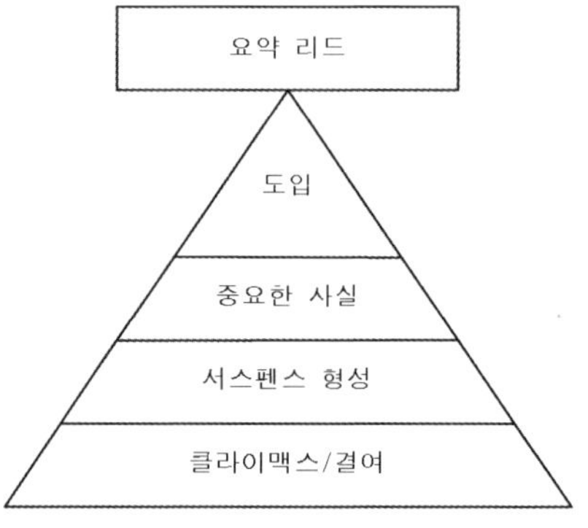

예 문

'친일(親日)재산 국가귀속 결정' 의미

친일반민족행위자 재산조사위원회(위원장 김창국)의 친일재산 국가귀속 결정은 1949년 반민족행위특별조사위원회(반민특위)가 강제해산된 지 58년 만에 빛을 보는 역사 정리 작업이라는 점에 의미가 있다. 김 위원장은 "친일재산의 국가귀속은 친일잔재 청산이라는 시대적 소명의 핵심"이라며 "민족정기를 바로세우는 과업이자 사회정의를 구현할 미래 세대를 위한 역사적 교훈"이라고 평가했다. → **리드**

하지만 이번에 국가귀속이 결정된 친일파 9인의 토지는 이들이 일제로부터 소유권을 인정받은 토지에 비하면 터무니없이 적다. 이들은 일제 때 이뤄진 토지조사사업

당시 3994만여m^2의 토지를 소유했지만 이번에 귀속 결정이 난 토지는 25만m^2다. 일제 때 보유토지의 0.64%에 불과하다. → **중요한 보충사실**
이완용의 경우, 일제로부터 1907년 고종의 강제퇴위와 정미7조약의 대가로 10만 원, 1910년 한일합병의 공으로 일본으로부터 안사공채 15만 원(현 시가 금값 기준 약 30억 원)을 받았다. 이후에도 이완용은 여러 차례 일제로부터 각종 하사금을 받았다. 이완용이 취득한 소유재산은 1910년대 토지와 임야 사정 당시 보유면적이 확인된 것만 해도 여의도 면적의 1.9배에 달하는 1300여 필지(1600만m^2)였다.
그러나 이완용이 일제 때 보유한 토지는 일제 강점 초기 현금과 예금으로 처분했다. 해방 이후 이완용 후손에게 남은 토지는 일제시기 당시 보유하고 있던 전체 토지의 2.5%로 추정됐다. → **세부사실**
(중략) 조사위는 제3자에게 매각된 경우라도, 특별법 시행 이후라면 모두 국가귀속 결정을 내릴 예정이다. 다만 조사위는 특별법 시행 이전에 선의의 제3자에게 처분된 경우는 예외라고 규정했다. 앞으로 조사위는 독립운동에 참여한 이를 살상하는 등 친일의 정도가 지극히 중대하다고 인정하는 사람도 대상자에 포함시킬 예정이다. → **결론** 〈경향신문, 2007. 5. 3〉

4. 다이아몬드형 기사

전문(도입)을 쓴 후 중요한 내용을 가운데 두껍게 배치하고 나중에 추가내용을 덧붙이는 방식으로, 기획시리즈 기사 등에 사용하는 기법이다.

〈그림 3-6〉 다이아몬드 형

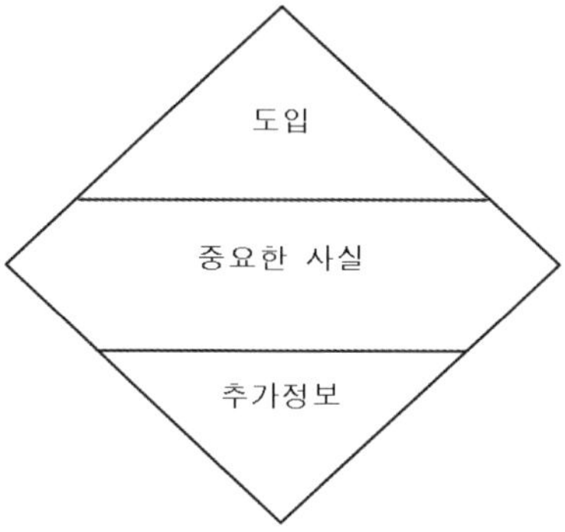

예 문

지난달 22일 개통된 지하철 7호선 한티역. 새로 건설한 역사답게 장애인을 위한 전용 엘리베이터가 설치되어 있다.

그러나 엘리베이터가 설치되어 있는 곳은 6개 출입구 중 한티 백화점 앞 단 한 곳뿐이다. 이 때문에 휠체어를 탄 장애인이 반대편에서 지하철을 타기 위해 대합실에 들어가려면 지하철 입구에서 약 2백m 떨어진 횡단보도를 건너 엘리베이터를 타야 한다. 유성빌딩 앞에는 원활한 차량 흐름을 위해 횡단보도를 설치하지 않아 무려 3개의 횡단보도를 빙빙 돌아서 눈앞에 보이는 건너편으로 갈 수 있다.

직선거리 56m에 불과한 길을 건너는 데 10여 분간 약1km를 돌아야 하는 셈이다. 역이 생기면서 예전 사거리에 있던 횡단보도를 없애버린 데다, 엘리베이터를 1대 설치했다는 핑계로 나머지 5개 출입구에 휠체어를 실어 나르는 리프트는 물론 에스컬레이터, 심지어 장애인용 직원 호출기 버튼조차 한 군데도 설치하지 않았다.

용케 엘리베이터를 타도 불편은 이어진다. 한티 롯데백화점 앞 엘리베이터는 지하 1층까지만 운행된다. 10여m 떨어진 매표구에 가서 표를 산 뒤 개찰구를 거쳐 지하 1～4층을 운행하는 두 번째 엘리베이터를 타고 승강장으로 가야 한다. 비장애인도 이용하기 힘든 실정이다.

이런 사정은 지난달 12일 개통한 지하철 6호선 삼성역 구간을 비롯해 지금까지 개통되었거나 개통 예정인 8호선도 마찬가지다. 특히 엘리베이터가 설치된 모든 역사가 한결같이 지상 출입구 중 단 한 곳에만 엘리베이터 외부 승강장을 설치, 반대편 입구에서 지하철 대합실에 들어가기 위해서는 수백m에서 1km씩 우회해야 하는 불편을 겪고 있다.

새로 개통된 한티역에 장애인 엘리베이터가 설치되어 있다는 사실을 도입부로 해서 장애인이 이 엘리베이터를 타는 데 많은 불편을 겪고 있다는 점을 조목조목 자세하게 짚었다. 그리고 최근 개통했거나 개통 예정인 6, 8호선도 마찬가지라는 추가 정보를 덧붙였다.

실제 기사를 쓸 때는 역미피라미드 기사 외에 여러 가지 기사유형이 이론대로 명확하게 구분되지 않고 혼합된 형태를 띠게 된다. 역피라미드 형식과 달리 피라미드 형식 등 다른 형태의 기사를 쓰는 것은 상당히 높은 테크닉이 필요하기 때문에 많은 경험과 숙련과정을 거쳐야 한다.

연_습_문_제_

1. 역피라미드, 변형삼각형, 피라미드, 혼합형, 다이아몬드형에 적합한 기사를 찾아보자.

2. 다음 기사의 구조를 분석해 보자.

예시 1

① 학원 차량의 안전 불감증으로 어린이들이 희생되는 사고가 잇따르고 있지만 관련 법령이나 대책이 없어 큰 문제로 지적되고 있다.

② 3일 오후 8시쯤 서울 관악구 봉천동 W아파트 앞길에서 윤 모(11) 군이 박 모(46) 씨가 몰던 태권도학원 승합차에서 내리다 문에 옷이 끼는 바람에 80m를 끌려가 숨졌다.

③ 경찰조사 결과 학원장인 박 씨가 차량을 운전했으며, 박 씨는 윤 군이 완전히 내린 것을 확인하지 못하고 출발했는데 이상한 느낌이 들어 차를 멈췄더니 아이가 끼어 있었다고 진술한 것으로 알려졌다.

④ 이에 앞서 지난달 19일에는 울산에서 피아노 학원을 다녀오던 박 모(8) 양이 옷이 차문에 끼어 20m를 끌려가 숨졌고, 2월 14일에는 경기 양주에서 황 모(9) 군이 합기도 학원 차량에서 내리다 점퍼가 낀 채 10m를 끌려가 현장에서 숨졌다. 양주에서는 8일 전인 2월 5일에도 김 모(7) 양이 어린이집 승합차에 옷이 끼어 참변을 당했지만 똑같은 사고가 반복됐다. 이들은 모두 학원장이 혼자서 직접 운전하던 차에 화를 입었다.

⑤ 현행 도로교통법의 어린이 통학버스에 관한 조항에는 운전자 이외에 보호자를 두도록 되어 있고, 이를 어긴 차량에는 벌금이 부과된다. 그러나 학원에서 통학버스로 신고를 하지 않고 운행하더라도 이를 강제할 수 없어 영세한 학원들은 비용을 아끼기 위해 보조교사를 쓰지 않고 운전자만 두는 실정이다.

⑥ 경찰관계자는 "의무사항이 아닌 만큼 학원에서 그냥 운행하더라도 어쩔 수가 없다"고 털어놨다.

예시 2

① 아들은 때린 술집 종업원들을 보복 폭행한 혐의로 한화그룹 김승연(55) 회장을 수사 중인 서울 남대문경찰서는 1일 오후 2시 15분쯤 김 회장 자택에 대한 압수수색을 실시했다. 그러나 압수수색 방침이 전날 밤 11시 35분쯤 경찰 내부에서 흘러나와 김 회장 측에 15시간가량 대비할 시간을 줬다는 지적이 나오고 있다.

② 경찰은 이날 서울 종로구 가회동 김 회장 자택에서 2시간 30분 남짓 압수수색을 실시했으나, 김 회장이 청계산 공사장과 서울 북창동 S유흥주점에서 이 주점 종업원

6명을 폭행한 혐의를 입증할 주요 물증을 찾는 데는 실패한 것으로 알려졌다. 강대원 남대문경찰서 수사과장은 "오늘 압수수색은 기대에 못 미쳤다"고 말했다.

③ 경찰은 김 회장의 승용차 타이어의 물받이 부분에 묻은 흙을 채취, 청계산 흙과 대조하는 작업을 하고 있다. 또 김 회장 것으로 보이는 등산복과 등산화, 조깅화, 덧신 등을 압수해 피해자들의 진술 내용과 일치하는지 확인할 계획이다.

④ 경찰은 이르면 2일 서울 장교동 한화 본사의 집무실에 대한 압수수색을 실시할 계획이다. 경찰이 김 회장의 폭행혐의에 대한 물증 확보에 어려움을 겪음에 따라 1일 예정됐던 사전 구속영장 신청이 2일이나 그 이후로 늦춰질 전망이다.

예시 3

① 북한을 탈출한 주민 25명이 22일 중국의 베이징(北京) 주재 스페인 대사관에 강제로 밀고 들어가 난민지위 인정과 한국행을 요청하며 농성에 들어갔다. 이들은 수일 내 불법입국죄로 제3국으로 추방될 것으로 보인다고 중국소식통이 전했다.

② 중국의 장치웨(章啓月)외교부 대변인은 이날 이들의 신분과 관련해 이들에게 난민지위를 부여하지 않았다는 뜻을 분명히 하면서도 이 같은 사람들에 대해 우리는 줄곧 인도주의적 관점에서 출발해 잘 대해 왔다고 말해 제3국 추방 가능성을 열어 두었다. 탈북자들은 미리 준비한 성명서를 통해 "우리는 여섯 가족과 두 명의 고아 소녀로 구성되어 있다"고 신원을 공개하고 "우리는 불행을 수동적으로 기다리기보다는 자유를 위해 목숨을 걸기로 결정, 대사관에 진입했다"고 밝혔다. 이들은 "중국 당국이 자신들을 다시 북한으로 송환할 경우에 대비해 자살하기 위한 극약을 소지하고 있다"고 말했다.

③ 중국 당국은 이날 밤 9시경부터 스페인 대사관 정문 앞에 탈북자들의 수송용으로 보이는 버스를 배치했다.

④ 외교통상부는 22일 긴급대책회의를 갖고 중국과 스페인 정부 측에 "이 문제가 인도주의적인 입장에서 처리돼야 하며 특히 본인들의 의사에 반해 북송되는 일이 없도록 해 달라"고 요청했다.

⑤ 정부는 베이징 유엔난민고등판무관실(UNHCR) 등 국제기구에도 적극적 협력을 요청했다.

⑥ 이들은 이날 오전 11시경 중국 경비원을 밀치고 스페인 대사관 정문을 통과해 안으로 들어갔으며 진입과정에서 일부는 정문 경비원과 몸싸움을 벌이기도 했다.

제 3 부 취재론

제 6 장

취재의 기초

1. 취재란

취재란 신문, 방송, 통신, 잡지 같은 언론매체가 뉴스거리를 기사화하기 위해 관련 자료를 수집하고 검증, 분석하는 과정이다. 좋은 기사는 충분한 취재를 통해 만들어 진다. 취재가 제대로 안되었는데 정확한 기사, 완성도가 높은 기사를 쓸 수 있겠는가. 먼저 육하원칙에 따라 빠짐없이 취재해야 한다.

대부분의 언론 매체들은 뉴스가 많은 곳에 자사 기자들을 고정 배치하는 취재망을 구성, 기삿거리를 모은다. 사냥꾼이 짐승들이 잘 다니는 길목을 지키고 있는 것이나 마찬가지다.

취재의 대상은 첫째, 보도자료나 발표처럼 알려주는 것, 둘째, 사건·사고처럼 발생하는 것, 셋째, 범죄수사, 수립중이거나 수립한 중요정책, 당정개편 내용 등과 같이 기자가 알아내야 하는 것이 있다.

취재 종류는 기자회견, 브리핑과 같은 공식적 취재, 취재원을 별도로 만나 취재하는 비공식적 취재, 기획아이디어를 만들어 취재하는 기획취재로 나뉜다. 공식적 취재나 발생사건 취재가 아닌 대부분의 취재는 알려주지 않는 것, 감추려는 것을 들춰내고 파헤쳐서 찾아내는 작업이다. 기자들은 이런 기삿거리를 찾기 위해 뉴스의 현장을 누비고 다닌다.

취재 방법은 직접취재와 간접취재로 나뉜다. 직접취재는 기자가 현장을 발로 뛰어 직접 관찰한 취재다. 그러나 기자가 시간적 제약, 경제적 제약 때문에 모든 현장을 다 찾아다닐 수는 없다. 설사 현장에 가더라도 기자가 만물박사가 아닌 한 내용을 다 파악할 수 없다. 결국 사건의 당사자나 사건 관련자, 목격자, 증인 등을 통하는 간접취재에 의존하는 수밖에 없다. 그래서 간접취재는 보충취재를 잘해야 한다. 관련 당사자들을 광범위하게 취재, 사실관계의 오류나 허위, 판단의 오류가 나타나지 않도록 해야 한다.

취재에는 아이디어가 필요하다. 취재 아이디어는 각양각색의 취재원들과 만나 얘기를 하는 과정에서 얻기도 하고, 출판물, 보도자료, 사회단체 활동 및 정부의 발표문, 통신기사, 타 신문, 육감 등 다양한 경로를 통해 획득한다.

뉴스소재를 수집하는 방법은 자력수집과 타력수집으로 나뉜다. 자력수집은 현장취재, 인터뷰, 공동취재, 자료취재 등 언론매체가 자력으로 뉴스소재와 자료를 입수하는 방법이다. 타력(他力)수집은 통신기사 이용, 타 매체 기사 이용과 같이 다른 매체가 취재해서 제공하는 것을 쓰거나, 그들이 보도한 것을 인용하는 방법이다.

2. 취재기자의 수칙

취재 시 유의할 사항을 정리하면 다음과 같다.

(1) 문제의식을 가져라

문제의식 없이 좋은 기사를 발굴할 수 없다. 기자는 늘 '왜'라는 물음표를 지니고 살아야 한다. 국회가 열리고, 대통령이 기자회견을 하고, 화재사건이 발생하는 것처럼 눈앞에서 벌어지는 일은 현장을 관찰하거나 인터뷰를 통해서 취재가 가능하다. 그러나 은밀하게 벌어지는 일은 알기가 어렵다. 무엇보다 비리행위와 같은 잘못된 일은 철저히 그런 사실 자체를 부인하거나 은폐하려 하기 때문에 진실을 발견하기가 더욱 어렵다. 그래서 기자들은 항상 문제의식, 의문을 갖고 접근해야 좋은 기사를 건질 수 있다.

문제의식은 기사감각과도 일맥상통한다. 뉴스를 찾아내는 안목, 수용자들이 어떤 정보를 원하고 어떤 뉴스를 선호하는가를 파악하는 예민한 기사감각을 가져야 한다. 한국정치사의 물줄기를 바꾼 1987년 1월 14일 박종철 군 고문치사사건은 당시 검찰을 출입하던 〈중앙일보〉 기자가 "시끄럽게 생겼어, 대학생이라지, 경찰이 조사를 어떻게 했길래"라는 검찰간부의 말을 듣고 "뭔가 일이 벌어졌구나"하는 의문을 갖고 취재를 시작해 대특종을 건졌다.

세기적 특종인 1972년 워터게이트사건도 경찰이 단순한 절도사건으로 처리한 것을 〈워싱턴포스트〉의 칼 번스타인, 밥 우드워드 두 기자가 왜 하필이면 민주당전국위원회 사무실에 도둑이 침입했을까라는 의문에서 시작됐다.

두 사건 모두 뛰어난 기사감각을 발휘하지 못했다면 그냥 흘려보낼 수 있는 사건이다. 무심코 흘린 한 마디 말이나 어떤 사건을 접했을 때 느끼는 뭔가 이상한 감각, 분위기, 표정에서 기사의 단서를 찾아내야 유능한 취재기자이다.

(2) 나무만 보지 말고 숲을 봐라

어떤 사건이나 사안의 한쪽 면만을 보지 말고 종합적인 관점에서 전모를 파악해야 한다는 얘기다. 한쪽 면, 겉만 보지 말고 사건의 일어난 배경, 이면을 들여다봐야 한다. 기자가 직접 목격한 사건이 아닌 한 사건의 수사관계자, 관련자와 같은 제 3자를 통해 간접 취재를 해야 한다. 기자가 현장을 목격했더라도 관찰의 오류가 있을 수 있다. 또 겉으로 드러난 사실이나 주장만 갖고 진위여부나 사건의 전모를 다 파악하기는 어렵다. 누구를 상대로 취재를 했느냐에 따라 취재내용이 달라진다. 그래서 미 언론은 정확한 취재를 위해 삼각확인(*triangulation*)을 취재의 기본준칙으로 삼고 있다.

예를 들어, 은행 합병에 반대하는 노조원들의 농성사태가 벌어졌다면 농성 중인 은행노조 집행부와 노조원, 은행 경영진의 입장, 금융정책의 주무부서인 재무부와 금융감독위원회의 입장과 대책, 농성사태를 수사하는 경찰, 은행농성으로 불편을 겪

▸ 한화그룹 김승연 회장이 보복폭행 사건과 관련, 서울 남대문경찰서에 소환되자 경찰서 현관 앞에서 100여 명의 취재진이 열띤 취재경쟁을 벌이고 있다.
〈조선일보, 2007. 4. 29〉

는 고객 등 여러 분야의 관계자를 다양하게 취재해야 한다.

이를 통해 파업상황과 전망, 합병결정 배경과 전망, 금융계에 미치는 영향, 정부의 대책과 공권력 투입여부, 고객의 반응과 예금 인출방안 등을 다각도로 취재한다. 그런 연후 종합적인 안목을 갖고 기사를 써야 정확하고 객관적이며 공정한 기사를 쓸 수 있다. 사건의 특정 부분도 잘 보아야 하지만 사건 전체를 조감할 수 있는 능력은 더욱 중요하다.

(3) 확인하고 또 확인하라

기사의 생명은 정확성이다. 미국의 신문왕으로 불리는 퓰리처(Joseph Pulitzer)는 신문기사는 "첫째도 정확, 둘째도 정확, 셋째도 정확해야 한다"고 말했다. 정확한 기사를 쓰기 위해서는 확인하고 또 확인해야 한다. 모든 가능성을 염두에 두고 철저한 취재가 이뤄져야 한다는 얘기다. 아무리 명문의 좋은 기사를 썼더라도 내용이 틀리면 아무 소용이 없다. 기사는 문학작품이 아니다. 사실을 바탕으로 뉴스를 전하고, 논평의 기능을 담당하고 있다.

기자들은 혼자 취재한 내용이 새나갈 것을 우려해 확인을 생략하는 경우가 있다. 기자라면 누구나 특종을 욕심내지 않은 사람은 없다. 그러나 특종은 기자의 명예와 자존심을 높이기 위한 것이 아니라 독자와 시청자를 위한 것이다. 특종을 했으나 사실 확인이 미흡해 내용이 부실한 정보라면 언론사와 기자는 특종을 했다고 큰소리칠지 모르지만 독자에게는 별 도움이 되지 않는다. 부실한 기사는 언론에 대한 신뢰저하를 불러와 장기적으로는 언론사에도 도움이 되지 않는다.

취재한 내용이 누설되는 위험을 감수하고라도 사실관계를 정확히 확인하는 노력을 기울여야 한다. 과장, 왜곡정보, 모략용 루머 등을 가려내고, 사건의 발생장소, 관련자의 이름, 나이, 직업 등을 꼼꼼하게 확인해야 한다.

(4) 발로 뛰되, 머리를 써라

기사는 마감 시간이 있으나 취재는 마감시간이 없다. 발품을 팔아야 좋은 기사가 나온다. 부지런한 새가 먹이를 잡는 것처럼 부지런한 기자가 특종기사를 쓴다. 발로 뛰는 부지런한 기자는 누구나 호감을 가진다. 책상머리에 앉아서 보도자료나 베끼고, 취재원의 발표내용을 받아써서는 안 된다. 발표저널리즘에 안주하는 기자는 기자이기를 포기한 것이나 다름없다.

다만 발로 뛰되 생각을 하면서 뛰어야 한다. 한마디로 머리를 써야 한다. 기자 중에는 열심히는 돌아다니는데 성과가 별로 없는 기자가 있다. 무심코 던진 한마디, 우연히 목격한 어떤 행동이나 만남 등에서 예민한 기사감각으로 기사를 낚아 올려야 한다. 그 말의 의미가 무엇일까, 왜 그런 얘기를 던졌을까, 주요 인사들이 은밀하게 만난 이유가 무엇일까 등 늘 생각을 하면서 뛰면 아이디어가 섬광처럼 머리에 떠오르는 것을 경험하게 된다. 뉴스거리가 있다 싶으면 고정관념이나 편견을 버리고 전개되고 있는 상황을 새로운 관점에서 바라봐야 기사가 보인다.

(5) 근성을 발휘하라

기사 취재는 오랜 인내와 집념이 필요한 경우가 많다. 단시간에 취재가 되지 않는다고 쉽게 포기해서는 안 된다. 끈질기게 물고 늘어지면 대어를 낚을 수 있다.

대형사건이 터지면 기자들이 집에 들어가지 않고 며칠씩 현장을 지키면서 취재를 한다. 인터뷰를 거절하는 취재원의 집 앞에서 밤을 새워가며 끈질기게 물고 늘어져 단독인터뷰에 성공하는 사례도 적지 않다. 수많은 기자들이 취재 경쟁을 벌이는 상황에서 기사를 빠트리는 낙종(落種)은 불가피하다. 문제는 낙종이 아니라 낙종을 하고도 만회하지 못하거나 만회하려는 의지가 없는 경우이다. 낙종은 반드시 만회한다는 근성이 있어야 특종이 나온다.

(6) 신의를 지켜라

기자의 승부는 얼마나 많은 양질의 취재원을 확보하고 있느냐에 따라 판가름 난다. 각종 인맥을 활용해 취재원을 만들어 활용하는 것은 기본이다. 무엇보다 중요한 것은 기자로서의 성실성과 정의감, 그리고 신의이다. 신뢰할 수 없는 기자에게 좋은 취재거리를 제공하는 사람은 없다. 기자와 취재원 간에 신뢰가 쌓여야 터놓고 얘기를 하고, 비밀스런 정보도 흘려주는 것이다. 취재원에게 피해가 가지 않도록 취재원을 철저히 보호하고, 약속한 사항은 일정부분 손해를 감수하더라도 지켜야 한다.

(7) 취재원의 인격권을 보호하라

국민의 알권리와 인권보호라는 두 가지 가치를 동시에 충족시키는 것이 취재의 기본이다. 객관적 사실의 취재에 충실하면서도 개인의 명예와 인격, 사생활의 침해가 일어나지 않도록 주의해야 한다. 특히 시민들의 법의식, 인권의식이 높아지면서 언론보도로 인해 불이익이나 인격권의 침해를 받았을 경우 그냥 참지 않는다. 여러 형태의 항의는 물론이고 민 · 형사상 소송을 제기하는 비율이 높아지고 있다. 언론중재위와 각종 시민단체들이 언론보도로 인한 피해구제 활동을 활발히 전개하고 있다. 인격권 침해로 인해 법적 다툼이 벌어지면 이로 인한 시간과 경제적 손실은 말할 것도 없고, 심리적 부담으로 인해 취재활동에도 지장을 초래한다. 알권리와 인권보호라는 두 개의 기본권을 잘 조화시키는 지혜를 발휘해야 한다.

(8) 외부유혹을 단호히 물리쳐라

취재를 하다보면 이런 저런 외부의 유혹이 있기 마련이다. 자신에게 유리하게 보도되기를 희망하는 사람이나, 기사화되지 않기를 바라는 사람이 종종 대언론 로비를 통해 문제를 해결하려는 경향이 없지 않다. 촌지와 선물, 향응제공, 해외여행 알선 같은 것을 미끼로 기사에 영향을 미치려 한다. 사회적 공기인 언론은, 공정한 보도에 악영향을 미치는 어떤 외부적 유혹이나 압력도 단호히 배격해야 한다.

더욱 문제가 되는 것은 언론인이 정치적 야심을 실현하고 권력에 줄을 대기 위해 각종 수집된 정보와 자료를 정치권 또는 권력에 제공하는 행위다. 계보기자니, 무슨 장학생 따위의 낯부끄러운 말이 나온 것도 이 때문이다. YS시절 모 언론사 중견기자가 언론계 동향을 정기적으로 보고한 것이나 DJ정권시절 대권문건사건이 대표사례다. MBC의 대표 미디어비평 프로그램인 〈신강균 사실은 …〉도 담당기자가 프로와 관련, 모 기업으로부터 향응과 함께 고급핸드백 선물을 받았다는 의혹이 제기되어 진행에서 물러났다. 외부적 유혹에 어떻게 대응하느냐는 기자 개인의 양식의 문제이지만 정도를 일탈한 언론인은 언론계를 떠나는 것이 마땅하다.

3. 취재원

1) 취재원이란

취재원(*news source*)이란 취재한 기사의 출처, 즉 기사의 단서 또는 계기가 되는 재료이다. 기사는 기자가 자의적으로 만드는 것이 아니다. 모든 기사의 소재는 반드시 출처를 갖는다. 그래서 취재원은 기자의 생명줄이라고 한다.

취재원은 명시적으로 밝혀야 한다. 익명의 출처는 기사의 신뢰도를 떨어뜨릴 뿐 아니라 취재원이 익명으로 쓴다는 것을 알 경우 거짓말을 할 가능성이 있다. 특히 특정인을 비난하거나 어떤 사안에 대한 일반의 반응을 시험하기 위한 시험풍선(*trial balloon*)으로 악용하는 경우도 있다.

한 명의 취재원에 의존해 기사를 쓸 경우 사실의 오류나 왜곡은 물론 취재원에 이용당할 가능성이 있다. 특히 공공에 영향이 큰 중요한 사건이나 갈등의 요소가 있는 사안을 다룰 경우 반드시 관련된 다양한 취재원의 시각이 반영될 수 있도록 크로스 체크(*cross-check*), 삼각확인(*triangulation*)이 필요하다.

2) 취재원의 종류

(1) 인적 취재원

- 정치인, 법조인, 정부의 관계 공무원, 기업, 시민단체 등 모든 취재원이 되는 사람과 법인, 기관
- 사건 · 사고의 가해자, 피해자 등 당사자와 관련자, 증인 등
- 각 분야 전문가
- 주변 선 · 후배, 친지 등

(2) 물적 취재원

- 취재 대상이 되는 물건
- 통신 및 타 매체 기사, 보도자료, 성명서, 진정서, 광고, 논문 등 서면상의 기록
- 인터넷 등 온라인 데이터베이스와 CD-롬, 비디오테이프, 녹음테이프 등 오프라인(*off-line*) 입력 자료

3) 취재원 관리

(1) 취재원 확보

얼마나 양질의 취재원을 많이 확보하고 있느냐에 따라 기자의 능력, 신뢰도가 판가름 난다. 특히 고급 정보를 가진 신뢰할 만한 취재원을 확보해야 한다. 그러나 장 · 차관, 국장 등 고위직만 정보를 갖고 있는 것은 아니다. 사안이나 정책에 따라 장관보다 한 부서에 오래있는 직원이 내용을 더 잘 알 수도 있다. 기삿거리는 장관에서

청소부까지 어떤 취재원으로부터도 나올 수 있다.

취재원을 확보하는 방법은 선배기자들의 조언을 듣기도 하고, 다른 기자들이 활용하고 있는 취재원을 자신의 취재원으로 확보하는 방법도 있다. 각종 매체에서 인용한 취재원을 조사해 활용하거나, 전문가를 확보해 그 전문가로부터 추천을 받아 취재원을 확대하기도 한다. 학연, 지연을 비롯한 각종 인맥을 통해 취재원을 확보한다.

취재원을 확보하는 데 특별한 원칙이나 비법은 없다. 기자가 출입처의 여건과 취재하고자 하는 기사 내용을 감안해 적합한 취재원을 개척하는 수밖에 없다. 부지런히 취재를 다니다보면 저절로 많은 취재원을 확보하게 된다. 앞서 취재수칙에서 예시한 것처럼 부지런하고 성실한 기자, 신의가 있는 기자, 정의감이 강한 기자에게 호감을 갖고 뉴스거리를 제공한다. 잘못을 시정하기 위해 자신이 알고 있거나 소속한 조직의 부조리나 비리를 언론에 고발하는 사례도 있다.

주의해야 할 것은 거짓말을 하는 취재원이다. 정치인, 공직자, 기업인 같은 취재원들이 어떤 기사가 나가는 경우 자신이나 조직에 불리하다고 판단되면 거짓말을 하는 일이 비일비재하다. 거꾸로 자신이나 조직에 유리한 보도를 이끌어 내기 위해 거짓말을 하기도 한다.

특히 문제가 되는 것은 어떤 의도를 갖고 기자에게 접근하는 취재원이다. 사례나 지원 또는 자리를 약속 받고 특정 조직, 개인을 위해 선전원 역할을 하는 사람들이 있다. 정보제공을 가장한 홍보요원일수록 교묘하게 위장을 하기 때문에 의사(疑似) 취재원이라는 것을 파악하기 어렵다. 거짓제보를 한다거나 그럴듯한 정보를 누설, 언론에 보도되도록 각종 수법을 동원한다. 결국 기자가 취재원의 정보제공 동기가 순수한지 여부부터 점검하고, 전달받은 정보에 대해 2중 3중의 사실 확인을 철저히 하는 것 외에 달리 방법이 없다.

물적 취재원도 마찬가지다. 동일한 사안에 대해 여러 곳에서 나온 자료가 같지 않은 경우가 많다. 예로 매년 연말에 나오는 새해 예상 경제성장률 전망치만 하더라도 재경부, 한은, 국책연구기관, 경제단체 등의 수치가 모두 다르다. 경제를 바라보는 입장과 시각의 차이 때문이다. 이런 경우 어떻게 기사화하는 것이 신뢰성의 문제를 일으키지 않을지 심사숙고해야 한다.

(2) 취재원 관리 요령

취재원과 오랜 신뢰관계를 유지하기 위해서는 각별한 노력이 필요하다. 취재원을 활용해 당장의 뉴스거리를 뽑아낸다는 생각을 버리고, 인간적인 교분을 돈독히 쌓아야 한다. 무엇보다 진실과 믿음이 선행되어야 한다. 일방적으로 기삿거리를 제공받기보다는 유용한 정보와 지식을 서로 주고받는(*give & take*) 자세가 필요하다. 취재원 관리 및 접근요령을 요약하면 다음과 같다.

첫째, 취재원에 대해 사전조사를 철저히 하라. 예로 교수와 인터뷰를 한다면 그가 쓴 논문이나 저서에 대해 언급하면 말을 풀어 나가기가 한결 수월할 것이다.

둘째, 예의를 갖춰라. 일반인들의 기자들에 대해 예의가 없다, 건방지다, 거들먹거린다는 선입견을 갖고 있다는 점을 유념해야 한다.

셋째, 취재원에게 긴장감, 적대감을 유발하지 말라. 날씨나 건강, 취미, 사회적 이슈 등 가벼운 얘기로 경계심을 풀어주는 것이 좋다.

넷째, 비판적인 기사가 아닌 호의적인 뉴스도 보도하라. 늘 비판적인 뉴스거리만 캐고 다니면 경계를 하기 때문에 정보가 차단된다. 좋은 기삿감이 된다면 호의적인 기사도 쓰는 것을 회피할 이유가 없다.

다섯째, 취재원의 이념, 사상, 취미, 선호가 자신과 다르다는 것을 인정하라. 자신과 생각이 다르다고 싫어하거나 다퉈서는 안 된다.

여섯째, 출입처의 시각에 동화되지 말라. 출입처와 의식공동체가 되어버리면 감시견(*watchdog*)으로서의 기자의 역할을 수행하기 힘들다.

일곱째, 단번에 모든 것을 끌어내려 하지 말라. 여러 차례, 다수의 취재원을 만난다는 생각을 하는 것이 좋다. 여러 사람을 만나 끈질기게 취재를 하다보면 진실이 밝혀지게 되어 있다.

여덟째, 취재원 주변에서 문서와 기록을 훔치는 일은 삼가야 한다. 취재원의 동의 없이 녹음기, 몰래카메라를 사용해서는 안 된다. 과거에는 몰래 문서를 훔쳐서 기사를 쓰는 사례도 없지 않았지만 그런 위법적이고 비신사적 취재는 자제해야 한다.

아홉째, 인용은 정확히 하라. 인터뷰를 거두절미하고 기사에 필요한 내용만 인용해서는 안 된다. 앞뒤 맥락을 살펴서 정확한 인용을 해야 한다.

열째, 취재원과 지나치게 밀착하지 말고, 취재원의 무례한 언행은 용납하지 말라.

취재원이 예의를 벗어난 행위를 묵과하지 말고 분명히 주의를 주는 것이 원활한 취재를 위해 바람직하다.

4. 취재의 3단계

(1) 1단계 취재

표면적 사실의 취재 단계이다. 취재원으로부터 나오는 자료, 즉 기록, 연설문, 보도자료, 기자회견 등에 대해 주의 깊고 정확한 필사작업을 한다. 취재원이 자료 제공(*source originated material*)하는 단계의 취재이다.

이 단계에서 주의할 점은 앞서 지적한 것처럼 ‣정보조작과 독자기만 ‣의사(疑似)사건(*pseudo-event*) ‣시험풍선(*trial balloon*) 같은 내용을 잘 가려내는 일이다.

취재원에 의한 정보조작과 독자기만의 대표 사례는 1987년 '박종철 군 고문치사 사건'이다. 당시 치안본부장인 강민창 씨는 고문에 의한 사망사건을 은폐하기 위해, 수사과정에서 수사관이 책상을 '탁'치니, 심장이 약한 박 군이 '억'하고 죽었다고 터무니없는 사망경위를 발표했다. 언론의 취재로 고문치사 사실이 밝혀지지 않았다면 영원히 진실이 묻힐 뻔했다. 그렇게 되었다면 6·10민주항쟁의 불길이 사그라질 가능성도 없지 않았다.

의사사건은 영국의 사회역사학자 부어스틴(Daniel J. Boorstin)이 만든 용어이다. 실제 일어난 사건이 아니라 만들어 낸 이벤트성 사건을 일컫는다. TV의 발달과 밀접한 관련이 있는데 주로 정치권에서 하는 행위에 해당한다. 정치인들이 미디어를 겨냥해 기자회견을 하거나 시장을 방문해 현장 민생을 점검하고 각종 규탄대회를 개최하는 것과 같은 행동을 함으로써 뉴스거리를 만들어낸다. 미디어를 의식한 만들어 낸 사건이라 해서 미디어이벤트(*media event*)라고도 한다.

시험풍선은 개각이나 여론이 엇갈리는 정책을 결정할 때 주로 사용된다. 여론의 반응을 떠보기 위해 취재원을 밝히지 않은 채 개각, 정책의 내용을 흘려서(*leak*) 반응이 좋으면 그대로 실시하고 반응이 나쁘면 없던 일로 해버리는 경우다.

(2) 2단계 취재

1단계 취재를 바탕으로 취재기획, 자료의 검증, 배경취재, 관찰을 하는 단계이다. 2단계에서는 먼저 발표된 내용, 1차 취재된 내용을 토대로 사실관계를 캐고 들어야 한다. 발표된 내용을 진실로 알고 보도를 할 경우 앞에 박종철 군 고문치사사건의 예처럼 취재원의 진실은폐를 언론이 도와주는 꼴이 된다. 취재원이 자신에게 불리한 내용을 은폐, 축소하거나, 반대로 과장, 왜곡하는 일이 없는지 가려내야 한다.

2단계 취재에서는 신뢰할 만한 취재원을 확보하는 일이 중요하다. 박 군 사건에서처럼 박 군을 부검한 의사의 사인(死因)에 관한 진술, 경찰의 수사를 지휘하는 검찰의 협력이 없었다면 사건의 진실이 밝혀지지 않았을 것이다. 기자가 고문치사의 개연성을 알았다 해도 이를 뒷받침할 결정적 제보나 전문가의 진단이 없이는 사실관계를 확정적으로 보도하기 어렵고, 나아가 설득력을 확보할 수 없다. 내부 취재원의 협력을 얻느냐 못 얻느냐는 기사의 생명을 좌우한다. 미국의 워터게이트사건도 권력의 조직적 은폐를 기자에게 전해줬던 '딥 스로트'(*deep throat*)로 불렸던 내부 제보자가 없었다면 진실이 밝혀지지 않았을지 모른다.

(3) 3단계 취재

3단계는 2단계의 사실 확인 단계를 넘어 다각도의 심층취재, 교차취재를 통해 정보에 대한 해설 및 설명을 하는 과정이다. 다양한 사실관계 확인을 통해 왜 그런 사건이 일어났으며 정책이 발표되었는지 원인과 배경을 분석하고, 그에 따른 영향은 무엇인지, 향후 어떤 결과를 초래할 것인지를 분석하고 해석한다.

모든 사건의 배경에는 기삿거리가 있다. 심층취재를 하면 의외의 큰 기삿거리를 만나게 된다. 2005년 이건희 삼성그룹회장의 딸이 미국 뉴욕에서 교통사고로 숨진 사건이 있었다. 삼성측이 교통사고로 발표했고 현장도 미국이기 때문에 국내 언론도 당초 그렇게 보도했으나, 한국일보 뉴욕지사 기자가 의문을 갖고 뉴욕 시체보관소를 뒤진 결과 사망원인이 교통사고가 아닌 자살임을 밝혀냈다.

기자는 상식과 당연한 것, 관행에 익숙해지면 안 된다. 거꾸로 뒤집어 보고, 파헤쳐 따져보는 자세를 가져야 한다. 때로는 권위에 순응하지 말고 권위를 의심하고 도전해야 한다. 앞서 박종철 군 고문치사사건도 경찰수사의 최고책임자인 치안본부장의 발표에 대한 권위를 의심하지 않았다면 진실이 밝혀지지 않았을 것이다. 워터게이트사건도 단순 강도에 불과하다는 백악관의 발표를 그대로 믿었다면 역사상 최초로 미국의 현직 대통령이 하야하는 사태가 일어나지 않았을 것이다.

예 문

교통사고 통계자료를 이용한 취재의 3단계 과정

발표 자료 요지: 서울시내 교통사고 사상자 작년에 비해 8% 증가하고, 이 가운데 보행자 사상자는 16% 증가했다.

1단계 기사

"지난해 서울 시내 교통사고 사상자는 전년에 비해 8%가 증가했으며, 이 가운데 보행자 사상자는 16%나 늘어난 것으로 밝혀졌다."

2단계 기사

보충취재를 해보니 보행 사상자의 대부분이 14세 이하의 어린이였다. 사고 장소는 주로 저소득층이 밀집된 지역이었다.

"지난해 서울 시내의 교통사고로 인한 사상자가 전년에 비해 16%가 늘어났으며, 이 중 대부분이 14세 이하의 저소득층 지역 어린이들인 것으로 밝혀졌다."

3단계 기사

심층취재를 통해 원인을 캐보니 사고는 더운 여름 저녁 때 많이 일어났으며 에어컨이 없는 가난한 집 어린이들이 저녁 때 길거리에 나와 놀다가 변을 당한 것으로 드러났다.

"서울의 가난한 달동네에 사는 어린이들에게 지난 여름 그들이 놀던 거리는 죽음의 놀이터였다. 서울경찰청이 12일 발표한 지난해 서울 시내 교통사고 사상자 통계에 따르면 … (후략)"

스트레이트 기사도 별도의 리드를 달아서 기사를 키우고, 해설, 관련자 인터뷰, 현지 르포기사 등을 추가할 수 있다.

▶ **해 설:** 달동네 길거리에서 자동차사고 빈발 원인 및 대책

▸ **관련자 인터뷰:** 달동네 주민, 교통전문가, 담당공무원 등
▸ **현지 르포기사:** 달동네 어린이들의 생활, 놀이시설, 교통사고 사망 실태 등 상세하게 르포

연_습_문_제_

1. 다음의 1단계 기사를 바탕으로 2단계, 3단계 취재 계획을 작성하라.

① 교육인적자원부가 발표한 자료에 따르면 중 · 고등학교의 학교폭력이 지난해(2006년)에 비해 5%가 증가한 것으로 나타났다. 이 가운데 남학생간 학교폭력은 3% 증가한 반면 여학생간 폭력은 7%가 늘었다.

② 교육인적자원부가 양성평등조치의 일환으로 대학에서 여교수 채용비율을 늘리도록 적극 권장한 결과 여교수 채용비율이 해마다 증가하고 있는 것으로 나타났다. 그러나 아직도 전국 대학의 학과, 학부 가운데 여교수가 한 명도 없는 대학이 50%나 되는 것으로 밝혀졌다.

③ 서울지방경찰청은 렌터카 회사를 설립해놓고 교통사고 발생 시 피해차량 운전자가 작성해야 할 차량대여계약서 등의 서류를 위조해 대여기간을 연장하고, 대여 차종보다 상위등급 차종을 대여해준 것처럼 꾸미는 신종수법으로 ○○화재 등 11개 보험사로부터 133회 총 5,400여만 원의 보험금을 편취한 렌터카 회사 대표 장 모(52) 씨를 구속하고 견인차 기사 68명을 불구속 입건했다.

제7장

취재방법

1. 현장취재

1) 중요성

현장취재(관찰)는 기자가 직접 보고, 듣고, 냄새 맡고, 맛보고, 접촉하는 직접 취재 방식이자 가장 일반적이고 전형적 취재방식이다. 화재사건이 나면 기자가 현장에 달려가 진화작업 및 피해상황 등을 직접 보고 취재한다. 국회가 열리면 기자들이 본회의와 상임위원회 회의장에 들어가 의원들의 질의와 정부 또는 출석인의 답변을 취재한다.

현장에서 보고 취재하는 것과 간접적으로 듣고 물어서 확인하는 것은 천양지차이다. 현장취재는 사건의 발생을 6하(何) 원칙에 입각해 자세하게 취재하고 생동감 있게 기사를 써내야 한다. 무엇보다 특이사항이 없는지를 파악해야 한다. 정확한 관찰만이 진실을 전할 수 있다. 그러나 현장취재는 현장까지 가는 데 필요한 시간의 제약이 있고, 취재원이 협조를 하지 않으면 애를 먹게 된다.

2) 유의점

① 무엇을 관찰할 것인가

현장 취재에서는 명확한 주제설정이 필요하다. 무엇보다 이전 사건과 무엇이 다른가, 특이한 점은 없나, 극적 요소는 없나 등을 중점적으로 취재해야 한다. 간접취재가 아닌 발로 뛰어 현장을 관찰하는 이유가 바로 현장에서 이런 점을 발견하기 위한 것이다.

화재사건이라도 화재가 방화인지, 실화인지부터 파악하고 어느 경우든 특이한 점은 없는가를 점검해야 한다. 숨진 사람 가운데 부모가 일 나간 사이에 아이들만 있다가 변을 당했다든가, 반신불수로 혼자 사는 노인이 불을 피하지 못해 숨졌다면 기사가 커진다. 목숨을 걸고 많은 인명을 구한 소방관이나 극적인 생존자가 있었다면 모두 기삿감이다. 같은 교통사고라도 수학여행을 갔다오다가 변을 당하거나 신혼여행을 다녀오다 숨진 신혼부부가 있었다면 추가적인 취재가 필요하다.

② 육감, 직관을 최대한 동원한다

기자들은 흔히 냄새를 맡는다고 표현한다. 사고현장이나 경찰서 형사계와 강력계, 검찰을 취재하다 보면 누가 알려주지 않아도 '뭔가 있구나'하는 감을 잡는 경우가 종종 있다. 어떤 특이한 일탈적 행동이나 징후를 보고 감을 잡기도 한다. 예민한 기사감각이 발달해 낌새, 냄새를 잘 맡는 기자를 민완기자라 한다.

그래서 육감이 기사를 만든다고 한다. 이런 육감이나 직관을 하루아침에 생기는 것이 아니라 노련한 기자들의 오랜 경험에서 나온다. 취재 경험이 많이 쌓이면 수사관들의 표정이나 한마디 말, 사무실의 분위기에서 기사의 감을 잡는다. 육감은 기자의 경험과 사전지식이 새로운 정보와 만날 때 상호작용을 통해 나온다.

육감이 기사를 만든 예를 하나 들어보자. 1960년 5월 29일 〈경향신문〉 석간은 대통령에서 하야한 이승만 박사의 하와이 망명기사를 특종보도로 3면에 걸쳐 대서특필했다. 당시 사회부 윤양중 기자는 29일 새벽부터, 망명설이 돌던 이 박사의 거처인 종로구 이화동 이화장(梨花莊) 대문 밖에서 잠복취재를 하던 중 이른 새벽에 외무차관이 이화장을 방문하는 것을 보고 망명이 임박했다는 감을 잡았다. 아침 7시경 이

李博士夫妻突然하와이로亡命

京鄕新聞

이제무슨말을하겠소 그대로떠나게해주오

國會問題化할듯

▸ 이승만 전 대통령이 1960년 5월 29일 미국 하와이로 망명하기 위해 김포공항을 몰래 빠져 나가는 장면을 특종보도한 〈경향신문〉 1면.

화장 문이 열리고 이 박사 부처가 탄 승용차가 나오는 것을 발견하고 이를 뒤쫓아 김포공항으로 들어갔다. 그는 공항 귀빈실에서 이 박사의 출국 소감까지 듣는 데 성공했다. 이 박사 망명사건이라는 특종을 낚아 올린 것이다. 훗날 윤 기자는 이화장 동태가 수상하다는 사회부에 걸려온 전화제보를 받았다고 밝혔지만 현장취재가 아니면 불가능한 기사이다. 이와 유사하게 육감을 동원해 큰 특종을 건진 사례는 부지기수로 많다(남시욱, 2001).

③ 고정관념과 편견을 버려야 한다

고정관념과 편견은 합리성과 증명을 중시하는 취재에 있어 커다란 장애요인이다. 지역감정이 기승을 부리던 이른바 '3김 시절' 지역정서를 반영한 지방언론의 대선보도는 지역이기주의와 편견이 만들어 낸 대표적인 사례다. 또한 미국의 인종차별, 중동의 종교 갈등, 한 · 일간의 민족적 편견 등도 대표적인 예이다.

흑백논리식의 2분법적 사고, 양자택일식의 인식을 깨부수어야 한다. 상황을 냉정하게 바라보고 합리적, 논리적으로 사고하고 정확하게 판단해야 한다.

감정의 개입도 극력 억제해야 한다. 특정 취재대상에 대한 호불호(好不好)의 감정이 기사에 반영되기도 한다. 기자도 인간이기 때문에 개인적 감정을 가질 수 있지만 그것이 공적 업무인 기사에 투영되어서는 안 된다.

대학생을 대상으로 한 실험에서 동일한 신원불명의 예쁜 소녀에 대한 반응을 2개월 간격으로 조사한 결과 이 소녀에게 미국인 이름을 붙인 경우와 다른 나라 이름을 붙인 경우 평가가 전혀 다르게 나왔다. 미국인 이름을 붙였을 때 훨씬 호감도가 높게 나왔다. 인종적 편견이 작용한 것이다.

2. 인터뷰

1) 인터뷰란

인터뷰는 기자가 단독으로 사람을 만나서 취재하는 방식이다. 기자회견은 여러 기자들이 공동으로 사람을 만나 뉴스자료를 얻는 것이다. 기자가 취재원을 만나 대화방식의 질문을 통해 뉴스거리를 만드는 인터뷰는 기사 취재의 알파와 오메가라 해도 과언이 아니다.

기자가 현장을 모두 찾아다닐 수 없고, 설사 현장을 관찰했다 하더라도 관찰 그 자체만으로 기사가 완성되는 것은 아니다. 누군가에게 물어서 왜 그런 일이 벌어졌는지, 그래서 어떻게 하겠다는 것인지 등 사실 확인을 해야 기사를 쓸 수 있다. 인터넷 검색 등 컴퓨터를 활용한 다양한 취재 기법이 개발되고 있지만 인터뷰는 여전히 취재의 기본이다.

인터뷰는 강압적으로 할 수 없다. 수사기관의 조사와 같이 피의자를 상대로 의심나는 내용을 캐내는 취조가 아니기 때문이다. 기자가 인터뷰 대상인 취재원과 친밀한 신뢰관계(*rapport*)를 형성, 취재하려는 내용에 관해 숨김없이 말하게 하는 것이 핵심이다. 이러한 과정은 하루아침에 터득되지 않는다. 연륜이 쌓여야 하고 노하우가 필요하다. 그래서 인터뷰 잘하는 기자가 유능한 기자라는 말이 있다.

인터뷰는 기자의 개인적 만남이 아니라 독자나 시청자를 염두에 둔 대화이기 때문에 내용은 공적인 성격을 띤다. 대담과는 달리 대상자의 의견을 듣기 위한 능동적인 취재이다.

2) 인터뷰의 종류

(1) 형식에 따른 분류

① 대면 인터뷰

가장 보편적이고 바람직한 방법이다. 취재원의 집안이나 사무실 분위기, 말하는 자세, 표정, 몸짓 등도 의미를 전달하는 도구이다. 이에 대한 세심한 관찰과 기록이 필요하다.

② 전화 인터뷰

장소와 시간의 제약을 받지 않는 장점이 있으나 정보를 취재원의 목소리에 의존하기 때문에 사실 확인이 필요하다.

③ 서면 인터뷰

정보에 대한 신뢰성 문제가 있다. 본인이 직접 작성했는지 여부를 확인해야 한다.

(2) 내용에 따른 분류

내용에 따른 분류는 크게 뉴스취재를 위한 뉴스인터뷰와, 뉴스의 주인공에 대한 개인적 뉴스소재를 읽을거리용으로 취재하는 인물인터뷰로 나뉜다. 이를 좀 더 세분하면 다음과 같다.

① 뉴스 인터뷰

기자들의 일상적인 인터뷰로 새로운 뉴스거리를 뽑아내는 데 목적이 있다.

② 고발성 인터뷰

카메라 출동과 같은 각종 부정부패, 비리, 부조리 등을 고발한 TV 인터뷰가 대표적이다.

③ 이슈탐구 인터뷰

낙태, 기아, 환경, 청소년, 교육문제 등 이슈를 집중조명하는 인터뷰다.

④ 유명인사 인터뷰

뉴스 초점이 되고 있는 각계 유명인사를 인터뷰해 소개하거나, 특정 사회적 이슈에

▸ 언론과 인터뷰하는 작가 박경리 씨(왼쪽)와 김수환 추기경

관해 유명인사의 견해를 듣는 인터뷰를 말한다.

⑤ 인물 탐구 인터뷰

뉴스 또는 화제가 되는 정치인, 기업인, 예술인 등 특정인을 집중적으로 해부하는 인터뷰이다.

(3) 대상에 따른 분류

① 개별 인터뷰: 기자가 단독으로 하는 인터뷰

② 집단 인터뷰: 여러 기자들이 공동으로 하는 기자회견과 같은 인터뷰

(4) 커뮤니케이션 방식에 따른 분류

① 공격적 인터뷰

기자가 인터뷰의 주도권을 쥐고 취재원을 상대로 취재하려는 사항에 관해 직설적으로 캐묻는 인터뷰이다. 기자회견처럼 공개된 장소에서 실시하는 인터뷰가 주로 해당

된다. 외국의 시사프로를 보면 진행자나 기자들이 인정사정 봐주지 않고 송곳 같은 질문으로 상대를 몰아붙인다.

② 설득적 인터뷰

기자와 취재원이 인터뷰 주제에 관해 견해를 주고받고 받으면서 대화를 나누는 방식이다. 대개 단독 인터뷰의 경우이며 노련한 인터뷰 기술이 필요하다.

3) 인터뷰 사전준비

준비 없는 인터뷰는 공부하지 않고 시험 보는 것과 같다. 취재원에 대해 취재 목적에 맞는 정보는 물론이고, 신변의 잡다한 정보들까지 파악해 접근하면 상대의 신뢰를 얻는 데 매우 유용하다. 사람은 누구나 자기를 이해하고, 믿음이 가는 상대에게 마음의 빗장을 풀게 되어 있다.

① 주제를 명확히 정하라

무엇을 취재하고 쓸 것인지 인터뷰의 목적을 확실히 해야 한다. 무턱대로 찾아가 중언부언 초점 없는 질문을 하다가는 망신당하기 십상이다. 질문요지를 사전에 준비해 빠짐없이 질문해야 한다. 인터뷰를 마친 뒤 중요한 질문을 빠뜨렸다면 기자로서 낙제생이다.

② 취재원을 무장해제 시켜라

취재원(*news source*)의 신상이나 저서, 기고문, 인격적 특성 및 취미 등에 대한 사전정보를 입수, 취재원과 짧은 시간 안에 친밀한 관계를 형성해야 한다. 3분 안에 상대를 무장해제 시킬 수 있느냐 없느냐에 따라 인터뷰의 성패가 판가름 난다는 말이 있다. 인터뷰 대상자와 친근한 관계 수립이 인터뷰 성공의 제 1조건이다. 만나자마자 본론으로 들어가는 것보다는 취재목적에 맞게 상대의 신변정보를 입수해 요긴하게 활용하면 인터뷰의 반은 성공한 것이다. 학자를 만나 인터뷰를 한다면 그 사람이 쓴 저서나 논문을 언급하면서 나름의 소견을 밝힌다면 쉽게 마음을 열 것은 불문가지다. 개인적 정보뿐 아니라 상황적 정보도 잘 파악해야 한다. 인터뷰 상대가 어떤 상황에 있느냐에 따라 인터뷰의 성격, 질문 내용과 방식이 달라야 한다.

③ 인터뷰 계획을 세밀하게 짜라

인터뷰의 시작은 어떻게 하고, 분위기는 어떻게 조성하며, 언제 어떻게 어떤 방법으로 문제의 핵심에 접근할지, 질문방법 등 사전에 치밀하게 전략을 세워야 한다. 이는 앞서 언급한 인터뷰의 목적, 인터뷰 상대의 개인적 정보, 상황 정보를 종합해 그에 맞는 계획을 세워야 한다. 예로 인터뷰하는 것을 싫어하거나 거절하는 사람이라면 어떻게 접근하는 것이 좋을지 많은 궁리를 해야 한다. 집 앞에서 끈질기게 기다리면 차나 한 잔 하고 가라면서 집안으로 불러들이는 경우도 있다. 그러면 인터뷰의 반은 성공한 셈이다. 인터뷰 내용을 머릿속에 숙지해 대화하듯이 자연스럽게 하는 것이 좋다. 취재수첩 기록, 녹음기 사용도 상황에 맞춰서 한다.

④ 인터뷰 대상자와 사전 협의하라

정상적인 인터뷰일 경우 인터뷰 시간, 장소, 녹음기 사용, 사진기자 대동 여부 등을 사전 협의하고, 인터뷰료(料)를 요구하는지, 액수는 얼마나 되는지도 확인해 둔다.

⑤ 외모도 신경 쓰라

취재원에게 비치는 첫 인상도 중요하다. 옷차림, 표정 등을 신경써야 한다. 인터뷰 대상에 맞는 복장을 갖춘다. 잠복수사중인 형사에게 정장차림으로 인터뷰를 요청하면 별로 달가워하지 않을 것이다. 경찰서를 출입하는 사건기자의 복장이 간편복으로 형사와 비슷한 것도 취재의 편리성과 함께 취재의 상대방을 감안한 것이다. 모든 인터뷰에는 겸손한 태도를 유지하는 것이 바람직하다. 그러나 굽실거리는 저자세는 곤란하다. 오히려 상대방이 얕잡아 봐 제대로 인터뷰가 되지 않을 수 있다.

4) 인터뷰 실제

(1) 효과적 질문요령

첫째, 질문은 구체적이고 짧게 하라. 답변도 필요 이상으로 장황하게 길어지면 적당한 부분에서 잘라야 한다.

둘째, 취재원의 눈높이에 맞춰 질문하라. 용어의 선택, 질문의 내용 등 인터뷰 상대가 말을 잘 이해하고 거부반응이 없도록 해야 한다. 일반시민과 대학총장의 인터뷰 방식이나 수준이 같을 수 없다는 것은 상식이다.

셋째, 취재원의 자존심을 고려하라. 유쾌하지 못한 내용을 물을 때는 먼저 긍정적인 질문부터 시작하라. '그 기업은 좋지 않은 점이 무엇이냐?' 보다 '그 기업은 어느 부분이 좋다고 생각하느냐?'를 먼저 묻는다. 그래야 답변이 쉽게 나온다.

넷째, 모호한 질문을 피하고 핵심을 짚어서 질문하라. 기자가 자신의 견해를 한창 늘어놓는 경우가 적지 않다. 인터뷰는 상대방의 의사를 듣기 위한 것이라는 점을 명심해야 한다.

다섯째, 한 질문은 한 생각이나 사건에 한정하라. 여러 가지를 한꺼번에 물으면 답변이 장황해지고 초점이 없어진다.

여섯째, 취재원이 답변하기 좋은 방식으로 질문을 하라. 폐쇄형 질문을 할 것인지 개방형 질문을 할 것인지 판단해야 한다.

일곱째, 직접질문과 간접질문(우회질문)을 어떻게 혼합할 것인지 미리 생각하라.

여덟째, 상대가 하고 싶은 이야기만 답변을 들어서는 안 된다.

아홉째, 대중적 관심사는 계속 답변을 요구하라.

(2) 인터뷰 실제 테크닉

첫째, 설득이 첫 과제이다. 인간적, 상황적 여건과 환경을 잘 파악해 마음의 빗장을 풀고 허심탄회하게 얘기할 수 있도록 유도하는 것이 첫 번째 과제이다. 인터뷰를 하는 것이 안하는 것보다 유리하다는 점을 인식시켜야 한다. 득이 많다고 생각하면 정보를 준다.

인터뷰를 거절하더라도 포기하지 말고 계속 문을 두드려야 한다. 직접 설득, 가까운 인맥동원, 심리적 압박 등 다양한 방법을 동원해 인터뷰를 성사시켜야 한다.

둘째, 상대방의 마음 편하게 해주라. 기자가 아무리 편한 마음으로 인터뷰에 응하라고 해도 상대는 긴장하고 경계한다. 특히 인터뷰 시작하면서 분위기 조성과 첫 질문이 중요하다. 초기에 취재원이 좋아할 만한 질문을 하거나 이미 알고 있는 사실들 몇 가지를 확인, 자연스럽게 대화를 유도함으로써 편안한 분위기와 신뢰감을 조성한다. 인터뷰 내용의 기록, 녹음에 대한 허락을 받는 등 취재원을 세심하게 배려한다.

셋째, 인터뷰의 주도권을 누가 잡느냐도 중요하다. 취재원의 인터뷰 경험 유무 및 성격, 정보 보유 정도, 기자에 대한 태도 등을 종합적으로 고려해 결정한다. 취재원의 말을 주의 깊게 청취하고, 자세하게 기록해야 한다. 장시간 인터뷰할 경우 녹음과 메모를 병행한다. 메모는 중요사안을 6하원칙에 따라 요점만 기록하고 인용할 부분은 구절이나 어휘를 꼼꼼히 기록한다.

넷째, 취재원을 철저히 살핀다. 관찰을 통해 말하는 표정과 억양, 인터뷰 분위기, 사는 모습, 가구, 장식, 취향, 행동양식도 기사 안에 넣으면 효과가 크다.

다섯째, 상대방의 말을 곧이곧대로 믿어서는 안 된다. 겉으로는 공감을 표시하면서도 취재원이 거짓말을 할 수 있다는 가능성을 염두에 둬야 한다. 모호한 답변은 "무슨 말씀이죠, 왜 그렇습니까"라는 보충질문을 던져 분명한 입장을 표명하게 한다. 의심이 가는 말은 맞장구를 치기도 하고, 때로는 앞뒤 말의 모순을 지적하면서 사실관계를 캐고 들어야 한다.

여섯째, 상대가 깊이 생각해 작위적인 답변을 하지 못하도록 속도감 있게 질문을 한다. 핵심 질문을 하기 직전 잠시 침묵을 지키는 것도 좋다. 상대도 그만큼 진지하고 성실한 답변을 할 가능성이 크다.

일곱째, 기자는 좋은 경청자가 되어야 한다. 자기주장을 내세워 취재원과 논쟁하는 일은 삼가야 한다. 인터뷰는 기자가 자신의 식견을 과시하는 자리가 아니다. 상대가 말하게 해서 알고자 하는 내용을 끌어내는 데 목적이 있다.

여덟째, 주변을 두드려 핵심에 접근하는 기법을 활용하라. 분위기를 바꾸기 위해 가끔 엉뚱한 질문, 불필요한 질문도 한다. 핵심 질문을 곧바로 꺼내놓지 않고 다른 질문이 가장 중요한 것처럼 질문을 하다가 슬쩍 질문을 던짐으로써 상대가 방심한 틈을 노리는 기법도 있다. 정면돌파할지, 우회돌파할지 여부는 인터뷰하는 기자가 현장에서 판단해 결정하는 도리밖에 없다.

아홉째, 집요하게 질문하라. 상대가 대답하기 곤란한 질문은 회피하기 마련이다. 그렇다고 쉽게 포기해서는 안 된다. 꼭 들어야 할 답변이라면 집요하게 물고 늘어져야 한다. 그렇다고 계속 같은 질문을 할 수는 없다. 다른 질문을 하다가 끼워서 질문을 하거나, 다소 위협적으로 질문을 던지는 등 다양한 방법을 동원해야 한다. 상대가 하고 싶은 얘기만 듣고 나오는 것은 진실을 추구하는 기자가 할 일이 아니다.

열째, 문밖을 나올 때까지 긴장의 끈을 놓아서는 안 된다. 인터뷰가 끝난 뒤 진짜 얘기가 나오는 경우가 있다. 안심하고 속내를 터놓는 경우가 많다. 우스갯소리 속에도 진심이 있다.

(3) 기사작성

첫째, 인터뷰를 마친 뒤 우선 인터뷰한 내용을 전반적으로 다시 한 번 읽어보거나 녹음 내용을 들어보면서 기사를 어떻게 쓸 것인지 구상을 가다듬어야 한다.

둘째, 기록을 점검하고 취재 노트를 정리해 보완사항이나 불분명한 것은 종합적으로 당사자에게 재확인한다.

셋째, 인터뷰 내용에 대한 사실 검증을 해야 한다. 일방적 얘기만 듣고 기사를 작성하는 것은 위험하다.

넷째, 뉴스 취재의 경우 스트레이트거리는 없는지 살피고, 일문일답식으로 할지, 풀어서 기사를 쓸지, 해설기사 등에 녹여서 쓸지 여부를 결정한다.

다섯째, 프로필 인터뷰는 시간적 순서에 따라, 영화나 소설처럼 효과적으로 재구성하거나 취재원이 말한 순서 등을 전체적인 시각에서 재구성해 뉘앙스를 살린다.

여섯째, 과감하고 인상적인 리드로 시작해야 한다. 경우에 따라 재미있고 감동적으로 작성해야 한다. 문장은 전반적으로 쉽고 평이하며 간단하게 요약해 기술하는 것이 원칙이다. 마무리는 깔끔하고 인상적으로 처리해야 한다.

일곱째, 일문일답식으로 정리하는 경우는 구어체를 그대로 사용해도 무방하다. 주제별로 정리해 체계를 잡고 질문과 답변이 전체적으로 이어질 수 있도록 한다.

여덟째, 인터뷰 기사도 전체적으로 서론(도입), 본론, 결론의 순서에 따라 논리적으로 구성해야 한다.

(4) 인터뷰 사후처리

첫째, 취재원이 기사원고를 사전에 보여 달라고 하면 관례를 들어 거절해도 되고, 경우에 따라 보여줄 수도 있다.

둘째, 취재원 보호와 관련 '오프 더 레코드'를 요청하고 동의했으면 지켜주는 것이 원칙이다. 다만 취재원이 이야기를 하다가 공중의 중요관심사를 얘기해 놓고 '오프'를 거는 것은 받아들이지 않아도 된다.

셋째, 익명보도는 원칙적으로 해서는 안 된다. 다만 익명보도가 공익을 위해 부득이한 경우나 익명으로 인한 신뢰저하보다 보도가치가 우선한 경우는 예외적으로 받아들일 수 있다. 취재원이 익명을 요청하는 경우에도 그의 소속기관이나 일반적 지위를 밝히도록 노력해야 한다. 익명의 취재원은 언론을 악용하는 경우가 있다. 익명보도는 언론의 신뢰성을 좀먹고 무책임함을 조장하는 역기능이 있다.

넷째, 명사들의 경우 회견료 지불을 요구하기 때문에 회견료는 사전에 합의하고 인터뷰 후 곧바로 지급해야 한다. 고르바초프 구(舊)소련 대통령, 클린턴 전 미국 대통령 등은 엄청난 인터뷰 수익을 올리고 있다.

5) 다양한 인터뷰 기사쓰기

(1) 일문일답식

취재원의 입장이나 주장, 사실 관계 등을 명백히 하기 위한 뉴스, 고발성, 이슈탐구 인터뷰 기사에 주로 사용된다.

예 문

2005년 상지대 총장 임기를 마치자마자 곧바로 친일반민족행위 진상규명위원회(반민규명위) 위원장으로 자리를 옮긴 강만길 교수(74)는 이후 언론과의 만남을 자제해왔다. 반민규명위가 대통령 직속인 데다 친일행위를 역사에 기록하는 엄중한 기구여서 현실과 거리를 두고 싶었기 때문일 것이다. 그런 그의 동정이 지난주 언론에 보도됐다. 지난 7일 '참여정부의 과거청산 노력을 평가해야 한다'는 청와대 오찬 발언을 두고 한나라당이 험악한 논평을 내고, 보수언론이 그의 역사관을 트집

잡았다. 지난 9일 서울 광화문 반민규명위 사무실에서 그를 만났다. 2년 만에 언론과 인터뷰한다는 노학자는 다소 화가 난 모습이었다.

–7일 청와대 오찬 발언을 두고 말이 많습니다. 무슨 일이 있었습니까.

과거사관련위원회가 꽤 여러 개 있는데, 청와대에서 오찬을 같이 하기는 처음이 아닌가 싶어요. 그 자리에서 건배사를 했는데, 나는 과거청산이 우리 역사에서 어떤 의미를 갖는지 이야기했어요. 알다시피 민주정부가 세 번째로 들어섰는데, 첫 번째 문민정부나 두 번째 국민의 정부 모두 민주주의 발전에 공로가 컸지요. 그러나 이들 두 정부는 각각 신군부나 구군부의 세력과 합당 내지는 연합을 통해 성립됐습니다. 그래서 군부와 유착된 세력이 국회의 과반을 차지하는 등 한계가 있었지요. 그런데 참여정부는 구세력과 연관되지 않고 정권을 창출했습니다. 탄핵파동을 계기로는 민주세력이 의회의 과반이 되어 그 덕에 과거사 관련 특별법이 성립될 수 있었던 겁니다. '이 점에서는 참여정부의 공로가 크다, 여기 모인 관련 위원회들은 역사적 자부심을 가져도 좋다'고 말한 겁니다. 그런데 거두절미하고 일부 언론에서 악의적으로 보도를 한 겁니다. 게다가 악의적으로 보도한 언론의 기자는 오찬 현장에 없었어요. 현장에서 취재한 데일리서프라이즈의 기사가 비교적 정확히 기록한 겁니다.(후략) 〈경향신문 2007. 3. 11〉

(2) 풀어서 쓰기

인물, 유명인사 인터뷰의 경우 일문일답식으로 하면 기사가 너무 딱딱해지기 때문에 부드럽고 자유스러운 문체로 인터뷰한 내용을 풀어서 쓴다. 취재원의 태도, 분위기, 최근 근황 및 기자 개인의 느낌이나 소감 등을 덧붙여서 글의 맛이 나게 써야 한다.

(3) 주요 사안별 정리

취재원과 관련된 사안들이 복잡하게 엉클어져 있을 때 사안별로 인터뷰한 내용을 분류해 정리하면 독자들이 내용을 이해하는 데 도움을 준다. 모그룹 회장의 술집 종업원 폭행사건과 관련해 인터뷰를 했다면 ▸직접 폭행에 가담했는지 여부 ▸청계산 인근 공사장 폭행현장에 갔는지 여부 ▸조직 폭력배를 동원했는지 여부 ▸술집 현장에서의 행적 ▸동행한 사람들이 흉기를 소지했는지 여부 등 쟁점이 되고 있는 사안별로 답변을 정리한다.

(4) 연예인, 스포츠 선수 등 인기인 인터뷰

연예인, 스포츠 선수 등과 같은 인기인들에 대한 인터뷰는 근엄하게 하면 재미가 없다. 인기인들의 인터뷰는 독자들에게 정보뿐 아니라 읽을거리를 주는 데 목적이 있기 때문에 글의 형식도 자유롭고 내용도 흥미, 재미가 있어야 한다.

초반 돌풍 '쩐의 전쟁'서 열연 박신양

22일 오전 경기 고양시 SBS탄현제작센터 드라마 '쩐의 전쟁'(수목 오후 9시 55분) 촬영 스튜디오. 주인공인 사채업자 금나라 역의 박신양을 만나러 갔지만 제작진은 "인사를 하지 말라"고 경고했다. 스태프 이외에 다른 사람이 현장에 있으면 민감하게 반응한다는 것이었다. 제작진은 "박신양이 할리우드식 배우 관리시스템을 선호한다"고 설명했다.

촬영장에서도 그는 카리스마가 넘쳤다. 제작진은 "자기 관리에 철저한 배우여서 밤샘 촬영 다음 날엔 오후까지 휴식할 수 있도록 일정을 조정한다"고 말했다. 이날 오후 예정됐던 전화 인터뷰도 박신양 측이 "일정이 바쁘다"며 e메일 문답으로 바꾸었다.

SBS '쩐의 전쟁'은 지난주 방영 2회 만에 시청률 23.3%(TNS미디어코리아)를 기록했다. 이 드라마는 같은 제목의 만화가 원작으로, 돈과 사채업을 소재로 다뤘다. 눈덩이처럼 불어나는 요즘 사채 시장의 문제를 풍자한 것이다.

"모두의 관심사인 돈을 소재로 해 예상외로 인기가 있는 것 같습니다. 요즘 여러 사람이 (돈 때문에) 힘들지 않습니까."

SBS 수목드라마 '쩐의 전쟁'에서 사채업자 금나라 역을 맡은 박신양. 쓰레기통을 뒤져 음식을 주워 먹거나 구걸하는 노숙인 연기를 실감나게 선보여 화제다. 사진 제공 SBS

▸ 〈동아일보〉 2007년 5월 23일자

3. 자료 활용

1) 보도자료

(1) 보도자료란

정부기관, 기업, 단체 등이 보도를 목적으로 우편, 전화, 팩스, 인편 또는 전자우편 등을 통해 언론사에 보내는 각종 기삿거리를 보도자료(*news release*)라 한다. 보도자료 배포는 주로 홍보, 공보부서에서 담당하며 전문 홍보대행사나 특정인이 개인적으로 나서서 보도를 요청할 수 있다. 이런 보도자료에 의거해 작성된 기사를 보도자료 기사라 한다.

각 언론사에는 매일 정부 정책, 기업의 이미지 또는 제품 홍보자료, 각종 공연 및 시민단체 · 이익단체에서 보내는 홍보물 등 지면과 방송시간을 얻으려는 보도자료들이 감당하기 힘들 정도로 밀려든다.

보도자료는 취재에 필요한 시간과 비용을 절약해 줄 뿐 아니라 국민들이 꼭 알아야 할 정부의 주요 정책수립이나 변화, 새로운 상품 정보들이 많기 때문에 잘 활용해야 한다. 정부기관이나 단체, 기업에서 제공한 자료를 바탕으로 더 큰 흐름을 파악하거나 심층취재를 통해 새로운 기사를 작성할 수 있다. 보도자료에서 다른 기삿감을 찾아내는 것은 예리한 기자만의 특권이다.

따라서 보도자료 기사에 대해 발표저널리즘이라 해서 무조건 매도하거나 건성으로 다루는 것은 바람직하지 않다. 정부 각 부서에서 제공하는 정책 자료들은 취재를 통해 얻어지는 것 이상으로 독자나 시청자에게 중요한 생활정보들이 많다. 언론은 정부정책이 어떻게 시행되고 바뀌는가와 같은 정부의 움직임과 관련한 공적 정보를 국민에게 알려줄 책임이 있다. 따라서 신중을 기하되 사실 확인을 하고 자료를 토대로 2단계, 3단계 심층취재를 통해 훌륭한 기삿거리로 활용하는 자세가 필요하다.

그러나 보도자료 가운데는 내용이 미흡하거나 신빙성이 결여된 것도 많다. 심지어 정보를 과장, 왜곡하거나 언론을 기만하는 것도 적지 않다. 특히 정부가 내놓는 많은 보도자료 가운데는 상급자 또는 권력자에게 잘 보이기 위한 것이거나 각종 선거를 겨냥한 과잉홍보 자료가 많다. 주관적이고 일방적인 주장이나 뻥튀기 내용이 적지 않다.

이러한 보도자료를 그대로 베끼는 것은 기자로서의 의무를 포기하는 것이나 다름없다. 정부나 기업의 홍보에 기자의 손을 빌려주고 귀중한 지면과 시간을 내주는 꼴밖에 되지 않는다.

보도자료는 언론의 보도에 도움이 되지만 현장을 뛰어 다녀야 하는 기자들을 안이한 타성에 젖게 한다. 작성자의 일방적인 의도를 기사화할 위험이 있다. 기자들은 양면성을 지닌 보도자료에 대한 경계심을 늦춰서는 안 된다.

(2) 보도자료의 유형

① 국가 및 지방자치단체의 움직임이나 계획, 시민들의 일상생활에 필요한 정보를 알리는 일반적 공지사항

행사 안내, 단전단수 안내, 교통 안내, 공공요금 인상 · 인하 안내, 세금납부 안내 등이다. 실생활과 직결되는 정보이기 때문에 필요한 경우 도표, 그래프를 넣어 정확하고 상세하게 내용을 전달해야 한다.

② 중앙 및 지방정부의 정책수립 및 시행과 관련한 정보

기존 정책을 변경하고 새로운 정책을 시행하는 것은 국민들의 이해관계와 직결된다. 문제점이나 과장된 내용은 없는지 살펴야 한다. 보도자료만을 갖고 기사화하는 것은 자칫 언론이 홍보 도구로 전락할 위험성이 있다.

③ 국가기관이나 정당 및 정치인, 이해당사자의 각종 현안에 대한 입장표명 자료

각종 논쟁적인 현안 이슈에 관해 관련자들이 자신들의 입장을 천명하고 설명하는 자료다. 아전인수식 주장이 많기 때문에 주장이나 성명 등의 진정성 여부를 잘 따져봐야 한다. 이해관계자가 다수일 경우 상대관련자의 입장도 함께 보도해야 한다. 그렇지 않을 경우 공정성 시비가 일고, 소송이 걸리는 경우도 있다.

④ 해설, 설명, 반박 보도자료

어떤 사실의 오해나 왜곡 등을 바로 잡고 수정하기 위해 제공되는 자료들이다. 언론의 보도내용이 사실과 다를 경우 관련기관은 지체 없이 보도자료를 내야 한다. 언론도 경위를 자세히 보도해 혼란을 최소화해야 한다.

⑤ 각종 단체와 기업의 모임, 행사 일정, 신상품 발표

하루에도 수많은 보도자료가 들어오는데 제한된 지면에 다 실어줄 수 없다. 보도할 가치가 있는 자료인지를 선별하는 것이 중요하다.

⑥ 임명, 승진, 전보, 상벌 등 인사자료

인사자료는 사람들의 관심도가 높다. 지면이 허락하는 한 보도하되 인적사항을 정확히 확인해야 한다. 보내온 자료에 대해서도 미진하거나 미심쩍은 내용이 있으면 반드시 확인해야 한다.

⑦ 자선단체 및 개인 각종 이익 단체의 이미지 구축을 위한 정보

기관, 단체, 인물들이 업적이나 활동을 사회에 홍보해 명성과 신뢰를 얻으려는 자료들이다. 이미지 기사가 남발될 경우 실제보다는 허상과 거품의 세계가 판친다는 점에서 이미지 자료의 기사화에 신중해야 한다.

⑧ 공연, 출판 등 문화행사 관련 자료 등

(3) 보도자료 기사 쓸 때 유의점

① 보도자료의 신중한 선택

수많은 보도자료 가운데서 어떤 자료를 보도할 것인지는 오로지 기자의 판단에 달려 있다. 판단의 기준은 기자의 취향이나 취재원과의 친소관계, 외부청탁 등이 아니라 기사가치, 즉 공공성, 정보성, 유용성이 되어야 할 것이다.

② 보도자료에 대한 세부적 내용 확인

보도자료는 출처가 어디든 내용의 과장이나 아전인수식 해석 등 일정부분 홍보성 내용을 담고 있기 마련이다. 이런 자료를 확인 없이 그대로 보도하는 것은 기자 스스로 홍보요원을 자처하는 것이다. 오보, 침소봉대, 부정확한 보도 등의 잘못을 저지를 수 있다. 자료를 누가, 언제, 어디서 보냈는지, 보충취재 대상이나 기관은 명시되어 있는지를 점검해야 한다.

③ 의심스럽거나 빠진 내용 보충

보도자료는 보충취재를 통해 미흡한 부분을 보완해야 한다. 자료내용을 확인하는 과정에서 당초 자료와는 별개의 새로운 기삿거리를 발견하기도 하고, 자료의 허점을 찾아내 다른 시각에서 보도하기도 한다. 기사취재는 모든 사실을 꼼꼼히 따지는 데서 출발한다.

④ 기사의 형식을 정하고 그에 따라 보도자료를 재구성

보도자료는 정부기관이나 단체, 기업 등에서 자신들의 스타일로 만든 것이기 때문에 언론문장에 맞게 전면 재구성해야 한다. 기관명, 인명, 행사명, 일시, 장소에 착오가 없도록 주의해야 한다. 독자가 전후맥락을 참작해 읽을 수 있는 일반기사와는 달리 고유명사 등에 오보가 나면 기사 전체의 신뢰도에 치명상을 입힌다.

또한 불필요한 수식어나 인용문은 과감히 삭제하고 이름과 지명, 한자, 외국어 표기, 숫자 등은 반드시 확인해야 한다. 관청에서 주로 사용하는 상투적 어휘와 말투, 과도한 전문용어 등은 표준적인 표현으로 바꾸고, 경쟁상대를 비하하거나 비난하는 내용은 걸러내야 한다.

(4) 보도자료 기사쓰기 사례

사 례

보도자료

출처: 교육인적자원부

일시: 2007년 3월 5일

제목: 서울대 · 충남대 여성 Power, 양성평등에 앞서간다.

2006년 양성평등조치 우수대학: 서울대 · 충남대 · 한국해양대 · 경북대

★ 3월 6일(화) 조간부터 보도하여 주시기 바랍니다.

보도자료 2006. 3. 5.	교육인적자원부 MINISTRY OF EDUCATION & HUMAN RESOURCES DEVELOPMENT
	정책홍보담당관실 ☎ 2100-6036

자료문의: ☎ 2100-6210 여성교육정책과 과장: 서영주, 담당: 서기관 최승복

제목: 서울대 · 충남대 여성 Power, 양성평등에서 앞서간다.

2006년 양성평등조치 우수대학, 서울대·충남대·한국해양대·경북대

□ 교육인적자원부(부총리 겸 장관 김신일)는 3월 6(화) 2006년도 양성평등조치 우수대학으로 '서울대, 충남대, 한국해양대, 경북대'를 선정·발표하였다.

□ 2006년도는 국·공립대학의 교원임용 및 의사결정 참여에 있어 성별균형을 유도하기 위한 "양성평등조치계획"을 실시한 지 3년이 되는 해로, 이번에 우수대학으로 선정된 대학들은 지난 3년간 노력들이 성과로 나타났다는 측면에서 그 의미가 크다.

〈지난 3년간 주요 성과〉

· 국 · 공립대 여성교수 비율: 9.2%('03) → 11%('06)(평균 20% 여성교수 신규 채용)
  cf) 사립대 여성교수 비율: 18.8%('06), 전체 여성교수 비율: 16.8%('06)
· 주요보직 여성교수 비율: 6.6%('04) → 7.2%('06)
· 위원회 여성교수 비율: 10%('04) → 12.1%('06)

□ 특히, 전통적으로 여성교수 임용에 벽이 높았던 서울대에서 보이는 여성교수에 대한 인식변화는 서울대도 여성파워가 커지고 있다는 것을 보여주고 있다.

○ 서울대는 여성교수 비율이 높은 편은 아니지만 '04년 ~ '06년 주요보직(연구처장, 학생처장, 교무부처장)에 여성교수 3명을, '07년 20개 대학(원) 중 학장 3명, 부학장 5명을 여성교수로 임명하였고, '03년 첫 여성교수를 임용한 법과대학은 3월

신규임용예정자를 포함하면 5명이 여성교수로 임용될 예정이며, '06년 여학생이 10% 미만인 원자핵공학과에서 여성교수를 임용하였고, 여학생이 대부분인 간호학과·식품영양학과에서 최근 남성교수를 임용하는 등 학내 양성평등문화 확산으로 인한 성과가 가시적으로 나타나고 있다.

□ 작년에 이어 연속으로 우수대학으로 선정된 충남대는 여성교수 임용실적이 뛰어나며 학교의 의지와 노력이 우수하며, 점진적이지만 여성인력에 대한 학내 분위기가 변하고 있고, 한국해양대는 학교의 특수성에도 불구하고 최근 여성교수 채용 실적이 돋보이며 적은 수의 여성교수지만 활발하게 활동하고 있는 점에서, 경북대는 여성교수 별도정원 확보, 보육수당 지급·여대생 취업역량 지원 등 여성인력 지원을 위한 노력이 우수하며 양성평등조치계획이 충실하고 실천의지가 높아 앞으로 큰 변화가 있을 것으로 기대된다.

□ 양성평등조치계획 평가 위원장을 맡은 민경찬 교수(대학교원임용양성평등위원회 위원장)는 "이번에는 서면평가에서 6개 대학을 선정하고 그중에서 현지방문평가를 통해 4개 대학을 선정하는 등 겉으로 드러난 수치적인 실적보다는 총장의 양성평등 임용의지 및 양성평등문화 등을 고려하여 실질적인 노력과 성과가 있는 대학을 선정하기 위해 노력했다"고 평가소감을 밝혔다.

□ 교육인적자원부는 국·공립대학 여성교수 비율이 11%로 여학생 비율 33.2%와 비교해 볼 때 여전히 낮고, 사회계열 8%·공학계열 2.0%·농림계 2.3% 등 학문분야별 여성교수의 계열별 편차가 크고, 특히 여성교수가 1명도 없는 학과가 49.3%에 이르고 있어 2007년부터 2단계('07-'09) 양성평등조치계획을 지속 추진하여 2010년까지 국·공립대 여성교수 15% 목표치를 달성하기 위해 노력할 계획이다.

【참고자료】

□ 연도별 일반대학 여교수 비율 (단위: 명, %, 총장 제외)

구 분		2000	2001	2002	2003	2004	2005	2006
전 체	계	41,788	43,147	44,018	45,106	46,837	49,034	51,696
	여교수	5,751	6,103	6411	6,719	7,215	7961	8,698
	비율	13.7	14.1	14.6	14.9	15.4	16.2	16.8
국 · 공립 대 학	계	11,334	11,422	11606	11,899	12,477	12,982	13,361
	여교수	966	1,005	1,052	1,100	1,244	1,390	1,466
	비율	8.5	8.8	9.1	9.2	9.97	10.7	10.97
사 립 대 학	계	30,454	31,725	32,412	33,207	34,360	36,052	38,335
	여교수	4,785	5,098	5,359	5,619	5,971	6,571	7,232
	비율	15.7	16.1	16.5	16.9	17.4	18.2	18.86

자료: 교육통계연보, 각 해당년도

□ 연도별 대학 여학생 비율 (단위: %)

구 분	2000	2001	2002	2003	2004	2005	2006
전 체	35.8	36.2	36.6	36.8	36.8	36.8	36.9
국 · 공립	33.5	34.0	34.2	34.3	33.9	33.5	33.2
사 립	36.5	36.9	37.2	37.5	37.6	37.7	37.9

□ 여성교수가 1명도 없는 학과/학부 현황 (단위: %)

구 분	일반대학	교육대학	방송통신대학	산업대	전 체
비 율	50%	26.7%	33.3%	64.7%	49.3%

보도자료에 대한 언론보도는 다음과 같다.

예 문

〈조선일보〉

우리 사회의 여풍(女風)이 정치, 법조계 등으로 확산되고 있지만 교수사회의 경우 여성교수가 1명도 없는 국 · 공립대학의 비율이 50%에 이르는 등 아직까지 예외인 것으로 나타났다. 5일 교육인적자원부에 따르면 지난해 국내 국 · 공립대학 전체교수 1만3천361명 가운데 여성 교수는 1천466명으로 10.97%에 불과했다. 사립대학 여교수 비율은 18.86%(7천232명)였고, 4년제 일반대학 전체로는 16.8%(8천698명)에 그쳤다. 특히 국 · 공립대는 여교수가 1명도 없는 학과 또는 학부 비율이 절반가량인 49.3%에 달했다. (…) 충남대와 한국해양대, 경북대도 여교수 임용실적과 여성인력 지원 노력이 뛰어난 것으로 평가받았다.

〈경향신문〉

여성교수가 1명도 없는 국 · 공립 학과비율이 절반 꼴로 나타났다. 교수사회의 양성평등이 여전히 미흡하다는 평가다. 5일 교육인적자원부에 따르면 지난해 국 · 공립대학 전체교수 (…) 교육부는 이날 서울대, 충남대, 한국해양대, 경북대 등 4개 대학을 2006년 양성평등조치 우수대학으로 선정했다.

〈한국일보〉

교육인적자원부는 지난해 국 · 공립대(4년제) 교수임용 실태를 조사한 결과, 여교수가 전체교수(1만1,334명)의 11% 가량인 1,466명으로 조사됐다고 5일 밝혔다. 이는 일반 사립대의 여교수 임용비율 18.66%, 일반대 여대생 비율 36.9%에 비해 매우 낮은 것이다. (…) 교육부는 이날 양성평등조치 우수대학으로 서울대, 충남대, 한국해양대 경북대 등 4곳을 선정했다.

〈노컷뉴스〉
광주 · 전남지역 국 · 공립대 대부분이 전체 학과의 절반 이상에서 여교수가 한 명도 없는 것으로 나타나는 등 양성평등 정책에 역행하고 있는 것으로 드러났다. 교육부는 5일 양성평등조치 우수대학으로 서울대, 충남대, 한국해양대, 경북대 등 4개 학교를 선정해 발표했다. 교육부 조사결과 지난해 기준 국 · 공립대 여성 교수 비율은 평균 11%로 나타났으며, 평가가 시작된 지난 2004년 9%에서 다소 호전된 것으로 분석됐다. (…) 가장 문제가 심각한 대학은 목포 해양대학교로 전체 교수 91명 가운데 여교수는 단 4명으로 여교수 비율이 4.4%에 그쳤다. 목포대 역시 302명 교수 가운데 여교수는 9.6%인 29명에 거쳐 전국 평균을 크게 밑돌았다.

〈대전일보〉
충남대학교가 2년 연속 양성평등조치 우수대학으로 선정됐다. 충남대는 5일 교육인적자원부가 발표한 양성평등조치 우수대학으로 지난해에 이어 선정됐다고 밝혔다. 이번 선정은 충남대의 여성교수 비율이 전국 국 · 공립대 평균비율인 11%보다 3.2%포인트 높은 14.2%(전체 854명 중 여성교수 121명)로 국 · 공립대 가운데 최고를 기록한 데다 보직여성 교수 비율 역시 9.8%(81명 중 8명)로 임용실적이 뛰어난 데 따른 것이다. 교육부는 이날 충남대 외에 서울대, 한국해양대, 경북대 등 3개 대학을 양성평등조치 우수대학으로 선정, 발표했다.

〈연합뉴스〉
교육인적자원부(부총리 겸 장관 김신일)는 6일 2006년도 양성평등조치 우수대학으로 서울대, 충남대, 한국해양대, 경북대를 선정, 발표했다. 2006년도는 공립대학의 교원임용 및 의사결정 참여에 있어 성별균형을 유도하기 위한 '양성평등조치계획'을 실시한 지 3년이 되는 해로, 이번에 우수대학으로 선정된 대학들은 지난 3년간 노력들이 성과로 나타났다는 측면에서 의미가 크다. 특히 전통적으로 여성교수 임용에 벽이 높았던 서울대에서 보이는 여성교수에 대한 인식변화는 서울대도 여성파워가 커지고 있다는 것을 보여주고 있다. (…) 교육인적자원부는 국 · 공립대학 여성교수 비율이 11%로 여학생 비율 33.2%와 비교해 볼 때 여전히 낮고, 사회계열 8%, 공학계열 2.0%, 농림계 2.3% 등 학문분야별 여성교수의 계열별 편차가 크고, 특히 여성교수가 1명도 없는 학과가 49.3%에 이르고 있어 2007년도부터 2단계 양성평등조치계획('07 ~ '09)을 지속 추진하여 2010년까지 국 · 공립대 여성교수 비율 15% 목표치를 달성하기 위해 노력할 계획이다.

〈KTV〉
지난해 양성평등조치 우수대학으로 서울대와 충남대, 한국해양대, 경북대가 선정됐습니다. 교육부는 오늘 … (후략)

보도자료는 대학의 양성평등조치 추진성과와 우수대학 선정에 초점을 맞추고 있다. 그러나 〈조선일보〉, 〈경향신문〉, 〈한국일보〉 등 일간지들은 서로 조금씩 차이는 있지만 아직도 국내 대학의 여성교수 채용비율이 낮다는 내용을 핵심 리드로 뽑았다. 국·공립대학의 여교수 부족현상을 중점 지적했다.

교육부가 홍보용으로 제시한 4개 양성평등조치 우수대학 선정과 같은 의례적인 기사보다는 부속자료로 내놓은 국·공립대의 여교수 부족 실태가 더 기사가치가 크다고 본 것이다. 양성평등을 추진하는 교육부의 직접적인 영향력이 미치는 국·공립대학에서 여성교수가 1명도 없는 학과가 절반이나 된다는 사실이 훨씬 독자들의 관심을 끌 수 있다고 판단한 것이다. 보도자료대로라면 양성평등조치가 성공적으로 이뤄지고 있는 것으로 판단하기 쉽다. 그러나 대학 내 여성교수의 비율이 늘어나기는 했으나 그 비율이 11%에 불과해 남성 교수에 비해 매우 낮은 수치다.

대전일보와 광주의 노컷뉴스는 보도자료를 손질하고 새로운 취재내용을 추가, 지방지의 특성에 맞게 보완해 활용했다. 반면 정부의 영향하에 있는 매체인 연합뉴스와 KTV 기사는 교육부의 보도자료를 충실히 전달하고 있다.

2) 기자회견, 연설 및 회담기사

기자회견, 연설, 회담은 현대사회의 대표적인 공적 커뮤니케이션이다. 대통령의 연두(年頭) 기자회견, 정당대표들의 국회연설 및 기자회견 등 정치의 장에서 주로 활용된다. 이런 내용들을 취재해 보도하는 것은 기자의 중요한 업무 중 하나다.

(1) 기자회견의 구성

내외신 기자회견은 회견 내용의 비중에 따라 회견문 기사와 질의·응답내용, 회견해설, 회견 스케치, 각계의 반응 등으로 이뤄진다. 대통령의 연두기자회견과 같이 비중이 있는 회견의 경우 대개 모두(冒頭)발언과 일문일답으로 구성된다. 기사의 핵심적인 내용은 모두발언보다는 기자들과의 일문일답 과정에서 나온다. 참여정부 들어 청와대를 비롯한 정부 각 부처가 브리핑제도를 도입하면서 각 부처의 정책방향이나 방침을 설명하는 기자회견이 수시로 이뤄지고 있다.

▸노무현 대통령이 연두기자 회견에서 새해 국정에 대한 입장을 밝히고 있다. 〈경향신문, 2004. 1. 14〉

미국과 FTA협상, 이라크 파병, 북핵 관련 6자회담을 비롯해 국제적 관심사가 되고 있는 사안이 많아지면서 외신기자를 대상으로 한 외신기자회견도 빈번하다.

(2) 연설 및 회담의 구성

연설과 회담형식이 다양하다. 국회연설, 대국민 연설, 남북 정상회담, 여야 대표회담, 각국 원수들과의 정상회담, 노사협상 등 이루 헤아리기 어려울 정도이다.

연설, 회담, 협상과 관련한 스트레이트, 발표문, 질의 · 응답기사, 관련 해설, 스케치, 평가 및 반응기사 등이 주요 기사 아이템이다. 기자회견기사는 질의 · 응답에 대한 내용이 기사의 중심이지만 연설과 회담, 협상기사는 발표 내용이 중요하다.

기사의 비중, 지면배치 외에 회담의 진행과정, 참여자들의 태도와 반응, 흥미 있는 뒷얘기거리 등 일선기자의 세밀한 취재와 정확한 기사판단, 정교한 기사쓰기가 중요하다.

국가간 통상 및 외교 회담이나 협상은 발표문이나 발표내용의 정확성에 특별히 유념해야 한다. 용어 사용의 정확성은 물론 내용이 애매하거나 불분명한 표현이 있을 경우 자의적 해석은 금물이다. 용어의 개념, 의미를 정확히 확인한 뒤 기사화해야 한다. 특히 회담이나 협상은 공식적인 발표문, 기자회견 외에 당사자간 묵시적 또는 비밀 약속, 뒷거래 같은 것이 없었는지 챙겨야 한다.

예 문

한나라당 대선주자인 박근혜 전 대표는 8일 '3불(不)정책' 폐지 논란과 관련, "현 정부의 3불정책으로는 훌륭한 인재를 길러낼 수 없다"고 말했다. 박 전 대표는 이날 오후 대구시약사회 특강에서 "지금 정부는 공부 잘 하는 학생의 원인을 부모의 경쟁력 탓으로 돌리고 있다. 그러다보니 하향평준화로 끌어내리고 있다"면서 "이제 그런 시각을 바꿔야 한다"고 강조했다. 박 전 대표는 "교육이 무너지면 정치도, 경제도 무너진다"면서 "성장 동력을 뒷받침할 좋은 교육이 있어야 한다"고 말했다.
〈연합뉴스, 2007. 4. 8〉

예 문

북한이 핵을 포기하면 개성공단 등 남북경협지역에서 생산되는 제품을 한국산으로 인정받아 미국에 수출할 수 있는 길이 열렸다.

김현종 외교통산부 통상교섭본부장과 카란 바티아 미 무역대표부(USTR)부대표는 2일 오후 4시 서울 용산구 한남동 그랜드하얏트호텔에서 공동 기자회견을 갖고 이런 내용을 포함한 한 · 미 자유무역협정(FTA)협상을 이날 오후 1시 타결했다고 발표했다. 한 · 미FTA협상 타결은 양국 통상대표가 지난해 2월 3일 미 의회에서 FTA협상 개시 선언을 한 지 14개월 만이다. 양국 정부는 5월 중순 협정문을 공개하고 6월 말까지 협정문에 서명할 예정이다. 미국은 자국에 수입되는 자동차 관세를 차종과 배기량에 따라 협정발효와 함께 즉시 또는 단계적으로 폐지하고, 자국 섬유시장도 수입액 기준으로 61%에 대한 관세를 바로 없애기로 했다.
〈동아일보, 2007. 4. 3〉

▸한 · 미 자유무역협정(FTA)이 타결된 뒤 협상장인 서울 하얏트 호텔에서 카란 바티아 미 무역대표부 부대표와 우리측 김현종 통상교섭본부장이 악수하고 있다.

3) 그래픽뉴스

(1) 그래픽뉴스란

그래픽뉴스란 기사를 빠르고 정확하며 한눈에 알아볼 수 있도록 그래프나 다이어그램, 개념도, 지도 등으로 시각화(*visual*)한 뉴스이다. 주로 수치화된 경제관련 뉴스를 비롯해 문화, 과학관련기사, 각종 사건 사고 발생시 정확한 상황과 개요, 체육기사의 경기일정 및 스코어, 대회로고, 해외 사건 사고, 경제통계, 기상, 국제회의 등을 전달하는 데 사용된다.

영상이 생명인 TV의 경우 복잡한 내용을 그래픽뉴스를 통해 일목요연하게 전달하는 것이 매우 중요하지만 신문도 최근 시각화가 강조되면서 그래픽뉴스의 활용도가 크게 높아지고 있는 추세다. 빽빽한 기사보다 한눈에 알아볼 수 있도록 잘 정리된 그래픽이 정보를 전달하는 데 효과적이다.

(2) 활용방법

첫째, 그래픽이 필요한 내외신 기사는 그래픽을 그리는 데 시간이 걸리기 때문에 먼저 그래픽팀과 상의한다.

둘째, 출입처를 비롯해 외부에서 보도자료를 받았을 경우 팩스, 전자우편(이메일)을 통해 그래픽뉴스팀에 자료를 보낸 뒤 그래픽처리여부를 결정한다.

셋째, 각종 수치가 기사화된 경우 추후 예상되는 정확한 수치 확인을 위해 기사송고 후 자료를 상당기간 보관한다.

넷째, 그래픽이 필요한 사건·사고의 경우 사건개요, 현장 약도, 주변 지역의 건물과 도로, 주요사항에 관한 정보를 담은 자료를 그래픽팀에 보낸다.

다섯째, 기사와 사진, 그래픽이 동시에 들어간다는 생각을 갖고 기사를 써야 한다.

예 문

[뉴아메리칸 드림의 명암] '성매매 한국여성' 15명 인터뷰

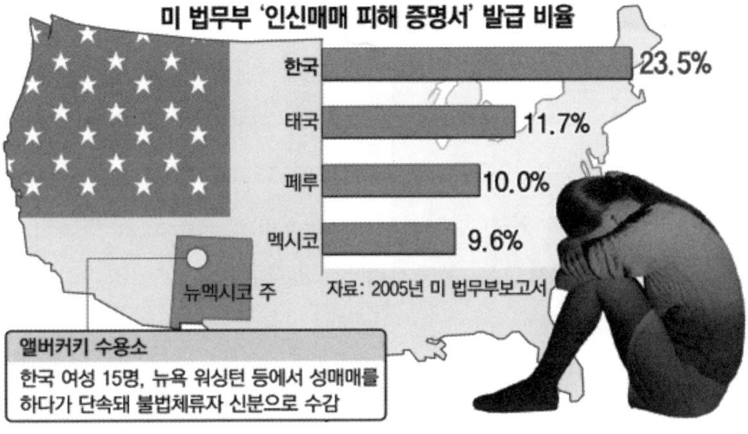

"앨버커키에 한국인 젊은 여자들이 집단 수감돼 있다"는 소문을 우연히 들었을 때 기자의 머리에 가장 먼저 떠오른 것은 '앨버커키가 어디지?'라는 의문이었다. 그러나 이름조차 낯선 미국 남부 뉴멕시코 주의 한 작은 도시에 왜 한국 여성들이 갇혀 있을까라는 궁금증은 곧 풀렸다.

미국 연방수사국(FBI)과 이민세관국(ICE)이 8월 15일 중무장한 경찰 1000명을 동원해 워싱턴 뉴욕 등지에서 펼친 한국인 성매매 업소 단속 작전(Operation Cold Comport) 때 체포된 여성들이 수용돼 있다는 것이었다. 당시 적발된 70여 명의 한국인 여성 가운데 대부분은 보석 등으로 풀려났지만, 풀려나지 못한 19명 중 15명은 집단 압송돼 갇혀 있다.

앨버커키는 뉴멕시코 주의 황량한 벌판 가운데 세워진 인구 50여만 명의 도시. 앨버커키 수용소는 국토안보부가 운영하는 미국 내 대표적인 불법체류자 집단 수용시설로 80여 개국 600여 명이 수용돼 있다.

18일(현지 시간) 찾아간 앨버커키 수용소는 예상과 달리 도심 한가운데에 있었다. 하지만 보안이나 경비는 여느 교도소와 다를 바 없이 삼엄했다. 아마도 도시 전체에서 가장 높은 건물일 듯싶은 이 건물 4층에 한국인 여성들이 단체로 구금돼 있었다. 〈동아일보, 2006. 9. 25〉

4. 컴퓨터 활용 취재 (*computer-assisted reporting*/ CAR)

취재보도 분야에서 컴퓨터의 도움을 받는 것, 즉 컴퓨터를 취재의 도구로 사용해 보도하는 것을 말한다. 엑셀, 엑세스, 자료(DB)분석, 지리정보시스템(GIS), 사회연결망분석(SNA) 등 컴퓨터 활용보도는 엄청난 양의 데이터를 수집, 분석, 처리함으로써 사전, 연감, 통계자료, 인명록을 대체했다. CAR은 자료수집 차원을 넘어 취재 아이디어 발굴, 전문가의 도움을 받을 수 있는 하이테크 취재 방법이다. 특히 CAR은 국내외 언론에서 활성화되고 있는 탐사보도(*investigative reporting*) 취재의 큰 흐름이다. 컴퓨터를 활용한 탐사보도는 공공서비스(*public service*)저널리즘의 핵심이 되고 있다.

디지털 정보환경에서 인터넷을 비롯한 각종 컴퓨터 자료를 활용하는 것은 이제 선택이 아니라 필수적 사항이 되었다. 컴퓨터는 기자들에게 주어진 사건의 단서를 확보하고 이에 대한 분석과 충분한 의미를 부여할 수 있도록 한다. 또한 지리적 한계를 극복함은 물론 경제적인 측면에서도 적은 인원과 물적 자원으로 보다 객관적이고 심층적인 기사를 취재할 수 있게 되었다. 사건에 대한 심층적인 취재 분석과 함께 컴퓨터의 특성인 정보의 신속한 검색, 쌍방향성, 저장성, 속보성이 결합되어 사실확인, 기사작성의 시간을 대폭 단축 시켜주는 취재의 동반자이다.

컴퓨터를 이용하여 정보를 탐색하게 됨으로써 현장 르포기사나 속보 보도 못지않게 독자들에게 지적 흥미를 가져다준다. 앞으로 기사가 사건중심의 속보경쟁에서 점차 데이터베이스를 기반으로 한 분석중심의 기사로 변화할 것이다. 취재방식이 과거의 발로 뛰는 시대에서 손끝에서 자료를 검색하는 형태로 점차 변화하고 있다. 컴퓨터를 취재의 도구로 활용하는 분야는 다음과 같다.

- **컴퓨터 활용 취재보도**(Computer–assisted Reporting)
- **컴퓨터 활용 연구**(Computer–assisted Research): 수집된 자료나 정보를 컴퓨터로 분석하는 것이다. 통계처리를 한다.
- **컴퓨터 활용 조회**(Computer–assisted Reference): 컴퓨터를 이용해 참고문헌이나 서지(書誌)자료를 검색함으로서 통계치나 사실을 확인한다.

‣ **컴퓨터 활용 온라인 인터뷰**(Computer-assisted Rendezvous): 컴퓨터를 활용한 이메일(e-mail) 인터뷰 또는 온라인 인터뷰

그러나 정보를 다루는 기술이 아무리 발달하고 컴퓨터와 다양한 데이터베이스를 활용한다고 해도 기자 개개인의 지적 능력과 훌륭한 취재감각을 대신할 수는 없다. 취재보도는 현장을 통해 그 존재에 대한 의미를 부여받는다. 현장은 모든 취재활동의 출발점이다.

(1) 컴퓨터를 이용한 취재

① 자료검색 및 수집 취재

컴퓨터를 통해 기존의 온라인 및 오프라인 형태(CD-ROM)로 된 여러 가지 데이터베이스 자료를 검색하여 숨겨져 있거나 새로운 사실을 추적하는 방법이다. 인물정보검색, 정보의 출처에 대한 검색, 문헌연구를 위한 검색, 사실 및 사건 검색, 배후정보검색, 새로운 취재소재나 관심분야에 대한 새로운 정보검색 등이 사례이다.

자사 인터넷신문의 데이터베이스
한국언론재단 한국종합뉴스데이터베이스(kinds.co.kr)
한국통신의 인터넷정거장(hanmir.com, 취재원의 전화번호 주소 등 연락처 조회)
행정 · 입법 · 사법부의 각 부처 홈페이지
중앙도서관(nl.go.kr), 국회도서관(nanet.go.kr), 각 대학 도서관
검색엔진: 천리안 넷 서치(net search), simmani.com, daum.com, yahoo.co.kr, altavista.co.kr, lycos.co.kr, naver.com, Google.com
미국 데이터베이스: PIU(공공정보시설) CompuServe, AOL, Prodigy, Microsoft, Lexis/Nexis, Dialog
사전: 국내 / 야후 백과사전(//kr.encycl.yahoo.kr), 외국 / 대영백과사전(eb.com)

② 자료 분석 취재

자신에게 필요한 맞춤정보를 얻기 위해 1차 자료를 수집한 후 스스로 데이터베이스를 구축, 상황을 분석하고 점검하는 방법이다. 데이터 분석에 데이터베이스, 계산표, 통계 등 각각의 업무과정에 적합한 프로그램을 선택하여 이용하면 다양한 자료 분석이 가능하다. 자료 분석에는 일반적 분석과 통계적 분석이 있다. 일반적 분석은 주

로 텍스트와 영상, 음성자료의 타당성 및 신뢰성, 화질이나 음질 등 물리적 가용성을 판별하는 작업이다. 통계적 분석은 수치정보에 숨겨진 기삿거리를 찾아내는 과정이다. 통계적 분석은 우선 백분율, 중앙치(*median*), 집중치(*mode*) 등 기술적(記述的) 통계치들을 이용한다. 이 수치들에 근거해서 적합한 도표들을 작성할 수 있어야 한다. 추리통계와 가설 검증 등 다양한 고급통계방법을 이용하면 더 좋은 기삿거리를 발굴할 수 있을 것이다.

또한 Microsoft Excel과 같은 계산표 프로그램을 이용하여 수요분석을 하고 통계 패키지를 이용하여 자료를 분석하고 도표를 작성할 수 있다. 다음은 CAR을 활용해서 쓴 기사다(동아일보, 2005. 1. 13, 1면).

實刑 '만기복역-복역중' 8.3%

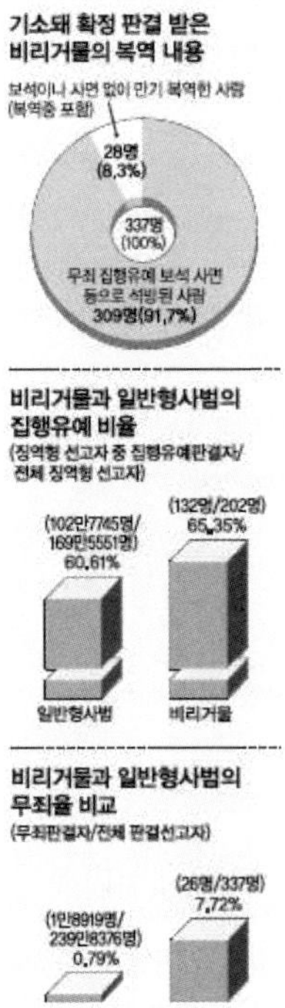

본보 1993년이후 464명 판결-복역 CAR기법 분석

사정(司正) 수사가 본격적으로 진행된 1993년 이후 12년간 뇌물수수와 선거법 위반 등 혐의로 기소된 정치인과 고위 공무원 등 거물급 인사 가운데 집행유예나 사면 등이 없이 실형을 만기 복역했거나 현재 복역 중인 사람은 10% 미만인 것으로 나타났다.

반면 이들의 무죄 비율은 비슷한 기간의 일반 형사피고인에 비해 10배가량 됐다.

刑확정 337명중 65%가 執猶로 풀려나

무죄판결 7.7%… 일반인 0.8%의 10배

선거법위반 국회의원 당선무효는 27%

이 같은 사실은 본보 특별취재팀이 1993년 이후 12년간 정치인과 고위 공무원, 공기업 간부, 법조인, 전현직 군 장교 464명에 대한 판결과 보석, 형 집행정지, 사면 여부 등을 추적해 '컴퓨터 활용보도(CAR)' 기법으로 분석한 결과 밝혀졌다.

형이 확정된 337명 중 징역형을 선고받았으나 집행유예로 풀려난 사람을 뽑아 '집행유예 비율'을 계산해 본 결과 65.35%로 일반 형사범의 집행유예 비율 60.61%보다 높았다.

한편 확정 판결이 난 337명 중 무죄판결은 26명(7.72%)으로 일반인의 무죄 비율(0.79%)에 비해 월등히 높았다.

결국 비리 거물들의 경우 △무죄 판결을 받거나 집행유예, 벌금, 선고유예 등을 선고받고 풀려났다.

또 실형을 선고받은 70명 가운데 42명은 보석, 형 집행정지, 사면 등으로 도중에 풀려나고 28명(전체 확정판결자 중 8.3%)만이 실형을 다 복역했거나 복역 중인 것으로 확인됐다.

이같은 상황은 대표적 부패사범으로 꼽히는 뇌물 관련 범죄에서 더욱 심각하다.

특정범죄가중처벌법상 뇌물수수 혐의 기소자 가운데 확정 판결을 받은 112명 중 무죄와 벌금 등을 선고받은 15명을 빼고 징역형을 받은 97명의 집행유예 비율은 69.07%나 됐다.

지난 12년간 선거법 위반으로 기소돼 확정 판결을 받은 국회의원 73명 중 당선무효에 해당하는 벌금 100만 원 이상의 형을 선고받은 의원은 20명(27.4%)이었고 나머지 53명은 의원직을 유지했다.

이에 대해 서울대 법대 정종섭(鄭宗燮) 교수는 "이 결과를 통해 우리 사회에서 정의가 무엇이고 법은 누구를 위해 존재하는지에 대해

③ 전자우편(*e-mail*)취재/ 사진자료

전자우편취재는 전자우편이나 비공식적 네트워크 소스를 통한 취재 방법이다. 전자우편은 접근이 어렵거나 시간이 없는 인사들과 인터뷰를 하고 필요한 정보를 얻는 데 많이 활용하고 있다. 사례로 미국 〈댈러스 모닝 뉴스〉(*Dallas Morning News*)가 전자우편을 통해 세계 각국의 여성 전문가들로부터 해당지역의 여성문제와 관련한 전문적인 정보를 수집, 여성학대 실상을 취재 보도함으로써 1994년 퓰리처상을 수상했다.

(2) 자료 평가

컴퓨터로 검색한 자료와 분석자료, 입수한 정보를 평가해 기사화 여부를 결정한다. 자료를 통계분석, 도표, 차트로 만들어 탐사보도와 조사분석보도에 활용한다.

(3) 기사쓰기

기사를 발굴하였으면 실제 기사작성에 들어가야 한다. 기자는 선정된 주제와 발굴된 소재를 토대로 줄거리를 구성한다. 이 과정에서 컴퓨터는 기사쓰기를 보다 효과적으로 수행하는 데 도움을 준다. 그러나 소재의 선택이나 문장구성 등과 같은 창의적인 영역은 기자의 몫이다.

기사를 작성할 때 독자들에게 흥미를 유발하기 위해 필요한 정보를 여러 곳에서 따와야 한다. 전문가 의견을 가미하거나 온라인 정보를 활용, 최근 경향을 확인하는 등 짜임새 있는 기사 구성은 기사를 빛나게 한다. 분석 자료를 독자취향에 맞게 잘 정리하는 것이 무엇보다 중요하다.

- 다양한 인용구를 데이터베이스를 통해 얻는다.
- 다양한 참고자료를 통해 '흥미 있는 사건'을 찾는다.
- 전자우편을 통해 전문가의 의견을 구한다.
- 다양한 통계그래프, 삽화, 그림 등을 추가한다.

(4) 기사 송고 및 기사편집

기사가 작성되면 데스크를 거쳐 편집을 한 뒤 인터넷상에 올린다.

(5) CAR 사례

CAR을 이용한 기사작성 사례는 부지기수로 많다. 미국에서는 이미 1960년대부터 취재활동에 CAR을 활용해왔다. 특히 퓰리처상과 IRE(*Investigative Reporters and Editor*)의 탐사보도 부문 수상자들이 대부분 CAR을 활용했을 정도로 널리 확산되어 있다.

2005년의 경우 〈뉴욕타임스〉가 탐사기자 총회에서 탐사보도상을 받은 '철로 위의 죽음'이란 기사에서 철도건널목 사건을 컴퓨터를 이용해 분석한 뒤 현장취재를 벌였다. 그 결과 철도회사들이 치명적 사고들을 보고하지 않았으며, 심지어 치명적 사고의 증거를 없애기까지 했다는 사실을 밝혀냈다. 〈마이애미 헤럴드〉는 '유예된 정의'라는 기사에서 범죄기록을 컴퓨터로 분석해 초범자에게 기회를 주기 위한 플로리다의 유죄선고 유예제도가 1만7천여 명의 재범 이상 범죄자에게 적용됐으며, 백인이 흑인보다 더 많은 유예를 받아낸 사실을 폭로했다. 〈샬롯 옵저버〉 역시 '음주운전, 멀쩡한 무죄방면'이라는 기사에서 컴퓨터로 법원과 주정부의 음주측정 기록을 분석해 망가진 사법제도의 허점을 파헤쳤다.

한국에서도 최근 들어 CAR을 활용한 취재보도가 활성화되는 추세이다. 지난 1998년 5월 26일자 서울경제신문은 IMF홈페이지 연례보고서를 발췌해 'IMF, 아시아위기 대처 실패 자인(自認)'이라는 보도를 했고, 1998년 12월 25일자 〈중앙일보〉는 캐나다 환경오염에 관한 홈페이지에서 자료를 얻어 '환경호르몬 기획기사'를 실어 환경호르몬의 위험을 경고했다. 〈조선일보〉, 〈동아일보〉, 〈중앙일보〉, 〈세계일보〉, 〈문화일보〉 등 국내 언론들이 국회의원 및 대학, 도시평가 및 도로, 교통, 환경, 병원비 과다청구 등 각종 기획기사 작성에 컴퓨터를 활용한 취재가 활발하게 이뤄지고 있다.

CAR을 가장 적극적으로 활용하고 있는 〈동아일보〉는 '6대도시 화재 출동' 기사(2006년 2월 10일자)에서 지리정보시스템(GIS)을 이용, 화재발생 후 몇 분 안에 소방차가 화재현장에 도착할 수 있는지, 평균 진화시간을 얼마나 걸리는지, 진화시간과 재산피해액 간 상관관계를 분석했다. 또 '한국인 암 지도' 기사(2006년 8월 9일자)는 국민건강 보험공단의 2004년 신규 10대 암 환자 11만 8천여 명의 데이터와 통계청의 지역별 인구 구성비를 바탕으로 비교분석한 결과 지역별로 암 발생 비율이 다른 것을 밝혀냈다. 〈동아일보〉는 이밖에 서울 25개 구(區)별 출산율과 주거환경과의 상관관계(2006년 4월 14일자), 전국 고속도로 주유소 136곳 가격분석(2006년 5월 26일자) 등 CAR을 활용한 기사를 양산하고 있다.

CAR을 이용한 탐사보도가 활발한 곳이 〈세계일보〉이다. 〈세계일보〉는 고위공직자 재산공개가 시작된 1993년 9월부터 2003년 3월 30일까지 10년간 고위공직자 3천7백 명의 관보와 공보에 공개된 자산, 부채 등 관련 자료를 데이터베이스(DB)로 정리한 '한국의 파워엘리트 분석 시스템'을 개발해 개인 재산을 분석했다(2003년 11월 3일자). 그 결과 국회의원과 장관, 차관 등 고위공직자들이 부동산을 많이 가진 '부동산부자'라는 사실을 밝혀냈다. 또 법조 브로커 김홍수 씨 사건을 계기로 서울중앙지검이 2005년 한 해 동안 법원에 기소한 주요 형사사건 피고인 111명의 변호사 선임 현황과 선고 형량 등을 CAR기법으로 분석한 결과 판검사 출신이 변호를 맡으면 60%가 집행유예로 풀려난다는 사실을 확인, 법조계의 고질인 전관예우(前官禮遇) 관행이 엄존함을 입증했다(2006년 7월 23일자).

〈조선일보〉는 2005년 건설사들이 서울시내 25개 자치구청에 제출한 동시분양 승인신청서를 입수, 동시분양 아파트의 건축비와 택지비 내역을 분석해 분양원가가 얼마나 부풀려졌나를 CAR기법으로 해부했다(2005년 10월 27일자). 지방신문인 〈매일신문〉도 2006년 5·31 지방선거의 대구·경북지역 광역·기초의원 당선자(484명)를 CAR기법으로 분석, 10명중 3명이 납세·전과·병역 등에서 도덕적 결함이 있음을 확인했다.

한편 사이버상의 정보검색 중요성이 높아지면서 국내외 일부 언론사는 전문 검색사를 두고 각종 정보를 검색해 편집국, 뉴미디어 파트에 자료를 제공하고 있다.

(6) 유의점

첫째, 컴퓨터가 할 수 없는 것이 있다. 컴퓨터가 모든 것을 해결해주리란 맹신은 버려야 한다. 컴퓨터를 통해 얻은 자료는 이야기를 구성할 수 있는 가능성을 담고 있는 것이지, 자료 자체가 구성된 기사를 담고 있는 것은 아니다. 자료의 집합체인 데이터베이스가 어떤 이야기를 스스로 말해주는 법은 없다. 이야기를 구성하는 것은 기자의 몫이다. 기자는 현상 뒤에 숨은 실체를 파헤치고, 자료 뒤의 진실을 파악하는 능력이 필요하다. 자료는 뉴스구성의 필요조건이지 충분조건이 아니다.

둘째, 컴퓨터정보라 해서 무조건 신뢰할 만하다고 생각해서는 안 된다. 데이터베이스에서 수집한 통계자료, 특히 언론에 배포된 자료의 수치를 의심해보는 태도가 필요하다. 인용이나 분석 등을 위해서는 정보를 확인하는 검증자세가 요구된다. 아울러 업무처리과정에서 발생할 수 있는 오류를 확인하는 크로스체크가 필요하다. 데이터베이스를 비롯한 다양한 참고자료를 활용하여 취재하는 사건, 사람에 대한 검증 및 사실, 통계 등에 대해서 확인하는 작업이 필요하다. 'Garbage in, Garbage Out'이라는 말처럼 쓰레기를 넣으면 쓰레기가 나온다. 좋은 자료가 입력되어야 좋은 기사가 나온다.

셋째, 보도하는 것이 가치 있는 것인가를 판단한다. CAR을 통해 얻은 정보와 지식이 모두 기사가 되는 것은 아니다. 고급통계 분석을 통해 자료를 얻었다 해도 정보로서의 가치와 사회적 유용성이 없다면 쓸모가 없다. 정말 독자, 시청자에게 알릴 만한 가치가 있는 것인지, 최종적인 뉴스판단은 기자가 하는 것이라는 점을 유념해야 한다.

넷째, 다양한 각도에서 분석해야 한다. 컴퓨터를 통해 수집한 자료는 일반적 분석이든, 통계 분석이든 다양한 각도에서 분석해보는 것이 필요하다. 기사의 취재의도에 맞는 것만 분석해 자료로 쓰는 것은 자칫 사실을 왜곡할 수 있다. 분석의 틀을 어떻게 설정하느냐에 따라 다른 결과가 나올 수 있다. 여러 관점에서 분석을 해야 기사가치에 대한 종합적 판단이 가능하고, 독자와 시청자에게도 더 많은 정보와 서비스를 제공할 수 있다.

연_습_문_제_

1. 다양한 형태의 인터뷰 기사를 찾아 스크랩해 보자.

2. 서울 청계천, 광화문 촛불집회, 대학의 축제 현장, 인사동, 이태원, 대학로, 강남지하철역 광장 등 지역의 유명 장소를 방문해 현장 스케치성 피처기사 또는 르포기사를 써라.

3. 백화점, 남대문시장, 재래시장 등을 찾아 경제관련기사를 취재해 작성하라.

4. 자신의 장래 희망과 관련된 분야의 인사(기자, PD, 아나운서 등)를 만나 관심사를 인터뷰하라(원고지 9매 이내).

5. 한국 언론의 병폐로 지적되는 발표저널리즘의 문제점은 무엇인가.

6. 보도자료와 사실관계가 다른 내용을 그대로 보도한 사례를 찾아보자.

7. 보도자료를 토대로 기사를 작성해 보자.

8. 대통령의 연두 기자회견을 각 신문사들이 어떻게 보도했는지 비교, 평가해 보자.

9. 여러 가지 형태의 그래픽뉴스 사례를 찾아보자.

10. CAR을 활용한 기사를 찾아 스크랩해 보자.

11. CAR을 활용한 기사들은 어떤 통계분석 방법을 사용했는가.

12. 이메일을 활용해 거주 지역 출신 선출직 공직자(국회의원, 기초단체장, 시의원, 도의원 등) 또는 보좌관과 지역 내 관심사를 중심으로 인터뷰해 보자.

13. 컴퓨터를 활용해 한국과 미국의 대학 평가 자료를 검색, 기사를 작성하라.

14. 컴퓨터를 활용, 각 언론사 신입사원 선발방식을 찾아 어떤 차이점이 있는지 비교해 보자.

제 8 장

취재보도체제

1. 신문의 취재보도체제

1) 조직과 기능

신문사 조직은 오랫동안 조직체계가 크게 바뀌지 않고 유지되어 왔다. 그러나 정보혁명이라고 부를 정도로 급변하는 언론환경의 변화와 전반적인 인쇄매체의 수익성 저하에 따라 근래 들어 조직개편이 수시로 이뤄지고 있다. 특징적인 것은 편집국 조직의 팀제 및 에디터제 도입, 부·팀 통폐합 또는 신설이 필요에 따라 이뤄지는 조직의 유연성, 수익성 제고를 위한 다양한 수익모델 개발 및 사업부서 확장 등을 들 수 있다.

(1) 편집국

편집국은 논설위원실과 함께 신문사에서 가장 중요한 심장부에 해당한다. 취재 및 보도와 관련한 작업이 이뤄진다. 정치, 경제, 사회, 문화, 국제, 체육(스포츠), 지방, 생활과학, 사진 등을 기본으로 한 취재 분야별로 부서가 나뉜다. 편집, 조사, 교열, 미술, 디자인팀 등은 취재한 기사로 지면을 구성하거나 취재를 지원하는 부서다. 개별 회사의 실정에 따라 팀제를 운영하는 곳도 있고, 시대의 변화와 독자의 욕구에 발맞춰 다양한 부·팀을 두고 있다.

편집국을 총괄하는 편집국장은 신문사의 꽃이라 부를 정도로 기자들은 누구나 한 번 꿈꾸는 선망의 자리다. 편집국장은 ‣편집간부들로 구성된 편집회의를 주재하고, 취재 및 보도와 관련된 내용과 형식의 결정 ‣특정 사건이나 이슈들을 어떤 방향으로 취재하여 기사화할지 여부 결정 ‣편집국 조직과 구성원들을 운영·관리 ‣기자들을 각 부서에 배치하고 평가하는 권한을 가진다.

편집회의에서는 지면 평가, 기사의 기획 편집방향 설정, 지면 배치 및 배열순서, 사진이나 그래픽 구성 협의, 상호정보 교환 및 취재협조 사항 등을 논의한다.

최근 편집국 조직 변화의 특징을 정리하면 다음과 같다.

① 에디터(*editor*)제의 도입

편집국장→부국장→부장으로 이어지는 편집국 체제로는 포털과 인터넷뉴스 사이트, DMB 등 뉴미디어, 무가신문 등의 공세에 어렵다고 판단, 조직(*newsroom*)을 가볍고 유연하게 하면서 경쟁력을 높이는 쪽으로 돌파구를 찾고 있다. 2004년 9월 〈중앙일보〉가 맨 처음에 에디터제를 도입했다. 에디터가 담당 분야의 기획, 취재, 편집을 책임지는 제도다. 그렇게 함으로써 뉴스의 선택과 집중이 가능하고 개인의 능력에 따라 취재와 기획 등으로 역할을 세분화 할 수 있다. 현재는 〈한겨레〉, 〈경향신문〉, 〈국민일보〉 등 많은 언론들이 도입했다.

② 선임기자제 도입

데스크를 거친 중견기자를 선임기자로 임명, 깊이 있는 분석과 해설, 심층취재를 담당시킴으로써 콘텐츠의 차별화와 해석저널리즘의 실천을 꾀하고 있다. 2005년부터

〈조선일보〉, 〈한겨레〉, 〈경향신문〉 등에서 도입했다.

③ 탐사보도팀의 강화

탐사보도는 감춰진 사실, 은폐 · 조작된 사실, 표피적으로 알려져 있을 뿐 사안의 진실이 심층적으로 알려지지 않은 사실 등 우리 사회가 직면하고 있는 가장 중요한 문제들을 파헤치기 위한 보도의 수단이다. 폭로저널리즘의 발전된 형태이며, 속보보다는 심층보도에 무게 중심을 두고 있다. 1972년 미국 〈워싱턴포스트〉의 워터게이트 사건 보도를 탐사보도의 전형으로 꼽고 있다. 우리나라는 1987년 박종철 군 사망사건 보도, MBC 황우석 교수 논문조작사건 보도 등이 여기에 해당된다.

탐사보도는 심층인터뷰, 개인적 관찰, 문서분석, 사회과학적 기법, 컴퓨터 활용보도 등 다양한 취재기법을 활용한다. 대부분의 언론사가 4 ~ 10명 수준의 기획 · 탐사보도팀을 운영하고 있으며, 기획 취재에 있어 최대한의 자율권을 주고 있다. 매월 1 ~ 2건의 기사를 쓰고 있다. 다만 언론사간 경쟁이 치열하다보니 폭로성 보도에 매몰되고, 대안제시와 같은 본래의 기능이 떨어진다는 평가를 받고 있다. 인적, 물적 지원이 충분하지 못하거나 출고 및 특종에 대한 압박 등의 문제점이 지적되고 있다.

④ 통합뉴스룸 운영

대부분의 신문사가 기존 신문사 조직과는 별개로 자회사 형태의 인터넷신문 조직을 운영한다. 디지털 조선(〈조선일보〉), 조인스닷컴(〈중앙일보〉), 동아닷컴(〈동아일보〉), 경향닷컴(〈경향신문〉) 등이 그것이다. 그러나 뉴미디어의 발달로 인터넷 신문만으로는 경쟁력을 확보할 수 없다. 이에 따라 온, 오프라인을 통합 운영하는 뉴스룸을 설치함으로써 콘텐츠의 차별화를 도모한다. 〈동아일보〉, 〈중앙일보〉, 〈경향신문〉, 〈한겨레〉 등이 통합뉴스룸을 운영, 콘텐츠의 경쟁력을 강화하고 뉴미디어의 급성장이라는 언론환경의 변화에 적극적으로 대응하고 있다.

〈그림 8-1〉 〈중앙일보〉 편집국 조직도

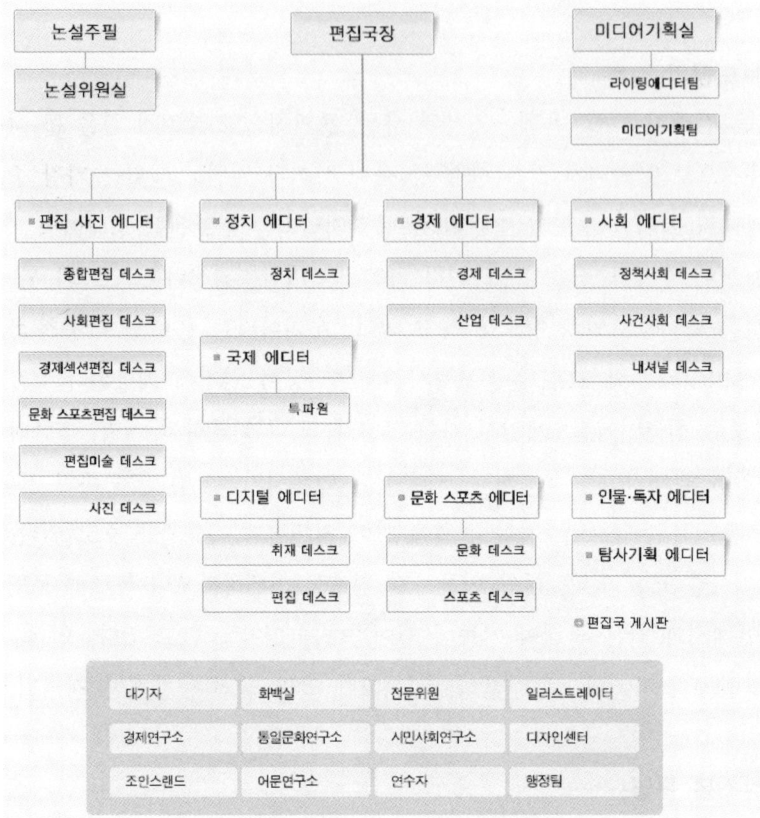

(2) 제작부서

편집국에서 작업한 내용을 조판 및 인쇄하는 업무를 담당한다. 제작국 또는 공무국이라 한다. 신문의 판형을 만들어서 완성된 판형을 윤전기에 걸어 신문을 인쇄한다. 인쇄기술의 발달과 컴퓨터를 이용한 신문제작 기술이 도입된 후 납 활자로 조판하는 작업에서 컴퓨터로 조판하는 전산제작시스템(CTS)으로 바뀌었다. 이에 따라 작업인력도 줄고 작업도 훨씬 단순해졌다.

(3) 영업부서

완성된 신문을 판매하고 배포하는 일을 담당하는 판매국과 광고국을 말한다. 회사의 수익과 직결되는 판촉전략 수립, 영업, 고객관리 등의 일을 한다.

(4) 지원부서

신문제작과 영업을 지원하는 부서로 총무, 경리, 관재(경영지원), 기획조정 부서 등이 여기에 속한다.

(5) 기 타

신문 제작과 직, 간접적인 연계를 통해 수익창출, 문화사업, 연구활동 등을 하는 조직으로 사업국, 문화센터, 연구소, 신규 사업추진 태스크포스(TF) 팀 등이 있다.

2) 뉴스제작 과정

〈그림 8-2〉 신문제작과정

〈취재〉

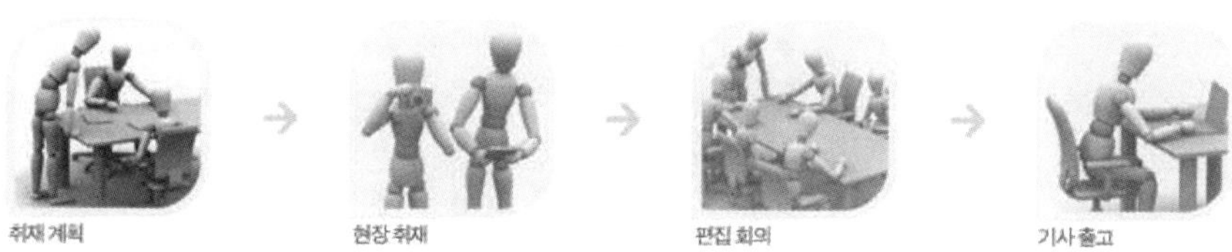

〈편집〉

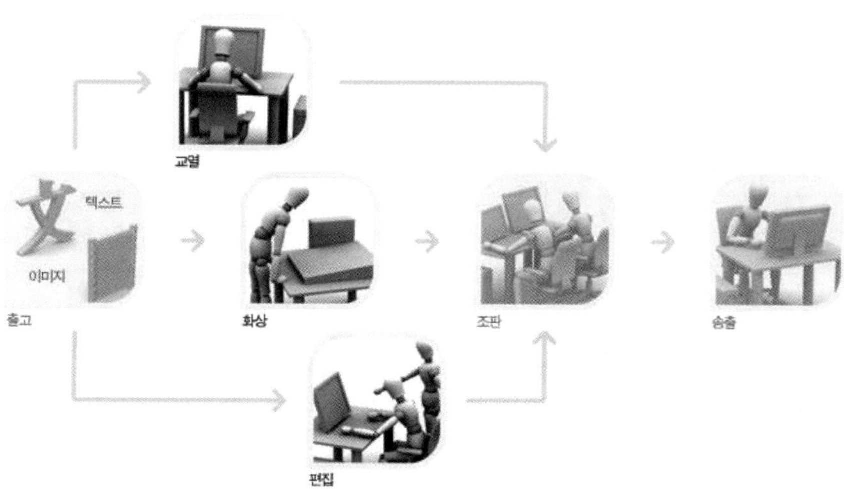

〈인쇄〉

〈발송〉

〈구독〉

사건발생 → 취재 및 기사작성 송고(일선기자) → 데스크작업(차장, 부장) → 편집 부국장 또는 국장의 기사와 지면 조정 및 스크린(중요 기사나 여러 개 부서가 관련된 기사) → 편집(편집부) → 조판 → 인쇄(제작국) → 배달(판매국) → 독자

〈표 8-3〉 신문제작 24시

시 간	회의 및 업무
~ 09:30	현장 취재기자 취재계획 보고
~ 10:00	부/팀장 취재계획 취합
10:00 ~ 10:30	에디터 또는 편집부국장 주재 부문별 회의
10:30 ~ 11:30	편집국장 주재 오전 편집회의
14:00 ~ 14:30	편집국장 주재 오후 편집회의
16:00, 17:00	편집국장 주재 스탠딩 회의, 기사마감
19:30, 20:00	초판회의
21:30	야간 국장 주재 편집회의

2. 방송의 취재보도체제

1) 조직과 기능

방송사는 편성, 보도, 제작, 기술, 경영의 5개 본부가 핵심부서이다. 뉴스 제작, 보도는 보도본부 산하의 보도국, 보도제작국, 스포츠국, 논설위원(해설위원)이 담당하고 있다. 보도본부는 신문의 편집인에 해당하는 보도본부장이 최고 책임자이다. 공중파 방송사 3사가 다소 차이는 있지만 대체로 아래의 조직 체계를 갖추고 있다. 다만 KBS는 보도본부 산하의 국장, 부장제를 전면 폐지하고 21개 팀을 운영하고 있다.

> 보도본부(본부장), 보도총괄팀, 보도운영팀, 해설팀, 1TV뉴스 제작팀, 2TV뉴스 제작팀, 라디오뉴스 제작팀, 디지털뉴스팀, 정치외교팀, 경제과학팀, 사회팀, 뉴스네트워크팀, 국제팀, 시사보도팀, 탐사보도팀, 스포츠 취재/제작팀, 스포츠중계 제작팀, 스포츠기획 제작팀, 영상취재팀, 영상편집제작팀, 보도기술팀, 영상그래픽팀

(1) 보도국

보도국의 책임자는 보도국장이다. 신문사의 편집국장과 같은 역할을 한다. 뉴스의 기획 및 개발에 관한 사항, 뉴스의 편집과 제작, 보도 관련 예산 및 행정업무 총괄, 해외 지사 및 특파원 관리 등 뉴스보도에 관한 업무를 총괄한다. 국장 밑에 취재 부분별 에디터(부국장) 4~5명이 있으며 각 취재부서와 팀 책임자인 부장과 팀장이 있다. 계선조직과는 별개로 보도국장 직속의 대기자, 전문기자를 두기도 한다.

편집부는 TV편집부, 라디오편집부가 나뉘어 있다. 촬영부서는 영상 취재부, 영상 편집부가 있다.

(2) 보도제작국

보도제작국장을 책임자로 데일리뉴스를 보도하는 보도국과는 달리, 주요 뉴스쟁점을 중심으로 특집보도물의 기획 및 제작, 중장기 기획보도 프로그램, 시사토론 및 좌담 프로그램 기획 및 제작을 담당한다. 국경일, 선거방송 등 각종 행사 중계방송도 담당한다. 보도제작국은 보도제작 1, 2부(또는 1CP, 2CP), 시사영상부 등이 있다.

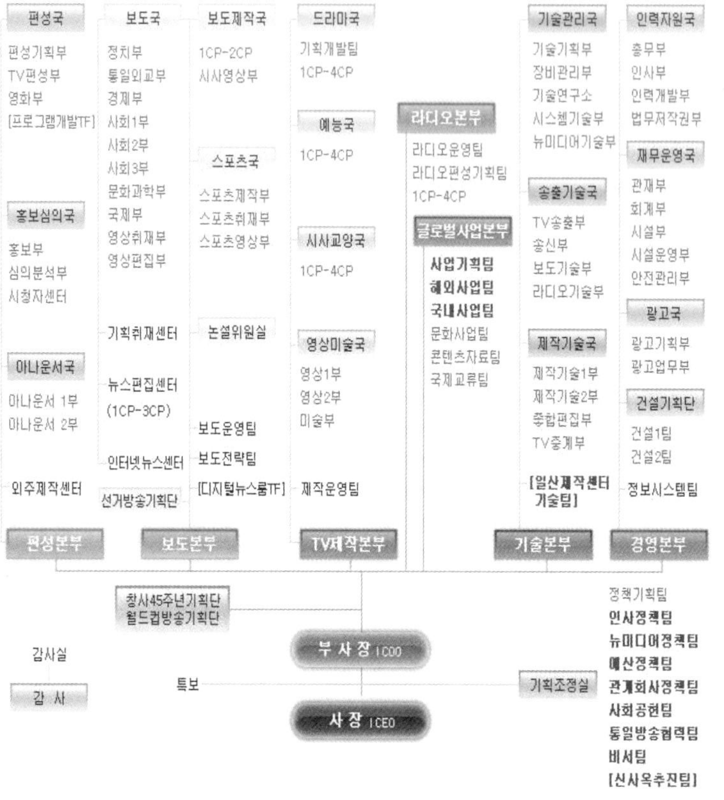

〈그림 8-4〉 MBC 조직도

(3) 스포츠국

국장 산하에 스포츠 취재부, 스포츠 제작부, 위성스포츠부, 스포츠 영상부, 스포츠 기획사업부 등의 부서가 있다. 스포츠기사의 취재 및 보도, 중계방송을 한다.

(4) 해설위원실

신문사의 논설위원실과 유사한 기능을 하는 곳이다. 일부 방송사들은 최근 해설위원실의 명칭을 아예 논설위원실로 바꾸었다. 스포츠 등 다방면에서 해설위원이라는 명칭이 사용되고 있기 때문에 구별하기 위한 조치로 보인다. 정치·경제·사회 등 각 분야의 이슈를 중심으로 해설을 하고 논평을 하며 각종 토론 및 좌담 프로그램의 사회를 보거나 패널로 출연하는 역할도 중요한 업무 중의 하나이다.

2) 뉴스 제작과정

방송뉴스의 제작과정을 요약하면 다음과 같다.

사건발생 → 취재와 기사작성(기자) → 데스크의 기사검토
→ 편집데스크의 최종검토와 편집 → 송출(아나운서 또는 앵커) → 시청자

3. 인터넷매체의 취재보도체제

1) 인터넷신문 현황

미국 〈시카고 트리뷴〉이 1992년 오프라인의 신문을 그대로 인터넷에 올려주는 형식으로 선보인 인터넷 신문은 1994년 이후 이용인구가 기하급수적으로 늘어나고 있다. 우리나라는 〈중앙일보〉가 1995년 조인스닷컴(joins.com)으로 인터넷신문 시장의 문을 열었고 2000년대 들어와서 전문 인터넷신문인 〈오마이뉴스〉(2000년 2월 창간), 〈프레시안〉(2001년 9월) 등이 창간되면서 전통적 저널리즘 가치와 인터넷의 기술적 특성을 결합시켜 기존 신문과 차별성을 갖는 언론으로 인터넷신문의 위상을 다져가고 있다. 2007년 3월 현재 전국에 350여 종의 인터넷 신문이 발행되고 있다.

초기에는 기존 신문사가 운영하는 인터넷신문을 중심으로 신문을 옮겨 싣는 수준에 그쳤다. 그러나 지금은 비록 기존 언론에 비해 규모가 다소 작기는 하지만 독립된 취재체제를 구성, 인터넷이라는 특성을 최대한 살린 뉴스를 보도함으로써 기존 언론의 아성을 허물어뜨리고 있다. 속보성, 쌍방향성, 뉴스가치 차별화와 다양화, 24시간 연속보도 및 심층보도, 시민기자의 참여 등이 경쟁력으로 작용하고 있다.

특히 기존 언론사에서 운영하는 인터넷신문들은 오프라인신문(종이신문)과 온라인신문 간 콘텐츠 상호교류를 통한 시너지효과를 높이면서 신문 · 방송 · 통신의 융합시대에 대비하기 위해 온 · 오프라인 통합뉴스룸을 운영하고 있다.

인터넷 신문이 비약적 발전에도 불구하고 마땅한 수익모델이 없어 고전을 면치 못했으나 근래 다양한 수익모델을 개발, 경영상태도 호전되는 양상이다.

〈그림 8-5〉〈오마이뉴스〉 조직도

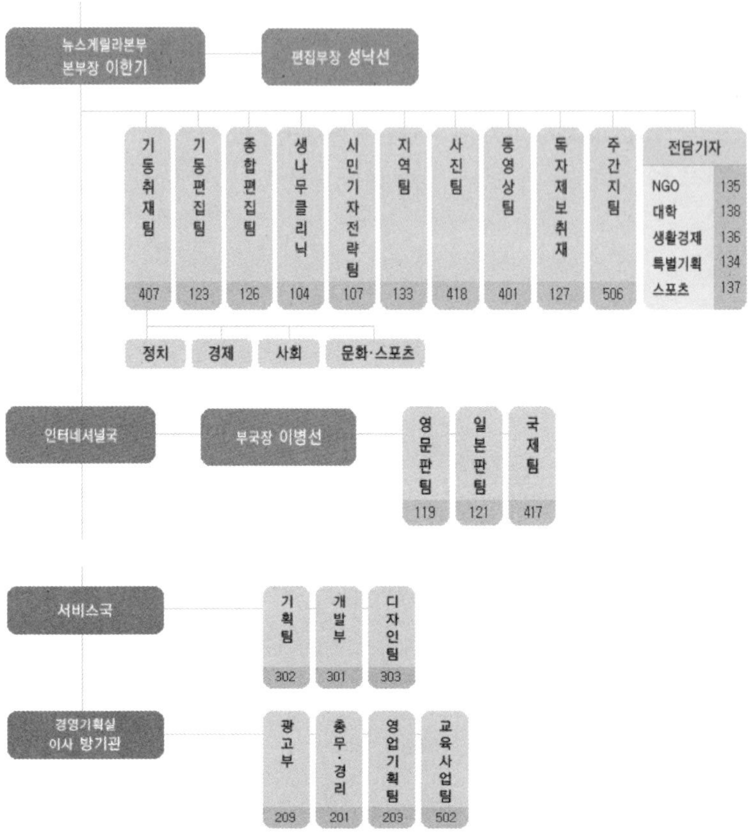

2) 뉴스 제작과정

인터넷신문은 각 사마다 약간의 차이는 있지만 뉴스를 담당하는 뉴스팀, 콘텐츠를 개발을 담당하는 기획팀, 웹 디자인을 담당하는 디자인팀, 네트워크 및 프로그램을 관리하는 정보개발팀, 영상뉴스팀, 관리팀으로 구성되어 있다.

인터넷 신문의 뉴스제작 과정은 다음과 같다.

사건발생 → 취재 → 데스크 → 편집 → 퍼블리싱(저장) → 독자

연_습_문_제_

1. 신문, 방송, 인터넷신문사의 조직을 비교해 공통점과 차이점을 비교해 보자.

2. 신문, 방송, 인터넷신문 간 제작과정의 차이점은 무엇인지 논의해 보자.

3. 최근 활발하게 이뤄지고 있는 언론사 조직 변화의 특성은 무엇인가.

4. 인터넷신문이 경영난을 타개하기 위해 개발한 다양한 수익모델은 어떤 것이 있는가.

5. 신문, 방송, 인터넷신문의 향후 전망에 관해 논의해 보자.

제 4 부 보도론

제 9 장 유형별 기사쓰기

제 10 장 분야별 기사쓰기

제 11 장 방송기사쓰기

제 9 장

유형별 기사쓰기

1. 스트레이트 기사

1) 개 념

객관적 정보와 사실의 전달에 중점을 두는 보도기사를 말한다. 즉 새로운 사실, 변화, 정책, 현상, 통계 등 어떤 사실에 대해 작성기자의 논평이나 의견을 넣지 않고, 있는 그대로 보도하는 기사다. 스트레이트(*straight news*) 기사는 독자나 시청자가 가장 많이 접근할 수 있고, 쉽게 찾아볼 수 있기 때문에 모든 기사의 기본이다. 기사를 구성하는 요소는 크게 기사가 전하는 사실(*fact*)과 해당 기사의 내용을 전해 준 사람인 취재원(*source*)을 밝히는 부분으로 나뉜다.

기사의 비중(*value*)에 따라 톱기사에서 1, 2단 기사까지 다양하다. 기사의 크기를 결정하는 것은 기본적으로 취재기자가 판단하지만 취재부서 데스크와 편집기자, 편집부장, 편집국장 등의 손을 거치면서 최종 확정된다. 이 과정에서 기사의 크기나 배치가 달라지는 경우가 많다. 기사는 제목(*headline*), 전문(*lead*), 본문(*body*)으로 구성된다. 기사 서술방식은 6하(何)원칙에 따라 사건의 핵심 부분부터 기술하는 역피라미드형을 사용한다.

2) 기사작성과 취재원

(1) 기사작성

스트레이트 기사는 6하원칙, 즉 5W1H(*who*, *when*, *where*, *what*, *why*, *how*)를 기본으로 작성한다. 어떤 기사를 취재하든 6하원칙을 중심으로 취재한 사항을 정리하고, 여기에 빠졌거나 부족한 내용은 계속 보완해서 기사의 완성도를 높여야 한다. 6하원칙을 강조하는 것은 정보를 수집할 때 불필요한 정보를 줄이고 필요한 정보를 놓치지 않기 위해서다.

기사쓰기는 중요한 내용부터 전문(리드), 본문 순으로 써내려 간다.

① 전 문

리드(*lead*)라고 불리는 전문은 전체기사의 핵심적인 내용을 1 ~ 2문장으로 압축하여 쓴다. 전문에 어려운 문장이나 용어 사용은 되도록 피하고 핵심만 간단히 정리하면 된다. 다음은 간단한 전문의 예이다.

위성통신 사업자로 ○○사가 선정됐다. 정보통신부는 6일 …

그동안 난항을 겪어왔던 위성통신 사업자로 ○○사가 최종 선정됐다.

정보통신부는 6일 ○○사를 이동통신 사업자로 최종 선정했다고 발표했다.

② 본 문

본문은 전문에 대한 설명과 세부 정보를 기술하는 것으로 다음 사항에 유념한다.

- 중요한 순으로 배열한다.
- 문장은 하나의 사실만 포함시킨다.
- 문단과 문단의 연결이 자연스러워야 한다.
- 직접 인용한 말은 그대로 쓴다.
- 가급적 취재원을 밝힌다.

(2) 취재원 공개

스트레이트 기사는 기사의 객관성과 신뢰성을 높이기 위해 취재원을 밝히는 것이 원칙이다. 기사에 사용된 정보를 제공한 사람이나 기관, 또는 논문, 보도자료, 발표문과 같은 문서 등이 취재원이다. 기자가 사건 현장을 모두 관찰해서 기사를 쓸 수 없다. 현장에 있다고 해서 사건이나 사안의 내용을 다 알 수도 없다. 따라서 기자는 자기 눈으로 보지 못했거나 보았더라도 내용을 정확히 알지 못하는 경우, 현장을 표현하고 전달하기 위해 현장을 말해줄 목격자, 증인이 필요하다. 사건이나 사안의 내용을 정확히 설명해주거나 해석해줄 사람이 있어야 한다.

기사의 성격에 따라 한 기사에 취재원이 복수로 등장한다. 특히 이해가 엇갈리는 사건이나 사안은 기사의 공정성 확보를 위해 복수의 취재원을 활용하는 것이 원칙이다. 한쪽 당사자의 일방적인 얘기만을 듣고 기사를 써서는 안 된다. 편파보도의 시비에 휘말리지 않기 위해서도 이해관계자를 광범위하게 취재해서 합리적인 판단을 내려야 하고 당사자들의 주장을 기사에 반영해주는 것이 바람직하다. 예로 어느 기업에 노사분규가 발생하면 기업주는 물론 노조관계자, 노동부, 경찰 등 관계당국자, 협력 및 하청업체 관계자 등을 두루 만나 노사분규가 발생한 원인이 무엇인지, 원인 제공의 책임이 어느 쪽에 있는지, 관계당국의 조치는 적절했는지, 타결가능성은 어느 정도인지, 분규로 인한 피해는 어느 정도인지 등을 꼼꼼히 취재해 객관적이고 공정하게 보도해야 한다.

취재원을 밝히는 것이 원칙이지만 경우에 따라 익명으로 보도할 수 있다. 취재원을 공개했을 때 취재원에게 정신적 · 물적 피해가 예상되거나, 취재원이 익명보도를 요청한 경우, 취재원을 밝히기가 어려운 경우 등이다. 이 경우 '고위 당국자 또는 관계자에 따르면', '김 모 씨 또는 소식통에 따르면' 등의 형식으로 표현한다.

문제는 기자가 취재의 미흡한 부분을 감추거나 취재원이 불분명한 경우 등과 같이 이른바 '작문기사'를 쓰기 위한 방편으로 취재원을 밝히지 않는 사례이다. 또 취재원과 담합해 과장 또는 왜곡, 애드벌룬성 기사를 쓰면서 익명보도를 하는 경우도 있다. 이처럼 언론이 본령을 벗어난 익명보도는 기자의 양식의 문제이며 철저히 배격해야 한다.

3) 스트레이트기사 작성지침

(1) 객관성

사실을 중시하는 기사의 성격상 객관성을 지켜야 한다. 물론 100% 객관적인 기사는 없다고 해도 과언이 아니다. 기삿거리를 취재하고 기사를 작성, 보도하는 모든 과정에서 어느 정도 취재기자나 데스크, 편집기자 등의 가치관, 선호, 편견 등이 개입하지 않을 수 없다. 그러나 스트레이트 기사는 어떤 사건이나 사안에 대한 해석, 설명하거나 의견을 말하는 기사가 아니다. 뉴스가치가 있는 사실이나 정보 그 자체를 사실 그대로 독자들에게 전달하는 것이 목적이다. 기자의 주관이나 의견, 판단을 배제한 채 객관적 사실과 정보를 전함으로써 독자 스스로 판단할 수 있도록 해야 한다. 기사의 객관성, 합리성은 스트레이트 기사작성의 처음이자 끝이다.

(2) 정확성

스트레이트기사는 사실과 전후맥락을 정확하게 전달해야 한다. 정확해야 한다는 말은 어떤 현상이나 사안의 본질에 부합되어야 한다는 뜻이다. 정확성은 문장의 표현에서부터 내용까지를 모두 아우르기 때문에 문법은 물론 자료인용까지 가능한 한 완전함을 추구해야 한다. 특히 주의할 점은 이름, 나이, 시간, 장소, 기관, 숫자, 사건의 순서 등 기본적 사항을 정확히 표현해야 한다. 전체 내용을 잘 전달했더라고 이런 작은 내용에서 오류가 발생하면 기사의 신뢰는 여지없이 무너진다.

맞춤법 등 문법에 맞게 기사를 써야 하고 어휘선정, 한자 표기, 외래어 표기법 등 기사문장의 표현도 정확해야 한다. 기사는 첫째도 정확이요, 둘째도 정확이다.

(3) 간결성

기사문장은 간결해야 한다. 기사가 너무 길어서 읽는 데 숨이 차거나 내용파악이 어렵다면 기사로서는 실패작이다. 중언부언하는 표현이나 군더더기 같은 췌사, 단어를 중복사용하지 않고 간단명료하게 기술된 기사가 가장 좋은 스트레이트 기사다. 기호를 적절히 사용하는 것도 난삽해지기 쉬운 문장을 알기 쉽도록 하는 효과가 있다. 흔히 검은 삼각형(▲)을 사용하면 시각적으로 편하고 문장도 간결해진다.

예 문

서울시는 올해 안에 시정개발연구원에 타당성 연구용역을 의뢰해 남대문시장 정비 방식을 ▲ 재개발 방식 ▲ 지구단위 계획변경 ▲ 시장정비 사업 가운데 하나로 결정할 방침이다.

예 문

손학규 전 지사는 지난해 10월 26일 "노무현 대통령은 거의 송장, 시체가 다 돼 있는데 비판해서 뭐하느냐"는 등 원색적인 용어로 노 대통령을 맹비난했고, 청와대는 이튿날 "대통령을 폄하해서 자신의 주가를 높이려는 습관적인 행태"라며 "이런 방식이 결국은 성공하지도 또 국민으로부터 평가받지도 못했다는 것이 우리 정치사의 교훈"이라고 손 전 지사를 비판한 바 있다.

한 문장이 너무 길어 숨이 차다. 다음과 같이 두 문장으로 나누는 것이 적절하다.

손학규 전 지사는 ~ 맹비난했다. 그러자 청와대는 이튿날 ~ 이라고 손 전 지사를 비판한 바 있다.

(4) 구체성

스트레이트 기사는 독자들의 궁금증을 해소할 수 있도록 구체적으로 기술해야 한다. 기사를 다 읽었는데도 내용이 이해가 가지 않거나 뭔가 미심쩍은 부분이 있다면 완성도가 높은 기사라 할 수 없다.

예 문

공적자금관리위원회는 12일 전체회의를 열고 한국자산관리공사가 관리중인 쌍용건설 매각을 올 상반기 중에 착수키로 의결했다. 공자위는 오는 4월 초쯤 매각소위와 전체회의를 열어 쌍용건설 매각을 위한 구체적인 일정 등을 밝힐 예정이다.

위의 기사는 지면사정으로 기사의 리드를 제외하고 대부분 잘린 것으로 보이지만 이 기사만으로는 독자들의 궁금증을 전혀 해소하지 못하고 있다. 지면이 아무리 부족하더라도 최소한 필요한 사항만은 기사에 포함시켜야 한다. 이 기사는 자산공사와 채권단 등의 쌍용건설 지분 보유현황은 어떤지, 쌍용건설 현 경영진의 입장, 매각에 따른 변수는 없는지, 매각 예상가격 및 방법, 매입에 관심을 갖고 있는 국내외 기업이나 자본의 유무 같은 내용들이 추가되어야 구체성을 갖춘 기사라 할 수 있다.

(5) 명확성

명확성은 확실한 의미전달이 가능하도록 여러 가지로 해석될 수 있는 표현을 없애는 것이다. 뉴스전달은 신속성도 중요하지만 애매모호하거나 예측할 수 없는 오리무중의 글, 다의적 해석이 가능한 어휘나 문장이 없어야 한다.

예로 중국의 '1사1촌운동'(1心1村)이라고 하면 한글과 한자가 달라 혼란을 줄 수 있다. 중국의 '1심1촌운동'이 〈문화일보〉, 농협중앙회, 전국경제인연합회가 공동으로 펼치고 있는 '1社1村'운동을 벤치마킹한 것이라면 한글과 한자는 일치시켜 쓰고, 그러한 사실을 기사에서 밝혀주면 된다.

(6) 일관성

사설과 같은 논조의 일관성이 아니라 뉴스기사는 기사 내용의 일관성이 지켜져야 한다. 기사 내용이 왔다 갔다 해서는 안 된다는 것이다. 경제기사에서 물가 기사를 쓰다가 고용문제를 거론하면 전하고자 하는 핵심이 무엇인지 헷갈린다. 물가문제를 주제로 삼았으면 물가 얘기만 하는 것이 좋다. 물가와 관련된 금리나 환율문제 등은 부수적으로 추가할 수도 있다. 그러나 엉뚱하게 고용이나 수출문제를 거론하면 기사의 초점이 흐려져 혼란을 주게 된다. 서로 밀접한 관련이 없는 2개 이상의 사실이 병행되어서는 안 된다. 한 기사에는 한 가지 내용만 담고 다른 내용은 별도의 기사로 써야 한다.

4) 기사분석하기

스트레이트 기사는 6하원칙에 입각해 취재하고 기사를 작성하는 대표적인 형식이다. 스트레이트 기사는 기자가 예민한 기사감각을 갖고 주의 깊게 취재하면 무심코 지나쳐버릴 사건 속에서도 큰 기삿거리를 찾을 수 있다. 같은 교통사고지만 단순 교통사고일 경우 기사가치가 높지 않으나 음주운전, 휴대폰통화 등이 원인이라면 기사가치가 훨씬 높아진다. 화재사고도 단순 화재인가, 방화인가, 인명피해 또는 문화재 소실 여부 등에 따라 기사가치가 달라진다.

예 문

6하원칙에 따른 기사 분석

23일 오후 5시 10분쯤 경남 하동군 금남면 덕천리 남해고속도로에서 마산에서 광주 방면으로 가던 광주 태극관광 소속 버스(운전자 김영부·54)가 빗길에 미끄러지면서 가드레일을 들이받고 4m 언덕 아래로 떨어져 김종수(22·전남 나주군 동강면 대산리) 씨 등 4명이 숨지고 25명이 중경상을 입었다.

when: 25일 오후 5시 10분쯤, where: 경남 하동군 금남면 덕천리 남해고속도로에서, who: 마산에서 광주로 가던 광주 태극관광 소속 버스, why: 빗길에 미끄러지면서, how: 가드레일을 들이받고 4m 언덕 아래도 떨어져, what: 김종수 씨 등 4명이 숨지고 25명이 중경상을 입었다.

공무원 인사의 전문성을 강화하기 위해 대통령 직속의 중앙인사위원회가 설치되고 민간인도 계약직 공무원으로 임용되는 길이 열렸다. 정부는 10일 오전 청와대에서 김대중 대통령 주재로 국무회의를 열어 국가공무원법 개정안 등 8개 안건을 심의, 의결했다.

이날 의결된 국가공무원법 개정안은 공무원 인사행정의 전문성을 강화하고 공무원 인사제도를 효과적으로 개선하기 위해 대통령 직속으로 중앙인사위원회를 설치, 3급 이상 공무원의 채용과 승진 등에 관한 사항을 심의, 의결하도록 규정하고 있다.

중앙인사위원회는 장관급 위원장 1명과 차관급 상임위원 1명 및 3명 이내의 비상임위원으로 구성된다.

who: 정부(국무회의), when: 10일 오전, where: 청와대, what: 중앙인사위원회를 설치하고 민간인도 계약직 공무원으로 임용하는 길 열어, how: 국가공무원법 개정안을 의결, why: 공무원 인사의 전문성 강화하기 위해

사행성 게임비리 의혹을 수사 중인 서울중앙지검 특별수사팀은 문화관광부 백 모 국장을 19일 검찰 청사로 소환, 금품 수수혐의 등을 집중 추궁하고 있다. 검찰은 백 국장이 직무와 직접 연관이 있는 상품권 업체로부터 수천만 원의 돈을 받은 단서를 포착하고 18일 백 국장의 자택과 사무실을 압수수색했다. 검찰은 상품권 발행업체인 씨큐택 유 모 대표를 조사하는 과정에서 2002

년 후반 쯤 유 씨 측의 돈 수천만 원이 당시 문화부 과장이었던 백 국장에게 건네진 사실을 확인했다.

검찰은 백 국장으로부터 압수한 서류와 수첩, 돈거래 통장 등을 정밀분석 하는 한편 금융계좌에 대한 압수수색 영장을 발부받아 상품업체로부터 받은 돈의 입금여부와 성격 등을 조사할 예정이다. 그러나 백 국장은 혐의 사실을 완강히 부인하고 있는 것으로 알려졌다.

who: 서울중앙지검 특별수사팀, when: 19일, where: 검찰청사, what: 금품수수 혐의를 추궁, why: 상품권 업체로부터 수천만 원을 받은 단서를 포착, how: 검찰청사로 소환

---

2. 의견기사

1) 사 설

(1) 사설이란

① 의견기사와 사설

기사는 크게 팩트(*fact*)를 바탕으로 정보전달에 중점을 둔 사실보도, 즉 보도기사(*News*)와 의견기사(*Views*)로 나뉜다. 의견기사는 보도된 사실에 근거해 사안에 대한 문제점이나 집필자의 판단, 의견, 주장, 해결책을 제시하는 기사다. 그 대표적인 것이 사설(社說)이다. 의견기사는 사설 외에도 칼럼, 단평, 비평 등이 있다. 매체들이 해설보도와 의견기사를 실음으로써 독자들이 정보를 지식과 지혜로 환원하는 기능을 한다.

특히 언론이 거대화, 독점화되면서 언론 종사자나 사회 엘리트들의 견해만이 언론에 반영된다는 비판이 제기되고 있다. 또한 언론 소유주와 자본가, 기득권세력의 지배이데올로기를 전파하는 도구로 전락했다는 주장도 있다. 시민사회의 성숙과 독자들의 의식수준의 향상에 따라 근래 언론들이 매체 접근권(*access*)의 보장 차원에서

의견기사의 활성화에 적극적인 관심을 표명하고 있다. 좋은 의견이나 칼럼은 정보의 홍수시대에 파편적 정보와 허위정보를 걸러내는 안전판 역할을 한다.

각 신문이 의견 페이지(*opinion page*)를 신설하고 해설중시 경향에 맞추어 의견기사 지면을 확충하고 있다. 칼럼의 다양화, 독자란 활성화가 이뤄지고 있다.

② 보도기사와의 차이

첫째, 보도기사는 가치중립적 객관성을 지향한다면 사설은 주관적인 글이다.

둘째, 보도기사는 독자들의 판단에 영향을 미치고자 하면서도 이를 명시적으로 드러내지 않지만, 사설은 이를 명시해서 직접적인 행위, 행동을 유도한다.

셋째, 보도기사에서는 판단이 잠재적이지만 사설에서는 현재적(顯在的)이다.

넷째, 보도기사의 기능이 무의식적인 지도인 반면 사설은 의도적이다.

③ 칼럼과의 차이

사설이 논리를 중시하는 논문형이라면, 칼럼은 형식이 자유로운 수필식 문장이다. 사설은 무기명인데 반해 칼럼은 기명문장이다. 사설은 우리를 서술 주체로 하지만 칼럼은 나를 주체로 한다.

칼럼이 사설보다 더 가독성이 높은 이유는 읽을거리 기사적 요소, 부드럽고 재치 있고 매섭고 세속적인 말을 사용하는 수필식 문장, 내용의 풍부성, 예술성, 필자의 개성이 드러나는 점 등이다.

(2) 사설의 특징

① 현안 이슈에 대한 신문사의 의견

사설은 언론사의 공식적 견해나 주장을 표명하는 대표적 기사다. 즉 정치, 사회, 경제, 문화 등 국내외의 여러 사회현상 가운데 중요하다고 판단하는 주제를 선정, 언론사의 견해나 주장 등을 밝히는 글이다. 사설은 각종 현안에 대한 국민들의 이해를 돕고 올바른 판단을 할 수 있는 잣대를 제공하는 데 역점을 둔다.

사설을 논설(論說)이라고도 한다. 어떤 문제에 관해 옳고 그름을 논하거나 자기의 견해나 주장을 내세우고 이를 합리적으로 뒷받침하는 논증문(*argument*)이다. 논증문은 기본적으로 어떤 문제든지 그에 대해 비판적 시각 아래 논리적이고 체계적으로 서술하는 능력이 요구된다.

② 개별 언론사의 정체성을 분명히 드러내는 간판이자 얼굴

사설은 사회적 이슈, 즉 시사문제에 대한 언론사의 입장을 표명하는 글이다. 따라서 사설은 현안문제에 대한 개별 언론사의 시각과 정체성이 표출되고, 사설의 논조가 관련 사안에 대한 보도기사의 편집방향을 결정하는 바로미터가 된다는 점에서 매우 중요하다. 독일의 유력 일간지 〈프랑크푸르트 알게마이너〉는 사설을 1면에 게재한다. 그만큼 사설을 중시한다. 우리도 1950, 60년대는 사설을 1면에 실었으나 지금은 뉴스기사에 밀려 신년 연두사설이나, 남북정상회담과 같은 초대형 이슈가 발생한 경우에 한해 사설을 1면에 싣고 있다.

③ 사시/ 창간이념/ 편집강령에 바탕

사설의 큰 방향은 각 언론사가 지향하는 가치이자 제작의 기본방향인 사시(社是), 창간이념, 편집강령에 바탕해야 한다. 사시는 신문제작, 논평의 기본 강령으로서 사설뿐 아니라 그 매체가 제작하는 모든 기사와 프로그램을 지배한다. 신문의 성문헌법이다. 그러나 한국 신문의 사시는 너무 추상적이다. 신문에서 일상적으로 구체화해야 할 실천 규범이라기보다 언론이 보편적으로 추구해야 할 기본 모럴과 가치관을 미사여구처럼 나열한 것이 대부분이다. 개별 언론사 특유의 특성과 방향을 차별화해서 제시하지 못하고 있다. 주요 신문사의 사시를 〈표 9-1〉에서 제시하고 있다.

④ 제한적 독자

사설을 쓴 논설위원과 교열기자만 읽는다는 우스갯소리가 있다. 글이 논리적이고 딱딱하기 때문이다. 사설을 읽는 사람이 적음에도 불구하고, 독자들이 주로 정부 정책 당국자, 정치인, 해당 분야 전문가 및 식자층이다. 이른바 여론 주도층이 독자라는 점에서 영향력이 막강하다. 이들은 사설을 통해 여론의 흐름을 파악하고, 자신의 견해를 재확인하거나 수정, 보완한다. 그만큼 사설이 갖는 무게가 크다.

〈표 9-1〉 주요 신문사 사시 비교

신문사	사 시
경향신문	1. 진실 공정한 보도와 논평을 통해 할 말은 하고 쓸 것은 쓰는 사회 공기로서의 사명을 다한다. 1. 부정, 부패, 폭력을 배격하고 자유, 정의, 인권을 수호하는 데 앞장선다. 1. 의회민주주의와 시장경제를 발전시켜 민주복지국가를 완성하는 데 진력한다. 1. 민족의 이익을 도모하고 조족국의 밝은 미래를 창조하는 데 선도적 역할을 수행한다.
국민일보	사랑 진실 인간
동아일보	본보는 민족의 표현기관으로 자임함 본보는 민주주의를 지지함 본보는 문화주의를 제창함
문화일보	밝은 신문, 생각하는 신문, 행복을 느끼는 신문
서울신문	나라의 이익을 앞세운다. 정치를 바른 길로 이끌어 준다. 경제를 뻗게 하는 길잡이가 된다. 사회를 밝게 하는 횃불이 된다. 문화를 꽃피우는 샘터가 된다.
세계일보	애천(愛天) 애인(愛人) 애국(愛國)
조선일보	1. 부편부당 1. 산업발전 1. 문화건설 1. 정의 옹호
중앙일보	1. 사회정의에 입각하여 진실을 과감 신속하게 보도하고 당파를 초월한 정론(正論)을 환기함으로써 모든 사람이 밝은 내일에의 희망과 용기를 갖도록 고취한다. 2. 사회복지를 증진시키기 위하여 경제후생의 신장을 적극 촉구하고 온갖 불의와 퇴영을 배격함으로써 자유언론의 대경대도(大經大道)를 구축한다. 3. 사회공기로서의 언론의 책임을 다함으로써 이성과 관용을 겸비한 건전하고 품위 있는 민족의 목탁이 될 것을 자기(自期)한다.
한겨레	없음/ 진정한 민주화 실현, 민족의 평화통일, 민중의 생존권 보장(창간 발기문)
한국일보	춘추필법의 정신 정정당당한 보도 불편부당한 자세

(3) 사설의 역사

① 서 양

유럽대륙에서 사설이 오늘처럼 자리 잡는 데는 많은 우여곡절을 겪었다. 절대군주시대 '뉴스상인'들에게 신문발행을 허가하였으나 사실보도 외의 의견을 덧붙임으로써 정치문제에 간여하는 행위는 철저히 배제했다. 18세기 말까지 뉴스신문으로 머물렀으며 의견개진은 생각지 못했다. 논평은 처음 신문이 아니라 소수 지식인 상대의 잡지에서 시작했으며 그것도 서적에 대한 논평만 용인했다. 서적에 대한 논평의 문을 열어 놓으면서 정치를 다룬 책도 있다 보니 정치논평으로 발전했다.

영국은 사설을 Leading Article, 미국은 Editorial, Editorial Article이 한다. 서양은 18세기까지 보도기사와 의견기사를 분리, 전자는 뉴스레터로 발행하고 후자는 팜플렛(*pamphlet*)으로 내다가 1704년 영국 소설가 로빈슨 크루소(Robinson Crusoe)의 작가 대니얼 디포(Daniel Defoe)가 이를 합쳐서 *The Review*를 창간했다. 논설면에 사설, 시사만화, 독자편지를 게재했다.

영국 〈더 타임스〉는 18세기 후반에 창간되었으나 초기 1백년간 사설은 신문사의 주장이 아니라 개각보도나 의회스케치, 선거관련 루머를 틈틈이 키워 변화를 준 논평, 즉 일종의 정치칼럼이 사설을 대신했다. 1841년부터 30년간 주필로 일한 John T. Delane 아래서 정부 각료들이 사설을 썼다. 19세기 대영제국의 전성기에 〈타임〉의 사설은 '천둥소리'(*Thunderer*)라는 별명을 얻을 정도로 국민여론을 계도하고 국민여망을 구현하는 힘으로 작용했다.

독일은 1808년 요제프 괴뢰스(Joseph von Goerres)가 창간한 〈라이니셔 메루쿠어〉(*Rheinischer Merkur*)는 1면 톱으로 나폴레옹의 반동정치와 프로이센의 전제정치를 공격하는 사설을 실었으며, 때로는 전 지면을 사설로 메울 정도로 장문의 대사설을 실었다.

미국은 1793년 창간한 *The Minerva* 편집인 Noah Webster가 신문제호 바로 아래에 'New York'이라는 칼럼 형식의 최초 사설을 게재했다. 1800년에는 Benjamin Franklin Bache가 그의 신문 *Aurora*에 정기적으로 사설을 싣기 시작했다. 1841년 〈뉴욕 트리뷴〉을 창간한 호레이스 그릴리(*Horace Greeley*)는 논설면을 만들어 사설과 함께 여러 사람의 글을 실었고 1862년 사설로 노예제의 폐지를 주장하기도 했다. 1883년 〈뉴욕월드〉를 인수한 조지프 퓰리처는 신문의 양심과 용기를 나타내는 것이 사설이라고 할 정도로 사설을 중시했다. 1920년대 들어 미국 대부분 신문들이 사설을 2면과 3면에 게재했다.

② 우리나라

우리나라는 최초의 신문인 〈한성순보〉(1883 ~ 1884)는 사설이 없었고, 이를 계승한 〈한성주보〉(1886 ~ 1888)에서 논설에 해당하는 사의란(私議欄)이 등장한다. 집록(集錄)란은 해설 등을 실었다. 1886년 1월 25일자 창간호 사의는 '論學政 제 1'이다. 교육정책에 관한 이 사설은 다음호까지 계속된다. 그러나 정부가 발행한 관보신문이었기 때문에 논평과 비판의 기능이 극히 제한적이었다.

1986년 4월 7일 창간된 〈독립신문〉(1899년 12월 4일 지령 776호로 종간) 비롯한 〈황성신문〉, 〈제국신문〉, 〈대한매일신보〉 등 구한말 신문들은 창간 때부터 한결같이 사설(당시는 논설)을 중시했다. 〈독립신문〉 1896년 4월 7일자 논설은 창간사이다. 〈독립신문〉은 창간 당시부터 논평과 비판기능을 크게 강화해 신문의 중요한 기능으로 삼았다. 〈독립신문〉의 이런 비판정신과 외세 배격론은 이후 한국 언론의 정신적 전통으로 자리 잡아 일제하의 항일 언론투쟁과 광복 후 반독재 민주화투쟁으로 이어졌다. 사설은 대부분 제목 없이 논설이란 표제만 달아 게재했다.

1905년 11월 20일자 을사보호조약에 반대하는 〈황성신문〉 장지연(張志淵) 선생의 '시일야방성대곡'(是日也放聲大哭)은 사설의 고전으로 꼽힌다. 초기 사설들은 민중계몽, 개화운동추진, 관리들의 부정부패 폭로, 개화에 소극적인 정부비판, 열강의 이권침탈 규탄, 민족자강, 국권회복 등이 주류를 이뤘다.

(4) 사설의 기능

① 사회정의, 윤리관, 가치관을 바탕으로 올바른 여론 형성과 지도

사설의 독자는 많지 않지만 주 독자가 여론 주도층이다. 특히 정치인, 정부의 정책 당국자들은 정치현안이나 특정 정책에 대한 언론의 논설 방향에 크게 영향을 받는다. 사설이 여론과 정책을 주도한다고 해도 과언이 아니다. 월남전 당시 린드 B. 존슨 대통령은 〈워싱턴포스트〉 사설 1건의 영향력은 2개 사단에 해당하는 가치를 갖고 있다고 비유했다.

② 사회의 부정과 부조리, 공공 이슈에 관한 잘못된 조치와 견해에 대한 비판

사설의 생명은 비판이다. 사회정의와 윤리의식의 고양, 민주의식의 확산은 물론, 권력의 남용이나 사회의 부정과 부조리에 대한 고발과 비판, 공공의 이슈에 관한 그릇된 견해와 조치에 대한 질정 등 잘못되었거나 잘못될 가능성이 있는 현상이나 정책을 올바른 방향으로 이끌어 가는 것이 사설이 해야 할 일이다.

사설이 사익(社益)이나 사주(社主) 또는 경영진의 이익과 시각을 대변하는 미사여구가 되어서는 안 된다. 한편의 사설이 때로는 정권을 퇴진시키고 때로는 역사의 흐름을 바꿔 놓을 수 있다. 금력과 권력에 굴하지 않는 용기와 통찰력이 필요하다. 그래야 독자의 공감대를 끌어내고 영향력을 발휘한다. 다만 비판이 사설의 생명이지만 비판을 위한 비판에 그쳐서는 안 된다. 잘한 점은 합당한 평가를 해주고 잘못한 부문에 대해서는 추상같은 비판을 하되 대안을 제시해야만 사설의 권위가 선다. 사주나 경영진은 사설의 자주성과 독립성을 최대한 존중해야 한다.

③ 공적 현안에 대해 그 성격과 배경을 밝히고 합리적 대안제시

사실전달이 중심인 뉴스의 진상을 알려 준다. 흔히 보도기사는 사실전달에 치중함으로써 뉴스 제공에 있어 곧잘 사실과 진실을 혼동한다. 사실이 곧 진실이 아닌 경우가 많다. 예로 우리나라 정치인들은 뇌물수수 등 불미스런 혐의로 수사를 받는 경우 대부분 '한 푼도 받은 적이 없다', '돈을 주었다는 사람과는 일면식도 없다'고 시치미를 뗀다. 그러나 수사결과 사실로 밝혀지는 경우가 다반사이다. 이 경우 언론이 팩트만을 전달한다면 독자들이 그대로 믿을 가능성이 높다. 사건의 전후사정과 가치판단에 입각해 사건을 분석한 해설기사나 사설을 보아야 사실 뒤에 숨은 진실을 알 수 있고, 사안을 올바로 보는 시각을 가질 수 있다. 뉴스에 대한 진실을 알고 싶으면 사설을 읽어보라고 하는 것은 이 때문이다.

④ 국가 및 공공적 쟁점, 사회문제 등에 대한 행동지침과 판단의 기초를 제공

사설이 정확한 정보와 전문적 식견을 바탕으로 사회적 이슈를 분석 평가하고 도덕적 판단을 내려줌으로써 독자들이 이를 토대로 자신의 입장을 정리하고, 행동방향을 설정하게 된다.

(5) 사설쓰기

① 집필준비

가. 논설위원

사설은 논설위원 개인의 의견이나 주장이 아니라 현안에 대한 회사의 입장을 대변하기 때문에 합작품의 성격을 갖는다. 논리 전개나 문체 구성 등은 집필자에 따라 상당히 달라질 수 있으나 기본방향은 논설위원 간에 사전에 토의된 논지를 바탕으로 하는 것이 원칙이다. 일종의 대표집필인 셈이다. 그러나 단순한 대필자가 아니라 집필자인 논설위원의 경륜과 식견을 사시와 접목시켜 사설이 탄생한다. 발행인이나 집필자의 사사로운 이해나 감정이 개입된 사설(私說)이 아니라 공익성에 바탕을 둔 글이어야 한다.

논설위원은 깊이 있는 지식과 함께 1~2시간 내에 써내는 필력을 갖춰야 한다. 좋은 사설은 적절한 주제 선택, 간결하면서도 설득력 있는 문체, 통찰력 있는 문제점 지적, 올바른 방향제시가 어우러질 때 가능하다. 따라서 유력 언론사의 논설위원은 각종 직책을 거치면서 자타가 인정하고 검증된 실력 있는 인사를 선정한다.

논설위원 수는 신문사마다 다소 차이가 있지만 10명 안팎이다. 각 언론사들이 비상임 논설위원, 객원논설위원제도를 적극적으로 활용하고 있다.

논설위원은 대개 편집국 부장급을 지낸 사람 중에서 선정되지만 1970년대 말부터 논설위원실의 활성화와 현장감 가미라는 차원에서 30~40대 차장 및 부장대우급, 심지어 평기자까지 참여하고 있다. 또한 여성논설위원뿐 아니라 여성논설실장, 논설주간, 주필이 탄생하는 등 여성 참여가 증대하고 있다. 편집국과 논설위원간의 순환보직 형태의 수평이동이 다반사로 이뤄지고 있다.

나. 논설회의

사설의 주제를 정하기 위한 논설회의는 오전, 오후 두 차례 열리는 것이 보통이며 회사에 따라 한 차례 열리기도 한다. 주로 조간신문의 주요기사와 외신들을 화두로 삼아 논설위원들의 발제, 자유토론, 주제와 논지 결정, 필자 선정, 집필의 순으로 이뤄진다. 신문사에 따라 논설위원들이 쓰고자 하는 논설의 주제와 논지를 구두 또는 문안으로 정리한 발제서를 주필에게 사전에 제출하는 경우도 있다.

다. 사설의 소재

사설의 소재는 우리의 관심을 끄는 문제나 일상생활에 큰 영향을 주는 관심사를 주로 다룬다. 따라서 ‣의혹이 제기되는 문제 ‣여론이 분분하거나 엇갈리는 문제 ‣국민들의 관심사로 해결해야 할 문제 등이 주된 소재거리다. 소재선택에서 가장 고려할 사항은 시의에 맞느냐 여부이다. 각 신문의 주요 면을 장식한 국내외 쟁점이나 사건, 정책이 대부분 사설 주제로 선정되지만 1단짜리 작은 기사 속에서도 사회에 경종을 울리는 좋은 소재를 얼마든지 개발할 수 있다. 국민을 계몽하고 설득하는 캠페인성 사설도 있다.

② 신문사설의 최근 경향

첫째, 논조의 차별화 현상이 나타나고 있다. 과거 한국 신문의 사설은 색깔과 다양성을 결여하고 있다는 비판을 받았다. 다양한 견해가 개진되고 논의되기보다는 기존의 가치관을 중심으로 한 방향으로 몰고나가는 현상을 빚었다. 한번 짚고 넘어간다는 요식행위나 통과의례로 쓴 사설도 많다. 사설의 논조가 차별화되지 못하고 천편일률적으로 획일화되는 것은 대부분 보수우익을 표방하는 우리 언론의 이념적 동질성과 권위주의 정권의 압력, 남북분단이라는 현실이 반영된 것이다.

그러나 진보성향의 〈한겨레〉 창간과 진보, 좌파성향의 국민의 정부, 참여정부가 잇따라 집권하면서 언론의 지형이 조·중·동으로 대표되는 보수언론과 〈한겨레〉, 〈경향신문〉 등 진보성향의 언론 간에 논조의 차별화가 뚜렷해지고 있다. 재벌정책, 한·미FTA, 전시작전권 환수문제, 대북정책을 비롯해 노사, 환경, 서민경제, 소외계층 문제 등에서 특히 그렇다.

둘째, 내용과 형식, 크기, 배치가 다양화되고 있다. 사설의 내용과 형식에 있어서 무거운 것보다는 가벼운 것을 선호하는 추세다. 사설의 주제와 언어가 갈수록 밝고 가벼워지고 있다. 일상적 구어체로 바뀌면서 딱딱한 문어체, 웅변조, 미문조(美文調) 문장은 퇴장하고 있다.

또한 사설의 수도 3개, 2개, 통단사설 등 뉴스 상황에 따라 신축적으로 쓰고 있다. 사설 속에 도표를 넣어서 독자들의 이해를 돕는다거나 연재(시리즈)사설, 다장(多章)사설(한 사설을 여러 장으로 나눈 사설) 등 다양한 사설쓰기 형태가 나타나고 있다.

대한민국이 北核인질로 잡혀있을 수 없다

1. 對北 포용정책 8년반의 파탄

김정일 북한 정권이 국제사회의 거듭된 경고를 무시한 채 9일 '핵실험'을 강행, 기어이 레드라인을 넘어섰다. 핵무장 북한 정권은 한민족 공적(公敵)으로 그 대가를 반드시 치를 것이다. 국제사회의 마지막일 수 있는 기대까지 핵 위협으로 배반하고 '돌아올 수 없는 길'을 내달은 책임이 더없이 엄중하다.

북핵의 직접적 위협에 노출된 대한민국은 '핵 인질' 상황을 벗어나는 절체절명의 과제에 직면했다. 김대중 정권의 햇볕정책과 그를 계승해 노무현 정권이 고집해온 대북(對北) 포용정책, 그 8년반이 북한 핵실험 도발로 파탄을 맞이하게 된 현실에 대한 철저한 반성이 모든 대처·대비방안의 근본 전제여야 함은 물론이다.

북한 핵실험 도발에 국제사회가 한목소리로 경악과 분노, 강력한 대북 제재의 필요성을 제기하고 있는 것은 엄중한 상황 인식을 입증한다. 조지 W 부시 미국 대통령도 핵실험 당일 이례적으로 특별성명을 발표했다. 북한 핵실험에 대해 "세계 평화와 안전에 대한 위협에 해당한다"고 규정하고 "북한이 핵물질이나 핵무기를 어떤 국가든 비(非)국가조직이든 이전할 경우 미국은 이를 안보에 대한 중대한 위협으로 간주할 것이며 북한은 그 결과에 대해 전적으로 책임을 져야 할 것"이라고 못박았다. 유엔 안보리는 미국이 제출한 초안을 토대로 강력한 대북 제재 결의안을 채택할 것이 분명하다. 유엔헌장 제7장 제41조의 명문 그대로 회원국의 대북 단교(斷交)까지 포함한 전면적인 외교·경제적 제재안이 통과되면 북한은 국제사회로부터 완전 고립을 면할 수 없게 된다. 결의안이 군사적 제재까지 가능하게 하는 같은장 제42조도 원용할 경우에는 김정일 정권이 이번에 건넌 레드라인이 실은 '자멸의 선'임을 절감하게 될 것이다.

노 대통령은 9일 회견에서 "정부도 이 마당에 포용정책만을 계속 주장하기는 어려운 문제 아니냐"는 말로 포용정책의 사실상 포기의사를 비치기는 했다. 하지만 정권 차원의 잘못은 없다는 식으로 얼버무리는 모습은 국가 안위의 제1 책임자답지 못하다. 북한 감싸기 일변도의 포용정책을 고집해옴으로써 핵을 포함, 북한의 대량살상무기 개발과 확산 시도를 저지하려는 국제사회의 발목을 잡아온 실정(失政)에 대해 국민 앞에 겸허히 사과해야 했다. '인접국의 핵무장을 부추길 불장난'이라며 전에 없이 국제사회의 조율을 강조한 대목도 상호주의 원칙을 관철하지 않아온 잘못 등에 대한 냉철한 자성이 전제되지 않는 한 그 진정성이 의심스러울 수밖에 없다. 노 대통령은 통일외교안보정책의 실패를 시인하고 인적 쇄신을 포함, 대북 정책을 전면 전환함으로써 북핵을 기필코 해체하겠다는 의지를 입증하라.

2. 전시 작전통제권 환수논의 백지화하라

재래식 무기에 의한 한반도 남북의 군사 균형은 이제 그 의미를 상실했다. 스커드 미사일 600여기와 생화학무기 2500~5000t 등 각종 대량 살상무기를 실전배치해온 북한이다. 여기에 핵을 더하는 이상 북한의 대남 군사력 우위는 가위 압도적이다.

노 대통령은 두달 전인 8월9일만 해도 전시 작전통제권 단독행사 계획을 밀어붙이는 한 근거로서 "한국의 군사력은 과소평가됐고 북한은 과대평가됐다"고 말했다. 노 대통령의 그같은 언급은 불과 두달 만에 허황된 진단에 지나지 않았다는 사실이 9일 북한의 핵실험 도발로 입증된 점을 우리는 각별히 주목한다. 지금도 국군의 능력을 더 이상 과소평가하지 말라며, 또 북한의 군사력을 과대평가하지 말라며 전작권 '환수'를 고집할 것인지 묻지 않을 수 없기 때문이다.

윤광웅 국방장관도 그렇다. 윤 국방은 북한 핵실험 주장 직후 국회에서 '미국의 대한(對韓) 핵우산 제공 공약 재확인' 운운했다. 한미 군사동맹과 양국 연합방위체제를 전작권 '환수' 논란으로 흔들지 않았다면 언급할 필요조차 없는 한반도 안보의 보루이지 않은가.

북한의 핵실험으로 20일 예정된 한미 연례안보협의회의(SCM)의 개최 시기와 장소부터 유동적이라고 한다. 언제 어디서 열리든 주의제는 당연히 북핵에 대처할 한미 군사동맹 강화여야 한다. 전작권 '환수'는 그 논의만으로 이미 안보 위해(危害) 요인이다.

▶ 한 주제로 여러 개의 사설을 쓴 다장(多章)사설 〈문화일보, 2006. 10. 10〉

[사설] `품위있게 죽을 권리` 진지하게 논의할 때 [중앙일보]

미국 대법원이 안락사를 돕는 의사들을 무조건 처벌토록 한 법무부의 조치가 잘못됐다고 판결하면서 안락사를 간접적으로 지지했다.

두 명 이상의 의사에게서 6개월 이상 살 수 없다는 판정을 받은 환자에게 극약을 줄 수 있도록 한 미국 오리건주의 법률에 손을 들어준 것이다. 오리건주에서는 1997년 안락사 관련법이 만들어진 뒤 2004년까지 208명이 극약 처방에 의해 안락사했다.

최근 몇 년 사이 국제 사회에서는 안락사와 관련한 주목할 만한 움직임들이 이어지고 있다. 네덜란드는 2000년 안락사를 법제화했다. 영국 가정법원은 2004년 환자가 스위스의 안락사 전문 비영리법인 디그니타스를 찾아가는 자살여행 금지 명령을 철회했다.

회생 가망이 없는 환자가 인간답게 죽을 수 있는 권리를 인정하는 나라가 늘고 있다. 프랑스는 지난해 4월 생명 연장 치료를 중단할 권리를 인정하는 '인생의 마지막에 관한 법률'을 제정했다. 홍콩이나 대만도 비슷한 제도를 운영하고 있다. 일본 국회의원들은 존엄사를 인정하는 법안을 만들어 올 봄 정기국회에 제출할 예정이다.

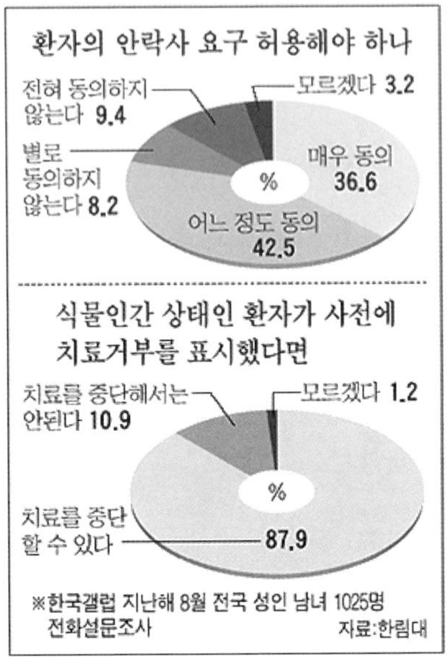

미국 오리건주와 네덜란드의 안락사는 환자에게 독극물을 주입해 죽음을 앞당기는 적극적 행위를 전제로 한다. 프랑스.일본.대만.홍콩의 존엄사(대만은 자연사)는 성격이 꽤 다르다. 회생 불가능한 환자에게 생명을 연장하는 치료를 중단하는 소극적 개념을 담고 있다. 현대 의술로 무의미하게 생명을 연장하기보다 인간답게 죽도록 하자는 것이다.

▸ 도표를 활용한 사설 〈중앙일보, 2006. 1. 20〉

사설은 과거 2, 3, 5면 등 일반 보도기사 면에 함께 실렸지만 최근에는 신문마다 오피니언 면을 신설하면서 사설란을 오피니언 페이지로 옮겨 칼럼이나 독자투고 등과 함께 싣는 추세다. 보도기사와 의견기사를 엄격하게 구분하는 영미 저널리즘의 영향이다.

유럽대륙 신문들은 무기명사설 대신에 논설위원이나 기자가 쓰는 의견기사가 사설역할을 한다. 신문사의 의견이지만 쓰는 사람이 책임을 진다는 의미에서 기명으로 쓰고 있다. 우리나라는 청주에서 발행하는 〈중부매일신문〉이 유일하게 기명사설을 게재하고 있다.

셋째, 사설의 제목과 길이가 늘어나는 추세다. 사설의 제목은 내용 못지않게 중요하다. 논설의 제목은 논설의 범위와 문제점을 포괄적으로 압축하여 표현한다. 제목이 독자의 시선을 끌어야 읽고 싶은 충동이 생긴다. 사설에 어떤 제목을 붙일지는 주필의 권한이다. 제목은 주제를 그대로 붙이거나 본문 내용을 압축하는 것이 상례다. 부제를 달아 큰 제목의 표현을 보완하고 주장하고자 하는 논리를 선명하게 드러내기도 한다. 제목만 봐도 논지를 알 수 있도록 정확하고 명료하고 간결해야 한다. 과거 제목은 10~11자 정도였으나 최근에는 15자 안팎으로 늘어나는 추세다.

사설의 양은 과거 2편을 실을 경우 6(5.5~6.5)매 안팎이었으나 3개로 늘어나면서 4.5매 정도로 줄어들었다. 강조할 것이 있을 경우 사설 2개로 줄이면서 첫 사설을 7~8매, 두 번째 사설 5매 정도로 조정한다.

③ 사설의 구성형태

사설의 구조에는 일정한 유형이 따로 없다. 다만 사설에 배정된 지면이 좁고 한정적이어서 집중적인 논증의 전개가 요구된다. 또한 주의 · 주장이 주된 내용을 이루기 때문에 기사작성 형식인 같은 역피라미드형이나 연대기형 서술은 적합지 않다. 우리 신문의 사설은 대부분 서론→본론→결론의 형식을 취하지만 어떤 구성방식이 바람직한지는 다루려는 사안의 성격과과 집필자의 판단에 따라 다를 것이다.

가. 서론→본론→결론형

서론: 시사적인 주제나 문제제기를 한다. 간결할수록 좋으며 자연스럽게 본론으로 넘어가기 위한 길잡이 역할을 한다. 본론에서 다루고자 하는 문제를 간략히 압축해 소개하고, 다룰 범위를 설정한다. 보통 한 문단 정도로 구성한다.

본론: 문제점이나 주제를 설명, 분석, 평가한다. 본론은 단정과 논증의 두 가지 과정으로 구성되는데 단정이란 서론에서 제기된 문제에 대한 논설자 또는 언론사의 긍정, 부정의 입장을 말한다. 논증이란 그 단정에 대한 논설적 풀이다. 보통 귀납법, 연역법의 두 가지방법을 취한다. 서론에서 제시된 방향과 본론의 논술 내용이 일치돼야 한다. 본론 전개를 명료하게 하기 위해 본론에서 논증에 동원될 하위 줄거리를 미리 설정해 놓아야 한다. 주제를 뒷받침할 소주제를 나누고, 각 소주제별로 충분한 자료와 논거를 동원해 한 단락씩 써나가되 글의 전개가 짜임새와 통일성을 갖추도록

사전에 구상을 해놔야 한다. 본론은 보통 2~3문단으로 구성한다.

결론: 본론에 근거한 제안이나 대안, 주장을 제시함으로써 독자들에게 명확한 인식을 남겨야 한다. 결론은 논리적으로 전체적인 통일성을 흐리지 않아야 하며, 간명할수록 효과적이다. 본론에서 다루지 않았던 문제를 결론부분에서 덧붙여 논의해서는 안 된다. 그렇게 되면 논설의 초점이 흐려진다.

예 문

'가짜 이력' 비호 의혹 철저히 밝혀내야

교수이자 큐레이터인 신정아 씨의 '가짜인생 10년'이 우리 사회를 뒤흔들고 있다. 이력을 위조하여 광주비엔날레 예술감독이 되었고, 대학 교수가 되었다. 참으로 어처구니가 없다. 그런데 겁 없는 30대의 가짜 행각을 추적하다 보니 더 큰 문제가 불거지고 있다. 신 씨를 임용, 발탁한 인사들이 신 씨의 가짜 이력을 비호했다는 의혹이 일고 있다는 사실이다. 신 씨의 수법이 정교해서 모두 속은 것이 아니라, 신 씨에 대한 검증을 제대로 하지 않았거나 회피한 정황이 포착되고 있음은 중대한 문제이다.

동국대가 불교미술이라는 학과의 특성을 무시하고 일부 교수들의 반대에도 불구하고 서양미술사를 전공한 신 씨를 임용한 것이나, 신 씨에 대한 의혹을 제기한 재단이사를 전격 해임한 사실은 아무래도 이해할 수 없다. 결국 "현 이사장이 신 씨를 비호하고 있다"는 주장이 제기되었다. 신 씨의 '가짜 이력'을 제기한 스님의 입에서 나온 말이다. 대학 교수의 학위가 가짜라는 의혹이 일면 이사장이 맨 먼저 나서서 이를 규명해야 함에도 "자신이 책임지겠다"며 학위가 진짜라고 다른 이사를 설득했다니 참으로 이상한 일이다. 이사장은 자신의 말에 책임을 지겠지만 앞으로 이번 사건의 실체가 무엇인지를 낱낱이 밝혀내야 할 것이다. 신 씨의 가짜 학위 시비는 오래 전에 제기되었음이 속속 드러나고 있다. 그럼에도 신 씨가 교수직을 유지하며 활발한 대외활동을 벌인 것은 재단과 학교당국의 묵인 내지 비호가 없이는 불가능하다는 것이 우리 생각이다.

또 후보추천위에서 단 1표를 획득한 신 씨를 광주비엔날레 공동감독으로 발탁한 배경이 무엇인지 궁금하기 짝이 없다. 광주비엔날레는 다 아는 것처럼 민주항쟁의 숭고한 정신을 예술로 승화시켜보자고 출범시킨 행사이다. 그럼에도 예술감독을 이렇듯 허술하게, 그것도 의혹이 일 만큼 검증 없이 선임했다는 것을 도무지 이해할 수 없다.

우리는 이번 사건이 신 씨만을 처벌하며 봉합되는 것을 경계한다. 그러면 또 다른 가짜 인생들이 나타날 것이기 때문이다. 사건의 전모를 밝혀내 그 비호세력이나 인물을 철저히 가려낼 것을 촉구한다. 적어도 대명천지에 '짝퉁'이 활보하는 일은 없어야 할 것이다. 〈경향신문, 2007. 7. 14〉

나. 결론 → 본론 → 결론

결론: 결론의 주장이 새롭거나 중요할 때, 결론의 주장을 많은 독자들이 공유하고 있을 때 또는 많이 다뤄진 주제의 경우 독자들의 식상함을 피하기 위해 필자의 결론을 단도직입적으로 글의 첫머리에 배치한다. 이른바 정공법을 구사하는 글쓰기이다.

본론: 논설자가 첫머리에서 결론을 내린 주장의 근거들을 명백히 제시한다.

결론: 본론을 근거로 논증을 한다.

예 문

사설/ 역사의 평가는 법 위에 있다

박정희 군사독재정권시절 '긴급조치'를 근거로 판결을 내린 주요 사건 담당 법관들의 명단을 오늘 우리가 보도하는 것은 '마녀사냥'을 하자는 것이 아니다. 권력자의 뜻을 적극적으로 반영하지 않는 법원 판결조차 당시 권력한테는 저항으로 비쳤을 수도 있다. 폭압적인 권력 앞에 사람이 얼마나 나약한지 우리는 안다. 그럼에도 우리는 그런 판결에 면죄부를 줄 수가 없다. 저마다 자리에 걸맞은 역사적 책임이 있는 까닭이다. 단지 권력에 거슬렀다는 이유만으로 인간으로서 참기 어려운 고통을 겪은 이들과 목숨을 걸고 부당한 권력에 맞서 싸운 이들을 생각하면 우리에겐 면죄부를 줄 권리조차 없다.

형식논리로만 따지면 그 시절 긴급조치는 헌법에 근거를 갖고 있었고 법률과 같은 효력을 지녔다. 그러나 긴급조치 자체가 "헌법에 규정돼 있는 국민의 자유와 권리를 잠정적으로 정지"하는 헌법 파괴적인 것임을 법률 전문가인 판사들이 몰랐을 리 없다. 오죽하면 그 시대를 '긴급조치 시대'라고 불렀겠는가. 늦었지만 당시 법관들은 이제라도 자신의 양심을 걸고 그 판결들이 옳았는지 고해성사를 해야 한다.

진실 · 화해를 위한 과거사정리위원회가 분석한 자료를 보면, 긴급조치 위반으로 재판을 받은 사건 가운데 절반에 가까운 48%는 단지 박정희 개인이나 유신체제를 비판했다는 게 그 이유였다. 기소된 이들 대부분이 옥살이를 했으며, 조사 과정에서부터 모진 고통을 겪었다. '인혁당 재건위 사건' 같은 사법살인과 그에 버금가는 판결 또한 적지 않았다. 그런 판결을 "어쩔 수 없는 시대상황" 탓으로 돌리는 법관은 스스로를 '법률 기계'였다고 선언하는 셈이다. 그것을 받아들이면 우리 또한 후손들에게 도덕적 허무주의를 돌려주게 될 것이다.
많은 전현직 사법부 고위간부들의 이름을 명단에서 보는 것은 슬픈 일이다. 어쩌면 명단에 없는 이들도 운이 좋아 오욕을 피한 경우가 많을 것이다. 먼저 사법부 전체가 지난날을 반성하고 새로운 자세를 가다듬어야 할 이유가 여기에 있다. 그러나 개별 판결에 대한 비난은 신중해야 한다. 자신의 영달을 위한 경우와, 단지 저항하지 않은 것은 책임의 크기가 다른 까닭이다. 우리가 진정 바라는 것은 반성과 용서와 화해다. 그리고 "역사의 평가는 실정법 위에 있다"는 진리를 우리 모두 가슴에 깊이 새기는 것이다. 다시는 그런 비극이 없도록. 〈한겨레, 2007. 1. 30〉

다. 문제제기 → 해답

사회적 이슈에 대해 긍정, 부정 또는 찬성, 반대의 입장을 내리지 않고, 먼저 중립적 입장에서 문제를 제기한 뒤 정책이나 이슈의 적합성, 적법성, 합리성, 타당성을 조목조목 따져 결론 내지 해답을 내리는 형식이다.

예 문

사설/ 한국 젊은이들도 유럽처럼 IPOD세대 되나

부모 세대로부터 경제사회적 부담을 물려받은 유럽의 젊은이들이 'IPOD 세대'로 불린다고 한다. 디지털 뮤직플레이어 '아이팟'이 아니라 '불안하고(Insecure), 압박을 받으며(Pressured), 세금부담이 과중하고(Overtaxed), 빚에 시달리는(Dept-Ridden)' 세대라는 뜻이다. 이런 두문자어(頭文字語)까지 나온 것을 보면 문제의 심각성을 알 수 있다.
청년실업률만 해도 프랑스가 22.4%, 스웨덴이 21.5%나 된다. 노동시장이 경직돼 있어서 해고가 어렵고, 따라서 젊은층 신규 고용도 어렵다. 유럽 정부들은 노인층 연금 지급을 위해 젊은층에 많은 세금을 물리면서도 연금 개혁을 외면했다. 프랑스에선 2년 전 "우리는 당신들이 진 빚을 갚지 않겠다"고 선언한 청년사회단체까지 나왔다.
한국은 이런 유럽 사정을 강 건너 불처럼 볼 것인가. 현 정부가 철 지난 유럽의 사회주의적 경제정책을 따라가고 있어 세대 갈등까지 함께 겪을 우려가 크다. 노동시장이 유연하지 못해 청년실업이 늘고 있는 것은 그런 징후의 하나다. 정부가 밝힌

작년 말의 청년실업률은 7.9%이지만 취업 준비자와 취업 포기자까지 포함하면 10.5%에 이른다. '덜 내고 더 받게' 돼 있는 국민연금은 40년 후 기금 고갈이 예상되는데도 개혁은 뒷전이다.
유럽의 기성세대가 누리고 있는 관대한 노동시장 보호와 복지제도는 '라인 강의 기적' 같은 1970년대까지의 경제 성공이 있어 가능했다. 평균 경제성장률이 2%도 안 되는 요즘 형편으로는 과거의 모델을 유지하기 힘들다. 우리 정부는 유럽만큼 경제를 발전시키지 못했으면서도 고용, 복지 등 공공사회지출을 현재 국내총생산의 6%에서 2030년 21%로 늘리는 '비전 2030'을 내놨다. 그러나 노동시장 유연화, 국민연금 개혁, 규제완화 등의 근본적 변화가 없다면 밑 빠진 독에 세금 퍼붓기일 뿐이다.
우리는 저출산, 고령화 추세가 유럽보다 급격해 더 큰 세대갈등을 겪을 수 있다. 코드와 이념에 사로잡힌 정부가 실패가 예견된 정책을 고집하는 것은 후대에 죄를 짓는 일이다. 〈동아일보, 2007. 3. 11〉

라. 반대의견 제시 → 논박

서론, 본론, 결론의 구조와 전개가 같으나 담는 내용이 다른 셈이다. 보통은 반대론을 소개하는 부분에서 자기주장을 암시한다. 이런 구조는 논설과 반대되는 주장이 사회 일각에 팽배하고 그 허구성이 분명할 때 효과적이다.

예 문

허멘스 교수의 〈다수의 폭정〉이란 글이 본보 석간에 連載되고 있거니와 同 氏 논거에 의하면 〈다수의 폭정〉이란 것은 있을 수 없다는 것이다. 아마도 이 학설을 보는 한국의 다수당은 我田引水로 해석하려고 달려들 것 같으나 ▽자세히 보면 同氏의 주장 속에는 하나의 커다란 전제조건이 있다. 그것은 즉 〈인민이 성숙되어 있어서 자기 스스로 행동할 수 있다는 것을 전제로 하고 있다〉는 것이요, 바꾸어 말하면 〈어제는 다수당을 지지하여 그에게 권력을 준 투표자도 내일은 그것을 버리고 그를 소수자로 전락시킬지도 모르며, 당파에 속하지 않는 투표자도 만일 부정행위가 있다고 생각하면 재빨리 다수당을 떨어뜨릴 것이라〉는 것이다. ▽ 문제는 그처럼 투표자가 자유로이 자기 의사를 행사할 수 있는가에 달렸다. 만일 투표자가 어떤 권력에 눌려서 그 의사를 마음대로 행동할 수 없는 환경이라 한다면 허멘스 교수의 다수결의 원칙은 근거가 붕괴되고 마는 것이다. ▽ 인민이 〈성숙〉되지 못하고 또 그 미성숙 사태를 이용하여 가장된 다수가 출현된다면 그것은 두말없이

〈폭정〉이라고 할 수밖에 없는 것이니, 이런 논점은 허멘스 씨의 견지에서 본다면 전혀 별개의 문제라고 할 터이다. ▽ 그렇기 때문에 同 氏는 〈질서 있는 다수당〉이라든지 〈진정한 다수의 지배〉라는 용어를 쓰고 있으나 다시 말하면 가장된 다수의 폭정은 실상인 즉 틀림없는 〈소수의 폭정〉이라고 단정할 것이 아닌가. ▽ 한국의 현실을 논하자면 다수결의 원칙이 〈관용 · 야당 · 설득〉에 기초한다는 정치학적 논리가 문제가 아닌 것이요, 선거가 올바로 되느냐 못되느냐의 원시적 요건부터 따져야 할 것이다. ▽ 물론 〈진정한 다수〉라는 것이 선거로만 표시되는 것은 아니다. 선거가 진정 다수결정에 무능력할 때는 결론으로는 또 한 가지 폭력에 의한 진정 다수결정이란 것이 있을 수 있는 것이요, 그것을 가리켜 혁명이라고 할 것이다. ▽ 그렇다면 가장된 다수라는 것은 조만간 진정한 다수로 전환되는 것이 역사의 원칙인 것이니 오늘날 한국의 위기의 본질을 대국적으로 파악하는 출발점이 여기 있지 않을까. 〈경향신문 1958. 2. 4, '餘滴'〉

---

④ 사설 유형별 구분

사설, 즉 논설문에서 다루는 의견이나 주장은 사실적 주장, 가치적 주장, 정책적 주장의 세 종류가 있다.

첫째, 사실적 주장은 어떤 현안이나 문제의 사실관계를 따져 "~이다 또는~아니다"는 의견이나 주장을 펴는 경우를 말한다. "북한 해군의 NLL(북방한계선) 침범을 묵인하는 것은 주권포기행위다"는 주장은 사실적 주장이다. "중국에는 언론자유가 없다"와 같이 "있다 또는 없다"는 식으로 논지를 펴는 경우도 마찬가지다.

둘째, 가치적 주장은 "~이 좋다 또는 나쁘다", "~바람직하다 또는 바람직하지 않다"는 식의 주장을 말한다. "대출 꺾기 없애야", "원 포인트 개헌안을 발의하는 것은 바람직하지 않다"는 논설이 예이다.

셋째, 정책적 주장은 어떤 정책이나 행위의 시행을 주장하거나 권고하는 글이다. "고교 평준화 재검토 할 때다", "대선 규칙 빨리 마련하라" 등과 같은 논설이 정책적 주장을 담은 글이다.

⑤ 사설 문장

사설의 성패는 첫 세 줄에 달려있다고 한다. 서론 부분에서 독자들을 끌어당기지 못하면 다른 기사로 눈을 돌린다. 관심을 끄는 주제와 핵심을 찌르는 서두로 독자의 눈을 붙잡아야 한다. 이를 위해 어떤 형식과 기법도 동원될 수 있다. 시를 인용하거나 사진, 통계표까지 동원한다. 사설은 논리력, 설득력, 빠른 호흡의 3박자가 맞아야 한다.

특히 논설위원의 기량이 응집되는 곳이 사설의 결론이다. 결론을 보면 필력과 식견의 깊이가 드러난다. 결론 쓰기의 핵심은 가급적 짧을 것, 강한 표현 기교를 구사할 것, 안정감을 놓치지 말 것 등 3가지로 요약된다. 글을 쓰는 작업은 두렵고 고된 작업이다. 일류 작가들도 글을 쓰려고 펜을 잡거나 키보드 앞에 앉으며 두통, 위통이 온다고 호소할 정도이다. 좋은 사설은 일필휘지(一筆揮之)식으로 나오지 않는다. 해당분야에 대한 깊은 전문성과 식견 그리고 절차탁마(切磋琢磨)를 통해 만들어지는 것이다.

가. 좋은 사설의 요건

첫째, 내용이 정확해야 한다.

사실관계에서부터 입론, 논증, 결론에 이르는 모든 부분에서 오류가 없어야 신뢰를 받는다. 이를 위해서는 논설의 주제에 대해 필자가 날카로운 통찰력을 갖고 있어야 한다. 통찰력이 없으면 사건의 본질을 정확히 전달할 수 없고, 글을 논리적으로 전개하기 어렵다. 통찰력을 지니기 위해서는 기자가 그 주제는 물론 사회의 여러 문제에 대해 깊고 많은 지식과 정보를 갖고 있어야 한다.

둘째, 객관성이 있어야 한다. 사설은 주장이나 의견이 강력히 들어가는 글쓰기이지만 객관성이 담보되어야 한다. 필자의 주관적인 판단에 근거해 사설의 소재를 삼아서는 안 된다. 지나친 자기주장이나 해석은 자칫 형평성을 잃기 쉽다. 주장은 합리적, 논리적이어야 하며 누구에게나 일리 있는 주장으로 받아들여져야 한다.

셋째, 검증 가능해야 한다. 객관성과도 연결이 되지만 검증이 불가능한 주장이나 증거 및 대안을 제시해서는 안 된다.

넷째, 불편부당성을 지녀야 한다. 정파적 이해나 이념적 성향, 언론사의 이해관계를 떠나 공익적 차원에서 공정한 정론을 펴야 독자에게 설득력, 영향력이 있다.

다섯째, 알기 쉽게 써야 한다. 아무리 좋은 사설도 어렵고 딱딱해서 독자들이 이해하지 못하고, 읽지 않는다면 무슨 소용이 있겠는가. 독자를 붙잡지 못한 사설은 청중 없는 강연회 연사의 넋두리나 다름없다. 사설은 광범위한 독자층을 갖고 있고, 그들로부터 폭넓은 공감과 호응을 얻을 때 비로소 영향력을 발휘하는 것이다.

나. 사설쓰기 실제 요령

ㄱ. 형식면

- 소재(제재)는 뉴스기사에서 취한다.
- 제목은 주제를 압축하거나 주제를 그대로 붙인다.
- 단락을 바르게 설정한다. 4~5개 정도가 적당하다.
- 문법에 맞는 글을 써야 한다. 속된 표현은 피해야 한다.
- 누구든지 이해할 수 있는 용어로 본문을 구성한다.
- 평이하고 명료하게, 간결하면서 박력 있는 문장이 좋다.
- 논증을 위해 구체적인 숫자를 제시하면 설득력이 높다.
- 결론은 본론에서 논의한 내용을 중심으로 간결하게 작성한다.

ㄴ. 내용면

첫째, 논증은 기승전결의 설계도를 기본으로 통일성과 응집성이 있도록 조직한다. 주제만 갖고 마구잡이로 쓰는 사설은 설계도 없는 건축이나 다름없다. 설계도를 갖고 지은 집과, 설계도 없이 지은 집은 천양지차(天壤之差)이다. 먼저 소재가 안고 있는 문제점을 잘 분석하고 이렇게 된 원인이나 배경을 논증하고 필자의 견해나 해결책, 대안을 제시해야 한다. 치밀한 계획만이 좋은 사설을 담보한다.

둘째, 정확하고 타당성이 있는 근거를 제시, 주장을 뒷받침한다. 논평의 대상을 정직하고 책임감 있게 제시하고, 결론은 정확한 증거와 합리적 논거를 기초로 하여 객관성 있게 도출해야 한다. 불완전한 정보, 단편적인 정보, 미확인 정보, 조작된 정보, 유언비어 등에 근거한 입론(立論)은 배척해야 마땅하다.

셋째, 편견, 선입관, 국수주의와 같은 극단적 주장이나 논리의 비약은 경계한다. 특정인, 특정집단에 대해 지나치게 옹호 내지 비판하는 편파성을 드러내거나 반사회적 집단을 옹호하는 태도, 논설자의 정치적, 이념적 성향에 좌우되는 사설은 올바른 여론형성을 저해하는 일이다.

넷째, 양비, 양시론을 배격하고 논점과 주장을 분명히 제시, 시시비비를 가려야 한다. 빠져 나갈 구멍을 만들어 놓는 보신주의, 눈치보기식의 애매모호한 사설은 언론에 대한 불신과 가치관의 혼란만 가중시킬 뿐이다.

다섯째, 신념과 용기, 자주적 판단이 필요하다. 권력자, 사회적 강자에게 싫은 소리를 하고, 약자의 목소리를 대변하는 역할을 해야 한다. 정치적 중립을 지킨다는 명분 아래 진실을 은폐하거나 불의와 편견을 합리화시키는 사설은 국민의 판단을 흐리는 무책임한 글 장난, 유해한 활자에 지나지 않는다.

여섯째, 사회적 이슈에 대해 문제점을 끈질기게 추적, 시정을 촉구하는 자세가 요구된다. 우리 언론의 사설은 유력 외국 언론들이 그러하듯이 한번 옳다고 생각하면 몇 년이고 같은 주장을 되풀이하면서 밀고 나가는 집념이 약하다는 지적을 받고 있다. 사회정의에 관련된 중요한 문제에 대해서는 끈질기게 물고 늘어지는 근성이 필요하다.

⑥ 사설 분석

예 문

사설/ '3불'은 나라를 거꾸로 끌고 가고 있다

㉠ 노무현 대통령은 22일 본고사 · 고교등급제 · 기여입학제를 금지하는 '3불정책' 폐지요구에 "학생을 획일적 입시경쟁으로 내몰고 학원으로 내쫓는 그런 정책을 할 수는 없다"고 말했다. 대통령의 주장이 근거가 있는 것인지 아니면 현실을 모르는 이야기인지 따져볼 필요가 있다.

㉡ '3불'이 제도로 정식 도입된 건 2002년부터다. 2003년 초등학생의 83.1%, 중학생 75.3%, 고교생 56.4%가 사교육을 받았다. 작년 말 그 비율은 88.2%, 78.4%, 63.1%로 늘었다. 3불 이후 사교육이 더 늘었다. 대통령의 주장은 근거가 없는 것이다.

ⓒ 세계 100위권 대학 중에 미국 대학이 33곳이나 된다. 독일, 프랑스, 일본대학이 미국대학을 모델로 해서 대학교육 혁신을 밀고 나가고 있다. 그 미국대학엔 '3불'이 없다. 각 대학의 판단대로, 각 대학의 기준대로 학생을 뽑는다. 대학의 학생을 뽑는 기준이 저마다이기에 학생들도 그에 맞춰 다양하게 대학 입시를 준비한다. 아프리카 오지에서 봉사캠프를 하고, 축구부나 테니스부에서 주전(主戰)자리를 놓고 경쟁을 벌이고, 에이즈에 감염된 마약 중독자 치료를 도우면서 학창생활을 보낸다. 미국 대학은 학교에 따라 학력보다 봉사정신이나 개성과 특기를 높이 평가하기 때문이다.
ⓔ 횡성 민족사관고(史觀高)엔 동아리가 80개를 넘는다. 지역 초중학생한테 무료로 과외를 해주는 동아리도 있다. 외국인 노동자 행사 때면 민사고 학생들이 자원봉사로 통역을 해준다. 학교생활이 이렇게 다채(多彩)로운 건 민사고 학생들이 3불 규제를 받는 국내 대학이 아니라 '3불'과 아무 상관없는 미국 명문대를 목표로 하기 때문이다.
ⓜ 교육부는 특목고(特目高) 탓에 사교육이 기승을 부리고 있다고 한다. 특목고 입시경쟁은 자녀를 다양하고 창의적인 교육을 시키는 학교에 보내고 싶은 부모는 넘쳐나는데 그런 좋은 학교가 전국에 40 ~ 50개밖에 안 되기 때문이다. 전국 200개 고교를 다 그런 좋은 학교로 만들면 입시 경쟁은 자연적으로 해결된다.
ⓑ 노 대통령은 "가난한 사람은 (입시경쟁에) 치여 항구적(恒久的)으로 가난을 대물림한다"고 말했다. 평준화 교실에선 학업 능력과 적성이 천차만별인 학생이 모여서 배운다. 교육 효율이 좋을 리 없다. 공교육이 부실해지면 가정이 어려운 학생일수록 피해를 입는다. 부실한 공교육을 보충해줄 사교육을 받을 형편이 못 되는 것이다. 서울대 사회과학연구원은 2004년 '누가 서울대에 들어오는가'라는 보고서에서 "평준화 아래선 가난한 집 아이들이 경쟁에서 살아남기 힘들다"고 말했다. 결국 평준화 틀 속에서 자기를 상승시켜 보려는 가난한 집안 아이들의 꿈도 시들고 있는 것이다.
ⓢ '3불' 논쟁은 우리 자식들의 미래에 관한 논쟁일 뿐 아니라 대한민국이 어디로 가야 하느냐 하는 국가 진로(進路)에 관한 논쟁이다. 우리 아이들을 훌륭한 국민, 세계의 어느 누구와 경쟁해도 꿀릴 것 없는 능력있는 국민으로 키워내야만 대한민국의 미래도 함께 열리는 것이다. 이 정권의 '3불'정책은 국가가 어린 학생들을 빵기계로 빵 굽듯 획일적 인간으로 찍어내겠다는 것이다. 교육의 창의성, 교육의 다양성을 발목 잡겠다는 것이다. 창의성과 다양성을 잃어버린 국민이 21세기의 세계에서 어떻게 살아남을 수 있겠는가. 〈조선일보, 2007. 3. 23〉

▸ 분석

서 론 ㉠ '3불'정책 폐지요구를 거부한 대통령의 주장 타당한가

본 론 ㉡~㉥ 대통령 주장의 부당성 지적

㉡ '3불'정책 시행 이후 사교육이 더 늘었다.

㉢ 세계 100위권 대학 가운데 33개를 차지하고 있는 미국 대학은 3불이 없다.

㉣ 민족사관고 학생의 진학 목표는 국내 대학이 아니라 미국 명문대다.

㉤ 다양하고 창의적 교육을 시키는 특목고 늘려야 한다.

㉥ 평준화로 인한 부실한 공교육 때문에 가난한 가정의 학생들이 더 피해를 입는다.

결 론 ㉦ 본론의 논거를 바탕으로 '3불'정책은 교육의 창의성, 다양성을 가로막는 제도이다. 우리 자식들의 미래뿐 아니라 국가의 생존을 위협하는 '3불'정책은 폐지돼야 한다.

예 문

사설/ 왜곡과 거짓 위에서 춤추는 3불정책 폐지론

㉠ 3불정책(본고사, 고교등급제, 기여입학제) 흔들기가 거칠다. 장호완 서울대 장기발전계획위원장이 지난 21일 3불정책은 대학 경쟁력 확보의 암초 같은 존재라며 칼을 빼들자, 22일엔 사립대 총장들이 일제히 나서 3불정책 폐지를 결의했다. 수구언론과 보수정치권이 부채질한다. 정책에 대한 찬반 논란을 나무랄 순 없다. 그러나 이번 논란은 왜곡과 거짓과 무지 위에서 진행되는 것이어서 불쾌하기만 하다. ㉡ 가장 불쾌한 것은 이른바 대학총장들의 반학문적 태도다. 이들은 폐지론의 근거로 한결같이, 최근 일부 수구언론이 보도한 경제협력개발기구(OECD) 한국고등교육 평가보고서 내용을 거론했다. 그러나 문제의 보도 내용은 왜곡된 것이었다. 일부에서 오역 혹은 왜곡 사실을 지적했음에도, 총장들은 한 번도 확인하지 않은 채 앵무새처럼 왜곡된 보고서 내용을 읊조렸다. 보고서의 관련 내용은 "고등교육의 투명성과 지배구조 개선을 위한 새로운 장치가 마련되기 전에 너무 서둘러 '3불정책 등 기타 규제들'을 없애는 것에 반대한다"는 것이었다. 보고서는 또 고등교육의 형평성을 제고하는 차원에서 3불정책의 긍정적인 의미를 지적했으며, "대학입시에서 고교생이 받는 입시 압력을 완화해야 한다"는 권고까지 했다. 보도나 인용과는 정반대였다.

ⓒ 두 번째는 총장들의 비양심적 태도다. 경제협력개발기구는 지난 19일 규제개혁 보고서에서 한국사학의 투명성 제고를 촉구했다. "사립학교의 투명성을 높이기 위해 개방이사를 임명해 이사회의 개방성을 높여야 한다"는 것이었다. 사립대 총장들의 결의 이틀 전의 일이다. 이들은 유리하면 왜곡해 가면서까지 OECD를 인용했고, 불리하면 엊그제 발표한 것도 묵살하거나 외면했다. 학자로서 있을 수 없는 태도다.

ⓓ 3불정책은 사교육의 폐해와 교육기회의 불균형, 대학운영의 불투명성을 최소한으로나마 줄이기 위한 고육책이다. 따라서 대학이 사회적 소수자와 약자에게 충분한 고등교육 기회를 제공하고, 복마전과도 같은 사학비리가 근절되며, 망국론까지 나오는 사교육의 폐해가 사라질 때 개선할 수 있다. 대학들은 3불정책이 대학경쟁력을 약화시켰다고 둘러댄다. 그러나 경쟁력 약화의 원인은 입시제도에 있는 게 아니라, 인재를 뽑아 둔재로 졸업시키는 대학의 무사안일에 있다. 거짓말과 떠넘기기는 세 번째 문제다. 〈한겨레, 2007. 3. 23〉

▶ 분석

서 론 ㉠ 3불정책 흔들기는 왜곡과 거짓과 무지 위에서 진행되는 것이다.

본 론 ㉡ ~ ㉢

ⓛ 대학총장들의 반학문적 태도가 문제다. 일부 수구언론이 보도한 OECD의 한국고등교육평가보고서 내용은 사실을 왜곡한 것인데도 총장들이 확인조차 하지 않은 채 왜곡된 내용을 읊조렸다.

ⓒ OECD가 한국 사립학교의 투명성 제고를 촉구한 내용은 외면하고, 유리한 내용은 왜곡해 가면서까지 보고서를 인용했다.

결 론 ㉣ 3불정책은 사교육의 폐해와 교육기회의 불균형, 대학운영의 불투명성을 최소화하기 위한 고육책이다. 대학 경쟁력을 약화시키는 것은 3불정책이 아니라 대학의 무사안일 때문이다.

3불정책의 폐지론과 관련한 〈조선일보〉와 〈한겨레〉의 사설은 확연한 논조 차이가 드러난다. 두 신문 모두 합리성, 논리성을 갖고 있다. 〈조선일보〉는 3월 23일자 사설을 2개만 쓰면서 3불정책 폐지의 당위성을 강조하기 위해 사설의 기사량을 늘렸다. 〈한겨레〉는 사설을 평소처럼 3개 썼기 때문에 기사량이 적다.

언론은 사회적 이슈와 관련, 같은 시각을 나타낼 때도 있지만 위 사설처럼 전혀 다른 입장을 표출하기도 한다. 사설이나 칼럼과 같은 의견기사는 각 언론사의 정체성, 필자의 주장을 확연히 드러내는 대표적인 글이다. 언론은 이처럼 각계각층의 여론을 반영, 공론장(*public sphere*)을 형성하는 역할을 한다. 언론에 표출된 다양한 견해를 국민(독자)들이 냉정하게 판단해야 한다. 국민 각자의 판단에 따라 다수 여론이 형성되는 것이다.

2) 칼 럼

사설이 논리를 중시하는 논문형이라면, 칼럼(*column*)은 형식이 자유로운 수필식 문장이다. 사설은 무기명인 데 반해 칼럼은 기명문장이다. 사설은 우리를 서술 주체로 하지만 칼럼은 나를 주체로 한다.

칼럼이 더 가독성이 높은 이유는 읽을거리 기사적 요소, 부드럽고 재치 있고 매섭고 세속적인 말을 사용하는 수필식 문장, 내용의 풍부성, 예술성, 필자의 개성이 드러나는 점 등이다. 서론에서 일화나 개인의 경험, 사례, 인용, 비유 등을 소개하거나 질문을 던짐으로써 자연스럽게 본론으로 들어간다. 부드럽고 친근한 방법으로 독자들의 흥미를 끌기 위한 것이다.

한국 칼럼은 대부분 이른바 시론(時論) 형태의 논설식이어서 다양한 양식 개발이 필요하다. 공공문제 시사칼럼, 에세이칼럼, 전문가 의견 칼럼, 생활칼럼, 문화칼럼, 의학칼럼, 과학칼럼 등이 그것이다.

필자는 사외 필자, 사내 필자로 나뉜다. 사외필자는 대학교수, 연구원 등 전문가들이 대부분이지만 각 언론사의 방침에 따라 자유롭게 정할 수 있다. 각 언론사마다 나름의 사외필자 선정 기준을 갖고 있으며, 좋은 필자를 확보하기 위해 많은 노력을 기울이고 있다. 사내필자는 주필, 논설주간이나 논설실장, 논설위원들이 주로 맡고 있지만 근래 들어 각 부, 팀의 책임자인 데스크 및 차장에서부터 평기자 칼럼까지 다양화하는 추세이다.

전문적으로 칼럼을 쓰는 사람을 칼럼리스트라 하며, 자신의 이름을 걸고 정기적으로 칼럼을 쓰는 고정칼럼리스트와 사안의 내용에 따라 칼럼을 쓰는 비 고정칼럼리스트가 있다.

미국은 1920년대부터 정치칼럼리스트가 등장했다. 1921년 월터 리프만이 뉴욕

〈헤럴드 트리뷴〉에 유머와 위트, 풍자가 들어가는 정치칼럼을 기고했으며 1940년에는 전국 165개 신문에 칼럼을 게재하는 명 칼럼리스트로 이름을 날렸다.

우리나라는 1920년대 민간지 시대에 이광수, 송진우, 이상, 설의식 등이 지금의 칼럼과 비슷한 논문, 글을 실었다. 칼럼이 고정란으로 등장한 것은 1950 ~ 60년대이다. 대부분의 신문들이 고정 칼럼란을 두고 편집간부들이 주로 기명으로 글을 썼다. 1990년대 중반 들어 각 신문들이 경쟁적으로 오피니언란(欄)을 신설하고 칼럼을 3 ~ 4개씩 게재하고 있다.

칼럼은 필자의 취향에 따라 자유롭게 의견을 개진한다. 사외필진의 경우 칼럼을 게재하는 언론사의 이념이나 주 독자층, 특정이슈에 대한 입장 등에 구애받을 필요는 없다. 이 때문에 사외필진의 경우 칼럼 하단에 '본 칼럼은 본사의 편집방향과 무관하다'는 점을 명기하고 있다. 독자들이 외부인사가 쓴 칼럼의 논조와 주제를 언론사의 입장으로 오해하지 않도록 하기 위한 것이다. 또한 민 · 형사상 소송이 제기될 경우 책임을 회피하려는 의도도 숨어 있다. 그러나 각 언론사가 한 지면에서 사설과 칼럼의 논지가 달라 독자들이 혼선을 겪는 것을 방지하기 위해 필자의 개별적인 성향이나 전문성 등을 감안해 회사의 정체성과 부합하는 사람을 선정한다. 이 때문에 사설과 칼럼의 논지가 다른 경우는 드물다.

칼럼은 필자의 전문성, 글 쓰는 취향에 따라 자유스런 형식으로 쓰지만 몇 가지 주제 전개방식을 소개하면 다음과 같다.

① 인과관계 규명

사회현상에 대한 원인을 분석, 이에 근거해 미래를 예측하거나 새로운 제안, 행동지침을 제시한다.

② 비교 대조

한 사건, 인물, 개념, 사회운동 등을 잘 알려진 역사적 사실, 외국의 사례, 독자들에게 친숙한 사물과 비교 대조함으로써 독자들로 하여금 명확한 생각을 갖도록 설득한다. 예로 '거여 견제론 대(對) 거야 견제론', '백악관 병 대(對) 청와대 병'처럼 동일한 소재를 비교 평가하는 칼럼을 들 수 있다.

예 문

'닮은꼴' 부동산과 교육정책

이 정권의 부동산정책은 교육정책과 많이 닮았다. '지금 집을 사면 낭패 본다'고 청와대에서 아무리 외쳐도 믿는 사람이 별로 없는 것처럼, 앞으로 내신 성적만 잘 받으면 대학 간다고 교육당국이 누누이 설명해도 학부모들은 들은 척 만 척이다.

내신 불리한 걸 뻔히 알면서도 특목고엔 지원자가 몰린다. 논술 비중이 그리 크지 않다고 채점 교수들까지 나서 귀띔을 해줘도 논술학원은 문전성시다. 부동산과 교육정책은 대표적인 불신 품목이다.

국민 수준 무시한 정권의 패착

정부의 패착은 국민 수준을 얕잡아 본 데서 시작됐다. 새 아파트 집들이에 가 보면 요즘 아파트 참 잘 짓는다는 감탄이 절로 나온다. 단지 안에 연못과 분수도 멋들어지게 꾸며 놓고 헬스클럽과 사우나까지 갖춰 놓았다. 남이 나보다 잘살면 못 참는 게 한국인이다. 좋은 집, 넓은 집에 살고픈 욕구가 확산되고 있다.

그런데도 정부는 공급보다는 '세금폭탄'과 재건축 억제 같은 규제 일변도로 부동산 정책을 폈다. 살던 집에서 계속 살라는 강요나 다름없다. 누구의 말을 뒤집으면 '국민은 21세기에 와 있는데 정권은 독재시대에 머물러 있는 격'이다. 이러니 주거 여건이 좋은 동네의 희소가치가 높아지고 다른 지역도 집값이 폭등한다.

수준 높은 교육을 바라는 욕구는 한두 자녀뿐인 가정에서 내 자식 잘 키우겠다는 이기주의 때문만은 아니다. 젊은 세대가 살아갈 세상은 지금과 크게 다를 것이다. 얼마나 양질의 교육을 받았느냐에 따라 개인은 물론이고 국가운명이 좌우되게 되어 있다. 이 땅의 부모들이 벌써 눈치 채고 있는 현실이다.

국민과 시대정신은 수준 높은 교육에 목말라하는데 정권은 평등교육의 허상에 매달려 자립형사립고, 특목고, 국제중까지 거의 모든 숨통을 막아 놓고 있다. 교육수준은 계속 뒷걸음질치고 기존의 '좁은 문'을 통과하려는 생존 경쟁만 불꽃이 튄다. 또 다른 '닮은꼴'은 정책 실패의 결과로 나타난 수도권 집중이다. (중략)

사회 조각조각 낸 罪 크다

두 정책은 서민을 최대 피해자로 만든 점에서도 흡사하다. 내 집 마련이 멀어진 서민들을 정부는 무슨 말로 달랠 것인가. 386 정치인들은 평준화제도가 서민에게 유리하다고 꼬드겨왔지만 이 정부의 교육정책 아래서 가난한 집 아이들은 과연 행복해졌는가.

알뜰히 저축해 집을 넓혀 가는 것이 모두의 축하를 받던 시절이 있었으나 지금은 아니다. 부동산을 가진 사람과 그렇지 못한 사람의 괴리감만 커지고 두 집단 사이엔 냉랭함이 감돈다. 명문대 합격에 다들 박수를 보냈던 시절이 있었다. 가난한 환경을 이겨 낸 학생들은 더 그랬다. 그런 요즘 명문대 합격생들은 사교육을 통해 돈을 주고 합격을 샀다는 눈총을 받지 않으면 다행이다. 몇 년 사이에 우리 사회를 이렇게 조각내 놓은 정권의 죄가 크다. 〈동아일보, 2006. 11. 22〉

위 칼럼은 정부의 부동산 정책과 교육정책의 실패를 비교대조하면서 여러 면에서 닮은꼴이라는 점을 지적하고 있다. 두 정책은 첫째, 국민들의 불신품목, 둘째, 정책 실패의 결과로 나타난 수도권 집중, 셋째, 서민들을 최대 피해자로 만든 점이 닮은꼴이라는 것이다. 두 정책의 실패로 인해 우리 사회를 조각내 놓은 궁극적 책임은 현 정권에 있다고 결론 내리고 있다.

③ 정의 정립

주제의 정의에 초점을 맞추는 것이다. 국가나 사회단체, 국제적 기구의 합의내용, 문서나 문안에 실린 정의를 다루거나 사회의 올바른 정의를 촉구하는 접근방법이다.

예 문

이어령 씨는 개혁을 한자의 의미인 가죽 고치기에서 찾아 썩지 않게 하기, 부드럽게 하기, 변질되지 않게 하기, 즉 가죽을 무두질하듯 사회를 고쳐나가는 것이라고 주장했다. 이 씨는 改자에 내 몸을 뜻하는 己자가 들어있다고 지적하고, 개혁을 남을 고치는 것이 아니라 바로 자기 자신을 매질하여 고친다는 뜻이 담겨 있다고 정의했다.

---

④ 과정 분석

사회운동, 정책변화, 경제발전, 역사의 전개과정을 분석하며 미래를 전망하거나 바람직한 방향을 제시하는 방식이다.

⑤ 기술, 서술

의견기사가 집필자의 주의 주장만 내세우는 것이 아니라 어떤 현상을 독자들에게 설득력 있게 설명함으로써 이해와 공감으로 얻을 수 있다. 독자 자신이 판단하고 결론을 내리도록 한다.

예 문

'是日也放聲大哭'

지난번 이등(伊藤) 후작이 내한했을 때에 어리석은 우리 인민들은 서로 말하기를 "후작은 평소 동양 삼국의 정족(鼎足)안녕을 주선하겠노라 자처하던 사람인지라 오늘 내한함이 필경은 우리나라의 독립을 공고히 부식케 할 방책을 권고키 위한 것이리라"하여 인천항에서 서울에 이르기까지 인민상하가 환영하여 마지않았다. 그러나 천하 일 가운데 예측키 어려운 일도 많도다. 천만 뜻밖에 5조약이 어찌하여 제출되었는가. 이 조약은 비단 우리나라만 아니라 동양 삼국이 분열을 빚어낼 조짐인즉, 그렇다면 이등 후작의 본뜻이 어디에 있는가?

그것은 그렇다 하더라도 우리 대황제 폐하의 성의(聖意)가 강경하여 거절하기를 마다하지 않았으니 조약이 성립되지 않은 것인 줄 이등 후작 스스로 잘 알 것이다.

그러나 슬프도다. 저 개, 돼지만도 못한 소위 우리 정부의 대신이란 자들은 자기 일신의 영달과 이익이나 바라면서 위협에 겁먹어 머뭇대거나 벌벌 떨며 나라를 팔아먹는 도적이 되기를 감수했던 것이다.

아, 4천 년의 강토와 5백 년의 사직은 남에게 들어 바치고, 2천만 생령들로 하여금 남의 노예 되게 하였으니, 저 개 돼지보다 못한 외무대신 박제순과 각 대신들이야 깊이 꾸짖을 것도 없다 하지만 명색이 참정(參政)대신이란 자는 정부의 수석임에도 단지 부(否)자로서 책임을 면하여 이름거리나 장만하려 했더란 말이냐.

김청음(金淸陰)처럼 통곡하여 문서를 찢지도 못했고, 정동계(鄭桐溪)처럼 배를 가르지도 못해 그저 살아남고자 했으니 그 무슨 면목으로 강경하신 황제폐하를 뵈올 것이며, 그 무슨 면목으로 2천만 동포와 얼굴을 맞댈 것인가.

아! 원통한지고. 아! 분한지고. 우리 2천만 동포여, 노예된 동포여! 살았는가, 죽었는가? 단군, 기자 이래 4천 년 국민정신이 하룻밤 사이에 홀연 망하고 말 것인가? 원통하고 원통하다, 동포여! 동포여!

⑥ 질의응답

필자가 질문을 던진 뒤 이에 답하는 형식으로 자신의 견해를 밝힌다.

⑦ 유형 분류

사회 현상, 사람들의 행동, 단체의 전략을 유형별로 분석하는 것은 해설기사, 기획기사, 칼럼에서 흔히 볼 수 있다.

3) 단평

칼럼과는 달리 시사문제를 중심으로 촌철살인의 짧은 논평을 하는 글이다. 주로 논설위원이 쓰고 있으나 사외 필자, 편집국 차장급 등 필자가 다양해지는 추세이다.

1920년대 〈동아일보〉 정치면의 횡설수설(橫說竪說), 사회면의 휴지통, 〈조선일보〉 정치면의 팔면봉(八面鋒), 사회면의 자명종, 〈중외일보〉 정치면의 반사경, 사회면의 거미줄이 있었고, 현재는 〈동아일보〉 횡설수설, 〈조선일보〉 만물상, 〈경향신문〉 여적, 〈중앙일보〉 분수대, 〈한국일보〉 지평선 등이 대표적인 단평이다.

4) 비평

서평, TV비평, 연극비평, 연주회비평, 영화비평, 전람회비평 등이 있다.

비평은 기자가 쓰는 신문평과 전문가가 쓰는 예술적 비평이 있다. 정확한 평가를 통해 작품의 질을 고양시키고, 독자에게 교양과 정보를 제공하는 목적이 있다. 비평은 전문적 식견이 필요하다는 점에서 주로 외부 전문가의 기고에 의존하고 있다. 그러나 우리 언로도 전문기자 제도가 정착되어 가면서 외국 유력지처럼 서평, 공연, 연예 같은 분야는 전문기자들이 비평을 담당하는 경우가 늘고 있다.

3. 기획기사

1) 기획기사란

기획기사는 독자에게 정보를 제공하고 관심과 흥미를 유발하는 기사의 한 유형이다. 취재기자가 사회적으로 중요하다고 생각하는 사안을 비교적 긴 시간을 들여 깊이 있는 정보를 수집해 보도하는 기사이다. 스트레이트기사, 보도자료기사 외의 기사 대부분은 기획기사이다.

취재대상에 대한 관심과 깊이 있는 연구, 충분한 자료수집, 지적인 사고, 필력(筆力)이 요구된다. 기획기사는 타 언론사도 취재할 수 있는 발생 기사나 보도자료 기사가 아니기 때문에 기사의 차별화를 기할 수 있다. 특종도 중요하지만 좋은 기획물을 발굴해 심층적인 정보와 읽을거리를 제공하는 언론이 경쟁력이 있다. 장문의 기획기사나 다큐멘터리 같은 분량이 많은 기사는 단순히 사건이나 특정 이슈에 대해 상세하게 서술하는 것만으로는 충분치 않다. 독자와 시청자에게 사건과 사안에 대한 통찰력을 제공해야 한다.

'정보의 홍수'로 불리는 단순정보보다 심층정보를 원하는 독자들의 요구에 부응, 언론사마다 앞 다퉈 기획취재팀을 운영하면서 심층조사보도(*investigative reporting*), 기획보도(*enterprise reporting*)의 비중을 강화하는 추세이다.

기획기사의 성격을 요약하면 다음과 같다.

첫째, 연구보고서가 아니라 인터뷰중심의 기획취재기사다.

둘째, 경성뉴스보다는 연성뉴스가 주를 이룬다.

셋째, 비평문이 아니라 사회적 현상에 대한 보도다.

넷째, 칼럼이 아니라 객관적 기술이다.

다섯째, 에세이가 아니라 여러 관점에서 접근, 종합적인 결론을 내린다.

여섯째, 의견기사인 사설이 아니라 정보제공이 목적이다.

일곱째, 땜질기사가 아니다. 기사 형식을 갖추고 기사량이 많다.

여덟째, 광고가 아니라 저널리즘이다.

2) 기획기사의 구조 및 유형

(1) 구 조

① **첫머리**(*beginning*)
보통 지연리드를 사용하고 기획의 핵심을 알려주는 하나의 사건이나 사례 혹은 일화를 소개한다.
② **본문**(*body*)
부차적 사건들, 인용문, 사례들, 배경기사와 기타 읽을거리를 넣는다.
③ **종결**(*ending*)
주제나 상황을 요약하여 전하거나 클라이맥스로 마감한다.

(2) 유 형

기획기사의 주제는 무궁무진하다. 뉴스와 관련한 기획기사에서부터 특정 주제를 철저히 파헤치는 장기기획 시리즈, 읽을거리 피처기사까지 좋은 기획아이디어만 있으면 모두 기획기사의 소재가 될 수 있다. 얼마큼 참신하고 차별화된 기획물을 만드느냐가 관건이다.

① 스트레이트성 기획기사
최근 이슈가 되고 있는 뉴스와 관련된 기획기사(*news feature*)이다. 예로 학교폭력 문제가 이슈화되었다면 현장 르포 형태의 학교폭력 실태 및 통계자료 제시, 피해 학생 및 가해 학생 인터뷰, 생활지도교사와 전문가 진단, 외국의 학교 폭력 실태 및 근절 성공 사례, 관계 당국의 조치와 향후 대책 제시 등을 기획기사로 제공할 수 있다.
강원도 동강 환경훼손과 관련한 기획기사를 쓴다면 환경훼손 실태(몰려드는 관광객, 텐트 포장마차 쓰레기 천지 등), 신음하는 생태계, 허술한 관리대책 등을 소재로 다룰 수 있다. 공기업 감사들이 관광외유로 물의를 빚자 〈경향신문〉은 공기업 감사들의 연봉과 출신을 분석하고 아울러 공기업들이 CI(기업로고)를 앞 다퉈 바꾸느라 엄청난 예산을 낭비하고 있다는 기획기사를 보도했다.

예 문

EX K-Water 등 이상한 공기업 CI "국민은 더 헷갈린다"

공기업들이 기능을 쉽게 알 수 있는 기존 이름 대신 불명확한 영문 이름을 기업의 명칭으로 사용하고 있다. 공기업들은 국제화 시대에 이미지 제고를 위해 새로운 이름이 필요하다고 주장하지만 불필요한 예산낭비에다 국적불명의 용어를 남발해 오히려 국민들로부터 멀어지고 있다는 비판이 거세다.

최근 2년 동안 공기업들은 '과거 관급기업이라는 이미지를 벗고 세계적 기업으로 도약하겠다'는 취지로 많게는 수십억 원대 비용을 투입해 '기업통합 이미지(CI · 기업 로고)'를 교체했다.

한국도로공사는 지난 2월 CI를 '이엑스(EX)'로 교체하면서 "고속도로를 건설하고 관리하는 이미지에서 벗어나 사회 문화적 가치를 창조하는 기업으로서 사명을 다하겠다"고 이유를 밝혔다. 공사측은 용역비용으로만 1억 8천만 원을 썼고, 시설물이나 서류 등 로고 교체비용까지 수십억 원이 들 것으로 예상하고 있다.

이와 함께 한국철도공사가 CI를 '코레일(KORAIL)'로 일원화하는 데 약 10억 원의 비용을 투입하는 것을 비롯해 수자원공사는 '케이-워터(K-Water)', 기업은행은 IBK, 서울시 산하 도시개발공사는 'SH공사', 서울지하철공사는 '서울메트로'로 변경하면서 수억~수십억 원을 사용한 것으로 나타났다. 〈경향신문, 2007. 5. 16〉

② 보조기사

보조기사(*side bar*)는 미국 버지니아공대 총격사건처럼 대형사건이 났을 때 증언담이나 목격담 기사, 극적인 생존자와 같이 주요 기사를 받쳐 주는 기사이다.

③ 후속기사

중요한 뉴스가 되었던 사건이 일어난 지 얼마동안 지난 뒤 사건이 어떻게 매듭지어졌고 어떻게 진행되고 있는지에 관해 추적한 기사를 후속기사(*aftermath piece*)라고 한다.

집창촌 단속 이후, 대구 지하철 참사 그 후, 줄기세포 연구 어디까지 등

④ 컬러 스토리

컬러 스토리(*colour story*)는 국가차원에서 개최되는 박람회나 올림픽 개막행사와 같은 축제의 분위기를 가벼운 터치로 기술한 기획기사를 말한다.

⑤ 계절 스케치기사

새로운 계절이나 휴일 등에 초점을 맞춘 스케치 기획기사(*seasonal story*)이다.

⑥ 트렌드기사

사회적 흐름과 경향을 분석한 기획기사 형태가 트렌드기사(*trend feature*)다.

⑦ 연례행사와 관련된 기사

국경일, 각종 기념일 등과 관련한 기획기사이다. 식목일에 독림가(篤林家)를 발굴해 기사화한다든지, 장애인의 날에 장애를 딛고 성공한 인물스토리를 쓰는 것과 같은 기사이다.

⑧ 역사와 관련된 기사

행정수도 이전과 관련해 과거 도읍지 결정의 역사적 전거(典據) 및 수도 이전 역사, 외국의 행정수도 건설사례 등의 기사, AP통신(최상훈 기자)의 노근리 양민학살 사건 추적보도 등이다.

⑨ 사람과 관련된 기사

각종 성공 · 선행 · 기행(奇行)사례, 범죄자, 재력가, 정치인, 연예인, 유명 스포츠맨 등 인물(*human interest*, *personal profile*)에 관한 기획기사도 무궁무진하다.

⑩ 장소 및 전시회와 관련된 기사

한옥마을, 동강의 비경과 같이 여행, 레저관련 소개기사와 각종 전시회관련기사가 있다.

⑪ 캠페인 기사

호화결혼식 및 음주운전 퇴치, 에너지 절약, '토익 코리아' 열풍 등

⑫ 장기 기획시리즈 기사

특정 주제에 관해 적게는 10 ~ 20회, 길게는 50 ~ 60회의 장기 기획시리즈를 통해 철저하게 해부하는 기사이다. 〈조선일보〉의 2007년 '중국을 다시 보다', 〈동아일보〉의 2007년 '최소로 최고를', 〈경향신문〉의 2006년 '진보개혁의 위기', 2007년 '민주화 20년, 지식인의 죽음'과 같은 기획기사가 대표적이다.

3) 기사작성 요령

(1) 명확한 주제의 설정

데스크의 조언이나 지시, 기자의 경험과 육감, 각종 취재원, 서적 등으로부터 기획아이디어를 얻어 주제를 정한다. 기획기사는 주제를 명확히 설정하고 기사의 분량, 취재범위와 한계를 설정해 두는 것이 필요하다. 주제와 관련이 적은 것은 과감히 버리는 자세가 필요하다. 취재과정에서 주제가 바뀌기도 한다. 단발 기획기사는 하나의 주제이지만 특집기획 및 장기시리즈 기사는 주제가 여러 개 있을 수 있다.

(2) 면밀한 취재

깊이 있는 취재를 하고 필요한 증거자료들을 확보하기 위해서는 많은 시간과 노력이 요구된다. 때로는 수십 명의 취재원을 만나 주제를 지지할 입증자료(실례, 통계자료, 증언, 일화, 인용, 관찰자료 등)를 수집해야 한다. 이에 따라 사전에 면밀한 취재계획의 수립이 필요하다. 특히 단발성 기획이 아닌 장기 시리즈는 보통 2백자 원고지 10~15매 또는 20~30매 안팎이다.

특별 취재반을 구성해 여러 명의 기자가 투입되기 때문에 팀장과 팀원 간 손발이 잘 맞아야 하고 역할분담이 잘 이뤄져야 한다. 전문성, 심층성을 보완하기 위해 외부 전문가가 참여하는 경우도 많다. 기사 내용에 대한 자문 내지 의견만을 제시하는 선에서 외부 전문가의 역할을 제한하기도 하지만, 직접 필자로 참여해 시리즈를 주도하기도 한다. 기사와 관련, 사전에 충분한 논의와 협의가 이뤄져야 좋은 기획물을 쓸 수 있다.

(3) 수준 높은 기사 작성

취재한 내용을 먼저 핵심주제에 따라 주제별, 제목별로 정리한 뒤 순서에 따라 논리적으로 연결한다. 노련한 기자는 리드를 쓰는 순간부터 귀착점을 머릿속에 그리면서 쓴다.

기사를 쓰는 과정에서 당초 주제가 너무 길거나 너무 많은 내용을 포괄하는 경우 주제를 압축하거나 소주제로 분리하고, 증거자료가 빈약할 경우 다른 주제에 합치거나 주제에서 제외시키는 것과 같은 방향전환이 필요하다. 기사가 산만한 느낌을 주지 않도록 주제간 연결이 자연스럽도록 재배열한다.

기사를 쓰는 것 자체가 기사 쓰는 방법을 가르쳐 준다. 적합한 문장의 톤과 문체를 찾아내는 탐색작업이 끝없이 이뤄져야 한다. 면밀한 취재와 수준 높은 기사, 짜임새 있는 지면 구성은 '잘 차려진 밥상'에 비유할 만하다. 기사가 일목요연하지 못하고 이런 저런 취재 내용만 잔뜩 늘어놓는 것은 '싱크대에 버려진 음식 찌꺼기'나 다름없다.

4. 해설기사

1) 해설기사란

해설기사는 어떤 사건을 심층적으로 취재하여 사건이 일어나게 된 원인이나 배경, 의미, 영향, 앞으로의 전망 등을 알기 쉽게 설명하고 전망한 기사를 뜻한다. 뉴스에 대한 독자나 시청자의 이해를 돕기 위한 기사이다.

해설기사의 핵심은 YTT라고 하는데 yesterday, today, tomorrow의 머리글자로 어제(원인), 오늘(결과), 내일(전망)을 말함으로써 뉴스의 의미를 알게 한다. 뉴스기사와 함께 실리거나 뉴스기사가 나온 다음에 실린다. 스트레이트 기사/ 해설기사 또는 스트레이트 기사 〈관련기사 ○면〉의 형식을 띤다.

해설기사는 해설자의 의견이나 주관이 들어가지 않은 객관적인 것이어야 한다. 뉴스의 자료를 모아 경위, 현상, 장래의 전망을 요령 있게 정리하는 것이다. 가치판단을 내리는 사설과는 다르다.

해설기사의 주요 기능은 ‣진실을 구하기 위한 사실 이전과 사실적 배경의 발굴작업 ‣표면적 사실보도로 인해서 일어날 수 있는 오판(誤判)이나 오해의 제거 ‣사건 내용을 심층적, 구체적으로 알고 싶어 하는 독자들의 욕구 충족을 위해 뉴스의 전후사정, 원인분석, 배경적 자료를 제공하는 것이다.

2) 의미

디지털시대 언론의 사명은 정보의 홍수 속에서 중요하고 의미 있는 정보를 골라주고, 깊이 있게 해석을 해줌으로써 사람들로 하여금 세상을 제대로 인식할 수 있도록 하는 일이다. 그래서 미래의 특종은 최상의 해석, 세밀한 상황묘사가 될 것이라는 말이 있다. 최상의 해석은 가장 잘 쓰고 묘사된 글이다. 그러면서 독자에게 왜 그 사실을 알아야 하고, 그 사실의 의미는 무엇인가를 깨우쳐 주는 글이다. 디지털 시대에는 단순한 정보가 아니라 특정정보가 우리에게 무슨 의미가 있는지를 해석하는 해설보도가 필요하다.

기자의 역할도 민첩성이 강조되던 것에서 전문지식과 통찰력, 식견을 가진 전문 직업인 시대로 변화하고 있다. 전문적 식견을 가진 정보검색사, 정보해석사로서 사건의 지엽이 아닌 본질을 꿰뚫어 보는 안목을 가져야 한다. 미국의 언론학자 맥두갈(Curtis D. Mcdougal)은 "이상적 기자는 아카데미즘과 저널리즘을 혼합한 형으로 포괄적인 지식인, 심리분석가, 실천적 사상가의 기능이 요구된다"고 주장했다.

3) 유 래

해설보도는 세계가 전쟁과 경제적 위기를 겪으면서 개발되었다.

미국의 해설기사(*explanatory story*)는 1910년대 초 제 1차 대전 때부터 중요시되어 신문이나 시사주간지에서 많이 다루기 시작했다. 1914년 세르비아 사라예보에서 일어난 한 발의 총성(오스트리아 황태자 암살)이 세계대전으로 번진 이유를 미국 독자들이 이해할 수 없었다. 당시 언론들은 전쟁을 객관적으로만 보도한 결과, 전쟁이 왜 일어났으며, 왜 미국이 참전하게 되었는지를 많은 미국인들이 제대로 알지 못했다. 일부 신문들이 제 1차 대전의 원인과 이유, 경과 등을 자세히 해설하는 기사를 싣자 독자들로부터 커다란 호응을 받게 됐다. 그러자 다른 신문이나 잡지들도 다투어 해설기사를 싣는가 하면 '해설칼럼'을 신설하고, 주요사건들에 대한 논평기사(*commentaries*)들도 게재했다.

1929년 10월 미국 경제공황은 해설기사의 필요성을 더욱 높였다. 왜 이런 대공황이 일어났는지, 정부는 어떻게 대처하고 있는지, 대공황은 언제쯤 극복할 수 있는지 등에 대한 자세한 설명이 필요했다. 특히 경제공황에 대처하기 위한 뉴딜(New Deal) 정책이 복잡한 경제적, 사회적 프로그램이었던 까닭으로 언론의 해설이 더욱 각광을 받았다.

제 2차 대전이 발발하자 라디오방송들도 해설기사를 뉴스프로그램에 도입했다. 대전 이후 미국이 세계의 지도적 역할을 담당하면서 국민의 안전과 생명, 재산에 영향을 미치는 국내외 각종 정치, 경제, 사회적 이슈에 대한 해설기사의 필요성이 절실해졌다.

더구나 나날이 복잡해지는 현대사회에서 경제, 환경, 보건, 과학, 의료, 첨단기술 분야 보도에는 해설보도가 필수적이다. 1947년 조직된 AP통신 가입회사 편집국장협회에서 해설기사를 받아들이기로 결정했다. 이듬해 〈뉴욕타임스〉의 제임스 레스턴도 해설기사의 필요성을 역설했다. 1985년부터 퓰리처상에 해설기사 부문이 포함되었다.

우리나라는 1960년대부터 해설보도가 본격 도입됐다. 초기 신문지면이 8면이던 때는 3면이 해설 면으로 사용되었다. 현재는 신문, 통신, 인터넷 신문을 막론하고 대폭적으로 지면을 할애해 독자의 궁금증을 풀어주는 각종 해설을 싣고 있다. 방송도 해설위원(논설위원), 대기자, 전문기자, 일반기자들이 주요 이슈에 대해 다양한 해설을 제공하고 있다.

4) 해설기사의 구조 및 유형

(1) 구 조

해설기사는 일반적으로 역피라미드형과 피라미드형의 혼합형 기사구조를 이룬다. 즉 '전문 + 피라미드형' 구성이다.

전문(*lead*)에 해설할 내용과 방향을 압축해 제시한다. 이어서 이슈에 대한 자세한 배경과 의미, 영향, 전망 등을 기승전결(起承轉結)의 순서에 따라 기술하는 것이 대체적인 기사쓰기의 형태다.

예 문

제2의 개국이라고 할 수 있는 한 · 미 자유무역협정(FTA)협상이 마침내 타결됨으로써 한국경제는 '경제빅뱅'이라 할 만큼 엄청난 변화를 맞게 될 것으로 예상된다. 세계 최대시장(미국)의 선점에 따른 무역기회 확대가 생산성 증대는 물론 경제체질 개선 등 다양한 연쇄효과를 불러오면서 한국경제가 '샌드위치' 위기에서 벗어나 새로운 성장 동력을 확보하게 될 것으로 기대되고 있다.
그러나 상품시장 외에 우리의 대외경쟁력이 취약한 농업 · 서비스부문 등에서도 개방 폭을 확대함에 따라 이들 부문의 일부 피해도 피할 수 없을 것으로 보인다.
한 · 미 FTA타결이 한국경제와 사회 전반에 '위기'이자 '기회'로 다가온 셈이다. 〈문화일보, 2007. 4. 2〉

예 문

> 불투명한 미래만 남았다. 정부는 초강대국 미국과의 시장개방으로 제2의 경제대국 도약의 발판이 마련됐다는 입장이지만 제대로 된 준비 없는 개방에 대한 피해를 우려하는 목소리도 적지 않다. 무엇보다 자유무역협정(FTA)이 관세철폐를 통한 교역 증대만이 아니라 지적재산권, 서비스, 투자, 기술 장비, 위생검역, 의약품 등 사회 전반의 체질개선을 미국식 표준안대로 따를 것을 요구하는 포괄적 협상이라는 점에서 우려가 커지고 있다. 한번 맺은 개방수위는 무슨 일이 있어도 되돌릴 수 없다는 '역진 금지' 조항도 향후 미래에 어떤 무기로 우리를 짓누를지 가늠키 어려운 대목이다. 〈경향신문, 2007. 4. 3〉

한·미FTA협상 타결과 관련한 두 신문의 해설 리드에 해당하는 부분이다. 리드만 보더라도 FTA협상 타결에 대한 두 신문의 시각이 매우 상반된다. 〈문화일보〉는 매우 긍정적인 시각을 나타낸 반면 〈경향신문〉은 협상타결에 따른 피해를 우려하고 있다. 논쟁적 주제에 대해 각 언론이 어떤 입장을 취하느냐는 기본적으로 각 언론사가 독자적으로 판단할 사항이다. 각 언론이 해설을 통해 제시한 협상타결의 의미와 배경, 이해득실, 향후 과제 등은 모두 타당한 근거를 갖고 있다. 이런 해설을 읽고 어떤 시각에 동의하고, 어떻게 자신의 견해를 정립할 것인가는 순전히 독자들의 몫이다.

(2) 유 형

해설의 중점을 어떤 측면(*angle*)에 두느냐에 따라 분류하면 다음과 같은 유형들로 나뉜다.

① 의미설명형

정부의 시책이나 정치인, 관료, 국제관계 움직임 등에 대해 그 의미를 쉽게 설명하는 해설이다.

6·15남북 정상회담, 내각개편, 금융실명제 실시, 한·미FTA협상 타결 등

② 전망설명형

어떤 사건이나 정책이 향후에 미칠 영향을 전망하는 해설이다.

북한 핵개발 이후 동북아 정세 전망, 전시작전권 환수이후 한·미동맹, 8·31부동

산 대책과 집값 안정 등

③ 분석(해석)설명형

새로운 용어나 외교정책, 법개정 등 복잡한 주제를 독자들이 이해하기 쉽게 풀어서 소개한다.

인계 철선의 역할, 동북아 균형자론 등

④ 배경이나 원인설명형

어떤 사건이 발생하거나 정부가 새로운 정책을 발표하게 된 원인과 배경을 짚어보는 것이다.

금리인하조치, 이혼의 증가, 출산율 급락, 한 · 미 통상마찰 등

⑤ 읽을거리형

피처기사 형태로 어떤 사건이나 정책이 나오게 된 배경이나 뒷얘기 등을 가벼운 읽을거리 형태로 해설을 붙여 독자나 시청자의 이해를 돕는다.

⑥ 혼합형

실제 해설기사는 위의 여러 가지 유형 중 하나만으로 쓰이는 경우는 드물고 2 ~ 3개 유형을 혼합하는 경우가 대부분이다. 예로 한 · 미 FTA협상이 타결되었다면 타결 의미와 함께 협상타결 이후 분야별 전망이나 분석을 혼합해서 써야 전체적인 내용을 독자들이 파악할 수 있다.

5) 해설기사 작성요령

해설기사는 해석적 리드, 본문, 결론으로 구성된다. 리드에서 사건개요와 글의 핵심적 의미를 압축하고 본문에서 경과설명, 그렇게 된 배경을 예증을 들어 설명한다. 결론에서 사건 관계자의 말이나 정부의 입장을 소개하고, 앞으로 어떻게 전개될 것인가를 전망하는 것이 해설기사의 일반적인 글쓰기의 순서이다.

해설기사는 객관적 사실과 심층취재를 바탕으로 한 정확한 기술, 뉴스의 이면에 담긴 의미나 배경, 뒷얘기 등을 소상히 전하는 읽을거리 기사체 활용, 전문가적인 식견으로 사건의 영향과 향후 전망을 내놓은 실질적 내용의 기술을 담아야 한다.

리드는 5W1H 전부가 기술되는 것이 아니고 기사 작성자가 해설하고자 하는 내용 중 가장 중요한 것만을 선정해 작성한다. 기사의 흐름을 어떻게 풀어나갈지 전체

적인 구성을 생각하는 것이 긴요하다. 그러나 해설기사의 유형이 다양하기 때문에 특별한 형식에 얽매일 필요는 없다. 차근차근 사건의 개요를 풀어나갈 수도 있고, 결론부터 써나가는 기법도 있다.

본문쓰기의 요점은 다음과 같다.

첫째, 사건의 배경, 인과관계, 전망 등을 정확하고 명쾌하게 기술한다. 사건 전체에 대한 충분한 이해와 어떻게 전개될 것인지(사건의 배경, 인과관계, 전망)에 대한 사고력, 판단력, 추론력을 갖춰야 한다.

둘째, 가능한 한 객관적으로 기술해야 한다. 자신의 주관이 개입해서는 안 된다. 전망도 사실에 근거해 추론을 하고, 추론은 예증으로 뒷받침되어야 한다. 그래야 공정성, 객관성을 유지한다. 사실보도에 해설을 곁들이는 사실적 해설보도가 많아지는 추세이다.

셋째, 통일성, 응집성이 있도록 조직한다. 하나의 단락, 하나의 글에는 화제가 하나인 것이 이상적이다. 문장을 구성하는 요소간, 전후 문장과 문장 간에 상호 관련성이 있어야 한다. 그렇지 않으면 기사가 산만해진다. 중심주제와 중심단어를 토대로 논리적으로 연결한다. 도입－전개－결론의 구성 또는 기승전결(起承轉結)의 구성을 한다.

넷째, 본문을 구성하는 각 문장은 간결하게 작성한다. 50음절 안팎이 적당하다. 불필요한 수식어나 접속어는 가급적 생략한다.

다섯째, 최적의 용어를 선택, 문법에 맞게 쓴다. 독자가 이해하기 쉽게 쓴다. 외래어·약어·전문용어 사용은 가급적 삼가고 불가피하게 사용할 경우 용어해설을 덧붙이는 것이 좋다.

결론은 전체를 간략히 요약정리하거나 사실에 근거한 기대, 예측, 전망으로 끝을 맺는다. 해설기사는 작성기자의 책임성과 신뢰도 제고차원에서 반드시 기사를 쓴 기자를 명기한다.

6) 사례 분석

예 문

㉠ 제2의 개국이라고 할 수 있는 한 · 미 자유무역협정(FTA)협상이 마침내 타결됨으로써 한국경제는 '경제빅뱅'이라 할 만큼 엄청난 변화를 맞게 될 것으로 예상된다. 세계 최대시장(미국)의 선점에 따른 무역기회 확대가 생산성 증대는 물론 경제체질 개선 등 다양한 연쇄효과를 불러오면서 한국경제가 '샌드위치' 위기에서 벗어나 새로운 성장 동력을 확보하게 될 것으로 기대되고 있다.

그러나 상품시장 외에 우리의 대외경쟁력이 취약한 농업 · 서비스부문 등에서도 개방 폭을 확대함에 따라 이들 부문의 일부 피해도 피할 수 없을 것으로 보인다. 한 · 미 FTA타결이 한국경제와 사회 전반에 '위기'이자 '기회'로 다가온 셈이다.

㉡ 무역기회확대 = 이번 협상타결로 한국은 중국, 일본, 유럽연합(EU)보다 한발 먼저 세계 최대 시장인 미국시장의 무역담장을 허물게 됐다. 미국은 연간 상품수입액이 1조7천억 달러로 중국, 일본, 동남아시아국가연합(ASEAN) 등을 합친 것보다도 더 큰 세계 최대 시장이고 우리의 두 번째 수출대상국이지만 시장 점유율은 지난 1998년 4.6%에서 2005년 2.6%로 수출탄력이 갈수록 약화되고 있다.

이런 가운데 이번 협상에서 자동차 등 공산품 관세 80% 이상을 철폐하거나 낮추기로 합의함에 따라 대미수출 부진을 해소하는 데 큰 역할을 할 것으로 기대된다. 전 세계 경제에서 미국이 차지하는 비중은 물론 우리와의 교역규모면에서도 칠레, 싱가포르, 유럽자유무역연합(EFTA) 등 지금까지 FTA를 체결한 국가와는 비교할 수 없을 정도여서 무역확대 측면만으로도 한 · 미 FTA는 우리 경제에 막대한 플러스(+)효과를 가져 올 것으로 보인다.

㉢ 경제체질도 크게 바뀔 것 = 한 · 미 FTA로 한국경제는 개방경제 체제의 기틀을 확고하게 구축하게 된다. 법과 제도 · 관행의 선진화로 기업 환경이 개선되면 국내외 투자가 늘고 수출확대에 따른 고용증가로 국민경제 향상을 기대할 수 있다.

또 자본과 기술교류 확대가 기업의 경쟁력과 성장잠재력을 높여 일본과 중국의 틈바구니에서 샌드위치 신세가 된 한국경제에 새로운 기회를 제공할 것이라는 전망도 나온다. 대외경제정책연구원은 한 · 미 FTA 미체결시 연평균 성장률을 5%로 가정한다면 FTA 체결시 생산성 증대 효과로 2019년까지 연평균 성장률은 5.78%가 될 것으로 전망했다.

이홍식 대외경제연구원 FTA팀장은 "1인당 국민총소득(GNI) 3만 달러 달성을 위해서는 기업의 경쟁력 확대와 경쟁촉진이 필요한데 한 · 미 FTA는 기업들에 새로운 기회를 제공하게 될 것"이라고 말했다.

㉣ 만만치 않은 과제 = 그러나 개방경제로의 체제전환 과정에 고통도 적잖을 것으로 보인다. 우선 농업을 비롯, 일부 제조업과 서비스 분야에서 경쟁격화에 따른 단기적인 실업증가 등이 문제다. 이번 FTA에서 도입된 투자자 - 국가소송제(ISD), 노동기준 강화 등은 정부와 기업들에 새로운 도전으로 다가오고 있다.

㉤ 결국 경제 주체들이 변화하는 환경에 얼마나 능동적으로 적응해 나가느냐가 한 · 미 FTA 성공의 관건이 될 것으로 보인다. 정인교(경제학과) 인하대 교수는 "FTA는 수출시장의 확대라는 실익 외에도 세계화로 가기 위한 우리 내부의 경제제도 개혁이나 산업의 구조조정을 촉진하는 입체적인 정책수단이라며 오늘날과 같은 경제통합시대에 능동적으로 대응하지 못하면 한국은 낙오자가 될 수밖에 없다"고 말했다. 〈문화일보, 2007. 4. 2〉

한 · 미 FTA협상 타결에 따른 〈문화일보〉 해설기사다. ㉠은 해설적 리드로 FTA 협상타결의 의미를 긍정적 시각에서 짚었다. ㉡, ㉢, ㉣은 본문으로 FTA 타결에 따른 영향을 분석했다. ㉡, ㉢은 협상타결의 긍정적인 효과를, ㉣는 타결에 따른 과제 중심의 부정적인 측면을 조목조목 지적하고 있다. ㉤ 결론 부분이다. 기사의 신뢰성을 높이기 위해 외부 전문가의 코멘트를 받아 종합적인 결론을 내렸다.

5. 피처기사 (*feature story*)

1) 피처기사란

사건 · 사고, 인물과 관련된 뒷얘기나 주변 얘기로 독자(시청자)의 관심을 끌고 흥미와 오락, 심층정보를 제공할 목적으로 작성한 읽을거리 기사를 말한다. 즉 피처기사는 '사실'보다 진한 감동을 주는 뒷얘기 등 독자가 재미있게 읽도록 하기 위한 박스형 기사이다. 사실 그 자체보다는 이면에 숨겨진 이야기나 화젯거리, 미담이나 사례담(談), 가십(*gossip*)성 얘깃거리 등이 주요 소재다.

피처기사는 석고의 데생(스트레이트 기사)에 채색을 한 보다 생생한 인물화 또는 평면도에 입체감을 살린 항공사진 같은 것이라고 말할 수 있다. 독자나 시청자에게 보다 현상에 접근할 수 있는, 머릿속 그림을 그릴 수 있도록 도움을 주는 기사다. 마치 사진기자가 피사체를 보다 사실적으로 카메라에 담기위해 여러 각도에서 셔터를 누르는 것처럼 기자들은 피처기사를 통해 현상을 보다 사실적(*realistic*)으로 묘사하기 위해 노력한다.

화제기사, 스케치기사, 르포기사 등 스트레이트기사(보도기사)가 아닌 기사는 거의 피처기사에 속한다. 스포츠기사는 경기결과를 전하는 스트레이트기사와 선수들의 활약상이나 극적인 득점 순간 등을 전하는 피처기사를 혼합하여 쓰는 형식이 대부분이다.

피처기사는 시사성이 없어도 상관없다. 세상에 일어나는 여러 현상 가운데 정보적 가치가 있고, 독자들에게 알릴만한 재미있는 얘깃거리는 모두 피처기사의 소재가 된다. 그래서 피처기사는 영문이 피처 뉴스(*news*)가 아닌 스토리(*story*)이다. 기자의 의견이나 판단이 개입할 여지가 크다는 점에서 필력이 요구되고, 그만큼 전달효과도 크다. 그러나 흥밋거리를 찾다보면 때로는 선정적이거나 과장 또는 왜곡된 내용이 게재되어 윤리적 문제를 제기할 때도 있다. 이런 점 때문에 피처기사는 반드시 사실에 바탕을 두고 작성해야 하고, 등장하는 인물은 직접 인터뷰하는 것이 원칙이다. 또한 기자는 글쓰기가 주 임무라는 점에서 글솜씨가 확연히 드러나는 피처기사에서 글쟁이로서의 자질이 판가름 난다.

피처기사의 특징은 특정 사건과 연관될 필요가 없으며 형식 및 주제가 다양하며 문체가 비교적 자유로워 내용에 따라 적절히 고른다는 점이다.

2) 유래

미국의 경우 당초 시인이나 수필가가 해학과 풍자를 섞어 자기가 반대하는 개인의 공·사생활을 공격할 때 쓰던 문장형식에서 비롯되었다. 18세기 초에 나온 〈보스턴 뉴스레터(*News-Letter*)〉는 "뉴스가 부족할 때 읽을거리 기사를 쓰겠다"고 독자에게 알렸다. 1830년대 페니 신문이 위세를 떨치면서 읽을거리 기사를 많이 실었다.

특히 20세기 초 허스트(Hearst)의 〈뉴욕저널〉(*Newyork Journal*)과 퓰리처(Pulitzer)의 〈뉴욕월드〉(*Newyork World*) 간 부수 전쟁이 일어났을 때 절정을 이뤘다. 범죄, 매춘, 스캔들, 스포츠, 사고, 폭력, 가십기사 등을 선정적으로 다루고 가끔 날조하기도 했다. 이른바 선정적인 기사로 가득 찬 옐로우 페이퍼(*Yellow Paper*)가 판을 치면서 언론의 사회적 기능에 대한 자성의 목소리가 터져 나왔다.

제 1차 대전 후 언론들이 진지한 문제를 다루기 시작하면서 흥미본위의 저질 읽을거리기사가 퇴조하고 인간적 흥미를 주는 건전한 읽을거리 기사로 방향전환을 했다. 오늘날 삶의 질에 대한 관심이 고조되면서 높은 문학적 질과 창의성을 담은 건강, 날씨, 여행, 섹스, 레저, 음식, 패션 등 웰빙(*well-being*)관련 피처기사들이 새롭게 각광을 받고 있다.

우리가 어떻게 살고 있고, 어떻게 살아가야 하며, 어떻게 가족을 부양하고, 어떻게 돈을 쓰고, 어떻게 생활에 따른 시련과 공포를 이겨내는지 그리고 개인의 안전과 재산에 큰 영향을 미치는 권력과 정치의 이면 등에 대한 사람들의 관심이 높아지고 있다. 이에 따라 언론도 품격 있는 피처기사를 적극적으로 개발해 독자들의 수요 변화에 부응하고 있다.

우리나라는 〈한성순보〉, 〈독립신문〉 등 신문 초창기부터 피처기사 형식을 즐겨 사용했다. 읽을거리 기사는 1920년대 민간지 시대에 들어와 본격적으로 유행한다. 일제하 읽을거리(讀み物) 기사를 편집할 때 위에서 아래로 짜서 자른다고 해서 다찌키리(立切)라 했다(남시욱, 2003).

예 문

1883년 12월 29일자 한성순보 제7호 國內私報 日兵事情 기사

작년부터 우리나라 서울에 와 주둔하고 있는 일본병사는 맨 처음 본국 쿠마모토(熊本) 진대(鎭臺)에서, 다음에는 히로시마(廣島) 진대에서, 그 다음은 오사카(大阪) 진대에서 왔다. 오사카 병사는 기한이 오기 전에 대부분 환국하고, 금년 8월 나고야(名古屋) 진대의 병사가 와서 교대했는데 그 숫자는 2백 명이 못된다. 이것이 현재 일본 병의 숫자이다.

일본에는 여섯 진대가 있으며 병제는 모두 한결같이 이른바 일본식이다. 뒤에 온 병사들이 더욱 기예가 정(精)한 바, 주동산장(鑄洞山場)과 숭례문 밖에서 일과를 연습한다.

그들은 총 쏘는 법이 뛰어나다. 총 쏘는 법은 세 가지인데, 첫째는 독사법(獨射法), 둘째는 동사법(動射法), 셋째는 속사법(速射法)이다.

(중략)

우리나라 전영(前營)에 소속된 병대 5백 명이 일본 병식을 학습하여 이미 졸업하였으니, 만일 앞으로 이 방법으로 일체 교습한다면 크게 유익할 것이다.

역삼각형의 기사는 해방 후에 들어 온 기사형식이다. 지면이 8면에 불과했던 시절에는 스트레이트 기사가 대부분이었고, 피처기사는 사회면의 화제, 미담기사 정도였다. 그러나 지면이 대폭 늘어나 32면~56면체제가 되고, 본 면(面) 외에 섹션 면을 2~3개씩 발행하면서 기사의 대부분을 읽을거리용 피처기사가 차지하고 있다.

3) 유형

(1) 뉴스 피처기사

시사뉴스와 관련된 보도기사로 현장보도기사를 보완하는 자료를 제공한다. 이야기 형식을 강조하는 기사작성 방식으로 독자의 궁금증을 해소하거나 배후 정보의 제공을 목적으로 한다. 단순한 사건기사와 달리 기사에 등장하는 인물들의 행적과 주변 인물, 뒷얘기 등 읽을거리 기사로 구성한다.

예로 반기문 유엔사무총장 선출기사의 경우 스트레이트, 해설기사, 인터뷰기사 외에 반기문은 누구인가, 반 총장의 학창시절 및 국내외 인맥, 막후의 득표활동, 득표 에피소드, 역대 유엔사무총장들, 유엔사무총장의 권한 등의 기사가 뉴스 피처기사(*news feature*)이다.

(2) 비뉴스 피처기사

비뉴스 피처기사(*non-news feature*)는 신문보도 기사, 개인적 관찰, 개인적 경험, 인터뷰, 공문서 기록 등 다양한 경로를 통해 주제를 얻는다. 기사 형식이 다양하다. 이야기체 서술식 기사, 인터뷰 형식기사, 개인적 경험기사, 개인 스케치기사, 안내성 기사 등 형식에 구애받지 않고 쓸 수 있다.

〈말아톤〉 실제 주인공 배형진 군 이야기, 기적적인 뇌수술 이야기, 도심지 저소득층 젊은이의 성공 이야기 등

4) 피처기사 작성요령

첫째, 보통 특수리드로 시작되어 본문에는 추가적 사건과 많은 인용, 흥미 있는 사건을 넣는다. 취재대상 인물은 독자의 주의를 끌만한 풍부한 인간적 흥미요소를 갖고 있어야 한다.

둘째, 상황은 평범하지 않고 독특한 것이어야 한다. 평범한 사람들이 일상적으로 볼 수 없는 어떤 국면이 있어야 한다.

셋째, 기삿거리가 역동적(*dynamic*)이어야 한다. 대립과 갈등, 극적인 상황전개, 흥분을 일으킬 수 있는 충분한 가능성을 담고 있어야 한다.

넷째, 기사를 읽는 사람에게 교훈과 감동을 주거나 반성과 성찰의 기회를 제공하는 유익한 내용이어야 한다.

다섯째, 기자의 글솜씨, 문학적 재능을 발휘할 수 있는 기사가 피처기사다. 그러나 사실과 허구를 뒤섞어 쓰는 것은 소설이지 기사가 아니다. 피처기사는 사실을 바탕으로 재미있게 쓰는 글이다. 1980년 미국 〈워싱턴포스트〉 '지미의 세계'는 허구를 사실인 것처럼 꾸며서 쓴 세계적인 오보(誤報)사례이다.

여섯째, 피처기사를 쓰기 위해서는 치밀한 사전준비가 필요하다. 취재대상과 인터뷰, 주변얘기, 에피소드 등 취재의 소재도 다양해야 하고 취재된 내용을 어떻게 재미있게 엮을지에 대해서도 많은 고민을 할 필요가 있다. 그래야 좋은 글이 나온다.

일곱째, 기사 서두에 한가로운 이야기를 써서는 안 된다. 간단한 리드에 이어 곧바로 본론으로 들어가는 것이 좋다. 어조(*tone*)와 문체(*style*)가 적절해야 한다. 기사 말미에는 기사를 요약하거나 클라이맥스를 제공한다. 밋밋하게 끝나면 글의 여운이 남지 않는다.

5) 장문의 기사(*Long Story*)

예전에는 박스기사의 경우 15매 내외가 보통이고 짧은 것이 10매 정도다. 그러나 기사의 양이 줄어들면서 지금은 큰 박스물이 10매 내외 또는 7~8매가 대부분이고 4~5매 짜리도 많다.

사 례

조작적 오보의 예

1980년 7월 28일자 워싱턴포스트 1면에 흑인 여기자 자넷 쿠크(26)가 쓴 "지미의 세계"가 특종 보도됐다.

'지미는 8살, 헤로인 중독 3세다. 고수머리에 갈색 눈을 가진 이 흑인소년의 가냘픈 팔에는 많은 바늘 자국이 반점으로 남아 있다. 지미는 다섯 살 때부터 헤로인 주사를 맞아 왔다'는 제목으로 시작된 장문의 탐사보도는 소년의 어머니가 그런 것처럼 역시 사생아인 지미가 어머니의 애인으로부터 매일 헤로인을 맞고 있다고 보도했다.

"주사바늘은 지미의 부드러운 살갗에 마치 방금 새로 구워 낸 케이크 한 가운데에 빨대를 찔러 넣듯이 미끄러져 들어갔다."

쿠크 기자는 마치 현장 모습을 눈으로 보는 듯 묘사했다. 그녀는 지미가 어머니와 동거 애인이 헤로인을 맞는 것을 보며 호기심에 중독자가 됐고, 그의 어머니의 부모도 중독자였으므로 결국 3대째 헤로인에 희생되고 있다는 끔찍한 기사를 훌륭한 문장으로 써 나갔다. 워싱턴 시 당국은 그 기사를 읽고, 진상을 조사, "지미는 존재하지 않는다"고 발표했다.

그러나 워싱턴포스트는 이를 묵살한 채 퓰리처상을 신청하였다. 그 해 '지미의 세계'는 특집기사부문 수상작으로 결정되었고, 자넷 쿠크 기자를 일약 명기자로 만들어 주었다. 그러나 수상보도가 있었던 바로 다음 날 워싱턴포스트는 스스로 기사 자체가 허위보도임을 밝혔다. 64년 퓰리처상 역사에 처음 있는 오점이었다.

'지미의 세계'는 거짓이라도 특종기사부터 쓰고 보자는 기자의 출세주의와 상부터 타고 보자는 언론사의 상업주의가 만들어 낸 조작적 오보의 전형적인 실례이다(문철수, 2004).

첫째, 장문의 기사일수록 치밀한 구성과 전개가 필요하다. 지루하면 읽지 않는다. 일반적인 것과 특수한 것을 잘 배합해 드라마틱하게 구성해야 한다.

둘째, 여러 기자가 공동집필하는 경우는 기사 계획서를 철저하게 만들어야 한다.

셋째, 시리즈도 마찬가지다. 시리즈물은 한국 신문이 즐겨 쓰는 보도 양식인데 주제는 역사적 사건의 배경과 자연, 생태, 교육, 의료 등 광범위하다. 색인카드를 만들어 소주제별로 분류를 하는 등 용의주도한 구성이 필요하다. 매회마다 핵심 단락이 들어가야 한다. 그래야 계속 구독한다. 가독성을 높이기 위해 기사를 뒷받침하는 사진, 삽화, 도표 등을 넣어 비주얼하게 구성해야 한다.

6. 르포기사 쓰기

1) 르포기사란

르포기사(*reportage*)는 현장을 기자가 독자들에게 중계하는 형태의 기사다. 즉 사회 현상을 충실히 기록하거나 서술하는 보고기사다. 기사 대부분이 취재원의 증언 등 한 사람 건너온 소재를 토대로 일어난 현상에 대한 객관적 사실을 기술하는 데 반해 르포기사는 기자가 직접 보고 느낀 것을 기술한다는 점에서 차이가 있다.

르포기사는 현장감이 생명이다. 6하원칙이나 역피라미드형 문장 등 형식에 크게 얽매일 필요가 없다. 르포기사의 표현 하나하나는 생동감이 있어야 하며 그림 그리듯 묘사하는 문장으로 써야 한다. 그러나 르포기사는 발길 가는 대로, 눈길 가는 대로 쓰는 기사가 아니다. '어떤 문제의식으로 무엇을 보여줄 것인가'가 핵심이다.

2) 르포기사 작성요령

피처기사든 르포기사든 중요한 것은 이야기구조(*story line*)이고 이야기 구조의 생동감이다. 무슨 이야기를 하려는 것인가, 어떤 메시지를 전달하려는 것인가, 사람들의 생생한 삶이 녹아 있는가에 대한 해답이 제시되어야 한다. 기사 취재에 앞서 충분하고 세밀한 취재계획을 세워야 마감시간 안에 효과적인 취재와 기사작성이 가능하다는 것은 모든 기사 쓰기의 기본이다.

첫째, 르포기사는 분명한 주제의식이 있어야 한다. 스케치기사처럼 단순히 현장 분위기를 전달하는 데 그쳐서는 안 된다. 주제의식을 갖고 달려들어야 한다. 주제의식이 없으면 현장의 많은 펙트들을 일목요연하게 엮어 낼 수가 없다. 주제의식이 분명해야 펙트가 자연스럽게 정리된다.

스케치기사는 현상묘사, 현장분위기 전달에 그친다. 반면 난곡지구, 개포동 비닐하우스촌 르포, 성매매 현장 르포 등과 같은 고발성 르포기사는 현장의 구체적인 스케치에다 주제의식이 더하여진다.

중국산 물품이 장악한 서울 남대문시장, 방황하는 청소년들이 모여드는 강남역, 다양한 시위문화가 벌어지는 광화문 등과 같이 사회현안에 대한 문제의식을 담아 그 장소에 등장하는 사람들의 이야기를 재구성하는 것도 르포의 훌륭한 소재다.

해외 바이오산업 현장이나 좌파가 집권한 중남미 국가의 현주소, 중국과 베트남 등 고도성장을 구가하는 국가들의 경제발전 현장 등 국내외에 상관없이 좋은 기획과 아이디어만 있으면 르포의 소재는 널려있다. 중요한 것은 주제가 진부한 것이 아닌 창의적인 것이어야 한다는 점이다.

둘째, 글의 구성은 전체를 보여주면서 시작해 구체적인 개별 상황을 생생하게 드러내고 다시 전체를 아우르면서 마무리한다. 마치 카메라로 패닝 하듯이 전체를 넓게 보여주고 이 가운데 특정 현장을 '줌인'해서 세밀하게 보여준 뒤 다시 넓은 화면으로 옮겨가는 '줌아웃' 기술이 필요하다. 시선을 집중시키는 시작과 여운을 남기는 마무리가 중요하다. 기자의 연륜과 기사감각, 문장력이 요구된다.

셋째, 르포기사는 사실을 전달하는 목격담이자 체험담이다. 현장 분위기를 생생하고 구체적으로 전달해야 한다. 독자가 현장 속에 와 있는 착각이 들도록 해야 한다. 기사 내용의 순서는 시간의 진행과 일치한다. 호흡이 빠른 단문이 좋지만 단문만 이어지면 글의 무게가 떨어지고 겉핥기가 되기 쉽다는 점을 유의해야 한다.

넷째, 르포기사도 객관성을 유지해야 한다. 현장취재를 하게 되면 개인적 감상이나 감정에 휘둘릴 때가 있다. 그러나 기사가 기자 개인의 감상을 대변하는 글이 아니라는 사실을 분명히 알아야 한다. 기자의 주관은 르포 장면의 선택이나 배열을 통해 자신이 전하고 싶은 메시지를 전달하는 것이 바람직하다.

예로 독도분쟁, 미군 탱크 여중생 압살 사건 같은 기사를 쓸 경우 해설이든 현장 르포기사든 민족적 감정이 앞서기 쉬우나 기자는 언제나 상황과 사건을 냉정하고 객관적으로 보려는 자세를 가져야 한다.

다섯째, 기사의 통일성을 유지해야 한다. 현장 묘사에 치중하다보면 글이 산만해지고 통일성 잃기 쉽다. 주제에 맞춰 전체적 윤곽을 그리면서 기사를 작성한다.

여섯째, 카메라와 TV를 활용한다. 르포기사를 쓸 때는 카메라와 비디오카메라를 활용할 필요가 있다. 현장사진이나 비디오 장면을 보면서 기사를 작성하는 것이 기억을 되살리고 현장감 있는 내용을 담을 수 있다. 폭동이나 대형 화재의 경우 기자 개인이 모든 상황을 다 보기 힘들기 때문에 TV화면을 참조하는 것도 기사작성에 도움이 된다.

예 문

〔조성수 씨의 바그다드 리포트〕 '총알 비오듯'이란 말 실감

《한국 기자로는 유일하게 바그다드에 남아있는 프리랜서 사진기자 조성수 씨가 급박하게 움직이는 현지 표정을 담은 제4신을 보내왔다.》

㉠ 바그다드는 마침내 최악의 국면으로 돌입하고 있다. 공격자의 입장에서는 전쟁의 승부를 가늠할 본격 작전 개시이고 수비자의 입장에서는 최후의 배수진을 친 항전의 시작인 셈이다.
㉡ 한때 인류문명의 광휘로 빛나던 이 고도(古都)의 하늘은 7일 완전히 검은 연기로 뒤덮여 있다. 그 사이로 섬광과 귀를 찢는 폭발음이 밤낮없이 이어지고 있다. 그동안 익숙하게 들어온 폭격의 둔중한 원격음이 아닌, 귀를 찢는 듯한 기관총과 소총의 요란한 연속음이 탱크의 단거리 포격과 함께 가까이에서 작렬하고 있다.
㉢ 그나마 안전지대로 여겨 외신기자들의 근거지로 삼아온 팔레스타인 호텔 부근에도 하루 종일 폭격과 사격이 이어졌다. 총알이 비 오듯 하다는 표현, 나는 오늘에야 그 말을 실감한다.
㉣ 어젯밤 〈뉴욕타임스〉 기자인 테일러와 〈감마프레스〉의 사진기자인 프레더릭이 화들짝 놀라 내 방으로 달려왔을 때부터 모든 것이 달라지기 시작했다. 우리는 방탄조끼를 입은 채 12층 호텔방에서 강 건너 시가지 쪽을 바라보며 우박처럼 쏟아지는 총소리에 입을 다물지 못했다. 운전기사 라히드는 미군이 바그다드 공항에 이어 시가지로 들어와 치열한 전투를 벌이고 있으며 이라크군 중 일부는 자살폭탄으로 미군에 대항하고 있다는 소식을 전했다.
㉤ 어제까지만 해도 미군이 사담국제공항을 점거했다는 소문을 부인하면서 여전히 이라크군의 통제하에 있는 공항을 보여주겠다던 이라크 정부는 오늘 공항 대신 부서진 미군 탱크 한 대만 보여줬다. 그러나 그곳으로 가는 도중 우리가 본 것은 무참히 부서진 바그다드 시가지의 모습이었다.
㉥ 갈수록 민간인 희생자가 늘어 병원을 가득 채운 지 이미 오래지만 구체적인 피해 규모를 우리는 정확히 알 수가 없다. 이라크 정부의 언론통제가 철저해 외신기자들이 취재원에 맘대로 접근할 수가 없다. 등잔 밑이 어둡다는 격으로 위성전화를 통해 외부소식을 접하곤 하지만 그 역시 우리가 알고 있는 바그다드의 모습과는

또 다르다.

ⓢ 폭격으로 바그다드의 전화는 불통된 지 오래다. 전기도 끊어졌다. 3일 저녁 바그다드의 전 지역이 정전된 후 아직 복구되지 않고 있다. 호텔은 자체 발전기로 비상등만 겨우 켜진 상태다. 우리는 비상등 전구를 깨뜨린 뒤 그 안의 코일에 전선을 연결해 방안의 작은 스탠드를 켜고 컴퓨터, 위성전화, 카메라의 배터리를 충전하고 있다.

ⓞ 이 와중에도 몇몇 상점은 문을 열고 있다. 그러나 북적대던 시장통은 이제 텅텅 비었다. 비로소 두려움을 느낀 많은 사람들이 집안에 숨어 있거나 바그다드를 떠날 준비를 한다고 운전기사 라히드가 귀띔했다. 나는 가이드인 아부 무스타파와 운전기사 라히드의 가족을 위해 지난주부터 호텔에 방을 두 개 더 마련해 놓았다. 라히드는 그 방을 자신의 동생과 함께 사용하겠다고 한다. 아부 무스타파의 다섯 가족은 오늘 아침 호텔에 도착했다.

ⓙ 폭격이 이뤄질 때마다 사원(모스크)에서는 기도가 방송된다.

"신은 위대하다. 신에게 감사해야 한다."

기도하러 사원에 몰려든 사람들 표정은 한결같이 무거웠다. 그곳에서 2년 전 내 운전기사로 일했던 사닥을 만났다. 그는 예비군으로 소집됐다.

"마지막 기도가 될지 몰라 사원에 들렀어."

낡은 AK-47, 헝겊으로 동여맨 철모…, 기도하는 사닥의 얼굴에는 피로가 역력하다. "죽고 사는 일은 모두 알라의 뜻이다. 당신에게도 신의 가호가 있길 빈다."

기도를 마친 사닥은 나에게 짧은 인사를 건네고 서둘러 사원을 빠져 나갔다.

(바그다드=조성수 프리랜서 사진기자) 〈동아일보 2003. 4. 7〉

짧은 르포기사이지만 미군에 의해 함락 직전에 있는 이라크 수도 바그다드의 긴박한 상황과 움직임이 현장에서 보듯 생생하게 그려져 있다. 전쟁의 참혹함, 전쟁 앞에서 신에 의지할 수밖에 없는 나약한 인간의 모습이 적나라하게 드러난다.

㉠, ㉡은 현장의 상황과 사건을 전체적으로 보여주는 파노라마에 해당하는 부분이다. ㉢~ⓞ은 카메라의 '줌인'에 해당하는 기사다. 상황 전체를 조감한 뒤 구체적인 사례들을 보여주고 있다. 각 단락은 서로 다른 상황들을 대표하면서 논리적 연관성을 갖고 있다. ⓙ은 마무리에 해당한다. 절망적인 상황에 처한 사람들의 심리를 묘사하고 있다. 신에 의지할 수밖에 없는 인간의 무력함을 통해 전쟁의 비극을 역설적으로 고발하고 있다.

7. 트렌드 기사

트렌드(*trend*) 기사는 우리가 살아가는 이 사회의 여러 현상들을 관찰해서 하나의 현상이나 유행, 흐름을 묶어서 보여주는 기사다. 분명히 눈앞에 있는 데 초점을 모아서 보지 않으면 잘 안 보인다. 공중에 올라가서 아래를 조감하지 않으면 우리 세상이 전체를 잘 볼 수 없는 것처럼 일반 독자들이 잘 몰랐던, 잘 볼 수 없는 현상을 기사로 정리해 놓은 것을 트렌드 기사라 한다. 트렌드 기사는 시대 흐름이나 유행을 파악해야 좋은 기사가 된다.

기사는 하나의 스토리다. 6하원칙을 잊어버려도 된다. 기사 전체에 들어가면 충분하다. 옆에 있는 친구에게 재미있는 얘기를 들려주듯이 재미있게 쓴 기사가 좋은 기사다. 기사의 중간 중간에 포인트를 주어야 한다. 다음 기사로 넘어가는 열쇠고리 같은 역할을 한다.

예 문

〔me〕 로고 크게 더 크게 열풍

'로고가 돌아왔다'

한 브랜드의 성격을 보여준다는 로고 디자인, 한동안 로고가 크게 드러나는 옷은 촌스럽다는 인식 때문에 옷 안쪽의 라벨에서나 볼 수 있었던 로고가 근래 다시 옷 밖으로 나오고 있다. 나이키, 아디다스, 리바이스 등 스포츠웨어와 캐주얼 브랜드가 대표적이다.

로고 못지않게 브랜드의 정통성을 보여준다는 고유 문양 디자인의 인기도 올라가고 있다. 해외 액세서리 브랜드에서조차 소비자들에게 가장 인지도가 높은 고유 문양을 강조하는 추세다.

이런 경향은 브랜드의 고유 로고와 문양에 대한 소비자들의 인지도가 매우 높게 나타나고 있기 때문. 일례로 2002년부터 자동차 레이싱 경기에서 쓰는 채커 플래그(주로 흰색과 검은색을 바둑판 형식으로 교차시킨 문양)를 고유 문양으로 사용하고 있는 캐주얼스포츠 브랜드 EXR의 경우 이 고객들의 90%가 채커 문양을 보면 EXR상품을 떠올린다고 대답할 정도다.

로고 강조하는 디자인 봇물

스우시(Swoosh)라 불리는 나이키의 로고는 단순하면서도 속도감 있는 디자인으로 승리의 여신 니케(Nike)에서 따온 상표명과 함께 오늘날 스포츠웨어의 대명사처럼 인식되고 있는 대표적 디자인이다. 올 가을, 겨울 나이키의 패션 어패럴 라인인 스포츠 컬처 라인의 신상품들엔 나이키 로고가 가득하다. 지난해부터 나이키 로고를 전면으로 내세운 나이키 스포츠 컬처는 티셔츠는 물론이고 가방과 신발에까지 로고 디자인을 강화하고 있다.

또 다른 스포츠 브랜드 웨어 아디다스도 '승리의 삼선'이라고 불리는 고유 문양을 활용한 디자인을 강조하고 있다. 가죽 신발이 늘어나는 것을 방지하기 위해 신발 끈을 세 번 돌려 묶은 모습에서 착안했다는 삼선 로고는 1949년 창시된 이래 지금까지 꾸준히 사용되고 있다.

대표적인 진 브랜드 리바이스도 로고 바람에 동참했다. 붉은 색 아치형에 LeVi's라는 글자가 새겨진 로고는 1873년부터 '레드탭'이라 불리는 리바이스의 대표 디자인. 리바이스가 최근 내놓은 제품을 보면 가슴에 빅 로고를 새긴 티셔츠부터 작은 아치형 로고가 물방울무늬처럼 수없이 프린트된 셔츠까지 다양하다. 〈중앙일보, 2006. 11. 7〉

1 셔츠를 꽉 채운 아디다스 영문 로고
2 MCM의 월계수 잎 문양
3 발리 '트레인스포팅' 라인
4 리바이스 '레드탭' 로고
5 스우시(swoosh)로 불리는 나이키 로고

예 문

각종 族에 숨은 문화코드

세상엔 참 족속들도 많다. 이미 여피족 · 미시족이나 보보스족은 식상하다. 딩크족에 이어 요즘은 듀크족 · 딩펫족 · 통크족에 웰빙족까지 나왔다. 각각 용어에는 사람들의 생각과 사회 현실이 녹아 있다. 이런 족(族)의 행렬을 따라가다 보면 문득 궁금해진다. '과연 나는 어디에 속할까.' 어디에 속해야만 할 듯한 강박관념도 든다. 각종 족에 숨은 문화코드를 들춰본다.

외롭지 않아

자녀 없이 부부만의 생활을 즐기는 딩크(Double Income No Kids)족은 널리 알려져 있다. 맞벌이 부부가 늘어나는 반면 육아에 대한 부담은 여전한 사회구조가 딩크족을 양산하는 꼴. 자녀에게 의지하지 않고 살려는 노부부는 통크(Two Only No Kids)족이란다.

이어 듀크(Dual Employed With Kids)족이 뜨고 있다. 맞벌이를 하더라도 아이는 꼭 갖는다는 주의. 대신 적게 낳아 남부럽지 않게 키우겠단다. 덕분에 이들을 겨냥한 육아상품은 불황을 모른다.

앙앙 울어대는 아이는 싫고 말 잘 듣는 애완동물을 선호하는 커플인 딩펫(Double Income No Kids + Pet)족도 유행이다. 둘만의 시간을 만끽한다는 면에서 딩크족과 비슷하다. 다만 둘 사이 허전한 뭔가를 달래고픈 점에서 듀크족에도 살짝 닿아 있다. 실제로 이들은 동물을 자식처럼 여긴다. 한편 성생활 없는 커플을 의미하는 딘스(Double Income No Sex)족도 있다. 사회생활 및 가정생활에서 오는 스트레스 · 갈등 때문이거나 불륜 · 외도 탓으로 풀이된다.

다소 변형된 행태도 고개를 내민다. 결혼은 싫고 아이는 원하는 여성들이 있다. 일명 싱글맘(Single Mom)족. 아직은 연예인 등 일부에만 보일 뿐이다. 직접 낳기 싫다면 입양은 어떨지. 경제적으로 능력 있는 당당한 이혼여성 신디스(Sindies)족도 변화된 생태를 반영한다.

불안한 미래

최근 과잉보호나 취직난 등으로 나이 들어도 부모 품을 떠나지 못하는 젊은이들이 많다. 캥커루족은 마치 어미주머니 속 새끼 캥커루처럼 부모에 의지해 사는 젊은 세대를 가리킨다. 휴학으로 사회진출을 미룬 모라토리엄족은 보는 이의 마음을 씁쓸하게 한다. 사회로 나갔다가 학교로 다시 돌아오는 유턴족, 편입학을 거듭하면서 몸값을 올리려는 에스컬레이터(또는 계단)족도 나왔다. 번듯한 직장 취직이 힘들자 아르바이트로 자유롭게 살아가는 프리터(Free arbeiter)족도 뜬다.

나홀로족의 하나인 코쿤(Cocoon)족은 바깥세상에서 도피해 자신만의 공간에 머문다. 그곳은 대부분 방안이며, 가끔 튜닝한 자동차가 되기도 한다. 요즘은 인터넷 게임 등을 매개로 한 사이버 코쿤족도 즐비하다. 최근 보다 극단적인 나홀로족이 출현했으니 바로 모든 게 귀찮다는 '귀차니스트'다. 〈경향신문〉

8. 인터넷기사쓰기

1) 온라인 매체의 등장

뉴스는 현대인의 일상을 지배하는 대표적 정보양식이다. 이 뉴스를 담는 그릇이 미디어(매체)이다. 뉴스를 기술하는 미디어 문체는 새로운 미디어가 생겨나고 기술(*technology*)의 발전에 따라 크게 변화해 왔다. 문자발명 이전 구어(口語)뉴스시대, 문자발명으로 수집된 뉴스와 정보를 손으로 써서 필사본을 제작해 전달하던 수서(手書)뉴스시대를 지나 독일의 구텐베르크가 1450년 인쇄기를 발명하면서 비로소 신문이라는 대중을 위한 뉴스생산시대가 도래했다.

그러나 현재와 같은 규칙적이며 잘 정돈된 지면과 기사문체가 정립된 것은 19세기 말 값싸고 대량생산체제를 갖춘 근대 대중신문이 나오면서부터다. 이전 인쇄소 중심의 뉴스제작은 여기저기서 주워 모은 단편적 정보들을 소개하는 정도에 그쳤고, 기사 문장의 호흡도 느렸다.

전신의 등장은 신문기사 문장의 일대 변혁을 몰고 온다. 이용비가 비싸고 이용도 중 끊기는 일이 잦았던 전신을 이용하자니, 자연 문장의 간결함을 추구하게 되었다. 제한된 단어만을 전송할 수밖에 없는 전신의 기술적 특성은 기자들에게 사건의 핵심 내용만을 간추려 전송하고 자세한 내용은 말과 기차를 이용해 송고하도록 만들었다. 오늘날 대표적 기사양식인 역피라미드형 기사의 전형이 여기서 탄생했다. 역피라미드형 기사를 개발한 AP통신은 고객인 언론사의 정치적 성향에 관계없이 불특정 다수를 상대로 자사의 기사를 팔기 위해 기사내용의 정파성을 배제하고 객관보도, 중립보도의 관행을 정착시키는 데 크게 기여했다.

20세기 전자뉴스시대가 도래하면서 라디오와 텔레비전 뉴스는 더욱 기사의 문장이 짧아지면서 간단명료하고 쉬운 구어체로 바뀌는 새로운 방송저널리즘은 낳았다. 컴퓨터의 발명과 인터넷 이용이 보편화되면서 온라인(*online*)뉴스시대가 개막되었다. 또 다른 커뮤니케이션 혁명이 시작되었다. 1992년 〈시카고 트리뷴〉이 미국에서 최초의 인터넷신문(chicagotribune.com)을 냈다. 우리나라는 1995년 3월 〈중앙일보〉가

▸납활자로 인쇄하던 시절 신문사 공무국 직원들이 문선작업을 하고 있다.

처음 인터넷신문(joins.com)을 선보였으며 1996년 〈조선일보〉(chosun.com)와 〈동아일보〉(donga.com) 등이 뒤를 이어 인터넷신문을 창간했다. 현재는 한국의 모든 신문과 방송은 물론 전문 인터넷신문만 2000년에 창간된 〈오마이뉴스〉(ohmynews.com)를 비롯해 수백 개에 이를 정도이다.

방송은 KBS가 인터넷방송(KBS on Line)을 시작한 1995년 이래 MBC(iMBC), SBS(SBS)를 비롯 국내방송들이 모두 인터넷방송을 운영하고 있다. 독립 전문 인터넷방송은 1997년 국내 최초의 M2TV가 문을 연 이래 매년 기하급수적으로 증가하고 있다.

인터넷신문의 발전단계는 3단계로 나뉘는 데 1단계는 기존 종이신문의 콘텐츠를 재가공해 인터넷상에 올리는 것이다. 2단계는 하이퍼링크 기능을 활용하고 부분적으로 독자적 콘텐츠를 발굴해 보도하는 수준이다. 마지막 3단계는 독자적 취재진을 두고 인터넷 특성을 고려한 콘텐츠를 만들어내는 단계이다. 웹 특성을 고려한 기사쓰기를 하는 수준이다. 우리나라는 3단계 수준에 이른 지가 오래다.

2000년 광주를 방문한 민주당 386의원들의 술판, 부친의 일제 때 친일 경력이 드러나 낙마한 신기남 전 열린우리당 의장 등은 인터넷이 이슈로 만들 사건이며 이후

지하철 개똥녀 사건을 비롯 수많은 특종을 인터넷 신문이 만들어내고 있다. 최근에는 뉴스유통을 전문으로 하는 포털 업체들이 부상하면서 포털저널리즘, 포털권력이라는 신조어가 나올 정도로 막강한 영향력을 발휘하고 있다. 인터넷 매체의 발전이 과연 어디까지 이뤄질지 모를 정도로 정보기술이 급속도고 이뤄지고 있다.

2) 인터넷기사의 특성

(1) 인터넷 뉴스 제작과정

인터넷 뉴스는 컴퓨터를 매개로 월드와이드웹이라는 인터넷 서버를 통해 제공되는 뉴스라 할 수 있다. 온라인뉴스 제작시스템의 특징은 첫째, 편집 · 조판과정이 생략된 채 취재와 편집이 통합되어 신속한 편집이 이뤄진다. 둘째, 수시로 수정 · 보완이 가능해 실시간 마감이 이뤄진다. 셋째, 텍스트 외에 오디오, 비디오 등의 자료가 부가되는 멀티미디어의 강점이 있다. 이를 그림으로 표현하면 〈그림 9-1〉과 같다.

〈그림 9-1〉 종이신문과 인터넷신문 제작과정 비교

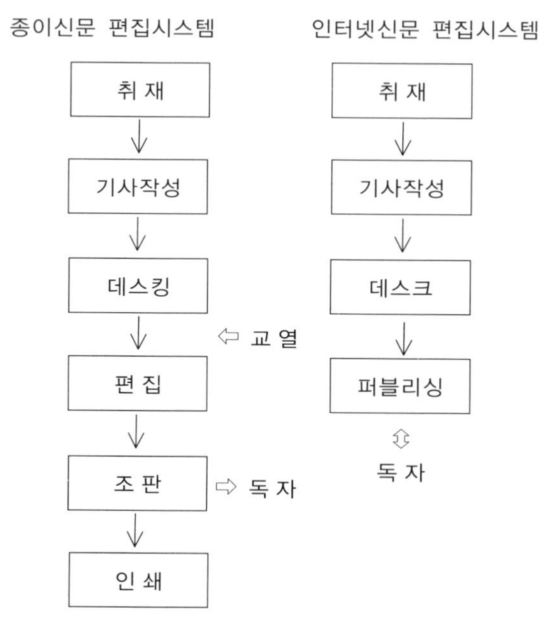

(2) 인터넷 뉴스의 특성

디지털 뉴스시대의 기사쓰기는 기존 올드미디어(*old media*)의 기사쓰기와는 다른 특성을 나타내고 있다. 아직까지 인터넷기사쓰기에 대해 어떤 표준이나 지침이 확립되어 있지 않다. 정보기술(*information technology*)이 급속도로 발전하고 있는 데다 인터넷신문의 역사가 일천해 인터넷 뉴스의 개념이나 기사쓰기의 모델, 포맷이 정립된 단계는 아니다. 지속적인 발전과정에 있다고 봐야 한다.

지금까지 나타난 인터넷뉴스의 특성을 요약하면 다음과 같다.

첫째, 시간적 · 공간적 제약을 뛰어 넘었다. 인터넷 신문은 시간적 차원에서 동시적, 비동시적 뉴스서비스가 가능하다. 24시간 뉴스의 업데이트가 이뤄진다는 점에서 기존 매스미디어의 마감시간 개념이 변화되었다. 인터넷신문은 뉴스 전달의 거리와 공간이라는 물리적 제약도 극복하고 있다. 속보성에서도 타 매체의 추종을 불허하는 탁월성을 갖고 있다. 나아가 전 세계를 연결하는 네트워크상에서 범지구적 뉴스서비스가 가능하다.

둘째, 상호작용성이다. 올드미디어들이 언론사, 기자가 일방적으로 뉴스를 선별해 전달하였다면 인터넷뉴스는 이용자들의 뉴스제작에 대한 접근이 활짝 열린 상호작용을 특징으로 한다. 전통적인 매스미디어는 익명의 다수를 대상으로 하는 일(一) 대 다(多) 커뮤니케이션이다. 그러나 인터넷신문은 일 대 다, 일 대 일 커뮤니케이션을 모두 할 수 있는 쌍방향성을 갖고 있다. 인터넷 이용자가 선택할 수 있는 피드백 수단은 다양하다. 기사에 대한 추천, 댓글 달기, 기자에게 이메일 보내기, 온라인 서명과 투표, 프린트, 스크랩 등이 그것이다. 이런 상호작용이 인터넷상을 넘어 각종 캠페인 및 시위, 집회에 참여하는 것과 같이 인터넷기사로 촉발된 이용자의 반응이 실생활로 확산되기도 한다. 2002년 파주에서 훈련 중이던 미군 궤도차량에 의해 희생된 여중생 2명에 대한 전국적인 촛불시위는 인터넷이 만들어낸 것이라 해도 과언이 아니다.

다음은 기사, 포럼, 오디오 및 비디오 서비스, 기자의 다른 기사 보기, 슬라이드보기, 지난 아카이브보기, 관련 웹 사이트 링크, 관련서적, 피드백장치 등 상호작용을 보여주는 사이트이다.

‣ 오디오 및 비디오 서비스

동영상

여중생 사고현장에 추모비 건립
미군 궤도차량에 치여 숨진 신효순, 심미선 양의 1 주기를 앞두고 여중생 범대위가 사고 현장 근처에 추모비를 세우기로 했습니다. 범대위는 사고...
네이버 뉴스 42초 2003.06.05

미군기지 반환시 환경정화비용 100% 미국이 부담
... 있으며, 독일은 사안에 따라 미국과 분담하고 있습니다. 한미양국은 **미군 궤도차량** 등의 이동계획을 72시간전에 한국측에 통보한다는 내용의...
네이버 뉴스 1분 26초 2003.05.30

여중생 추모 1주년 촛불 집회
[앵커멘트] **미군 궤도차량**에 치여 숨진 두 여중생을 추모하는 1주년 촛불 집회가 서울 광화문에서 열렸습니다. 당초 예상보다는 훨씬 적은 인원이...
네이버 뉴스 1분 53초 2003.11.29

더 많은 동영상 보기

출처: http://news.naver.com/

‣ 기자의 다른 기사 보기

전체기사

- [사회] **"김승연 회장에게서 한화를 자유롭게 하라"**
  " - [기자의 눈]스스로 기업이미지 훼손하고 있는 한화" / 김하영 2007-05-15
- [사회] **김부선 "끝? 왜? 할 말 더 많은데…"**
  " - 배우 김부선 씨의 '80년대' 그리고 지금" / 김하영 2007-05-14
- [사회] **제주도 "해군기지 수용" …여론조사 결과 발표**
  " - 대책위 "도의회도 무시한 폭정, 전면투쟁 벌이겠다"" / 김하영 2007-05-14
- [사회] **김승연 회장, '선처호소-집행유예' 방향선회?**
  " - 사과문 등 대응방식 변경…여론 반전은 미지수" / 김하영 2007-05-12
- [사회] **김승연 회장, 구속 면하려 했지만 결국 구속**
  " - 일부 혐의 시인…법원 "증거인멸 우려"" / 김하영 2007-05-12
- [사회] **김승연 회장 "저처럼 어리석은 아비 다시는…"**
  " - 경찰, '보복 폭행' 목격자·피해자 6명 추가확보" / 김하영 2007-05-11
- [사회] **"일제에 빼앗긴 술을 다시 농민들에게"**
  " - 우리술 잃은 우리나라의 우리술 다시찾기 노력" / 김하영 2007-05-11
- [사회] **검찰, 김승연 회장 사전구속영장 청구**
  " - 법원도 "가급적 신속하게 처리"" / 김하영 2007-05-10
- [사회] **김승연측 '진술 번복'이 결정타…구속될듯**
  " - 김승연 회장 기댈 곳은 '구속 수사 실효성' 주장뿐" / 김하영 2007-05-09
- [사회] **말 바꾼 한화, 비서실장 내세워 김 회장 보호?**
  " - 비서실장 "청계산 갔지만 폭행 여부 모른다"" / 김하영 2007-05-09
- [사회] **경찰 "왜 숨나"에 한화 관계자들 자진출두**
  " - 혐의는 전면부인 "술 마시다 만났을 뿐"" / 김하영 2007-05-08

출처: http://www.pressian.com/

▸ 관련 웹 사이트 링크

웹페이지

▷◁주한**미군 궤도 차량**에 치여 사망... 2002.12.05
... /5(목) ▷◁주한**미군 궤도 차량**에 치여 사망한 여중생들을 애도하는 '애도의 삼베,리본달기' 캠페인에 동참 합시다. 동참하시는분은 리본 ▷◁ ,또는 삼베 ▦ 표시를 글제목이나 아이디앞에 붙이면 됩니다.. 주한**미군 궤도 차량**에 치여 사망한...
http://www.bmb.pe.kr/home_class/tech_class/read.cgi?board=not.... 사이트내부검색 | ▾ 미리보기

[252] SOFA(한미행정협정)···여중생 **미군 궤도차량** 사망사건 (notice) 2002.11.22
... 궤도차량 사망 사고 일지 ▲6월 13일 = 여중생 2명 **미군 궤도차량**에 치여 사망 ▲6월 19일 = 한.미 합동 조사결과... 무죄 평결 여중생 사망이 남긴 것, 그리고 앞으로는 **미군 궤도차량**에 의한 여중생 사망 사건은 '가해자없는 기이한' 사법적...
http://www.we119.com/cgi-bin/note/readweeng.cgi?board=notice&.... 사이트내부검색 | ▾ 미리보기

미군 궤도차량에 치여 여중생 2명 사망 2002.06.13
... 여중생 2명 사망 [범죄일반 020613] **미군 궤도차량**에 치여 여중생 2명 사망 <연합뉴스> 2002. 6. 13. <13일... 친구생일잔치에 가던 여중생 2명이 도로를 지나던 **미군 궤도차량**에 치여 숨지는 등 미군차량이 미군 기지 지역 주민들과 국내...
http://lshouse.org/board/view.php?id=noarmy&page=18&category=.... 사이트내부검색 | ▾ 미리보기

연천, **미군궤도차량** 피해호소 :: 두루 DOOROO.net 2004.03.04
연천, **미군궤도차량** 피해호소 언론: 중부일보 2004/3/4(목) 미군 군사훈련장 인근 주민들이 수십여년동안 계속된... 114 긴급체포 안팎 연합뉴스 2004/03/04 68 연천, **미군궤도차량** 피해호소 중부일보 2004/03/04 47 포천쌀...
http://www.hanj.info/db/read.cgi?board=news&y_number=1996&nnew=2 사이트내부검색 | ▾ 미리보기

연천, **미군궤도차량** 피해호소 :: 두루 DOOROO.net 2004.03.04
연천, **미군궤도차량** 피해호소 언론: 중부일보 2004/3/4(목) 미군 군사훈련장 인근 주민들이 수십여년동안 계속된... 114 긴급체포 안팎 연합뉴스 2004/03/04 68 연천, **미군궤도차량** 피해호소 중부일보 2004/03/04 45 포천쌀...
http://www.hanj.info/db/read.cgi?board=news&y_number=1996 사이트내부검색 | ▾ 미리보기

더 많은 웹페이지 보기

출처: http://search.naver.com/

▸ 관련서적

책

대한민국 사(史)
한홍구 | 한겨레신문사 | 2003년 02월 07일
책본문 2002년 11월 대학로에서 **미군 궤도차량**에 의해 목숨을 잃은 두 여중생을 추모하고, 책임을 져야 할 미군에 대해 무죄평결을 내린 미군의 재판에 항의하며 불평등한 한미 주둔군지위협정(SOFA)의 개정을...

제국의 슬픔
찰머스 존슨 | 안병진 | 삼우반 | 2004년 03월 31일
책본문 ... 여기서 나오는 소음은 심각한 환경 문제를 일으킨다. 그러나 가장 심각한 문제는 2002년 6월 13일 **미군 궤도 차량**에 13살짜리 두 어린 여학생이 죽임을 당하는 일과 같은 폭력 행위가 일어났을 때, 책임을...

전쟁은 신을 생각하게 한다
강형철 | 화남출판사 | 2003년 04월 10일
책본문 ... 아니었다 온 몸으로 어둠에 항거한 촛불들이 3 효순 미선이 웃는 얼굴위로 57톤의 **미군 궤도차량**이 지나간다 6월 햇살에 눈이 부시다 비참하게 늘부러진 시체위로 사람들 무심한 발자국이...

더 많은 책 보기

출처: http://search.naver.com/

셋째, 지면 제약이 사라지고 무제한 복제, 저장 등이 가능하다. 종래 매스미디어의 가장 큰 제약요인이랄 수 있는 지면과 방송시간의 제약이 인터넷상에서는 거의 없다. 기사의 길이라든지 방송시간에 관계없이 얼마든지 기사의 양을 늘릴 수 있다.

기사의 복제, 저장 등이 손쉬워 뉴스전파의 속도와 폭이 기존 매스미디어와는 비교가 되지 않는다. 기사와 동영상은 저장되어 있다가 언제든지 필요한 시간에 볼 수 있는 비동시적 미디어이다. 그만큼 데이터베이스(DB)활용이 쉽다.

넷째, 인터넷뉴스는 비선형적(*non-linear*)이다. 활자미디어는 텍스트만 전달하지만 TV는 영상과 소리 정보를 제공한다. 이에 대해 웹은 영상과 소리, 텍스트를 동시에 사용하면서 내용구조에 있어서는 하이퍼텍스트를 지향한다. 최근 몇십 년 간 여러 매체의 메시지 송신, 수신방식이 선형적이었던 것과는 반대다. 예로 방송의 경우 가장 중요한 뉴스를 먼저 방송하며 그 다음 중요한 뉴스가 방송된다. 이처럼 대부분의 대중 메시지는 선형적인 방식으로 전송되고 수용자들은 메시지를 송신 방식 그대로 선형적으로 받아들여 왔다. 하이퍼텍스트는 텍스트 하나만을 담아내지 않는다. 작은 텍스트를 주석처럼 덧붙이기도 하고, 그것으로도 부족하면 또 다른 텍스트를 자료로 제시한다. 다음은 북한 핵실험과 관련한 하이퍼텍스트 사례 사이트이다.

▸ 북한 핵실험과 관련한 하이퍼텍스트 사이트

핫이슈 북한 '핵실험' 후폭풍

핵 보유국 되어서 행복하십니까?
[고태진 칼럼] 김정일 국방위원장에게 보내는 편지
결국 북한이 핵무기를 개발할수록 위협을 느끼게 되는 것은 우리 한반도의 민족일 수밖에 없습니다. 핵무기를 가진 나라는 핵무기의 공격을 받기가 오히려 쉬운 것이지요... [고태진 기자 2006-10-18 10:11]

김대중 전 대통령 "악마와도 대화해야 한다"
세계지식포럼 연설에서 미국의 '대화 거부' 비판

2차 핵실험 징후 구체화... 파국으로 가나?
미NBC "북한 군부 연쇄 핵실험 계획 중국에 통보"

"이게 진보정당이야? 이 개××들아!"
북핵 사태 이후 '둘'로 갈라진 민노당...찬핵-반핵 정파 갈등 폭발

"차기 정권 핵무기 개발 검토해야"
이회창 전 총재, DJ 맹성토 "미국에 책임 돌리는 것은 해괴한 논리"

남북민중, 더이상 강대국 인질 될 수 없다
[기고] 북은 자제하고 미국은 대화에 나서라

"수정보완하더라도 금강산 관광은 지속"
송민순 "PSI는 참여 폭 조절 방안 검토 중"

옴짝달싹 할 수 없는 한국 정부
PSI 참여확대와 남북경협 맞바꾸나
[김종배의 뉴스가이드] 협상 카드로 '금강산'을 던진 미국

'북에 돈 갖다바친 금강산 관광'?
주장은 있는데 증거는 어디에
[김종배의 뉴스가이드] 조중동, '금강산 관광대가' 의혹 집중 제기

강남에 사시는 공성진 의원님,
제 지역구 연천·포천으로 오세요
[공개편지] 전방의 주민들은 총소리에도 가슴이 뜁니다

출처: http://www.ohmynews.com/

다섯째, 뉴스제작에 드는 비용이 매우 저렴하다. 매스미디어가 거대한 자본이 없이는 불가능했지만 인터넷을 이용한 뉴스제작은 데이터베이스 활용 등을 통해 매우 저렴한 비용과 적은 인력으로도 가능하다. 블로그, 카페 등 1인 미디어도 얼마든지 가능하다. 유통비용 역시 제로에 가깝다. 나아가 페이지 뷰를 통해 개별 뉴스의 유통규모를 파악할 수 있다.

3) 인터넷뉴스시대의 기자

(1) 취재방식의 변화

온라인 저널리즘의 도구로서 컴퓨터와 인터넷은 기자들이 정보를 수집, 분석, 가공하는 필수불가결한 도구가 되었다. 온라인의 이용확산에 따라 기자들이 독점해 온 게이트키퍼로서의 지위도 일정부분 상실했다. 이제는 기자뿐 아니라 네티즌들이 적극적으로 뉴스와 정보를 생산해내는 시대가 되었다. 인터넷 이용자들이 생산하는 콘텐츠인 이른바 UCC(*user created contents*) 열풍은 1인 미디어시대를 열어가고 있다.

기존 언론에서 중요했던 마감시간이나 특종의 개념도 변화하는 추세다. 인터넷미디어에서는 기존 미디어에서 언론인들의 엄격한 행동지침의 하나였던 마감시간이라는 개념이 희박하다. 언제든지 좋은 뉴스거리가 있으면 인터넷상에 올리면 그만이다. 지면의 제약이나 배달에 따른 제약이 없는 상황에서 마감시간은 무의미하다.

뉴스취재와 제작과정상 예전에는 기자가 많이 뛰면서 정보원과 물리적 접촉을 통해 기사와 특종을 건져 올렸다면 온라인 취재가 뉴스제작과정에 차지하는 비중이 높아질 가능성이 커지고 있다. 디지털 저널리스트에게는 노트북과 디지털 카메라, 캠코더가 필수품이다. 온라인 취재는 취재공간을 전 세계적으로 확대할 수 있다. 지구상 어느 곳에 취재원이 존재하던 인터넷이 가능한 곳이라면 이메일(전자우편)을 통해 얼마든지 인터뷰가 가능하다. 취재의 속도가 그만큼 빨라짐을 의미한다. 온라인상에서는 방대한 양의 정보가 빠른 속도로 처리되기 때문에 속보경쟁의 압력이 훨씬 커질 것이다.

(2) 높은 전문성 요구

온라인 저널리즘시대에는 기자들에게 지금보다 훨씬 더 많은 전문성이 요구된다. 이제는 누구라도 쉽게 정보를 제공하는 아마추어 저널리스트 역할을 할 수 있기 때문에 프로 저널리스트들은 보다 심층적인 정보를 제공하고 사회적 현안에 대해 정밀한 분석과 해석력을 가져야 한다. 기존 매체의 기사에 대한 반응은 시차를 두고 완만하게 제기되고 양도 많지만 온라인에 올린 기사에 대해서도 즉각적인 반응과 함께 수십에서 수백 건의 리플이 달리기도 한다. 기사를 검색하는 네티즌의 수가 엄청나게 많다. 이는 기사의 완성도가 그만큼 높아야 한다는 얘기다. 어설픈 취재로 오보를 내거나 일정 수준의 내용과 깊이가 없는 기사는 독자들에 의해 걸러지는 운명을 면할 수 없다.

또한 향후 기술발전에 따라 취재기자, 편집기자, 카메라기자, 조사기자 등으로 세분되었던 작업영역이 하나로 통합되어 한 사람의 기자가 기획, 취재, 제작, 편집, 전송 등 전 과정을 동시에 수행하는 멀티플레이어의 기능이 요구될 것으로 예상된다. 따라서 다양한 멀티미디어를 다룰 줄 아는 능력도 요구된다.

특히 뉴스의 홍수시대에 심층적인 탐사보도의 중요성이 부각되면서 컴퓨터를 활용한 취재(*Computer-Assisted Reporting*)능력을 키우는 것이 전문 언론인들에게 시급한 과제가 되고 있다. CAR은 컴퓨터의 정보수집 분석 가공능력을 이용하여 심층적인 기획기사를 발굴하는 데 적합한 취재보도이다. 아울러 각종 다양한 도표나 그림, 그래픽을 이용하여 시각적 효과를 높이는 편집기법을 포함한다.

(3) 멀티미디어 저널리스트로서의 능력

컴퓨터를 능숙하게 다루는 능력은 디지털시대 기자가 갖춰야 할 기본이다. 그런 능력은 컴퓨터를 다루는 기술적 능력은 물론 미디어들을 결합해 스토리를 가장 잘 전달할 수 있는 능력이 요구된다. 즉 인터넷 뉴스의 멀티미디어성, 독자들과 응답하고 반응하는 상호작용성, 어떤 기사를 다른 기사, DB, 기타 다른 소스들과 하이퍼링크로 연결하느냐는 하이퍼텍스트성에 대한 이해를 포괄한다. 이런 기능들이 조화를 이뤄 기사화될 때 이상적인 온라인저널리즘을 구현할 수 있다.

인터넷상의 취재원 관리, 정보 분석을 위한 기본통계의 이해, 나아가 데이터 수집,

축적 및 분석을 제대로 할 수 있는 프로그램을 익히는 것이 필요하다. 인터넷 편집 기술과 이미지 스캐닝, 사진처리를 위한 그래픽 툴, 인터넷 홈페이지, 블로그 제작관리기술 등을 익혀둬야 한다.

인터넷 이용자들은 "비디오를 사용해 보여 달라", "기사내용을 증명해 달라", "더 자세하게 그림으로 제시해 달라", "관련 사이트를 소개해 달라", "과거 사례를 보여 달라"는 등 갖가지 요구를 쏟아낸다. 기사에 따른 독자들의 요구는 즉각적이고 빈번하다. 이러한 요구에 부응하기 위해 온라인 저널리스트들은 새로운 기자상(像)에 필요한 다양한 컴퓨터 활용기술과 도구에 익숙해야 한다. 문자로 된 기사와 사진, 그림, 그래픽, 동영상, 음향 등을 다루고 사진과 동영상을 컴퓨터로 편집하는 것은 물론 작성된 기사를 서버에 올릴 줄 알아야 한다.

4) 새로운 기사 형식들 (*Digital Storytelling*)

(1) 기존 매체기사 옮겨싣기

기존 신문, 방송사에서 운영하는 뉴스사이트는 초창기 신문과 방송에서 사용한 인터넷기사를 재가공해 옮겨싣기(*Print Plus*)를 했다. 인터넷의 장점을 살리지 못한 것으로 인터넷 뉴스를 위한 뉴스는 아니다. 지금은 페이지뷰가 적은 일부 사이트를 제외하고 단순히 오프라인뉴스에서 생산한 뉴스를 손질해 사용하는 경우는 드물다. 질이 떨어지는 사이트는 찾는 네티즌이 적어 경쟁력이 없기 때문이다.

(2) 링크 클릭방식의 기사

기사내용을 보완하는 정보를 제공하기 위해 일반 기사에 사진, 동영상, 그래픽, 관련 정보를 링크시키는 방식이다. 언론사가 데이터베이스를 잘 구축하고 있어야 하고, 많은 관련 링크들과도 제휴관계를 맺어야 한다. 하이퍼링크를 클릭하면 그 자체가 하나의 기사로 기능하면서 정보를 제공해 준다.

▸ 신문지면기사와 기존 매체기사를 옮겨 실은 인터넷 기사

"쇄신안 수용… 黨 철저 개혁"

이명박 회견… 李·朴 회동 곧 성사될 듯

한나라 내분 봉합… "이재오 사퇴 만류" "오픈프라이머리 무리" 기존입장서 후퇴

박근혜측 "잘한 일"

문화닷컴 홈 > 정치 > 국회·정당

[문화일보 뉴스] 스크랩 돌려보기

"쇄신안 수용… 黨 철저 개혁"

이명박 회견… 李·朴 회동 곧 성사될 듯

김상협기자 jupiter@munhwa.com

한나라당 대선주자인 이명박 전 서울시장은 2일 "고심에 고심을 거듭한 끝에 개혁과 화합을 조화하는 어려운 길을 택하기로 했다"며 강재섭 대표체제를 인정하고 당내분 수습에 앞장서겠다는 입장을 밝혔다.

이 전 시장은 이날 서울 견지동 안국포럼 사무실에서 기자회견을 열고 "개혁은 선택이 아니라 민심의 명령이며 국민에 대한 도리다. 뼈를 깎고 살을 도려내는 아픔이 따르더라도 오직 국민을 두려워 하는 마음으로 자기쇄신을 계속해야 한다"며 이같이 밝혔다.

이 전 시장은 기자회견 이후 곧바로 염창동 당사에서 강 대표와 회동을 갖고 당개혁을 위한 추가 쇄신안을 요구했다.

이 전 시장은 이어 "박근혜 전 대표와 무조건 만나 당의 화합과 국민의 신뢰를 얻도록 하겠다"고 밝힌 뒤 이날 저녁 박 전 대표와의 회동을 제안했다.

이에 대해 부산대 특강차 내려간 박 전 대표는 김해공항에서 보고를 받고 흔쾌히 "언제 어디서든 만나겠다"며 수용의사를 밝혔다고 한선교 대변인이 밝혔다. 다만 박 전 대표 캠프관계자는 "강 대표도 회동을 제안해왔기 때문에 함께 만나는 것이 좋겠다. 2일 저녁은 일정상 어려울 것 같다"고 전해이에 따라 3일중 회동이 성사될 것으로 보인다.

▸ 인터넷 기사에 링크된 동영상

["재벌이었어??"… 손미나 아나 "우린 그냥 소울 메이트" 동영상 더보기]

(3) 슬라이드쇼

슬라이드쇼(*slide-shows*)는 하나의 사건에 대해 다양한 이미지를 전달하는 방식이다. 은행 강도 사건이 발생한 경우 강도사건의 현장에서부터 사건의 진행과정을 그래픽 슬라이드로 재구성해 보여 주는 것이다. 단순히 사건 관련 사진을 나열해 놓는 것이 아니라 일관성 있는 스토리를 구성해야 한다.

출처: http://photo.donga.com

(4) 비디오 슬라이드쇼

비디오 슬라이드쇼(*video slide-shows*)는 슬라이드쇼와 오디오, 비디오 포맷을 조합해서 일련의 기사를 구성하는 방식이다. 다양한 정보 소스를 이용하기 때문에 슬라이드쇼보다 복잡한 과정을 거친다.

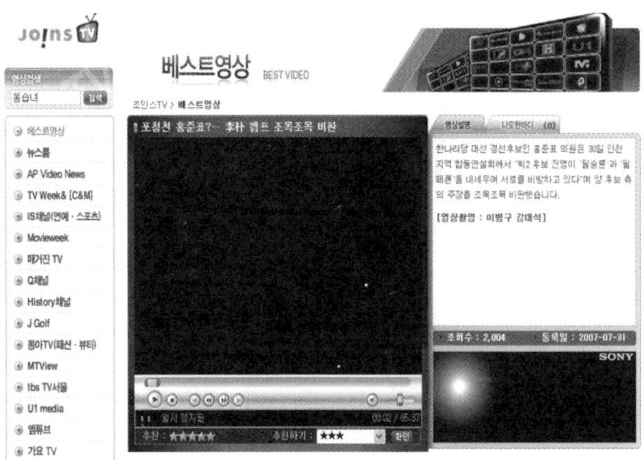

출처: http://tv.joins.com

(5) 라이브 채팅기사

라이브 채팅(*live Chats*)은 독자들이 질문하고 답을 받는 상호작용적인 Q&A 스토리의 변형이다. 이용자들이 기사에 참여하고 또 기사에 대한 정보를 제공하는 색다른 방식이다.

[온&오프 토론방 다음 주제] 담뱃값 인상 어떻게 생각하나 [중앙일보]

'온&오프 토론방'의 다음 주제는 '담뱃값 인상 어떻게 생각하나'입니다. 지난 5월 말 다뤘던 주제지만 최근 다시 논란이 가중되고 있어 다시 토론에 부칩니다. 중앙일보 인터넷 joins. com에 맹광호(범국민금연운동본부 본부장).정경수(한국담배소비자보호협회 회장)씨의 찬반 의견이 올라있습니다. 독자 토론 내용은 29일자에 실립니다.

2003.07.24 18:50 입력 / 2003.07.25 06:51 수정

확대 축소 프린트 이메일 내 블로그에 저장

나도 한마디 아이디 비밀번호 확인

로그인 후 의견을 남겨 주십시오.

게시판 관리기준 명품 토론방 디지털국회 가기 등록

이 기사에 대한 나도한마디는 총 1건입니다. 전체한마디

김성환 (shkim119) 07.25 08:09 추천 : 0 반대 : 0 신고

우선 이러한 기회를 만들어준 우선 중앙일보에 감사를 드린다. 하지만매번 하는말이지만 담배값 인상은 결국 떡고물을 누가 갈것인가 하는 문제이다. 단지 어떠한 명분을 찾을까하는 고민밖에 없는 문제이다. 선진국도 아닌데 선진국 버금가는 담배값으로 되면 현재의 서민은 무엇을 하라는 얘기인지. 말이 안되는 소리다. 제발 현실을 직시하고 이상만 쫓아가는 대안를 결코 오래 갈수 없은 것이다. 이번 기회 정책을입안하고 집행하는 사람들은 이러한 점을 잘 이해해 주기 바란다.더 이상의 소모전 서로의 감정만을 상하게 할뿐이다. 일에도 우선순위가 있듯이 좀 더 시급한 문제부터 해결하였으면 한다.

전체한마디

출처: http://article.joins.com/

(6) 퀴즈기사

전통적인 관점에서 보면 퀴즈(*quizzes*)는 기사로 여겨지지 않는 형식이다. 그러나 질문과 답변 속에 제대로 된 정보를 제공한다면 재미도 있으면서 훌륭한 기사역할을 할 수 있다. 다음은 퀴즈기사를 보여주는 사례이다.

좋은뉴스 좋은하루! goodday

엔터테인먼트 | 스포츠 | 토픽 | 게임 | 포토 | 만화 | 커뮤니티 | 성인 | 통합검

스포츠 Sports

야 구
· 야구뉴스
· 열도강타 '이승엽'
· 이기철 테마칼럼
· 108 백구
· 양정석의 J시리즈

MLB
· MLB 뉴스
· 류강훈 MLB탐험
· 코리안 메이저리거
박찬호 | 김병현
최희섭 | 서재응
김선우
· 코리안 마이너리거
백차승 | 송승준
추신수 | 류제국

축 구
· 축구뉴스
· 최현길 사커굿데이

굿데이홈 > 스포츠 > 야구

[한가위 특집 야구퀴즈]

[관련기사]
[한가위 특집퀴즈] 정답

1)투수가 던진 공이 원바운드로 스트라이크존을 통과했을 때 볼 판정은.
①스트라이크 ②볼

2)내야땅볼을 친 타자가 1루에서 아슬아슬하게 세이프됐지만 아웃으로 생각하고 덕아웃으로 돌아갔다면.
①세이프 ②아웃

3)타자가 보크로 선언된 공을 때려 안타가 되는 사이 2루주자가 득점했다면.
①노플레이 ②타자만 진루 ③안타와 득점 모두 인정

4)쉽게 잡을 수 있는 파울플라이를 1루수가 놓쳤다. 이때 기록은.
①실책 아님 ②1루수 실책

5)2사 만루에서 홈런을 때린 타자가 1루를 공과해 어필아웃됐다. 득점수는.
①0점 ②1점 ③2점 ④4점

(7) 애니메이션 기사

애니메이션(*animated*)도 새로운 기사방식이 될 수 있다. 사진이나 비디오 자료가 없을 때 시각적으로 기사를 구성할 수 있는 효과적인 도구다. 특히 유머러스한 기사나 풍자적인 내용의 기사에 적합하다.

출처: http://news.khan.co.kr/

(8) 게시판식 기사

게시판식 글쓰기는 주요 사실을 아이템별로 나누고 이를 한 문장으로 해서 기호와 함께 제시하는 형식이다. 정부의 정책을 발표하거나 각종 자료를 열거해야 할 경우와 같이 특별히 긴 기사에 유용하다. 컴퓨터 스크린상에서는 눈의 피로감을 높여서 관심 있는 사람이 아니면 글 전체를 읽지 않는다. 게시판식 글쓰기는 전통적인 저널리즘 기사형식에서는 특별한 경우를 제외하고 찾아보기 힘들다.

예 문

일반기사

열린우리당과 한나라당, 민주당, 민노당은 11일 원내대표회담을 갖고 205조 규모의 2007년도 예산안에 대한 삭감액을 놓고 절충을 벌였으나 합의점을 찾지 못했다. 열린우리당은 내년도 예산안은 정부가 삭감을 상정하지 않은 실행예산을 편성했고, 민생경제의 안정과 일자리 창출과 저소득 · 빈곤층에 대한 복지 증진, 국토 균형발전을 위한 사회간접자본 확충에 중점을 두었기 때문에 항목만 조정해 원안 통과시키자고 주장했다.

한나라당은 내년 예산안은 대선을 겨냥한 팽창예산이라고 지적하고, 선심성 복지예산, 불요불급한 행정경비, 여당 지역구 의원들의 민원성 예산은 대폭 삭감할 것을 요구했다. 대신, 경제회생을 위한 투 · 융자 예산, 첨단산업과 중소기업과 농어촌, 저소득층 지원예산을 늘리는 선에서 15조 원의 삭감규모를 제시했다.

민주당과 민노당도 내년 예산은 국민들의 담세능력을 고려하지 않은 팽창예산이라고 주장하고 과도한 일반 행정비 삭감 및 선거를 겨냥한 선심성 예산 등 20조 원 정도를 줄이지 않을 경우 예산안 통과에 협조할 수 없다고 맞섰다.

게시판식 글쓰기를 적용한 예

열린우리당과 한나라당, 민주당, 민노당은 11일 원내대표회담을 갖고 205조 규모의 2007년도 예산안에 대한 삭감액을 놓고 절충을 벌였으나 합의점을 찾지 못했다.

열린우리당은

–내년 예산안은 정부가 삭감을 상정하지 않은 실행예산을 편성했고
–민생경제의 안정과 일자리 창출
–저소득 · 빈곤층에 대한 복지 증진
–국토 균형발전을 위한 사회간접자본 확충에 중점을 두었기 때문에
–항목만 조정해 원안 통과시키자고 주장했다.

한나라당은

–내년 예산은 대선을 겨냥한 팽창예산이라고 지적하고
–선심성 복지예산, 불요불급한 행정경비, 여당 지역구 의원들의 민원성 예산은 대폭 삭감할 것을 요구했다.
–대신 경제회생을 위한 투 · 융자 예산, 첨단산업과 중소기업, 농어촌, 저소득층 지원예산은 늘리는 선에서
–15조원의 삭감규모를 제시했다.

민주당과 민노당은

–내년 예산은 국민들의 감세능력을 고려하지 않은 팽창예산이라고 주장하고
–과도한 일반 행정비 삭감 및
–선거를 겨냥한 선심성 예산 등 20조원 정도를 줄이지 않을 경우 예산안 통과에 협조할 수 없다고 맞섰다.

5) 인터넷뉴스 기사쓰기 지침

오프라인뉴스와는 달리 역사가 일천한 인터넷뉴스는 아직 기사 작성의 지침이나 관행이 정립되지 못했다. 인터넷기사는 종래 기존 기사형식의 연장이 되어서는 안 된다. 온라인 구성요소를 최대한 살리는 방향에서 작성되어야 한다. 국내외 여러 학자들이 제시한 인터넷기사쓰기의 지침을 정리하면 다음과 같다.

(1) 간결한 기사

인터넷상의 글은 짧은 글이 좋다. 컴퓨터를 통한 글 읽기는 대충 훑어보는 경향이 있고 종이신문보다 읽는 속도가 25%가량 느리기 때문이다(김익현, 2003). 꼭 인터넷이 아니더라도 바쁜 현대생활에서 긴 문장의 글은 가독성이 줄어들고 있다. 특히 인터넷 독자들은 정보를 신속하게 얻으려는 욕구가 강하고 젊은 층이 주류임을 감안하면 짧은 기사가 취향에 맞는다. 긴 절은 기호를 사용하며 짧은 문단으로 나누는 것이 바람직하다. 한 절에 한 개의 아이템만 들어가는 것이 좋다.

내용 파악이 좋은 역피라미드 형식의 글이 좋다. 핵심 내용은 빨리 찾을 수 있도록 글 첫머리에 배치해야 한다. 인터넷 이용자들은 스크롤 내리기를 싫어하는 경향이 있다. 눈에 띄는 주요 기사만 읽거나 도중에 읽기를 중단하는 비율이 많다. 기사에 관심이 매우 큰 이용자만 스크롤을 해가면서 글을 끝까지 읽는다. 인터넷 기자들은 긴 스크롤을 하지 않아도 되도록 기사를 짧게 분해해서 응집성 있게 배치하는 것이 필요하다. 각각의 페이지는 역피라미드형으로 구조화되어야 한다.

그러나 저널리즘 쪽에 무게중심을 두는 사람들은 내용만 좋으면 긴 글이라도 상관없다는 상반된 입장을 취한다. 글이 길어서 기사를 안 읽는다는 것이 입증되지도 않았으려니와 특히 지면의 제약이 없는 인터넷의 특성을 고려하면 짧은 글로는 오프라인 매체와 차별성이 없다는 주장이다. 인터넷 글이 간결한 것도 좋지만 긴 문서를 자의적으로 잘라버려 글의 핵심내용이 빠지거나 글맛을 잃게 해서는 안 된다는 것이다. 그래서 긴 문단은 나누고 군더더기 글은 과감히 줄이되, 기사의 내용이나 종류, 이용자의 편의 등을 종합적으로 고려해 길이를 정해야 한다.

(2) 비선형적 기사구조

웹 페이지를 여는 독자들이 맨 처음 하는 일은 기사를 대충 훑어보는 일이다. 처음부터 기사를 꼼꼼히 챙겨 읽는 것이 아니다. 그래서 신문 독자들은 읽기, TV독자들은 보기와 듣기, 인터넷 이용자들은 훑어보기를 한다고 말한다. 온라인 독자들은 정보를 찾아 종횡무진으로 이동한다. 정보를 담은 글에서 오디오 파일, 그래픽 파일, 다른 웹 사이트를 찾아다닌다.

인터넷기사 구성은 서론, 본론, 결론 또는 결론, 본론, 결론 같은 기존 미디어의 선형적 글쓰기가 아니라 비선형적이다. 비선형 기사는 기사의 핵심적 요소를 완전한 기사형태로 처음 문단에 배치하고, 나머지 부분은 추가적 정보, 배경설명, 관련 링크를 아이템별로 분류해 작성한다.

(3) 가독성 높은 기사

인터넷기사의 가독성을 높이기 위해서는 핵심단어를 밝거나 굵게 표시해 기사의 중요 내용에 대한 이해를 높이고, 의미 있는 내용을 간추려 중간제목을 달아 이용자의 글 읽기를 편리하게 해준다.

또한 가독성을 높이기 위해 헤드라인과 함께 기사의 주요 내용을 요약한 기사개요(*brief*)를 작성해야 한다. 기사개요는 원래 기사의 리드부분을 끊어서 헤드라인 밑에 제시하는 방식과 기사 개요자체를 새롭게 써서 제시하는 방식이 있다. 대부분의 국내 뉴스사이트들은 리드 부분을 끊어서 제시하고 있다. 반면 외국의 주요 뉴스 사이트들은 기사개요를 별도로 작성해서 그 자체적으로 핵심적 기시내용을 이해할 수 있도록 글의 완전성을 갖추고 있다.

한 문단에는 하나의 아이디어만 담는다. 인터넷 이용자들이 웹 문서를 접할 때 대다수가 읽는 것이 아니라 스캔한다는 조사결과가 있다. 꼼꼼하게 문장을 읽기보다는 자신이 원하는 정보를 포함하는 문장을 골라내려고 한다는 것이다. 각 문단의 첫 문장만 읽는 경우도 있다. 한 문단에 여러 개의 토픽이 들어가면 혼란을 준다.

〈그림 1-11〉 국내외 사이트 비교

▸ 국내

www.donga.com

▸ 국외

www.timesonline.co.uk

(4) 연결성이 높은 기사

기사의 내용을 보강해주는 링크를 잘 활용해야 한다. 관련 링크는 그 사이트의 콘텐츠를 강화하거나 관심을 유도하는 기능을 한다. 이런 기사 링크는 종래 신문, 방송에서 내보내는 해설기사의 대용이 될 수 있다. 기사와 관련된 과거 기사, 그 기사의 배경 및 해설, 사건과 관련된 원자료, 사건 관련 비디오 및 오디오 자료, 독자반응, 관련 사이트가 링크되어 있다. 기사를 읽을 뿐 아니라 듣고 보게 해 준다. 인터넷기사는 적당한 길이의 주(主)기사가 있고, 설명적 기사는 분리하여 별도의 기사로 만들어 여러 개의 관련기사와 자료들로 연결(*hyperlink*)시키는 방식을 취한다.

웹사이트에서 사용하는 링크는 내비게이션 링크와 하이퍼텍스트 링크가 있다. 네비게이션 링크는 사이트 안의 페이지를 연결하고, 하이퍼텍스트 링크는 본문내용을 풍부하게 해줄 관련 내용이나 괄호 안의 설명, 각주 등에 링크시켜 준다. 다른 매체는 물론 정부, 기업, 단체, 학교 등 관련 웹사이트와도 링크되어 있다.

이처럼 하이퍼텍스트를 통해 기사가 확장됨으로써 많은 관련 배경지식과 심층 정보를 독자가 손쉽게 이용할 수 있는 편리를 제공하고 있다. 이는 시민들이 사회적 이슈를 둘러싼 논의를 충분히 숙지하게 함으로써 궁극적으로 열린사회를 구축하는 데 기여하게 된다.

다음은 링크의 예를 보여주는 사이트이다.

〈그림 9-1〉 연결성이 높은 기사 사이트

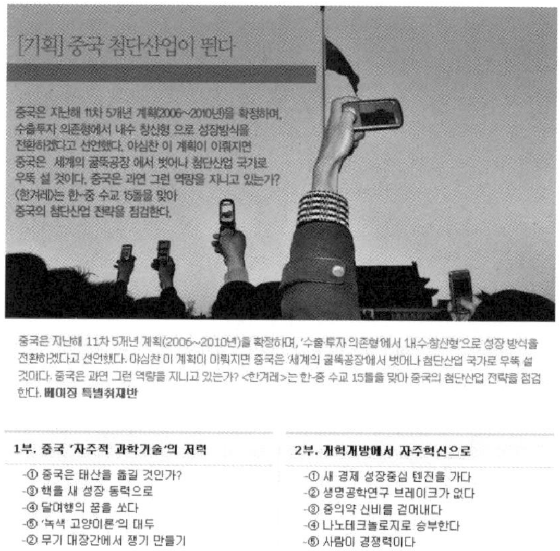

[기획] 중국 첨단산업이 뛴다

중국은 지난해 11차 5개년 계획(2006~2010년)을 확정하며, 수출투자 의존형에서 내수 창신형 으로 성장방식을 전환하겠다고 선언했다. 야심찬 이 계획이 이뤄지면 중국은 세계의 굴뚝공장 에서 벗어나 첨단산업 국가로 우뚝 설 것이다. 중국은 과연 그런 역량을 지니고 있는가? 〈한겨레〉는 한-중 수교 15돌을 맞아 중국의 첨단산업 전략을 점검한다.

중국은 지난해 11차 5개년 계획(2006~2010년)을 확정하며, '수출·투자 의존형'에서 '내수·창신형'으로 성장 방식을 전환하겠다고 선언했다. 야심찬 이 계획이 이뤄지면 중국은 '세계의 굴뚝공장'에서 벗어나 첨단산업 국가로 우뚝 설 것이다. 중국은 과연 그런 역량을 지니고 있는가? <한겨레>는 한-중 수교 15돌을 맞아 중국의 첨단산업 전략을 점검한다. **베이징 특별취재반**

1부. 중국 '자주적 과학기술'의 저력

-① 중국은 태산을 옮길 것인가?
-③ 핵을 새 성장 동력으로
-④ 달여행의 꿈을 쏘다
-⑤ '녹색 고양이론'의 대두
-② 무기 대장간에서 쟁기 만들기

2부. 개혁개방에서 자주혁신으로

-① 새 경제 성장중심 톈진을 가다
-② 생명공학연구 브레이크가 없다
-③ 중의약 신비를 걷어내다
-④ 나노테크놀로지로 승부한다
-⑤ 사람이 경쟁력이다

출처: http://www.hani.co.kr/

(5) 생생한 현장성과 속보성

기사의 객관성과 중립성은 전통저널리즘이 추구하는 기본원칙이다. 기사는 개인적인 느낌이나 생각을 적은 사적 기록이 아니라 사회적으로 유의미한 사안에 대한 객관적인 기록이기 때문이다. 기자 개인의 시각에서 벗어나 제 3자적 관찰자의 입장에서 독립적, 객관적으로 기술하는 것이 공정보도의 필수조건이다. 그러나 인터넷에서는 체험형 뉴스가 시도되고 있다. 현장을 바라보는 관찰자의 입장에서 기록하는 대신 이해 당사자의 처지에서 보고하는 형식의 체험형 르포기사가 가능하다. 이는 인터넷이 일방향적 매스미디어가 아니라 쌍방향성과 사용자 통제성이 강한 1인 미디어의 성격을 갖는 데서 비롯한다.

체험형 기사와 함께 인터넷 뉴스는 24시간 체제이기 때문에 생생한 현장의 뉴스를 각종 오디오, 비디오와 함께 실시간 전달할 수 있는 것이 생명이다. 기존 신문이나 방송이 시간과 공간의 제한, 뉴스시간의 고정성 때문에 호외를 발행하거나 긴급뉴스를 편성할 정도로 뉴스가치가 큰 기사가 아니면 시도할 수 없는 현장기사를 인터넷상에서는 얼마든지 보도할 수 있다. 큰 사건 · 사고 현장이나 국회 본회의, 운동경기, 증권시장 등 일정기간 계속되는 사안에 대해서는 제 1보에 이어 계속 뉴스를 업데이트해야 한다.

현장성을 극명하게 보여준 사례는 2000년 10월 13일에 있었던 이른바 김영삼 전 대통령의 '고대 앞 농성사건'이다. 이 사건을 보도함으로써 본격 인터넷뉴스시대를 연 〈오마이뉴스〉가 뉴스매체로서 자리 잡게 된 것이다. '대통령학' 초청특강을 하기 위해 학교로 들어가려는 김 전 대통령을 고대 총학생회 측이 나라를 망친 YS가 정문을 통해 학교에 들어오게 할 수 없다'면서 교문을 봉쇄하자 김 전 대통령은 차안에서 무려 14시간 동안 농성을 벌였다. 창간한 지 얼마 되지 않은 〈오마이뉴스〉는 이 농성사건을 'YS, 고대 앞 14시간 농성'이란 제목으로 1신에서부터 24신까지 전 과정을 기사와 함께 컬러 동영상을 붙여 무려 17시간 동안 생생하게 인터넷으로 생중계하였다. 이 보도는 인터넷매체의 현장성과 속보성에 대해 국민들의 엄청난 관심을 촉발했다. 새로운 뉴스를 계속 업데이트하는 인터넷의 특징을 십분 발휘한 차별화된 편집으로 〈오마이뉴스〉를 전국적인 매체로 부각시켰다. 기존 매스미디어의 시스템으로는 불가능한 일이다.

〈그림 9-2〉 〈오마이뉴스〉가 보도한 김영삼 전 대통령의 고대앞 농성 장면

제 20신 : 13일 밤 10시 35분: 김영삼의 새 제안 "한달 안에 강의하게 해준다고 지금 확약해라"

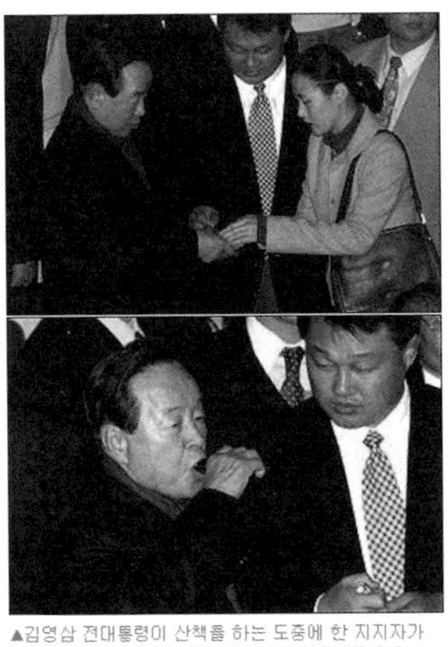

▲김영삼 전대통령이 산책을 하는 도중에 한 지지자가 드링크 음료를 건네자 흡족한 표정으로 마시고 있다.
ⓒ 오마이뉴스 이종호

오전 10시 50분에 시작하여 만 12시간째 정문앞 '차 안 농성'을 하고 있는 김영삼씨는 밤 10시 25분경 잠시 차밖으로 나와 기자들에게 새로운 제안을 공개했다.

"앞으로 한달 이내에 고대에서 강의를 할 수 있도록 공식적으로 학교당국에서 초청을 한다는 확약을 지금 이 자리에서 해주지 않는다면 이 자리를 떠나지 않겠다."

학교당국으로서는 참 얄궂은 제안이다. 한달 후에 또다시 이런 홍역을 반복하란 말인가?

지금은 수강대상 학생들은 다 집으로 가고 없고 반대시위 학생들만 남아있다.

제 19신 : 13일 밤 10시 20분: 여기는 국제관 321호

밤 10시 20분, 여기는 김영삼씨가 그토록 가고야 말겠다는 국제관 321호실입니다.

문을 열고 들어서니 금방 새로 지은 건물임을 느낍니다. 계단식 원형 강의실인데 총 142석의 빈 자리가 눈에 들어옵니다. 강연석에는 컴퓨터시설까지 마련되어 있습니다. 강연대에

출처: http://www.ohmynews.com

(6) 기사의 공정성과 정확성

인터넷 뉴스에서 가장 문제가 되는 것이 기사의 신뢰성이다. 인터넷뉴스 기자들이 기존 매스미디어들의 기자에 비해 경험과 숙련성이 부족하다. 무엇보다 24시간 체제 속에서 남보다 빨리 뉴스를 올리려다 보니 확인과정을 제대로 거치지 못해 부정확한 미확인 기사도 없지 않다. 아마추어 시민기자, 국민기자들의 기사에 오류가 많이 발생할 소지가 크다. 기존 신문, 방송의 인터넷기사보다 독립 인터넷신문의 경우 기사의 정확성 문제가 더 발생할 수 있다.

MSNBC.com의 편집자 조나단 듀브(Jonathan Dube)의
12가지 기사쓰기 지침

- **당신의 독자를 알라**
  온라인 독자의 욕구와 습관을 마음속에 그리며 기사를 쓰고 편집한다. 웹 이용자 연구는 독자들이 사이트를 진지하게 읽지 않고 대충 훑는 경향이 있으며 기존 신문 독자, 방송 시청자보다 능동적이다. 인터넷뉴스를 읽는 타깃 독자에 대해 생각할 필요가 있다.

- **먼저 생각하고 난 뒤 취재하라**
  기사취재를 하기 전부터 기사를 전달하는 가장 좋은 방법이 무엇인가를 생각해야 한다. 오디오, 비디오, 클릭할 수 있는 그래픽, 텍스트, 링크 등 무엇을 어떻게 사용할지 계획을 세운 뒤 기사를 취재한다.

- **기사수집 방법을 인터넷에 맞춰라**
  인쇄매체 기자는 정보를 찾고, TV기자는 카메라에 드러나는 정서를 구한다. 온라인 기자는 이미지, 오디오, 비디오, 텍스트, 상호작용 등 여러 상이한 요소를 상호 보완하는 방법을 생각해야 한다. 이미지에 맞는 단어를 찾고 단어에 맞는 오디오, 비디오를 싣고, 양방향적 데이터를 찾아야 한다. 인터뷰는 녹음하고 녹음테이프를 자료로 내놓을 수 있도록 준비하라.

■ 생동감 있게, 긴장감 있게 기사를 써라

인터넷기사는 신문보다는 힘 있고 긴장감 있게, 방송의 글보다는 박식하고 상세하게 써라. 강한 동사, 날카로운 명사를 가진 생동감 있는 산문을 추구하라. 유머를 사용하고 가벼운 미풍처럼 써라. 대화체도 구사하라. 온라인 독자는 구태의연한 글을 싫어한다. 그러나 훈련받지 않고 경험이 일천한 기자들이 쓰는 졸렬한 글을 본 네티즌들은 즉시 읽기를 중단하고 사이트를 떠난다.

■ 설명하라

최신 뉴스에 집착할 필요가 없다. 온라인 독자들은 누가 먼저 보도했는가에는 관심이 없다. 무슨 일이 일어나, 왜 문제인가를 알기 원한다. 뉴스를 가장 잘 설명하는 사이트가 승리한다.

■ 리드를 숨기지 말라

재빨리 무엇에 관한 기사이며 왜 읽어야 하는가를 말하라. 리드를 숨겨두면 독자는 오지 않는다. 'T모델' 기사 구조를 사용해 T의 수평성에 해당하는 부분에 기사의 요약, 문제점을 쓰고 수직선 부분에 서사적 이야기, 일화, 취재한 나머지를 쓴다.

■ 쌓아놓지 말라

온라인뉴스사이트에서 흔히 볼 수 있는 것이 쌓아두기(*pile-on*)이다. 속보가 입수될 때마다 이전의 속보 위에 쌓아두기를 이용하는데 뉴스의 진행과정을 지켜보는 것은 기자들뿐이다. 독자들은 하루에 한 번 이상 오는 사람이 드물다는 점을 상기하여 속보를 쌓아놓지 말고 가장 중요한 기사만 리드를 써서 올려라.

■ 짧지만 산뜻하게

인터넷 독자들은 클릭하여 기사를 계속 읽기보다는 스크롤해서 계속 읽는 것을 좋아한다. 대부분의 인터넷기사는 너무 길다. 다만 긴 글이라도 독자의 주목을 끌면서 읽어야 할 이유를 계속 제공해 준다면 괜찮다.

■ 분산시켜라

텍스트 덩어리는 화면에서 읽기 어렵다. 부제목, 불릿(*bullet*, 주의를 끌기 위한 검은 점)을 사용하여 덩어리를 나눈다. 템포가 빠른 글이 좋다. 문단과 문장을 가능한 한 짧게 하라. 정보는 차트, 도표, 리스트, 그래픽을, 정의와 요약은 작은 상자를 이용한다. 텍스트를 분산시키고 전체 문장을 한 숨에 읽도록 한다.

■ 추측하게 하지 말라

독자는 재미있고 기민한 것보다 직설적인 제목을 선호한다. 생각하게 만드는 제목은 기사 내용을 알리지 못하고 이용자의 클릭욕구를 저하시킨다.

■ 링크를 두려워 말라

추천할 만한 다른 사이트를 링크시키는 것을 두려워 말라. 독자들은 다른 사이트로 간다고 해서 다시 오지 않는 것은 아니다. 가치 있고 신뢰하는 링크는 계속 클릭한다. 다만 허위정보, 공격적 내용을 담은 사이트에 링크하는 것은 피하라.

■ 위험을 감수하라, 그러나 기본을 기억하라

온라인 저널리즘은 새롭고 발전적인 산업이다. 규칙이 없다. 아이디어가 있을 뿐이다. 모험하고 무언가 다른 것을 시도하라. 그러나 저널리즘의 기본을 잊어서는 안 된다. 글쓰기는 치밀하고 날카로워야 하며 윤리적 실천이 뒤따라야 한다.

연_습_문_제_

〈스트레이트 기사〉

1. 6하원칙 분석

예시 1

12일 오후 1시 40분쯤 서울 용산구 한남동 김동진(60) 씨 집에서 불이 나 김 씨의 어머니 주점순(87) 씨가 연기에 질식해 숨지고, 서울 의대에 재학 중인 아들 재중(26) 씨가 얼굴에 3도 화상을 입는 등 크게 다쳤다. 경찰은 지하실에서 온수 배관교체를 하기 위해 용접 및 페인트 작업을 하고 있던 인부들이 부주의로 불을 낸 것으로 보고 정확한 화인을 조사 중이다.

예시 2

20일과 21일 오전 7시쯤 부산시 사하구 다대동 낙동강 하류 정림하수처리장 옆 장림교 부근에서 물고기 수만 마리가 떼죽음을 당한 채 떠올라 낙동강 환경관리청과 부산시 보건연구원이 공동조사에 나섰다. 주민들은 장림하수처리장이 며칠 전 유입된 악성폐수로 인해 기준치를 훨씬 초과한 방류수를 배출했으며, 수자원공사가 낙동강 하구둑 수문을 열어 물의 염도를 떨어뜨린 것이 원인이라고 주장했다. 주민들은 특히 낙동강 하구둑 상류 공단에서 장마철을 틈타 폐수를 방류하는 행위가 늘면서 물고기 떼죽음 사고가 자주 일어난다고 말했다.

2. 완성도가 높은 기사, 낮은 기사, 맞춤법이나 외래어 표기가 어긋난 기사를 찾아서 스크랩해 보자.

3. 다음의 내용을 바탕으로 스트레이트 기사를 작성하라.

예시 1

• 9일 오후 5시 50분쯤 제주발 김포행 아시아나 항공 8942편이 경기도 오산 부근 1만 피트(지상 3000m) 상공에서 갑작스런 우박과 벼락을 맞았다.

• 이 사고로 조종석 유리창이 산산이 부서지고 비행기 앞부분이 싹둑 잘린 것처럼 완전히 떨어져 나갔다.

• 사고 순간 '쿵' 소리와 함께 기체가 심하게 흔들렸으며 승객들은 비명을 지르는 등 큰 혼란에 빠졌다. 다행히 조종사의 침착한 대응으로 비상착륙에 성공해 승객들은 모두 무사했다.

• 이 비행기는 승객 200명을 싣고 오후 5시 7분 제주공항을 출발, 오후 6시 김포공항에 도착할 예정이었다.

• 사고 후 여객기는 오후 6시쯤 김포공항 활주로에 1차 착륙을 시도했으나 실패하고 재상승한 뒤 오후 6시 14분쯤 2차 착륙을 시도해 성공했다.

• 사고기의 비상착륙으로 김포공항과 인천공항의 항공기 운항이 일시 중단됐다.

• 사고 당시 주변 상공은 심한 바람과 함께 번개가 치고 우박이 쏟아지는 등 최악의 기상상황이었다.

• 아시아나항공 측은 "갑작스런 기상 악화로 벼락과 우박이 함께 쏟아져 일어난 사고다. 기체에 피뢰침이 설치되어 있지만 벼락을 맞을 수도 있다"고 말했다.

• 항공기는 전문가들은 "극히 희박하긴 하지만 우박이나 번개로 인해 기체가 손상될 수 있다"고 말했다.

• 건교부와 아시아나 항공은 기체결함 여부 등 사고원인을 규명하기 위해 사고 비행

기에 대한 정밀조사에 착수했다.

예시 2

• 국제 테러조직 알카에다의 이라크 책임자 아부 무사브 알 자르카위(39)가 미군의 미사일 폭격으로 사망했다. 자르카위는 수도 바그다드 북서쪽 50km 지점인 바쿠바의 한 안전가옥에 은신해 있었다.

• 자르카위의 사망 소식은 누리 알 말라키 이라크 총리가 8일 공식 발표했다. 자르카위와 함께 동료 조직원 5명도 사망했다.

• 요르단 출신의 국제 테러범인 자르카위는 이라크 내에서 미군에 대한 각종 테러를 주도해 왔다. 그가 이끌던 '유일신과 성전' 테러조직은 2004년 6월 한국인 김선일 씨를 납치, 살해했었다.

• 미군은 그동안 자르카위에 대해 알카에다 최고 지도자 오사마 빈 라덴과 마찬가지로 2500만 달러의 현상금을 걸고 추적해왔다.

• 자르카위에 대한 미군의 공습은 7일 오후 6시15분(한국시각 밤 11시15분) 현지 주민들의 제보에 의해 이뤄졌다.

• 이라크 고위 당국자는 "최근 자르카위의 육성 비디오테이프가 공개된 뒤 그의 움직임을 면밀히 추적해 왔으며, 핵심 조직원의 제보를 통해 은신처를 정확하게 파악할 수 있었다"고 밝혔다.

• 조지 부시 미국 대통령은 8일 1급 지명 수배자인 자르카위의 죽음은 알카에다 조직에 대한 통렬한 타격이라고 환영했다. 그러나 테러범들은 그가 없어도 테러를 계속할 것이라고 말했다.

• 자르카위 피살 소식이 전해지자 국제유가는 2주 만에 배럴당 70달러 이하로 떨어졌다.

〈의견기사〉

4. 4가지 구성형태별 사설을 찾아보자.

5. 동일한 사안에 대해 뚜렷한 논조의 차이를 보이는 사설을 찾아 비교분석해 보자.

6. 신문사설과 방송해설(시사 논평)은 어떤 차이점이 있는가.

7. 중앙 종합일간지(10개) 1주일분 사설의 주제를 분석해 보자.

8. 사회적 이슈가 되는 현안을 골라 사설을 작성해 보자(2백자 원고지 5～6매 분량).

9. 사설과 칼럼은 어떤 차이점이 있는가.

10. 주제접근 방식이 다른 유형의 칼럼을 찾아보자.

11. 각 언론사별 칼럼의 특징을 비교 분석하라.

12. 각 언론사의 단평을 비교 평가해 보자.

13. 시사적인 내용을 소재로 작문형태의 칼럼을 작성해 보라(2백자 원고지 8～9매).

〈기획기사〉

14. 다양한 유형의 기획기사를 찾아서 스크랩하라.

15. 각 언론사가 연재하고 있는 장기기획시리즈물을 찾아서 도표로 정리해 보자.

16. 학생들을 3～5명 단위로 조를 편성, 기획기사 아이디어 수집 및 결정, 취재역할 분담, 취재, 기사 쓰기, 발표의 과정을 실습해 보자.

〈해설기사〉

17. 다양한 형태의 해설기사 유형을 찾아보자.

18. 해설기사의 문장구조를 분석해 보자.

19. 동일 사안에 대해 시각을 달리하는 해설을 찾아 내용을 비교해 보자.

20. 요령부득의 해설기사를 찾아서 문제점을 토론해 보자.

〈피처기사〉

21. 다양한 소재의 뉴스 및 비뉴스 피처기사를 찾아보자.

22. 피처기사의 특징, 기사작성 주안점에 관해 논의해 보자.

23. 비뉴스 피처기사의 소재를 선정해 직접 기사를 작성해 보자(2백자 원고지 7매 내외).

24. 피처기사와 르포기사를 찾아서 두 기사의 차이점이 무엇인지 구체적으로 비교해 보자.

25. 생활 주변에서 르포기사 및 트렌드 기사의 소재를 선정, 기사를 작성해 보자.

〈인터넷 기사〉

26. 인터넷 뉴스의 특성에 관해 조사해 보자.

27. 인터넷이 대중매체 기능을 수행할 때 나타날 수 있는 부정적 요인은 무엇인가.

28. 인터넷 시대의 기자의 역할에 대해 논의해 보자.

29. 인터넷뉴스의 새로운 기사형식들을 찾아보자.

30. 인터넷기사쓰기의 요령을 설명해 보자.

31. 인터넷 뉴스의 정확성, 신뢰성을 높일 방안을 논의해 보자.

제10장

분야별 기사쓰기

1. 사건 · 사고, 재난기사

1) 사건 · 사고, 재난기사란

사건기사란 전쟁, 무력충돌, 간첩행위, 주가폭락, 은행파산, 경제공황, 살인, 유괴, 절도, 강간, 폭행, 시위, 파업, 밀수, 뇌물수수 등과 같이 정치, 사회적으로 큰 이슈가 되는 사건이나 범죄행위 등을 다룬 기사를 총칭한다.

사건이 인간의 주도적이고 의도적인 행위에 의해 일어난 것이라면, 사고는 비의도적, 돌발적, 자연발생적이거나 원인이 분명치 않은 경우가 많다. 예로 서울 남대문시장에서 누전이나 단순한 실화로 인해 화재가 났다면 사고이고, 누군가가 의도적으로 불을 질렀다면 사건이 된다. 등산객이 산에서 추락하여 숨졌다면 사고이고, 사람을 죽일 목적으로 벼랑에서 밀어 떨어뜨렸다면 범죄사건이 된다. 자동차끼리 가볍게 부딪쳤다면 접촉사고이고 사람이 죽었다면 과실치사사건이 된다.

재난기사는 주로 지진, 태풍, 해일, 홍수, 폭설, 가뭄 등과 같은 자연재해로 일어난 사건을 취재 보도하는 기사이다. 안전관리 소홀로 빚어진 화재 및 교량, 건물의 붕괴사고 등 이른바 인재(人災)도 재난기사로 취급되는 경우가 있다.

우리사회에서는 크고 작은 사건 · 사고, 재난사건이 끊임없이 일어난다. 기자들은 이런 사건 · 사고들이 어떻게 일어났으며 그것이 일반 시민들의 생활에 어떤 영향을 미쳤는가를 취재해 보도한다. 매스미디어가 지나치게 선정적으로 사건 · 사고보도에 치우치고 있다는 비판도 있지만 사회와 인간생활의 유지 및 안전과 직결되는 사안이라는 점에서 사건 · 사고보도의 중요성은 시대의 변화에 관계없이 줄어들지 않을 것으로 예상된다.

다만 경제발전과 지식정보사회의 도래, 세계화의 확산 등으로 인해 보도거리가 엄청나게 늘어난 데다, 수용자들의 정보욕구가 복잡 · 다양해짐에 따라 단순한 범죄형 사건기사가 보도에서 차지하는 비중은 과거에 비해 현저히 줄어들었다.

2) 사건 · 사고, 재난기사의 취재요령

사건 · 사고, 재난기사는 스트레이트기사, 뉴스기사의 대표이자 취재보도의 기본이 되는 기사다. 사건 · 사고 취재는 기자로서의 자질과 역량이 가장 잘 드러날 뿐 아니라 기자 생활을 위한 기초를 튼튼히 다질 수 있는 기회다. 이 때문에 언론사에 입사하면 맨 먼저 일선 경찰서를 출입하면서 사건기자로써 엄격하고 고된 취재와 기사쓰기 훈련을 받게 된다.

사건 · 사고는 그 종류가 수없이 많을 뿐 아니라 시대가 발전함에 따라 새로운 사건 유형이 끊임없이 생겨난다. 특히 정보통신기술의 발전이 급격히 이뤄지면서 온라인을 이용한 각종 신종범죄의 증가가 두드러진다.

또 동일한 유형의 사건이라 하더라도 개별 사건마다 사건의 원인, 규모, 성격, 파급효과가 각양각색이기 때문에 정형화된 취재의 틀이란 없다. 취재에 임하는 기자가 현장에서 판단해 취재의 방향을 정하고, 그에 따라 적절한 취재기법을 활용해 취재에 임하는 도리밖에 없다.

사건 · 사고에 대한 취재는 다른 취재와 마찬가지로 현장취재와 보충취재(*follow-up*)로 구분된다. 사건 · 사고의 유형과 규모에 따라 일회성의 단발성 사건 ·

사고와 사건발생에서부터 사건수습까지 전 과정을 장기간에 걸쳐 취재 보도해야 하는 대형사건 · 사고로 구분할 수 있다. 단발성 사건 · 사고는 담당 기자 1 ~ 2명이 취재 보도하는 것이 일반적이다.

그러나 대형화재사건이나 비행기 추락사건, 지하철 화재참사, 대규모 폭설과 홍수처럼 대형 사건은 사회적 관심이나 보도의 중요성을 감안, 보도량이 많다. 기사가치가 크면 클수록 대서특필하게 마련이고, 속보도 오랫동안 지속된다. 이에 따라 취재거리가 많고, 취재기간도 오래 걸린다. 이 때문에 여러 부서, 여러 명의 기자들이 참여하는 특별 취재팀이 구성되어 취재에 임하게 된다.

대형사건 · 사고의 취재는 데스크와 현장 취재팀장이 긴밀히 협의해 철저한 취재계획을 세우고 취재와 기사작성, 후속취재 등 적절하게 역할을 분담시켜 신속하고 효율적인 취재를 하는 것이 매우 중요하다. 제 1보와 상보(詳報), 속보 기사에 대한 계획을 제대로 세우지 않을 경우 경쟁매체에 뒤떨어진 구문(舊文)을 싣게 된다. 그만큼 사건 · 사고를 취재하는 사건기자는 기민한 취재력과 예리한 판단력, 상황을 객관적으로 바라볼 수 있는 냉철한 두뇌와 합리적인 사고력이 요구된다.

(1) 현장취재

사건 · 사고의 진실은 일차적으로 현장이 말해준다. 현장을 보지 않고 기사를 쓴다는 것은 난센스다. 현장과 주변을 면밀하게 관찰하고 샅샅이 취재해 보도의 방향을 잡아야 한다.

그런데 사건 · 사고가 발생한 현장은 수사기관, 가족을 비롯한 관련 당사자, 목격자, 구경꾼 등이 동시에 개입하게 됨으로써 변형되거나 사라질 수 있다. 사건 · 사고가 일어난 경우 기자가 현장에 달려가 현장의 사실들을 얼마나 신속 · 정확하게 확보하느냐에 따라 기사의 질이 판가름 난다.

사건 · 사고관련 정보는 기자의 현장관찰 외에 3가지 출처 즉 ‣경찰을 비롯한 수사관, 수사 및 사고조사 보고서 ‣피해자 증언 ‣목격자 증언 등을 통해 얻게 된다. 개별 사건 · 사고마다 취재해야 할 내용은 천차만별이지만 어떤 기사건 취재의 기본은 누가, 무엇을, 언제, 어디서, 어떻게, 왜라는 6하원칙이다. 사건 · 사고의 현장에서 우선적으로 확인하고 취재해야 할 일들을 정리하면 다음과 같다.

① 6하원칙에 따른 사건 · 사고의 개요 파악

기자가 현장에 도착해 현장과 주변을 샅샅이 살핀 뒤 6하원칙에 입각해 사건 · 사고의 규모와 성격, 전반적인 수사 및 조사 진행상황, 향후 전개추이 등을 신속하게 파악한 뒤 취재와 기사의 방향을 설정한다. 특히 대형 사건일 경우 현장 취재팀장은 함께 간 기자들에게 취재와 기사작성의 임무를 적절히 부여해야 한다. 인력을 얼마큼 효율적으로 활용하느냐가 특종을 잡아내고 정확하고 정보가 풍부한 양질의 기사를 쓰는 첩경이다.

② 희생자, 피해자, 가해자, 용의자, 부상자의 성명, 연령, 주소 등 인적사항 및 피해 내용 확인

사건 · 사고에서 가장 관심을 끄는 내용은 인명과 관련된 피해내용이다. 웬만한 큰 사건이라도 인명피해가 없거나 적으면 사회적 충격이 크지 않기 때문에 기사의 중요도가 뚝 떨어진다. 따라서 사건 · 사고 관련자들이 어떤 사람이고 얼마나 되는지, 사상자 수는 얼마인지, 그들의 사고 당시 상태와 현재의 상태를 파악하는 것은 사고의 원인 규명뿐 아니라 사건의 성격이나 기사가치를 가늠하는 척도가 된다.

사소한 사건이라도 유명인사나 정 · 관 · 재계 고위급 인사 등 사회지도급 인사가 개입되어 있으면 사회적 관심도가 높고, 그만큼 기사비중이 커진다. 가해자, 피해자를 비롯해 사건 · 사고 관련자들의 이름, 성별, 나이, 직업, 경력, 전과유무, 가족관계는 물론 가정환경, 성격, 그리고 주변인물까지도 세심하게 취재하는 것이 필요하다.

③ 사건 · 사고의 피해자, 생존자, 목격자, 수사관계자 등의 증언 청취

현장 인터뷰는 가급적 책임 있는 당사자와 하되 여러 사람의 증언을 들어야 한다. 사건 · 사고의 피해자, 생존자, 목격자들을 찾아 증언을 듣는 것은 사건의 실체적 진실파악을 위해 필수적이다. 사건의 직접적인 당사자들만큼 사건 · 사고의 상황을 생생하게 전해줄 취재원은 없다. 이들로부터 가능한 모든 정보를 뽑아내야 한다.

문제는 이들 당사자들 간 증언이 서로 어긋나는 경우다. 당사자들의 착각이나 보는 관점이 달라 엇갈릴 수도 있지만, 자신에게 유리한 상황을 조작하거나 책임회피 차원에서 달리 증언하는 일이 적지 않다는 점을 유념해야 한다.

경찰을 비롯한 수사관, 조사관들의 증언이나 조사기록을 확보하는 것은 사건의 개요를 파악하고 기사의 공신력을 높이기 위해 중요하다. 이때도 책임소재 등의 이유로 설명이나 증언, 조사 내용이 사실과 다를 수 있다. 결국 기자가 여러 관련자들의 증언을 청취, 합리적 결론을 내려야 한다. 그만큼 현장취재기자의 광범위한 취재력과 예리한 판단력이 요구된다.

④ 정확한 사건 · 사고 발생시간 및 발생장소 확인

사건 · 사고의 정확한 발생시간과 장소를 파악하는 것은 사안에 따라 문제를 푸는 핵심 고리가 된다. 예로 화재 사건의 경우 언제 불이 나서, 언제 진화되었느냐에 따라 화재의 원인이나 소방관서의 책임소재를 규명하는 데 결정적인 단서가 된다.

조류독감이나 구제역이 발생했다면 어디서 처음 발견되었느냐가 매우 중요하다. 방역, 방재를 위해서는 장소에 대한 정보가 최우선이다. 가스폭발 사건이나 홍수와 폭설로 인한 인명피해, 산사태, 고속도로 유실 등의 사고가 난 경우도 마찬가지다. 사건 · 사고가 난 정확한 장소의 위치, 주요 지점으로부터의 거리, 주요 건물이나 표지물 등에 대한 정보를 확인해야 한다.

⑤ 원인과 경위, 진행경과, 과실 책임자 파악

사건 · 사고가 일어난 원인과 경위, 책임소재 규명은 매우 민감한 사안이다. 언론보도에 따른 이해관계자들이 있기 때문에 기사작성에 특별한 주의가 필요하다. 기자 개인의 자의적 판단이나 감정, 분위기에 휩쓸리지 말고 사건 · 사고 관련자 인터뷰, 전문가들의 의견을 종합해 객관적으로 기술해야 한다.

그렇지 않을 경우 의외의 피해자가 생길 수 있다. 경우에 따라 명예훼손 문제가 발생할 가능성이 크다. 사실과 다른 내용이라도 일단 언론에 보도가 된 뒤에는 바로잡기가 매우 어렵다. 확인하고 또 확인해서 기사를 써야 한다.

범죄사건의 취재는 동기를 파악하는 일이 중요하다. 단순우발적인 범죄일지라도 반드시 동기가 있다. 동기를 파악하면 사건의 절반은 해결된 것이나 다름없다. 피의자가 검거되지 않았을 경우 사건현장 주변에서 객관적인 자료를 광범위하게 확보했을 때 정확한 동기추정이 가능하다.

⑥ 현장기자의 취재수칙

- 책임 있는 조사관에게 질문하라.
- 증인을 찾아서 인터뷰하라.
- 피해자의 친척이나 친구를 찾아내서 인터뷰하라.
- 피해자가 말할 수 있으면 가능한 대로 그와 인터뷰하라.
- 현장의 다른 사람과도 이야기하라.
- 피해자와 그 가족들에게 신경을 써라.
- 시각을 달리해서 보라.
- 가명이나 익명보다는 가급적 취재원의 실명을 밝히라.

* 참고: The Missouri Group, 2000

(2) 보충취재

사건 · 사고는 그 자체를 신속, 정확하게 보도하는 것만으로 언론의 의무를 다했다고 할 수 없다. 유사한 사건 · 사고가 반복적으로 발생하거나 사회적 파장이 큰 대형사건 · 사고라면 그에 따른 정치, 경제적 영향이나 의미, 과거 사례와 강구된 개선책, 재발방지를 위한 대책 등도 아울러 전달하는 것이 언론이 담당하고 있는 환경감시자로서의 기능이다. 이런 부분에 대한 보충취재는 현장 취재기자뿐 아니라 현장 취재에 참여하지 않은 기자가 시간적 여유를 갖고 CAR기법을 활용하거나 문헌조사, 전문가 인터뷰 등을 통해 보완해야 한다. 보충취재 요목은 다음과 같다.

첫째, 사건의 직접적 대상자가 아닌 과거 유사 사건 · 사고의 피해자, 수사관계자, 해당분야의 전문가 등 간접적인 관련자들에 대한 광범위한 인터뷰이다. 이를 통해 사건 · 사고의 발생원인이나 경과 등을 정확히 밝혀냄으로써 공직자들의 직무유기와 태만, 사후 대책의 적정성 여부를 가릴 수 있다. 나아가 사건을 은폐, 축소, 왜곡하려는 기도를 사전에 방지할 수 있다.

둘째, 사건 · 사고에 대한 관계당국의 설명과 발표 자료에 대한 확인작업이다. 사건 · 사고의 현장을 기자가 직접 목격하고 조사했다 하더라도 수사기관이 아닌 기자가 정확한 원인과 경과, 피해상황 등을 조사할 수 없다. 이 때문에 공적인 신뢰성을 갖고 있는 관계 기관, 전문가의 설명이나 조사발표에 의존해 기사를 작성하는 것이 관행이다. 그러나 신뢰성 있는 공적 기관의 설명이나 조사발표라 하더라도 반드시 사실 확인 작업을 벌여야 한다. 무엇보다 모호하고 미심쩍은 내용은 보충취재를 통해 의문을 해소해야 한다.

예로 2004년 11월 MBC 〈PD수첩〉의 서울대 황우석 교수의 줄기세포 논문조작사건 보도는 끈질긴 탐사보도, 보충취재가 만들어낸 개가이다. 세계적인 과학전문지인 〈사이언스〉와 〈네이처〉의 커버를 장식한 논문이 조작되었다는 사실을 누가 의심하겠는가. '황우석 신드롬'이라 부를 정도로 온 나라가 황우석 열풍에 휩싸여 있는 데다 국내외 학계에서도 그의 학문적 성과에 대해 전폭적인 지지와 찬사를 보내는 상황에서 언론이 논문의 허구성을 입증한다는 것은 대단한 용기와 모험이 요구된다. MBC는 논문조작 의혹을 제기한 제보를 단서로 끈질긴 추적취재를 통해 논문조작이라는 대어(大魚)를 낚았다.

셋째, 배경 취재와 의미 부여다. 모든 사건·사고에는 사연이 있다. 겉으로 드러난 현상만 보도하는 것으로 언론이 할 일을 다했다고 할 수 없다. 왜 이런 사건·사고가 일어났는지, 왜 유사한 사건이 계속 일어나는지, 겉으로 드러난 현상 외에 감춰진 동기나 원인은 없는지를 세밀하게 따져 봐야 한다. 그래야 사건·사고의 실체적 진실에 접근할 수 있다.

취재가 충분히 이뤄진 뒤에는 그 사건·사고가 지닌 사회적 의미를 분석하는 일이 남는다. 사건 자체는 단순한 흥밋거리나 호기심을 채워주고 궁금증을 해소하는 수준에 불과하다. 사회의 갖가지 현상에 대해 끊임없이 문제를 제기하고 의미를 부여하며, 다양하게 해석하는 일은 기자의 몫이다. 기자가 사건·사고에 어떤 의미를 부여하느냐에 따라 그 비중과 기사가치가 판가름난다.

넷째, 국내외 관련 자료와 사례의 수집이다. 큼직한 사건·사고가 발생하면 이와 관련한 문건을 확보하는 것이 원인 규명의 열쇠이다. 사건 당사자들의 행적이나 관계 당국의 조치 등을 담은 자료를 면밀히 조사하면 사건·사고가 일어난 원인이나 배경 등을 상당부분 파악할 수 있을 것이다. 일차적으로는 수사기관이 압수수색을 통해 필요한 자료를 가져가지만 경쟁 언론사보다 한발 앞선 보도를 하기 위해서는 취재기자도 가능한 한 자료수집에 최선을 다해야 한다.

이와 함께 국내외에서 발생한 유사 사례를 파악해 당시 상황이나 수습경과, 사후

조치 같은 내용을 소개한다면 독자, 시청자들의 정보욕구를 해소하는 것은 물론 기사의 신뢰성을 제고시키는 데 도움이 될 것이다. 컴퓨터의 발달로 언론사마다 각종 자료에 대한 데이터베이스를 잘 구축해 놓고 있다. 인터넷을 잘 활용하면 자료를 손쉽게 구할 수 있다.

3) 사건 · 사고, 재난기사 작성요령

첫째, 6하원칙에 충실해야 한다. 사건 · 사고기사는 엄격한 사실(*fact*)에 근거, 6하(何)원칙에 따라 일목요연하게 기사를 작성한다. 기자의 개인적 생각이나 감정을 배제한 채 사실관계에 대한 정보를 객관적 시각에서 기술, 독자들에게 전달해야 한다. 객관성 확보가 기사의 생명이다. 또 지면이나 방송시간의 제약을 감안해 사건 · 사고의 내용을 가장 압축적이고 효율적으로 정리하는 것이 원칙이다.

둘째, 역삼각형 방식이 기사작성의 기본틀이다. 사건 · 사고기사는 전형적인 역삼각형(역피라미드) 방식의 기사작성기법을 사용한다. 사건 · 사고의 핵심적인 내용을 앞부분에, 상술 · 부연하거나 배경을 서술하는 부분은 뒷부분에 배치한다. 편집과정에서 부득이하게 기사의 일부를 잘라내더라도 의미전달에 문제가 없도록 한다. 지면사정으로 경우에 따라 리드(전문)만 나가더라도 사건 · 사고의 전반적 개요를 파악할 수 있도록 작성한다. 사건기사는 그만큼 리드작성이 중요하다.

셋째, 이름 · 나이 · 주소, 직업, 단체명, 일시 등 고유명사와 숫자는 확인하고 또 확인한다.

넷째, 발생형 기사와 수사(구속, 입건) 속보 등의 단계에 따라 적합한 기사스타일을 쓴다.

다섯째, 사건의 비중이 크고, 특별한 의미가 있거나 반복적 사건 · 사고임을 강조하고자 할 때는 사건의 성격을 상징적으로 표현하는 리드문장을 별도로 내세운다.

여섯째, 취재된 사실(*fact*)의 가치에 따라 기사 내용뿐 아니라 스타일도 달라진다. 예로 유명 탤런트가 백화점에서 물건을 훔치다 붙잡혔다면 날짜와 장소보다 유명 탤런트(*who*)를 맨 앞에 내세워 리드를 작성한다. 물건을 훔친 동기나 도벽여부, 물건의 가격, 동행자 등 자세한 취재가 필수적이다.

(1) 발생형 기사

언론의 독특한 관행으로 굳어진 발생형 사건 · 사고기사의 대표적 유형은 '○○일 ○○시 ○○분께 ○○시 ○○구 ○○동에서~'로 시작되는 리드와 '경찰(검찰)에 따르면~'으로 시작되는 본문으로 구성된다.

화재, 살인, 강도사건 및 교통사고 등은 발생 시간과 장소가 기사에서 큰 비중을 차지하기 때문에 시간과 장소를 앞세운 리드기사를 쓰는 것이 관행이다. 발생형 기사는 현장감이 장점이다.

수사기사의 대표적 유형은 '서울 ○○경찰서는 ○○일~, 서울지검 특수1부는 ○○일~'로 시작하는 스타일이다.

예 문

〈기사 1〉

경기 가평경찰서는 5일 ○○양 유괴 용의자 이 모(40) 씨를 붙잡아 범행여부를 추궁중이다.

경찰은 이 씨가 ○○양이 유괴된 지난 2일 ○○양의 집으로 전화를 걸어 금품을 요구한 사실을 밝혀내고 이날 이 씨 집으로 수사관을 보내 검거했다.

〈기사 2〉

○○양 유괴범은 이웃집에 사는 택시운전사인 것으로 밝혀졌다.

경기 가평경찰서는 5일 ○○양 유괴 용의자 이 모(40, 택시운전사) 씨로부터 범행사실 일체를 자백 받고 이 씨를 상대로 ○○양의 소재를 캐고 있다.

〈기사 3〉

○○양은 바로 이웃에 사는 택시 운전사에 의해 유괴 살해되어 경기도 가평군 야산에 암매장된 것으로 밝혀졌다.

경기 가평경찰서는 5일 유괴범 이 모(40, 택시운전사) 씨로부터 범행일체를 자백받고 수사관을 ○○양이 암매장된 가평에 급파했다.

〈기사 1〉은 용의자 검거과정을, 〈기사 2〉는 유괴범의 신원과 수사진행내용을, 〈기사 3〉은 유괴범의 신원과 수사를 통해 밝혀진 일부 범행내용을 적시했다. 사건수사의 진전에 따라 후속기사가 계속 나온다.

(2) 사건 · 사고, 재난기사 취재 체크리스트

① 사건 · 사고 현장 취재 체크리스트

- 이름 · 나이 · 주소 · 직업 등 피해자의 신원 파악
- 피해자, 목격자의 진술, 증인의 증언 또는 경찰 등 수사관계자의 추정 내용
- 사건 발생의 날짜, 시간과 장소
- 사건 발생의 원인과 과실 책임자 등

② 취재원

- 검찰, 경찰 등 수사관계자 및 각종 수사보고서
- 피해자 및 피해자 가족, 목격자, 증인 인터뷰
- 가해자 가족 및 친지 등 주변인물
- 119소방대원, 병원구급요원 등 현장구조 요원
- 관련 정부기관 책임자

(3) 사건기사의 유형

① 살인사건

- 보도의 핵심은 살해동기이다. 계획된 범죄인지, 우발적 살인 또는 정당방위인지에 따라 기사의 비중이 달라진다.
- 피해자가 저명인사, 특수신분의 사람이거나 연쇄살인사건처럼 불특정 다수인을 상대로 범죄행위가 지속적으로 발생할 경우 사건이 커진다. 이런 사건은 속보가 계속 나오기 때문에 긴장의 끈을 놓을 수 없다. 추적보도가 이뤄져야 한다.
- 살해동기와 함께 사용한 흉기, 살인수법의 잔혹성, 도난품의 유무, 원한 및 애정관계, 피해자의 반항흔적, 목격자 및 피해자 주변 인물을 취재한다.

예 문

충남 아산의 한 부동산 중개업소 사무실에서 총기발사 사건이 일어나 2명이 숨지고 1명이 중태에 빠졌다.

27일 오전 10시 20분 경 충남 아산시 음봉면 S부동산 사무실에서 주인 이 모(62) 씨와 인근 골재공장 대표 임 모(41) 씨, 골재공장 종업원 김 모(36) 씨 등 3명이 총상을 입고 쓰러져 있는 것을 주민이 발견해 경찰에 신고했다.
119 구급대가 출동했으나 김 씨는 이미 숨져있었고 이 씨는 병원으로 옮기던 중 숨졌다. 임 씨는 옆구리 등에 심한 총상을 입어 중태다.
경찰은 인근 식당도 함께 운영하는 이 씨가 이곳에서 수십m 떨어진 곳에서 골재공장을 운영하는 임 씨와 골재 모래먼지 때문에 갈등을 빚어 왔다는 주변 사람들의 말에 따라 이 문제로 인한 앙금 때문에 임 씨 등에게 엽총을 쏜 뒤 자살한 것으로 보고 있다.
임 씨는 "아침에 이 씨가 부동산 중개업소 사무실로 불러 김 씨와 함께 찾아가 커피를 한 잔 마시는데 갑자기 총을 꺼내 쐈다"고 말했다.
경찰조사 결과 이 씨는 "유해 조수를 잡으려 한다"며 이날 오전 8시경 아산경찰서 둔포 지구대에서 자신 소유의 이탈리아제 베넬리 아퀼라 5연발 엽총을 출고해 간 것으로 확인됐다. 〈동아일보, 2007. 4. 26〉

예 문

〈앵커 멘트〉

국내에서도 총기사고가 왜 이렇게 자주 발생하는지 모르겠습니다.
평소에 좋지 않은 감정을 갖고 있던 이웃에게 총을 쏜 뒤에 자신도 스스로 목숨을 끊은 사건이 일어났습니다. 임양재 기자입니다.

〈리포트〉

기자 충남 아산시 음봉면 부동산 사무실. 오전 10시 20분쯤 주인 62살 이 모 씨는 인근 골재공장 주인 41살 임 모 씨와 언쟁을 벌이다 갑자기 엽총을 발사했습니다. 함께 있던 공장직원 36살 김 모 씨는 현장에서 숨지고 임 씨는 옆구리에 총상을 입었습니다. 총은 쏜 이 씨는 곧바로 스스로 목숨을 끊었습니다.

임 모 씨(피해자) 총을 꺼내더라고요. 장난인줄 알았죠. 근데 좀 있다가 너 죽고 나 죽자며 쏴버리더라고요. 왜 쐈는지 모르겠어요.

기자 이 씨는 사고발생 2시간 전 경찰서에서 유해조수 구조용으로 신고하고 맡겨놓은 엽총을 찾아왔습니다. 지난해 10월에 식당을 개업한 이 씨는 길 건너 골재 분쇄공장에서 날아오는 비산먼지로 공장 주인과 갈등을 빚어온 것으로 밝혀졌습니다.

김영철 경위(아산 경찰서) 골재를 파쇄하면서 먼지하고 분진이 비산돼 평소에 피해의식을 가지고 있었던 것 같습니다.

기자 전남 순천에서는 이틀 전 애완견에게 술을 먹인 문제로 이웃과 다투던 김 모 씨가 함께 술을 마시던 안 모 씨를 공기총으로 쏴 숨지게 하는 사건이 일어났습니다. 〈MBC, 2007. 4. 27, 뉴스데스크〉

---

② 자살사건

가족과 본인이 세상에 알려지기를 원치 않기 때문에 특이한 사연이 있는 경우에 한해 기사화한다.

- 사회적으로 상당한 지위에 있는 사람의 자살: 박태영 전 전남지사 자살, 안상영 전 부산시장 자살, 이건희 삼성그룹회장 딸 자살 등
- 영세민, 지체부자유자, 독거노인 등 안타까운 사연이 있는 자살
- 사소한 일로 자살: 학생이 성적 부진으로 자살, 컴퓨터를 안 사준다고 자살 등
- 특이한 형태의 자살: 왕따 자살, 집값 폭락에 우울증 자살,
  자살 사이트에서 만나 동반자살 등

예 문

가혹행위를 견디지 못한 육군 일병이 목숨을 끊었다. 24일 군에 따르면 육군 모 부대 소속 박 모(22) 일병이 23일 오후 6시께 경기도 가평군 야산에서 입대 6개월 만에 나무에 목을 매 숨졌다. 박 일병은 이날 오전 10시30분께 동료 4명과 함께 부대 뒤 야산에서 1시간 가량 통신 선로작업을 한 뒤 부대로 복귀했으나 곧바로 사라져 6시간에 걸친 수색작업 끝에 변사체로 발견됐다. 박 일병의 바지와 내무반 사물함에서 메모지 1장과 유서 1장이 발견됐다. 2일 작성된 유서에는 선임병에게 무전기로 맞은 일, 점호 때 심하게 혼난 일과 자신을 괴롭힌 선임병 8명의 이름이 적혀 있었다. 〈한국일보, 2007. 4. 25〉

육군 일병이 선임병들의 가혹 행위를 견디지 못하고 스스로 목숨을 끊은 일이 또 발생했습니다. 23일 저녁 6시쯤 경기도 가평군 육군 모 부대 소속 22살 박 모 일병이 부대 뒤 야산에서 나무에 목을 매 숨진 채 발견됐습니다. 박 일병은 유서에 부대 내에서 인간 취급도 받지 못하는 상황이 견디기 힘들었다고 적었습니다.
육군 헌병대는 박 일병이 유서에서 언급한 선임병들을 대상으로 1차 조사를 마쳤으며, 모두 여덟 번의 가혹행위가 있었다고 밝혔습니다.
〈SBS, 2007. 4. 25, 아침 종합뉴스〉

---

③ 폭력사건

폭행의 실제 상황을 정확하고 생생하게 다루되 교내 폭력과 같은 미성년 폭력은 신중하게 기사화한다.

- 단순폭력보다 사회적 공분을 일으킬 만한 폭력: 노부모 폭행, 제자가 스승을 폭행, 교사의 지나친 체벌 등
- 집단 폭력: 초 · 중 · 고교의 교내 폭력, 조직 폭력 등

예 문

서울 남대문 경찰서는 30일 보복폭행 사건을 주도한 혐의를 받고 있는 김승연(55) 한화그룹 회장이 청계산 인근 신축공사 건물에서 쇠파이프를 사용, 폭행했다는 피해자들의 진술을 확보했다고 밝혔다.

경찰은 이날 오후 귀국한 김 회장의 둘째 아들 김 모(21) 씨를 오후 11시 4분께 소환 조사했으며, 보강조사가 끝나는 대로 김 회장에 대해 폭력행위 등 처벌에 관한 법률위반 혐의로 사전 구속영장을 청구키로 했다.

경찰은 사건 발생 이후 김 회장과 둘째 아들의 일정과 행적에 관한 자료 등을 확보하기 위해 김 회장 자택과 집무실에 대한 압수수색영장을 신청했다.

경찰에 따르면 김 회장은 3월 8일 오전 7시께 강남구 청담동 G가라오케에서 중구 북창동 S클럽 종업원 윤 모(34), 조 모(33) 씨 등 5명이 아들 김 씨 일행 2명과 다투다 김 씨가 폭행당한 것을 보복하기 위해 같은 날 오후 9시께 S클럽 종업원 4명을 경기 성남시 상적동 청계산 인근 신축공사장으로 끌고 가 마구 폭행한 혐의다. 아들을 때린 윤 씨는 그러나 청계산에 가지 않았다.

경찰은 김 회장이 쇠파이프로 조 씨의 등 부위를 직접 때리고 다른 3명에게도 내 아들이 맞는데 왜 말리지 않았느냐며 손과 발로 얼굴과 등을 10차례 이상 폭행했다는 진술을 확보했다고 밝혔다.

김 회장은 8일 오후 11시께 S클럽으로 이동해 조 모(41) 사장의 뺨과 목을 3차례 때리고 G가라오케에서 아들을 때린 윤 씨를 찾아내 아들에게 폭행하도록 지시한 혐의도 받고 있다. 〈한국일보, 2007. 5. 1〉

예 문

〈앵커 멘트〉

어젯밤 귀국한 김승연 한화그룹 회장의 아들은 경찰조사에서 김 회장과 마찬가지로 자신의 혐의 내용을 모두 부인했습니다. 술집 종업원들과의 대질신문도 거부했습니다. 김준희 기자입니다.

〈리포트〉

기자 김승연 회장의 아들 김동원 씨는 어젯밤부터 오늘 새벽까지 5시간 동안 조사를 받았습니다. 김 씨는 아버지가 조사를 받았던 진술 녹화실에서 변호사 3명의 조언을 받아가며 경찰 신문에 응했습니다.

경찰은 김 씨가 경기도 청계산 폭행 현장에 있었는지, 그리고 아버지의 지시에 따라 서울 북창동 술집 종업원들을 때렸는지를 집중 추궁했습니다. 그러나 김 씨는 혐의 내용을 완강히 부인했습니다. 다만 자신은 서울 청담동 술집에서 북창동 술집 종업원들에게 맞은 사실은 있다고 말했습니다.

경찰이 대질신문을 시도하자 김 씨는 피해자들과 만나지 않겠다며 대질을 거부했습니다. 이 바람에 경찰서에서 대기하고 있던 피해자 2명은 그냥 돌아갔습니다.

경찰조사를 마친 김 씨는 지친 모습이었습니다.

김동원 씨 (아버지가 청계산에 가신 건 인정을 하시나요?) "…" (폭행한 적이 전혀 없나요?) "…"

기자 이에 앞서 김 씨는 어제 저녁 인천 국제공항에 도착해 자신은 피해자라고 주장했습니다.

김동원 씨 (피해자 분들한테 한 마디 하신다면?) "제가 피해자입니다."

기자 경찰 관계자는 "김 씨는 아버지가 조사받은 내용을 자세히 알고 있었고, 경찰 수사에 철저히 대비한 것으로 보인다"고 말했습니다.

〈MBC, 2007. 5. 1, 뉴스데스크〉

---

④ 시위, 난동

철거민 집단시위, 학원시위, 촛불시위, 위안부할머니 시위와 같이 사회적 이슈화된 시위를 기사화 한다. 흉기, 총기 휴대 난동, 집단 난동처럼 사회적 이슈를 내포한 난동이 기사가치가 높다. 시위, 난동은 불만에서 유래하기 때문에 불만의 내용, 얼마동안·얼마나·어떻게 시위와 난동을 부렸는지, 주동자 또는 집단은 누구이고, 협상이나 타결의 내용은 무엇인지를 취재해 양태중심으로 보도한다.

예 문

100만 명이 넘는 터키 국민들이 29일 수도 이스탄불에 모여 세속적이고 민주주의적인 질서를 요구하는 대규모 시위를 벌였다고 AFP통신이 이날 보도했다.

터키에선 현재 친(親)이슬람 성향의 정부가 정권 전반을 장악하려고 하면서, 세속

주의지지 세력인 군부(軍部)와 극심한 갈등을 빚고 있다.

터키 국민들은 이날 전국 각지에서 국기를 흔들며 이스탄불 중심가로 몰려든 뒤 친이슬람 정부의 퇴진을 요구했다. 시민들은 집회 장소 주변에 있는 자동차, 오토바이, 빌딩 등을 붉은 색 바탕의 터키 국기로 망토처럼 둘러싸 집회장 전체가 붉은 빛 바다를 연상시켰다고 통신은 전했다. 〈조선일보, 2007. 4. 30〉

예 문

〈앵커 멘트〉

터키에서는 친이슬람정부와 군부가 대립하고 가운데 100만 명이 넘는 터키 국민들이 모여서 대규모 시위를 열었습니다. 임대근 특파원입니다.

〈리포트〉

기자 이스탄불 중심가가 붉게 물들고 있습니다. 100만 명이 넘는 터키 국민들이 전국에서 붉은 터키국기를 들고 이스탄불로 모인 것입니다. 시민들은 친이슬람 정부의 퇴진과 정교분리의 세속적이고 민주주의적인 질서를 강력히 요구했습니다. 터키 야권과 군부는 근본주의 성향의 군부가 의회를 장악한 데 이어 세속주의의 보류였던 대통령직마저 차지하려하자 강력 반발하고 있습니다. 야당은 여당이 압둘라 귤 현 외무장관을 대통령 후보로 단독 추천한 뒤 의회에서 1차 투표를 강행하자 헌법재판소에 심판을 청구했습니다. 군부도 자신들이 세속주의의 절대적인 수호자라며 정치개입 의사를 공개적으로 밝혔습니다. 터키 국민들의 대규모 시위는 압둘라 귤 후보에 대한 2차 투표일인 다음 달 2일 최대 고비를 맞을 것으로 보입니다.

〈MBC, 2007. 4. 30, 뉴스데스크〉

---

⑤ 강도사건

단순 강도가 아닌 특이한 강도사건을 기사화한다:

- 청소년 유흥비 마련 강도, 인기 연예인에 대한 강도, 은행 및 고급 귀금속상 강도, 외국인 강도
- 용의자들의 침입경로, 협박내용, 금품탈취 내용, 탈주 및 검거 과정 취재보도

예 문

설 연휴를 앞두고 2인조 복면강도가 지방의 새마을 금고에 침입, 현금 3천만 원을 빼앗아 달아났다가 범행 8시간 만에 경찰에 붙잡혔다.

강릉경찰서는 16일 오전 9시쯤 강원도 강릉시 교동 H마트 인근 새마을 금고에 들어와 직원들을 흉기로 위협하고 현금을 털어 달아났던 박 모(30), 이 모(30) 씨 등 2명을 이날 오후 6시쯤 삼척에서 붙잡았다.
이들은 여직원 1명을 인질로 잡아 새마을금고를 빠져나간 뒤 렌터카를 타자마자 인질을 풀어주고 달아났다. 범인들은 차량번호를 가린 종이가 떨어져 차량번호가 노출되자 인근 공터에 차를 버린 뒤 시외버스를 타고 삼척으로 도주했다.
경찰은 렌터카에서 이들의 지문을 채취해 신원을 파악한 뒤 삼척으로 가 범인들을 붙잡았다. 경찰은 범인들을 상대로 정확한 범행 동기를 조사하고 있다.
〈중앙일보, 2007. 2. 17〉

예 문

〈앵커 멘트〉

어제 의정부에서 발생한 택시강도 용의자 모습이 폐쇄회로 TV에 잡혔습니다. 뒤쫓아 온 경찰 30여 명을 순식간에 따돌리고 달아났는데, 경찰은 용의자인 백인 남성이 근처 미군부대 소속 미군인 것으로 보고 있습니다.

〈리포트〉

기자 모범택시 한 대가 아파트 정문을 빠른 속도로 통과합니다. 잠시 뒤 건장한 체격의 백인 남성이 아파트 현관으로 들어서더니 계단으로 뛰어오릅니다. 하지만 계단으로 오르는 것을 포기했는지, 다시 아파트를 빠져나와 어디론지 달아나 버립니다.

아파트 관리원 저쪽으로 나가려고 하다가 나갈 때가 없으니까 후진해서 나가려고 하다가 쫓아오니까 내려서 도망간 것이지요.

기자 그로부터 2분 뒤, 아파트 단지 안으로 달아난 택시강도 용의자를 쫓던 경찰이 도착합니다. 순찰차와 기동타격대 차량에서 내린 경찰은 아파트 지하 주차장까지 샅샅이 뒤졌습니다. 경찰 30여 명이 동원돼 용의자가 달아난 후문을 포함해 아파트 곳곳을 수색했지만 결국 검거에는 실패했습니다. 유유히 경찰을 따돌린 백인 택시강도 용의자가 모범택시를 탄 곳은 서울 을지로, 목적지인 의정부 미군부대 근처에 도착해 요금 4만8천 원을 내지 않고 운전기사를 폭행한 뒤 택시까지 빼앗아 달아난 것입니다.

모범택시 기사 정신없을 때 목을 감아 싸면서 운전대 밑으로 집어넣더라고요, 그러면서 정신없이 날라 와요.

기자 경찰은 폐쇄회로 화면에 잡힌 용의자가 의정부에서 근무하는 미군인 것으로 추정하고, 미군 측에 수사협조를 요청했습니다. 또 용의자가 택시 안에 두고

내린 이른바 '대포폰'의 통화내역 조회를 통해 용의자의 신원을 추적하고 있습니다. 〈MBC〉

---

⑥ 사기, 공갈

사기, 공갈의 수법이며 신종 사기수법이거나 착복한 금액 및 피해자가 클 때 기사화한다. 특히 사기사건은 복잡해서 수사조서만을 보고 기사화하기 어렵다. 기자가 관련 당사자를 만나 사건의 내용을 완전히 파악한 뒤 보도한다.

‣ 제이유 그룹 다단계사기 사건, 보험금 노린 위장 교통사고 사기 등

예 문

전남 순천경찰서는 19일 아내가 다른 남자와 성관계를 맺도록 한 뒤 거액을 뜯은 혐의로 김 모(52 · 순천시 인제동) 씨와 부인 이 모(34) 씨를 붙잡아 조사하고 있다. 경찰에 따르면 김 씨는 지난달 22일 전남 순천시 해룡면 모 모텔에서 자신의 아내와 동침하고 있던 오 모(60 · 무직) 씨를 간통죄로 고소하겠다고 협박, 합의금 조건으로 3억 원을 요구한 뒤 두 차례에 걸쳐 4천만 원을 갈취한 혐의를 받고 있다. 경찰 조사 결과 김 씨 부부는 2개월 전 포장마차에서 우연히 만난 오 씨가 재력이 있다는 사실을 알고 사업자금을 마련하기 위해 불륜을 미끼로 금품을 뜯어내기로 사전 공모한 뒤 이 같은 짓을 저지른 것으로 드러났다. 〈문화일보〉

예 문

〈앵커 멘트〉

서울 강남 한복판에 불법 카지노 바를 차려놓고 사기도박까지 벌인 일당이 경찰에 붙잡혔습니다. 영화에나 나올 법한 적외선 카메라와 특수렌즈를 사용했습니다. 이혜온 기자가 취재했습니다.

〈리포트〉

기자 서울 강남에 있는 한 비밀 카지노장입니다. 여기에서는 실내 전체를 사기도박을 위한 첨단장비로 무장하고 손님들을 속여 왔습니다. 테이블에 앉으면 테이블과 천장, 카드를 담는 통에 설치된 적외선카메라가 손님의 카드를 비춥니다. 평범한 카드처럼 보이지만 이 적외선 카메라를 통해 보면 카드의 숫자와 그림이 나타납니다.

이 적외선카메라를 이용해 옆방에 있는 카지노 직원들이 모든 카드를 읽어냅니다. 그리고 손님으로 위장한 일당들에게 상대방의 패를 무전으로 알려줍니

다. 좁쌀만 한 크기의 수신기를 귀에 꽂으면 상대방이 전혀 눈치 챌 수 없습니다.

사기도박에는 첨단 특수렌즈도 동원됐습니다. 겉으로 보기에는 카지노에서 쓰는 평범한 카드입니다. 하지만 특수렌즈를 통해 보니 십자가 무늬와 알파벳이 나타납니다. 십자가 무늬는 스페이드입니다. 특수렌즈를 눈에 끼고 게임을 하면 상대방 카드를 다 읽을 수 있는 겁니다.

사기도박 피해자 사기라고는 전혀 생각도 못했죠. 내가 운이 없어서 잃었다고 생각했죠.

기자 경찰은 카지노 바가 문을 연 지난 12월부터 30여 명이 사기도박으로 10억여 원을 빼앗긴 것으로 보고 있습니다. 경찰은 이 같은 불법 사기 카지노 바 3곳을 운영한 혐의로 12명을 붙잡아 업주 39살 권 모 씨 등 2명을 구속했습니다. 〈MBC〉

---

⑦ 절도사건

- 문화재, 방사성 동위원소 등 희귀 물품이나 물방울 다이아몬드처럼 고가, 다액의 금품이 도난당한 경우
- 사회적 지명도가 높은 인사가 피해자일 경우: 재벌, 고관 집, 유명 연예인 등
- 특이한 절도: 경찰관 집이 털린 경우

예 문

충북 괴산경찰서는 24일 사찰 대웅전에서 비지정 문화재인 불상 3점을 훔쳐 판매하려 한 혐의(특수절도) 등으로 김 모(43 · 승려), 조 모(34) 씨 등 7명을 긴급체포해 조사 중이다.

경찰에 따르면 김 씨 등은 17일 오후 6시 30분께 충남 부여군의 한 사찰 대웅전에 몰래 들어가 고려-조선시대에 제작한 것으로 추정되는 석가모니 불상, 관음보살 좌상 등 불상 3점을 훔쳤으며 조 씨는 이들로부터 불상을 건네받아 판매하려 한 혐의를 받고 있다. 경찰은 조 씨 등이 훔친 불상을 서울, 대전 등에서 6억 원에 판매하려 한다는 정보를 입수해 이들을 추적, 23일 밤 4명을 대전에서 검거했으며 이날 오후 경기도 등에서 공범 3명을 추가로 검거했다.

또 이들이 훔친 불상이나 문화재가 더 있는지와 문화재 전문절도단 등과 연계돼 있는지에 대해 집중적으로 조사를 벌이고 있다. 〈조선일보 2006. 11. 24〉

예 문

〈앵커 멘트〉

울산 송유관 기름 절도 미수사건에서 보듯이 최근 들어 송유관 기름 절도 사건이 끊이지 않고 있습니다. 범행 대상이 야외에 쉽게 노출돼 있는 데다 처벌규정도 약하기 때문인데 이번에는 송유관을 뚫어 23억 원어치의 기름을 훔친 일당이 경찰에 붙잡혔습니다. 윤현숙 기자가 전합니다.

〈리포트〉

기자 구멍이 뚫린 송유관에 유압 호스가 연결돼 있습니다. 땅 속에 묻힌 호스를 따라가 보니 근처 식당 건물로 이어집니다. 경찰에 붙잡힌 35살 김 모 씨 등 일당 6명은 이처럼 송유관을 뚫어 기름을 빼돌리는 수법으로 휘발유 등 기름 150만 리터, 시가 23억 원어치를 훔친 혐의를 받고 있습니다. 특히 송유관 구멍을 뚫는 기술을 가진 김 씨는 최근 경북 일대에서 발생한 3건의 기름 절도 사건에 모두 연루돼 있는 것으로 밝혀졌습니다.

김 모 씨(피의자) 배관이나 용접 쪽에 일하는 분들에게는 어려운 기술이 아니라고 생각합니다. 공구만 몇 가지 구입하면 … (후략) 〈YTN, 2007. 4. 25〉

⑧ 유괴사건

범인이 체포되지 않은 유괴사건은 피해자의 신변안전을 고려해 보도하지 않는 것이 원칙이다. 단, 피해자가 살해되었거나 수사가 장기화될 때는 보도한다. 보도는 유괴 당시의 상황, 현장 목격자, 용의자의 인상착의, 금전 요구 및 협박 내용, 용의자의 목소리와 말씨의 특징을 중심으로 한다. 용의자가 잡혔을 때는 협박 및 금품요구 내용, 유괴 경위, 범행동기 등을 중심으로 보도한다.

예 문

인천 송도에 사는 초등학교 2학년 어린이가 유괴된 지 나흘 만에 숨진 채 발견됐다. 유괴 용의자는 24평형 아파트에 사는 20대 견인차 운전자로, 국제도시로 개발 중인 송도에 사는 사람이면 돈이 많을 것으로 생각해서 범행을 저지른 것으로 조사됐다.

인천 연수경찰서는 초등학생을 납치한 뒤 부모에게 돈을 요구한 혐의로 15일 이 모(28 · 인천 연수구) 씨에 대해 구속영장을 신청했다. 경찰에 따르면 이 씨는 지난 1

일 오후 1시 30분쯤 인천 연수구 송도동 모 상가 앞길에서 혼자 게임기를 사러 가던 초등학생 박 모(8 · 인천 연수구 송도동) 군에게 길을 가르쳐 달라며 접근했다. 이 씨는 아파트 값이 비싼 송도동의 주민이면 돈이 많을 것으로 보고 범행 3일 전부터 송도동 일대에서 범행 대상을 찾았으며, 당일 유괴하려고 접근한 4 ~ 5명의 어린이 중 박 군만 "길을 가르쳐 주겠다"며 자신의 견인차에 올라 박 군을 유괴한 것으로 조사됐다. 〈조선일보, 2007. 3. 16〉

예 문

지난 주 인천 초등학생 유괴 살해사건의 현장검증이 오늘 오전 실시됐습니다. 피의자 29살 이 씨는 오늘 오전 포승줄에 묶인 채 8살 박 모 군을 처음 납치하는 과정을 재연했습니다.

이 씨는 이어 납치 장소에서 5km 가량 떨어진 남동공단 유수지로 이동해 온 몸이 묶인 박 군을 포대에 넣어 물에 던진 과정을 경찰에게 또박또박 설명하며 태연하게 범행을 재연했습니다.

오늘 2시간여 동안 실시된 현장검증을 지켜보던 일부 시민들이 흥분한 나머지 피의자에게 욕설이 담긴 고함을 지르기도 했습니다.

앞서 이 씨는 지난 11일 오후 1시 30분쯤 8살 난 박 모 군을 납치해 숨지게 한 뒤 부모에게 거액을 요구하는 협박전화를 계속하다 나흘 뒤 경찰에 붙잡혔습니다.

〈YTN, 2007. 3. 19〉

---

⑨ 여성범죄

성폭행 및 인신매매 등 여성을 상대로 한 범죄는 피해자의 명예를 고려해 신중하게 보도한다. 피해자의 신원이 드러나지 않도록 성(性)만 보도하고 주소도 구, 군 단위까지만 쓴다.

강간 대신 성폭행으로 표현하고, 단순 폭행은 구타, 때려 등의 표현을 사용한다. 개그우먼 김미화 남편의 폭행, 탤런트 이찬 · 이민영 부부간 폭행처럼 준(準)공인화된 인기인의 가정 폭행은 사회적 관심사라는 점에서 기사화된다.

예 문

옆집에 사는 여중생 쌍둥이 자매를 유인해 성폭행한 인면수심의 50대 남성이 경찰에 붙잡혔다.

서울 금천경찰서는 9일 자신의 다세대 주택 옆집에 사는 오 모(16) 양 쌍둥이 자매를 상습적으로 성폭행한 혐의로 정 모(54 · 택시기사) 씨에 대해 구속영장을 신청했다. 경찰에 따르면 정 씨는 자신이 살고 있는 서울 구로구 시흥동 다세대 주택 옆집에 세 들어 살고 있던 오 모 양 자매를 지난해 10월부터 최근까지 각각 2차례씩 성폭행 또는 성추행한 혐의를 받고 있다.

오 양 자매는 어머니 없이 아버지와 살고 있었다. 아버지 오 씨는 술을 좋아해 퇴근 후 밤늦게 집에 들어오는 날이 잦았다. 정 씨는 학교를 마치고 귀가한 오 양 자매를 돌봐주는 사람이 없다는 사정을 파악한 뒤 이들에게 '손길'을 뻗치기 시작했다.

〈문화일보, 2007. 1. 9〉

예 문

〈앵커 멘트〉

가출 여학생들의 범죄적 일탈행위가 도를 넘고 있습니다. 가출한 친구가 집으로 돌아가려하자 성관계까지 강요한 여학생이 잡혔습니다. 이호을 기자입니다.

〈리포트〉

기자 열흘 전 일산의 한 공원에서 여중생 이 모 양 등 2명은 같은 학교 자퇴생인 송 모 양 등 2명으로부터 집단 폭행당했습니다. 말을 듣지 않고 집으로 돌아가려 했기 때문입니다. 이미 가출한 송 양 등은 이 양 등을 인터넷에서 만난 남학생들에게 소개시켜 주기까지 했습니다. 친구에게 성행위를 알선하고 대신 얻어낸 것은 잠자리와 음식입니다.

피해 여학생 학교에서 애들한테 말해서 왕따 시키겠다고 말했어요. 같이 나와 놓고선 들어간다고 해서 때렸어요.

기자 이 양의 몸에서 상처를 발견한 부모가 경찰에 신고했고, 경찰 조사에서 집단 성폭행사실도 드러났습니다.

피해 학생 아버지 얘가 끌려 다니면서 당한 거예요. 집에 가려고 하면 안 보내주고 애들이 끌고 다니면서 ⋯.

기자 용돈이 떨어진 가출 청소년들의 한 단면입니다. PC방 등을 전전하다 인터넷 채팅을 통한 성매매 제안은 일탈에 빠지는 과정의 하나입니다.

〈KBS, 2007. 2. 26〉

---

⑩ 사이버범죄

사이버범죄는 인터넷해킹, 해킹바이러스 유포, 불법 전자상거래, 통신판매사기, 인터넷 게임사기, 사이버 테러 등이다. 사이버범죄의 종류와 수법도 다양해지고 범죄 발생 건수도 폭발적으로 증가하는 추세를 보이고 있다.

예 문

중국, 러시아 범죄조직과 연결된 국내 신용카드 위조범 일당이 적발됐다. 평범한 범죄자에 가까운 이들이 이렇게 '국제적'으로 활동할 수 있었던 것은 능수능란한 인터넷 실력 때문이었다.

한 다단계 판매조직에서 알게 된 김 모(40 · 여) 씨 등 5명은 지난해 초 다단계 밑천을 마련하기 위해 고민하다 인터넷으로 신용카드 정보를 구해 위조카드를 만들기로 했다.

이들은 지난해 6월 불법 거래가 이뤄지는 해외 인터넷 사이트와 게시판을 돌아다니며 한국 신용카드 정보 구매를 타진하다 한 러시아인과 접촉하는 데 성공했다. 신용카드를 위조하는 데 필요한 마그네틱 정보는 해외 C사의 유명 인터넷 메신저를 통해 받았다. 거래 가격은 마그네틱 정보 1건에 20만원.

마그네틱 정보로 위조카드를 만드는 데 필요한 장비 역시 인터넷으로 해결했다. 경찰은 "홀로그램 제조기, 양각 인쇄기, 카드 인쇄기 등 첨단 기기를 해외 인터넷 쇼핑몰에서 구입했다"며 "인터넷으로 못 구하는 것이 없는 세상"이라고 혀를 내둘렀다.

이렇게 만들어진 90여 개의 위조카드는 유령업체의 신용카드 단말기를 통해 지난해 6월부터 올해 초까지 1회에 최대 700만 원씩 의료기기와 휘발유를 구입한 것으로 꾸미는 데 성공했다. 총 2억여 원의 허위 매출이 발생했고, 이를 눈치 채지 못한 z카드사는 이들의 계좌에 대금을 입금했다.

일이 꼬인 것은 지난달 25일 국내 대기업 B사의 직원이 법인카드에 쓰지 않은 카드 매출이 잔뜩 올라있다며 경찰에 수사를 의뢰했고 경찰은 허위카드 가맹점을 통한 불법 매출을 적발, 위조단 일당을 붙잡았다.

서울 성북경찰서는 1일 공문서 위조 및 여신금융업법 위반 혐의로 김 씨 등 4명을 구속하고 서 모(41) 씨를 불구속 입건했다. 경찰은 사건의 배후에 중국 내 신용정보 불법 매매 조직과 러시아 마피아가 연계된 것으로 보고 국가정보원과 함께 보강 수사를 벌이고 있다. 〈한국일보, 2006. 2. 2〉

〈표 10-1〉 경찰청이 집계한 사이버범죄 현황

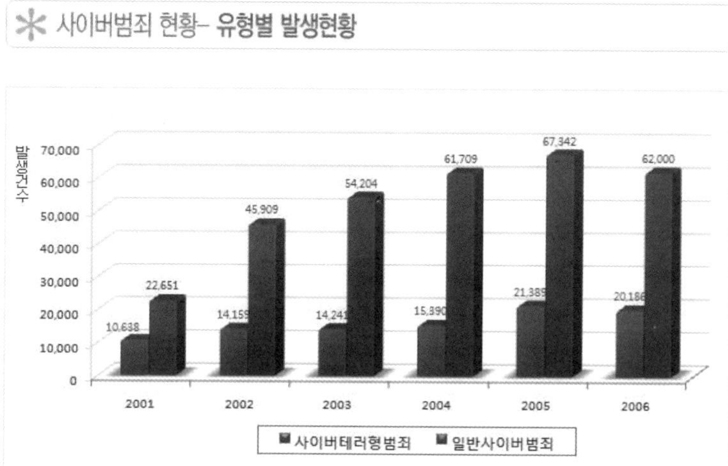

구분	계	사이버테러형 범죄	일반사이버범죄
2006	82,186	20,186	62,000
2005	88,731	21,389	67,342
2004	77,099	15,390	61,709
2003	68,445	14,241	54,204
2002	60,068	14,159	45,909
2001	33,289	10,638	22,651

(4) 사고 및 재난기사의 유형

취재 체크리스트로는 다음과 같다.

- 사상자의 이름 · 나이 · 주소 등 신원사항
- 사고의 원인 및 시간, 장소, 이들에 대한 조치
- 사고의 수습과정 및 구조작업
- 생존자, 피해자, 목격자, 병원 및 영안실 관계자, 조사관계자의 증언
- 극적인 구조작업 및 생존자
- 현장 스케치
- 보험 가입여부 등 보상문제
- 구조 및 구호활동
- 사고와 재난의 책임소재, 공공기관의 책임여부

① 교통사고

사고순간, 인명피해, 사고경위, 음주운전여부, 경찰수사, 사상자 명단 등을 취재한다. 사고 규모와 희생자가 적어도 사고 경위, 원인, 피해자, 가해자 등에 특이한 점이 있으면 기사화 한다.

- 인기 연예인이나 선수가 접촉사고를 내고 뺑소니 친 경우
- 특이한 사고: 신혼여행 및 수학여행길 사망사고, 문상객 사망사고 등

예 문

11일 오전 10시 4분께 경기 용인시 처연구 양지면 영동고속도로 하행선 인천방향 양지터널에서 중학교 1학년생들을 태운 현장 학습단 버스 7대와 화물차 2대 등 차량 12대가 연쇄 추돌하는 사고가 발생했다.

이 사고로 화물차 운전자 박 모(50) 씨 등 2명이 경상을 입고 용인서울병원에서 치료를 받고 있다.

사고차량 중에는 용인의 한 놀이공원으로 현장학습을 가던 경북 영주의 모 중학교 현장학습단 관광버스 7대가 포함되어 있었지만 다행히 학생들은 별다른 부상을 입지 않았다.

이날 사고는 현장학습단 관광버스 1대가 앞서가던 SM5 승용차를 들이받으며 발생했다. 사고 여파로 양지터널 일대 고속도로에서 한때 극심한 차량정체가 빚어졌다. 경찰은 차량 운전자들과 사고 목격자들을 상대로 정확한 사고경위를 조사 중이다. 〈중앙일보, 2007. 4. 11〉

예 문

수학여행 버스 등 10대 연쇄 추돌… 2명 부상

11일 오전 10시쯤 영동고속도로 양지터널에서 인천방향으로 가던 경북 영주중학교 1학년 수학여행단 버스 7대와 화물차 등 10대가 잇따라 추돌했습니다.

이 사고로 화물차 운전자 45살 박 모 씨 등 2명이 다쳐 병원에서 치료를 받고 있습니다. 사고 당시 차량들은 터널 구간을 지나며 감속 운행을 하고 있어서 다행히 큰 피해는 없었습니다. 경찰은 운전자들이 차량 사이 안전거리를 확보하지 않아 사고가 난 것으로 보고 있습니다. 〈SBS, 2007. 4. 1, 8시 뉴스〉

---

② 화재사고

불이 난 시간, 장소, 화재원인, 사상자, 피해자 신원, 목격자 증언, 재산피해, 인화물질 존재여부, 진화작업, 건물주 또는 소유자 신원, 진화에 투입된 장비와 인원 등을 취재한다. 화재는 현장접근이 어렵고, 당사자들이 취재에 응할 수 없을 정도로 바쁘기 때문에 취재에 애를 먹는 경우가 많다.

소규모 화재라도 인명피해를 확인해야 하며, 극적인 생존자 및 목숨을 건 구조작업이나 애처롭고 딱한 사연 등을 중심으로 취재한다.

예 문

27일 낮 서울 성북구 하월곡동 속칭 '미아리 텍사스' 집창촌 내 업소에서 불이 나 여종업원 5명이 숨지고 1명이 부상했다.

이 업소는 전날 경찰의 단속에 걸렸는데도 조사 직후 영업을 계속했다.

▽ **화재 상황**= 이날 화재는 낮 12시 36분쯤 집창촌 내 4층짜리 건물 3층에서 발생해 20여 분 만에 진화됐다. 숨진 여종업원 2명은 건물 3층 계단 근처와 화장실 앞에서, 다른 4명은 4층 방과 베란다 등에서 각각 쓰러진 채 발견됐다. 이 중 유독가스에 중독된 2명은 인근 병원으로 옮겼으나 1명은 치료를 받다 숨졌다.

화재현장을 빠져나온 여종업원 정 모(30) 씨는 경찰에서 "오전 10시쯤 다른 2명과 함께 PC방에 갔다가 돌아오니 3층 방에서 진아(가명) 씨가 술에 취한 채 담배를 피우고 있었는데 주위의 수건 등이 타고 있어 즉시 불을 껐다"고 말했다. 정 씨는 "사고를 당한 6명 모두 술에 취한 데다 피곤해서 미처 피하지 못한 것 같다"고 말했다.

▽ **화재 원인**= 경찰은 여종업원 1명이 술에 취해 담배를 피우다 꽁초를 바닥에 그냥 버리는 장면을 봤다는 정 씨 등의 진술로 미뤄 담뱃불이 인화물질에 옮아 붙어 불이 난 것으로 보고 정확한 화재 원인을 조사 중이다.

동료 여종업원들은 "담배를 피우던 진아 씨가 최근 우울증을 앓아 왔다"고 말했다.

〈동아일보, 2005. 3. 27〉

예 문

〈앵커 멘트〉

오늘 낮 서울의 한 집창촌에서 불이 나서 성매매 여성 5명이 숨지고 1명은 중태입니다. 대부분 새벽까지 영업을 한 뒤 미처 빠져나오지 못하고 희생됐습니다. 이필희 기자가 보도합니다.

〈리포트〉

기자 3층의 깨진 유리창으로 짙은 유독가스가 쉴 새 없이 뿜어져 나옵니다. 오늘 낮 12시 반쯤 서울의 이른바 미아리 텍사스 집창촌의 4층짜리 업소에서 불이 났습니다.

화재 당시 업소에는 업주를 포함해 10명이 있었으나 미처 빠져나오지 못한 성매매 여성 5명이 숨지고 병원에서 치료를 받고 있는 1명도 중태입니다.

업소종업원 누가 불이야 라고 외쳐 딱 깼는데 연기가 막 나오데요. 그래서 언니들이 문을 열고 방으로 들어와서 다 뛰어내려 왔어요.

기자 3층에서 시작된 불로 카펫 스티로폼 벽이 타면서 유독가스가 발생했고 연기에 질식한 여성들은 3층의 계단과 4층 침실에서 2명씩 쓰러진 채 발견됐습니다. 이들은 새벽까지 영업을 한 뒤 잠에 들었다가 뒤늦게 불이 난 것을 알았지만 1층으로 내려오는 하나뿐인 출구가 유독가스로 막히면서 화를 당했습니다.

강력계장(서울 종암경찰서) 화재원인은 지금 담뱃불로 추정하고 있어요. 진아란 아가씨가 전혀 의식을 못할 정도로 술이 만취된 상태에서…

기자 조사 결과 불이 난 업소에는 소화기조차 제대로 비치돼 있지 않은 상태에다 통로마저 비좁아 화재에 무방비 상태였던 것으로 드러났습니다.

〈MBC, 2005. 3. 27, 뉴스데스크〉

---

③ 가스 및 안전사고

안전사고는 사고 경위, 구조 상황, 인적·물적 피해, 사고 원인, 사후 조치 등을 중심으로 보도한다.

- LP가스, 도시가스, 고압가스 사고
- 가스사고는 사고개요 및 인명구조, 사고원인 취재
- 안전사고: 신축중인 건물붕괴, 교량붕괴, 영화관 및 단란주점의 안전 허술, 어린이 안전사고, 지하철리프트사고, 공연장 붕괴사고, 엘리베이터사고 등

예 문

10일 오전 9시10분께 경기도 고양시 덕양구 성사동 모 노인복지회관 인근 하수도에 A(8)군이 숨진 채 발견됐다.

경찰은 새벽 3시께 A군이 집에 들어오지 않았다는 A군 부모의 신고를 받고 이 일대를 수색하다 하수도 맨홀 뚜껑이 열려있는 깊이 3m 가량의 하수도에 A군이 빠져 숨져 있는 것을 발견했다.

경찰은 A군이 맨홀 뚜껑이 열려있는 하수도를 발견하지 못하고 실족, 하수도 바닥에 떨어져 숨진 것으로 보고 A군 친구들과 학교 관계자들을 상대로 정확한 사고 경위를 조사 중이다. 〈중앙일보, 2007. 4. 10〉

예 문

〈앵커 멘트〉

8살 어린이가 정화조에 빠져 숨졌습니다. 놀이터 근처에 있던 이 정화조는 뚜껑도 없이 스티로폼으로 입구만 대충 가려놓은 상태였습니다. 정유미 기자가 취재했습니다.

〈리포트〉

기자 경기도 고양시 한 노인복지시설입니다. 뜰에 있는 정화조 안에서 오늘 오전 이 동네 어린이 8살 박 모 군이 숨진 채 발견됐습니다.
박 군은 어제 저녁 7시쯤 놀이터에서 친구들과 헤어진 뒤 집으로 돌아가다 정화조 안에 빠졌습니다.

친구 어디로 가길래 다시 오는 줄 알고 기다렸는데 걔가 거기로 갔다가 어디로 사라졌대요.

기자 정화조 깊이는 2m나 됩니다. 방치돼 있던 정화조에 그동안 빗물이 차올라 아이가 빠질 당시 수심은 1m80cm에 달했습니다. 노인회관으로 쓰이던 이 건물은 개보수를 위해 10월부터 비어 있었습니다. 바로 옆이 놀이터라 아이들의 출입이 잦았지만 관리는 허술했습니다.

경찰 정화조가 낙엽으로 덮여 있었다는 거예요. 그 밑에 스티로폼이 있고, 스티로폼이 무슨 힘이 있어요.

기자 밤새 아들을 찾아 헤맸던 부모는 어이없는 사고에 말을 잇지 못합니다.

박군 아버지 맨홀 뚜껑만 있었어도 이런 상황이 안됐잖아요.

기자 관리당국의 안일한 안전관리와 어른들의 무관심 때문에 어린아이들의 희생이 되풀이 되고 있습니다. 〈SBS, 2007. 4. 10, 8시 뉴스〉

④ 대형사고

팀워크 취재가 일반적이다. 각자가 맡은 역할 철저히 챙기고 현장 데스크에게 수시보고 및 협의가 필요하다. 속보 형식으로 며칠간 취재가 계속되기 때문에 심층취재, 뒷얘기 등 취재아이디어를 비축해야 하고, 체력관리도 중요하다. 사고 사실 및 인명

피해를 리드로 내세우고 사고현장, 구조작업, 사고원인 순으로 써나가는 것이 정석이다. 이밖에 사고현장 스케치, 현장수습, 유가족 표정, 피해자보상, 책임소재 규명, 재발방지 대책 등 뉴스거리가 많다.

‣ 항공기추락사고, 선박침몰, 철도 및 지하철사고, 대형 건물 붕괴 등

예 문

7일 인도네시아 욕야카르타주(州) 아디수시프토 공항에서 국영 가루다항공 소속 GA-200여객기가 착륙도중 폭발해 탐승객 140명(승객 133, 승무원 7명)중 23명이 숨지고 60여 명이 다쳤다.

사고 원인은 확인되지 않았으며, 7일 현재까지 한국인 탐승객은 없는 것으로 파악됐다. 〈조선일보, 2007. 3. 8〉

예 문

〈앵커 멘트〉

강진이 발생해 수많은 사상자가 난 인도네시아에 오늘 또 다른 악재가 덮쳤습니다. 대형 여객기가 불이나 탑승자들이 숨지는 참사가 났습니다. 편상욱 기자입니다.

〈리포트〉

기자 활주로를 벗어난 여객기가 화염에 휩싸였습니다. 불타는 여객기에서는 쉴 새 없이 폭발음이 터져 나오고, 검은 연기는 하늘을 뒤덮었습니다. 사고의 와중에도 승무원들은 부상자들을 구조하느라 여념이 없습니다.

참사의 현장은 비행기에서 탈출한 호주 기자의 카메라에 그대로 담겼습니다. 〈SBS, 2007. 3. 7, 8시뉴스〉

⑤ 재난사고

재난사고는 발생 개요, 인명 피해 및 재산 손실, 구조 및 구호 활동, 당국의 대응 등을 중심으로 보도한다. 재난복구 기사는 국민적 관심을 고취시키고, 모자라는 일손과 장비를 지원받기 위해 다소 감동적으로 쓸 필요가 있다. 현장감을 높이기 위해 스케치형식으로 쓰는 것이 일반적이다.

‣ 자연재해는 지진, 태풍, 폭우, 홍수, 폭설, 가뭄 등

예 문

남태평양 솔로몬 제도에서 발생한 규모 8.0의 강진과 쓰나미로 20명이 사망했으며 서부 지역 13개 마을이 쓸려가거나 침수됐다고 현지 경찰이 3일 밝혔다. 피셔 마샬 경찰서장은 "현재까지 확인된 사망자 수는 20명이지만 오늘 피해지역을 방문하면 사망자 수가 더 늘어나지 않을까 싶다"고 말했다. 〈중앙일보, 2007. 4. 3〉

예 문

〈앵커 멘트〉

남태평양 솔로몬 제도에서 규모 8.0의 강진이 발생하면서 지진 해일이 일어나 지금까지 20명이 숨진 것으로 전해지고 있습니다. 정창준 기자입니다.

〈리포트〉

기자 50만 인구의 솔로몬 제도. 우리나라 시간으로 오늘 새벽 5시 40분쯤 수도 혼아라에서 북서쪽으로 350킬로미터 떨어진 해저 10킬로미터 지점에서 규모 8.0 강진이 발생했습니다. 지진해일이 일어나면서 천혜의 해안관광지를 강타했습니다. 현재까지 20명이 숨지고 건물 수십여 채가 떠내려간 것으로 집계되고 있습니다. 〈KBS, 2007. 4. 2〉

---

(5) 수사기사의 유형

검찰과 경찰 등 수사기관의 수사 활동(범인검거 및 범죄 입증자료 수집)을 취재 보도하는 것이다. 수사는 언론보도, 범죄피해신고, 변사자발견, 불심검문, 첩보입수 등을 통해 범행을 인지하거나, 현행범 체포, 고소, 고발, 진정을 접수해 시작한다. 수사기관은 검사와 사법경찰관리이다. 수사기사는 수사기관, 수사대상과 혐의 내용, 수사 상황 등을 포함한다.

① 수사착수 기사

혐의 내용, 인지 경위, 수사 방향, 혐의자 반응 등을 중심으로 쓴다.

예 문

서울중앙지검은 24일 전국언론노동조합 전 간부의 횡령 고발사건을 조사부에 배당하고 수사에 착수했다.

검찰은 고발장 및 자료를 검토한 뒤 횡령 혐의를 받고 있는 전 총무부방 김 모 씨를 불러 조사해 혐의가 확인되면 사법처리할 방침이다.
앞서 언론노조 이용식 사무처장은 23일 "지난 3월 새 집행부가 업무를 인수인계하는 과정에서 3억여 원 상당의 조합비가 횡령된 사실이 밝혀졌다"고 말했다.
〈경향신문, 2007. 4. 24〉

---

② 소환기사

소환된 사람의 인적 사항과 조사 및 진술한 내용, 향후 처리방향 등을 중심으로 작성한다.

예 문

김승연 한화그룹 회장이 '일그러진 부정(父情)'을 과시한 지 50여일 만에 경찰에 소환됐다. 폭행혐의로 경찰에 출두하는 제1호 재벌총수로 기록된 김 회장은 경찰의 압박과 비난 여론 등으로 인해 자진 출두 외에 달리 선택할 카드가 없었던 것으로 보인다.
김 회장 측은 애초 건강상 이유를 내세워 경찰 출두를 최대한 미루면서 진술서 등으로 조사를 대체할 방침이었던 것으로 알려졌다. 〈국민일보, 2007. 4. 29〉

---

(6) 구속영장 청구(신청)기사

① 구속영장 청구기사

구속영장 청구는 검사가 판사에게 하고, 구속영장 신청은 사법경찰관리가 검사에게 한다. 기사는 리드(*lead*)에 수사주체, 영장청구(신청)일, 적용혐의, 피의자 인적사항 등을 포함한다. 영장발부는 영장 담당 판사가 한다.

예 문

실종됐다 숨진 채 발견된 양지승 어린이를 자신의 집으로 유인, 성추행한 뒤 살해한 송 모(49, 서귀포시 서흥동) 씨에 대해 구속영장이 신청됐다.
서귀포경찰서는 25일 범행 일체를 자백한 송 모 피의자에 대해 현장검증을 실시한 뒤 살인과 추행간음 목적 약취유인 등의 혐의로 구속영장을 신청했다. 〈경향신문, 2007. 4. 25〉

---

② 구속기사

구속영장 청구기사와 패턴이 같다. 구속 죄명, 위반한 법률명을 밝히고 혐의사실을 구체적으로 써야 한다. 영장신청 때와 마찬가지로 피의자의 반론이 있으면 함께 보도한다. 피의자가 저명인사가 아니면 익명으로 처리한다.

예 문

서울중앙지검 형사2부는 26일 휴대전화 통화 품질에 불만을 품고 SK텔레콤 을지로 본사 정문에 벤츠 승용차를 몰고 돌진한 김 모(47) 씨를 폭력행위 등 처벌에 관한 법률위반혐의를 적용해 구속 기소했다.
모 병원 이사로 재직하고 있는 김 씨는 10일 오후 12시40분쯤 SK텔레콤 빌딩 회전문에 자신의 벤츠 승용차를 몰고 돌진해 회전문 1개를 파손한 혐의를 받고 있다.
〈문화일보, 2007. 4. 26〉

③ 체포영장, 긴급체포

"서울 중부경찰서는 ○일 ○○○ 씨에 대해 ~ 한 혐의로 체포영장을 발부받아 검거에 나섰다."
"서울 중부경찰서는 ○일 ○○○ 씨를 ○○한 혐의로 긴급체포했다."

예 문

인천공항경찰대는 26일 아내를 살해한 뒤 시신을 토막 내고 유기한 혐의(살인 및 사체유기)로 A(52)씨를 긴급체포했다.
경찰에 따르면 A씨는 지난 20일 오후 2시께 대전시 유성구 자택에서 아내 B(47)씨를 살해한 뒤 시신을 토막 내 쓰레기봉투에 담아 인근 야산에 유기한 혐의를 받고 있다. 〈연합뉴스, 2007. 4. 26〉

(7) 기소기사

수사결과 혐의 사실이 인정되면 검찰은 공소를 제기한다. 이를 기소라고 한다. 기소기사는 수사과정에서 확인되거나 밝혀진 사실을 모두 쓴다. 죄가 무겁거나 사회적으로 물의를 일으켜 관심이 집중된 사건은 별도로 해설과 전망 기사를 실어 독자의 이해를 돕는다.

예 문

서울중앙지검 특수3부(부장 이명재)는 1일 군납품 품질검사 등에서 편의를 봐달라는 청탁을 받고 그 대가로 거액을 수수한 국방기술품질원(옛 국방품질관리소) 전 간부 강 모(54) 씨를 특가법상 뇌물 등의 혐의로 구속 기소했다.
검찰에 따르면 강 씨는 1993년부터 지난해 10월까지 국방품질관리원에서 통신전자사업관리 및 품질검사 업무를 담당하면서, V사 대표 박 모(49 · 구속) 씨로부터 FM무전기 개발업체 G사에 전원공급기를 계속 납품할 수 있도록 영향력을 행사해주고 국방품질관리소의 FM무전기 품질검사에서 편의를 봐달라는 청탁을 받고 매월 200만 ~ 250만 원씩 모두 3억8800만 원을 받아 챙긴 혐의를 받고 있다.
〈뉴시스, 2007. 5. 1〉

4) 사건 · 사고기사 작성 시 유의점

첫째, 속보성, 특종의식 때문에 사실의 객관성을 소홀히 하거나 개인이나 단체의 인격과 명예를 훼손해서는 안 된다.

둘째, 언론출판은 타인의 명예나 권리 또는 공중도덕이나 사회윤리를 침해해서는 안 된다는 법정신을 존중해야 한다.

셋째, 헌법 제 27조 ④항의 "형사피고인은 유죄의 판결이 확정될 때까지 무죄로 추정된다"는 무죄추정의 원칙을 준수한다.

넷째, 입장이 다른 복수의 당사자가 맞서고 있는 경우에는 양측의 주장을 기사 속에 균형 있게 포함시킨다.

다섯째, 법원의 판결이나 공적 기관의 판정에 결정적 영향을 줄 수 있는 보도와 논평은 삼간다.

여섯째, 용의자, 범인의 가족 및 그 주변 인물에 대해 사건과 직접 관련이 없는 불필요한 보도는 자제한다.

일곱째, 미성년자가 관련된 사건은 익명으로 처리하는 것을 원칙으로 하며 주소도 구체적으로 표기하지 않도록 한다.

여덟째, 보도로 인해 심각한 위협이 될 수 있는 유괴, 납치사건 등의 경우에는 매우 신중한 주의가 요구된다.

열째, 수사당국의 공식 기록도 결코 완벽하지 않다. 사실은폐, 왜곡, 과장 등이 없는지 진실 규명에 노력해야 한다.

열한째, 범죄를 매력적으로 표현하거나 용인하는 듯한 보도를 해서는 안 된다.

열두째, 범인을 영웅시하거나 범인 또는 범죄 행위에 대해 호기심을 유발하는 기사나 영상은 피한다.

열셋째, 범죄수법 등 모방범죄의 가능성 있으니 필요 이상으로 범죄수단이나 방법을 상세하게 묘사하거나 재연은 삼간다.

열넷째, 불필요한 잔혹감, 공포감을 조장해서는 안 된다.

열다섯째, 피의자의 주장도 반론권을 인정해야 한다.

열여섯째, 특히 피해자 취재 시 예의를 갖춰야 한다.

2. 행정기사

1) 행정기사란

청와대, 총리실 및 정부 각 부처 등 행정업무를 다루는 곳에서 나오는 기사를 말한다. 행정부처에서 보도자료나 브리핑을 통해 제공하는 기사, 기자가 독자적으로 비공식취재, 기획취재를 통해 쓰는 기사가 있다. 행정기사는 근대국가 들어 국가행정의 모든 기능이 국민생활에 영향을 미치지 않는 영역이 없을 정도로 국가의 기능이 강화되면서 그 중요성이 커졌다. 우리나라의 경우 대통령을 수반으로 하는 행정부는 청와대, 총리실, 외교부, 행정자치부, 국방부, 교육인적자원부, 노동부, 환경부, 보건복지부, 정보통신부, 건설교통부, 문화관광부 등 모두 국민생활과 밀접한 관련이 있다.

군사정권시절에는 이런 행정부처에서 양산하는 기사들을 제도언론을 통해 보도하게 함으로써 정권홍보, 권력의 지지기반 확충, 민심유도 등의 정치적 목적으로 이용하는 일이 다반사였다. 민주화 이후 정권의 홍보 나팔수 역할을 했던 언론에 대한 여론의 질책을 의식, 행정기사를 의도적으로 홀대하는 경향도 없지 않았다. 그러나 기사는 보도할 가치가 있느냐로 판단해야지, 정치적 고려나 기자의 자존심 같은 기사 외적인 요인이 개입되는 것은 금물이다.

2) 행정기사 작성 시 유의점

첫째, '받아쓰지 말라'는 것이다. 정부정책은 민생과 직결되는 사안이기 때문에 국민들에게 미치는 직·간접적 영향이 큰 만큼 신속, 정확하게 보도해야 한다. 정책추진의 전후맥락을 살펴서 기사를 쓸 수 있도록 평소부터 출입처 관련기사들을 숙지하고 스크랩 해두는 것이 좋다.

그러나 보도자료나 발표내용을 그대로 베낀다면 '발표저널리즘'에 젖었다는 비난을 면키 어렵다. 언론은 공익과 공동선의 구현을 위해 권력과 정부기관에 대한 견제와 감시가 핵심적 임무이다. 발표내용에 하자는 없는지, 행정편의주의적 발상은 아닌지, 예산의 확보방안은 강구되었는지, 국민생활의 편익을 고려했는지, 행정부처의 홍보 내지 윗사람에게 잘 보이기 위한 '뻥튀기'는 없는지, 정책의 일관성을 유지하고 있는지 등 심층취재를 할 사항이 한두 가지가 아니다. 이런 내용을 취재하다보면 보도자료 차원을 넘어 전혀 새로운 취재 아이템을 발견하는 경우가 비일비재하다.

둘째, 행정부처의 언론플레이를 경계해야 한다. 이미 언급한 홍보성 뻥튀기 자료도 철저히 걸러내야겠지만 그보다는 기삿거리에 목말라하는 기자들의 심리를 이용해 특종을 주는 것처럼 기사를 흘리는(*leak*) 경우가 문제다. 취재원을 밝히지 않는 것을 조건으로 기사를 슬쩍 흘려서 별 것 아닌 내용을 침소봉대케 하거나 여론반응을 탐색하는 애드벌룬성 기사, 경쟁 부서나 팀, 인물을 겨냥해 확인하기 어려운 '카더라'식의 음해성 소문을 흘리는 경우가 적지 않다. 기사가 크게 보도되기를 은근히 부추기는 차원에서 뻔히 지켜지지 않을 '오프 더 레코드'(*off the record*)를 걸기도 한다. 다양한 홍보기법을 활용해 언론을 이용하려는 행위를 경계해야 한다.

셋째, 기사담합이나 취재원과의 유착문제다. 행정기사는 각 행정부처를 출입하는 기자들이 쓰는 기사이다. 우리나라 출입처 제도는 참여정부 들어 개방형 브리핑제도를 도입했다고는 하지만 여전히 기자실을 중심으로 폐쇄적 관행을 완전히 탈피하지 못하고 있는 것이 현실이다. 같은 기자실에서 늘 생활을 같이하다 보면 기자들 간에 기사를 둘러싼 담합행위가 없지 않다. 특정기사를 출입기자들이 모두 키우고 줄인다거나, 아예 쓰지 않는 것과 같은 일들이다. 언론의 본령에서 벗어난 이런 담합행위는 국민의 알권리를 제한하는 일이며, 언론에 대한 신뢰를 저하시키는 행태이다.

출입기자 상호간 담합행위뿐 아니라 취재원과의 유착행위도 배격해야 한다. 기자들이 출입처에서 오랫동안 취재원들과 지내다보면 이런저런 친소(親疎)관계가 형성되기 마련이다. 출입처의 정책 현안이나 문제점 등 관심사를 놓고 의견을 자주 나누다 보면 언론인이라는 본분을 망각한 채 동류의식이 발동, 의식공동체가 형성되기도 한다. 이 경우 출입처의 입장에 동조하거나 취재원과 유착, 기사가치에 대한 판단을 잘못하고, 기사를 왜곡시킬 가능성이 크다. 이 문제는 결국 기자의 양식과 전문직으로써 언론윤리에 속한 사항이다.

넷째, 전문성의 확보이다. 행정기사는 자기 분야에 대한 충분한 지식과 식견이 없으면 깊이 있는 기사를 쓰기 어렵다. 이른바 '관급기사'만 써서는 기자라 할 수 없다. 취득한 정보의 의미와 중요성, 기사화했을 때 국민생활에 미치는 영향 등에 대해 기자 나름의 판단을 해야 한다. 전문성 없는 겉핥기식 기사는 본의 아니게 왜곡된 기사나 잘못된 정보를 줌으로써 혼선을 부채질하는 경우가 없지 않다. 의료법, 사립학교법 개정 문제나 미군기지 이전 및 전시작전권 이양 문제, 한・미FTA협상 등 전문적 지식 없이 기사를 쓰기가 어려운 현안들이 수두룩하다. 해당 부처에서 사전에 브리핑을 하지만 기자 스스로 전문가 못지않게 전문지식을 쌓기 위해 노력해야 한다.

여러 분야가 상호 긴밀하게 연결되어 있는 만큼 취재원을 하나의 취재부서에만 한정해서는 안 된다. 여러 관련부처를 비롯해 국회와 정당, 대학과 연구소, 시민단체 나아가 국외 관련기관까지 포괄하는 폭넓은 취재 네트워크를 형성해야 한다. 지식정보사회에서 인터넷을 이용, 데이터베이스 자료를 챙기는 것은 기본이다. 모든 분야가 전문화추세로 가는 상황에서 전문성을 갖추지 못한 기자는 살아남기 어렵다.

다섯째, 검토 및 계획단계의 설익은 행정기사는 보도에 신중을 기해야 한다. 행정기사에서 끊임없이 시비가 벌어지는 것은 확정되지 않은 정책기사를 둘러싼 보도문제이다. 구상, 검토 단계의 정책아이디어를 확정, 추진단계인 것처럼 보도하면 국민들에게 혼선을 주게 된다. 확정되지 않은 정책을 보도해 놓은 뒤 정책이 취소되거나 바뀔 경우 정책이 오락가락한다고 비판기사를 쓰는 일도 없지 않다.

그렇다고 기삿거리를 찾아야 하는 기자 입장에서 정책이 확정되기까지 마냥 기다릴 수는 없는 노릇이다. 더욱이 단독보도일 경우 정책이 확정되지 않았더라도 보도하지 않을 수 없다. 하나의 정책이 확정되기 위해서는 입안단계에서 관련부처와 협의를 거쳐 부처 안(案) 확정, 관계 차관회의 및 장관회의, 당정협의, 국무회의 처리 등 여러 단계를 거쳐야 한다. 입법이 필요한 사안은 국회에서 법안처리가 끝나야 최종적으로 확정된다.

따라서 최종 결론이 내려지지 않은 사안에 대한 기사는 설사 특종보도라 하더라도 경쟁심리에서 무조건 대서특필하려 해서는 안 된다. 기사 가치를 면밀히 따져 보도하되 어느 단계의 정책인지, 예산은 확보되어 있는지, 시행까지의 남은 절차는 어떤지 등을 설명해줘야 한다.

3) 행정기사의 유형

① 총리실 기사

대통령을 보좌해 행정 각 부처를 통괄하는 총리실은 기사가 많이 나오는 곳은 아니다. 과거 군사정권시절에는 의전총리, 대독총리로 불릴 정도로 실권 없는 '간판 총리'에 그쳤으나 문민정부 이후 국무총리의 위상도 높아졌다. 그러나 법에 보장된 총리의 권한에도 불구하고 대통령이 얼마나 힘을 실어주느냐 여부에 따라 실질적 권한을 일정부분 행사하는 이른바 '실세총리'냐, 청와대 뒤치다꺼리나 하는 '허세총리'냐가 판가름 나는 것이 현실이다.

국민의 정부의 김종필 총리, 참여정부의 이해찬 총리는 국무위원 추천권도 일부 행사하고, 각 부처에 대한 통할권을 강력히 행사하는 등 실세총리로 불렸다. 정치적 비중 때문에 총리의 언행이 정치권에 미치는 영향도 적지 않았다. 각 부처의 행정업무를 협의, 조정하는 국무조정실이 주요 기사소스이다. 국무회의 기사는 대통령 관련 사항을 제외하고 총리실 소관이다.

행정수반인 대통령을 정점으로 한 청와대기사는 순수행정기사와 정치기사로 구분되지만 본서에서는 정치기사란에서 다룬다.

② 외교 · 국방 · 통일관련기사

반기문 유엔사무총장을 배출할 정도로 우리나라의 국제적 위상이 높아진 데다, 북한의 핵무기 개발문제가 국제적 이슈로 등장함에 따라 국내외에서 우리와 관련한 외교, 안보관련기사들이 쏟아지고 있다. 한 · 미FTA협상체결을 비롯한 각종 통상 및 교역 관련 협상, 협정체결은 물론 UN지원군 파병, 독도분쟁, 중국의 동북공정문제 등 외교적 현안뿐 아니라 북핵문제를 둘러싼 6자회담 등 다(多)국이 관련된 외교현안들이 중요한 기사 소재다. 이런 기사들은 국익 내지 국가안전과 관련될 뿐 아니라 국내에서도 이들 현안의 처리방안을 놓고 갈등과 분쟁을 겪고 있는 점을 감안, 정확하고 신중하게 다뤄야 한다.

국방관련기사는 군 인사나 처우개선, 병무행정을 비롯한 순수한 군정기사 외에도 무기개발 및 도입, 북핵 및 주변국의 군사적 동향 등 민감한 사안이 많다. 과거 군사정권시절에서처럼 막강한 권력을 행사하는 군부의 동향, 군의문사 같은 정치성 기사는 줄었지만 군복무기간 단축, 병무비리, 군부대내 총기사건 등 사건기사가 대폭 늘어나고 있는 추세다.

통일관련기사도 금강산관광, 개성공단개발, 남북 도로 및 철도 연결, 이산가족 상봉, 스포츠 · 문화교류, 쌀 · 비료지원 등 남북교류 및 협력이 활성화되면서 이와 관련한 기사들이 주요한 취재거리다. 수시로 열리고 있는 남북장관급회담, 군사회담 등 각급 회담들, 초미의 관심사가 되고 있는 2차 남북정상회담의 성사여부 등 예민한 취재감각을 발휘해야 할 기삿거리가 널려 있다. 보수, 진보세력간에 '퍼주기' 논쟁을 벌일 정도로 심각한 견해차를 드러내고 있는 남북문제 보도는 이념적 갈등을 조장, 국론분열을 초래하지 않도록 신중하게 다룰 필요가 있다. 언론이 분명하게 입장을 제시하는 것은 바람직하지만 각 언론사가 일방적으로 이념적 편향성을 드러내는 것은 사회통합기능을 담당해야 할 언론의 바른 태도는 아니다.

특히 외교 안보분야 관련 사안은 상호 긴밀하게 연관되어 있다는 점에서 종합적 시각을 갖고 기사화해야 한다. 아울러 국가의 운명을 좌우하는 사안들이기 때문에 기자가 전문적 식견을 가져야 하고, 거시적 · 국가적 관점에서 사안을 바라볼 필요가 있다. 사안이 복잡하고 전문적인 내용들이 많기 때문에 국민들이 이해하기 쉽게 내용에 따라 해설 및 피처기사, 스케치기사를 붙이는 것이 좋다.

③ 공직관련기사

중앙인사위원회, 행정자치부에서 나오는 각급 행정기관의 공무원 임용, 승진, 퇴출, 상훈관련기사를 비롯한 인사정책, 공무원의 처우개선, 복지후생 등에 관한 기사이다. 공직쇄신, 민원처리제도 개선, 공직비리관련 사안들도 여기에 속한다. 감사원의 감사내용도 대부분 중앙과 지방행정기관의 직무 및 회계감사와 관련되어 있다.

④ 자치행정기사

과거 지방행정 관련 업무를 총괄하던 내무부가 지방자치제가 실시되면서 총무처와 합쳐져 행정자치부로 개편되었다. 지방자치 실시 이후 중앙행정기관의 지시, 감독권이 많이 축소되어 과거 내무부가 휘둘렀던 것과 같은 막강한 권한행사는 사라졌다. 소방·방재, 지방자치단체 및 지역균형발전 지원업무, 전자정부 구축 업무와 같은 전국적인 추진이 필요한 사안들이 취재대상이다.

⑤ 교육관련기사

우리나라는 높은 교육열 때문에 국민 모두가 교육전문가라는 말이 나올 정도로 교육관련기사는 주목도가 높다. 대학입시제도의 변경과 같은 교육정책의 변화는 온 국민들의 관심사가 되고 있다. 이른바 '3불(不) 정책'(본고사, 고교등급제, 기여입학제 불가)을 둘러싸고 대학과 정부, 국민들 간에 찬반논쟁이 수시로 뜨겁게 벌이지고 있는 것도 이 때문이다.

교사 수급 및 처우개선, 정책추진을 둘러싼 정부와 전교조·교총과의 갈등, 대학통폐합 등 공교육뿐 아니라 과외망국론이 나올 정도로 번창하고 있는 사교육 현장도 기사의 보고이다. 교육관련기사는 '관급(官給)기사'보다는 발로 뛰어 찾아낸 교육현장의 기사들이 더 가독성이 높다.

⑥ 노동관련기사

민주화과정에서 노조가 활성화되면서 근로자의 위상이 괄목할 정도로 신장되었다. 특히 좌파성향의 국민의 정부, 참여정부가 사용자에 비해 상대적 약자인 근로자, 노조 쪽에 힘을 실어주는 정책을 구사하면서 노조는 국가운영체계의 핵심적 위치를 점하고 있다. 한국노총, 민노총은 노동 권력이라는 말이 나올 정도로 막강한 힘을 행사하면서 노동정책, 노동쟁의를 좌지우지하고 있다. 임금, 고용 및 해고, 체불임금, 외국인 근로자문제 등 노동정책과 관련한 기사도 광범위하다. 각종 대규모 노사쟁의가 근로자들의 후생복지 증진을 위한 쟁의 차원을 넘어 정치투쟁화 하는 경향을 보이고 있는 점도 유념할 필요가 있다.

⑦ 환경관련기사

지구온난화가 세계적 관심사가 되고 있을 정도로 환경문제는 전(全)지구적 문제가 되고 있으며 우리의 생활 및 생명, 나아가 국가경제와도 직결되는 이슈가 되고 있다. 환경과 관련된 기사 소스는 중국에서 날아오는 황사문제에서부터 물 관리, 공원 및 녹지관리, 생태계 및 생물자원보전, 환경영향평가, 환경호르몬, 아토피성 피부염, 새집증후군, 자동차배출가스 규제, 쓰레기를 비롯한 생활폐기물 처리, 유해폐기물 관리, 폐기물 재활용 등이 모두 해당된다. 백두대간 보호와 같은 국토환경관리정책 나아가 기후변화협약, EU REACH와 같은 새로운 국제적 규범의 이행과 이에 따른 경제차원의 대비 등은 종합적, 거시적 환경 현안들이다.

⑧ 보건복지관련기사

보건복지 분야 기사도 무궁무진하다. 심각한 재정고갈상태가 예상되는 국민연금, 건강보험 문제를 비롯해 의약분업, 의료분쟁, 국민건강관련 정책 및 저소득층, 소외계층에 대한 복지지원, 구제역 및 조류독감과 같은 전염병 대책, 각종 농수축산물의 수입과 검역, 식품 및 의약품의 안전과 관련한 정책 또는 사건 · 사고들이 여기에 속한다. 최근에는 저출산 고령화문제가 사회적, 국가적 문제로 제기되면서 이와 관련한 기사들도 양산되고 있다.

3. 정치기사

1) 정치기사란

정치기사는 국회, 정당 및 여야 관계, 선거관련기사 그리고 대통령을 정점으로 한 청와대, 중앙선거관리위원회 등을 취재원으로 한 기사이다. 정치의 흐름을 전달하고 앞으로의 전망을 짚어주는 데 의미가 있다. 이 때문에 정치기사는 스트레이트 기사보다는 해설이나 뉴스피처기사가 훨씬 많다. 주로 스트레이트는 1, 2면, 해설 및 피처기사는 3~5면에 배치한다.

정치행위 자체가 정권을 잡는 데 목적이 있기 때문에 정치기사는 권력관계에 관한 내용이 핵심이다. 정치민주화가 진전되고 지식정보사회의 도래로 기사의 취재 소스가 다양해짐에 따라 정치기사의 비중이 과거 권위주의 정권시절에 비해 훨씬 줄어들었다. 그러나 정치권력의 역할이 많이 줄었다고는 하지만 선거를 통해 대통령과 국회의원, 지방자치단체장 및 의원을 선출해 정부와 입법부, 지자체를 구성하고 국가를 운영해가는 대의민주주의 기본틀은 전혀 변함이 없다. 권력의 장악과 배분, 정책추진의 방향설정과 시행 등을 둘러싼 정치주체 간 협상과 갈등, 대립과 같은 역학관계를 다루는 정치기사의 중요성은 여전하다.

정치기사는 정치인의 말을 토대로 작성된다. 정치는 행동이 아닌 말로 하는 것이고, 원만한 합의에 이르지 못할 경우 다수결의 원리에 따를 수밖에 없다. 정치인의 말은 매우 다의적이다. 표현방식도 직설적이기보다는 은유, 암시, 우회적이라는 점에서 말속에 담긴 진의를 제대로 파악하지 못하거나 잘못 해석하면 기사가 엉뚱한 방향으로 흐를 수 있다. 말에 담긴 의미를 제대로 짚어내는 능력이 정치기사의 생명이다.

정치기사의 신뢰는 기사의 공정성, 객관성에 달려 있다. 기자도 정치적 이념, 정당이나 정치인 개개인에 대한 선호를 가질 수 있다. 취재기자 차원을 떠나 회사간부, 언론사의 사시(社是)와 이념적 정체성, 정치적 성향 등과 같은 조직내부 요인도 기사에 영향을 미친다. 이 때문에 민감한 정치적 사안이 터질 때마다 편파보도 시비가 끊이지 않고 있다. 정권의 '홍보나팔수'로 전락한 군사정권시절은 권력이 보도지침 같은 것을 내려 보내 사실상 언론보도의 방향과 논조를 좌지우지했다.

언론자유가 괄목할 만한 수준으로 향상된 오늘날 권력이 언론보도에 직접적으로 개입하는 일은 사실상 사라졌다고 하지만 간접적 수단을 통해 언론을 통제하려는 시도까지 포기했다고 할 수는 없다. 결국 중요한 것은 기자가 얼마나 객관적이고 균형잡힌 시각을 갖고 기사를 쓰느냐에 달려있다. 사실관계에 입각한 사건 · 사고기사, 행정기사와 달리 정치기사는 정치인의 말이나 정치적 상황에 대한 기자의 평가와 해석, 전망이 기사작성의 중요한 요소가 되기 때문이다.

정치기사는 또 취재원 의존도가 매우 높다. 앞서 언급한 것처럼 사건 · 사고, 행정, 경제, 스포츠, 국제기사 등 다른 기사는 사실(*fact*)을 중심으로 기사를 쓰지만 정치기사는 정치인을 인터뷰해 기사를 쓰는 비중이 크다. 정치행위가 겉으로 잘 드러나지 않기 때문이다. 예로 여야가 정기국회에서 예산안 삭감규모를 놓고 협상을 벌이는 경우 여야 예산결산 특별위원회 계수조정위원 간에 삭감규모를 놓고 밀고 당기기를 하지만 삭감규모에 대한 견해차가 크면 이런 수준의 회담에서 결론이 나지 않는다. 여야 원내대표회담 또는 정책위의장회담 선에서 절충이 이뤄지고 경우에 따라 대표회담에서 최종타결이 이뤄진다. 이런 고위급회담이 열릴 경우 공식회담보다는 이른바 '물밑접촉'을 통해 절충이 이뤄지고 그 내용은 좀처럼 공개되지 않는다. 취재원이 얘기를 해주지 않으면 협상진행내용을 정확히 쓸 수가 없다. 공식 브리핑이 알맹이가 없다면 취재원과 비공식적 접촉을 통해 귀띔을 받아야 한다. 그만큼 정보를 장악하고 있는 취재원을 많이 확보하고, 잘 관리해야 유능한 정치부 기자가 될 수 있다.

여야 정치협상, 당직개편 및 개각, 분당과 합당과 같은 정계개편, 전당대회 득표전, 공천 등 중요한 정치이슈에 대한 취재는 내용이 겉으로 잘 드러나지 않는다. 이 때문에 취재원의 말에 의존해 기사를 쓸 수밖에 없다. 정치부 기자는 정보를 쥐고 있는 취재원의 국회와 정당 사무실, 집을 찾아가고 심지어 사적인 모임 장소까지 쫓아다니면서 한 줄의 정보를 얻기 위해 피나는 노력을 기울인다.

2) 정치기사 작성 시 유의점

첫째, 정치적 흐름을 잘 파악해야 한다. 정치기사는 단발성 돌출기사는 많지 않다. 정치적 이슈가 되기까지 그만한 배경과 이유가 있다. 전후사정을 충분히 알고 있어야 정확한 기사를 쓸 수 있다. 정치적 흐름과 의미를 잘 파악하고 앞을 내다보면서 기사를 써야 한다.

둘째, 공정성을 유지해야 한다. 기사의 공정성, 편파시비가 나오지 않도록 각별한 주의를 기울여야 한다. 대부분의 쟁점들이 정파간, 정치인간 이해관계가 첨예하게 엇갈리기 때문에 기사가 어느 한쪽에 기우는 듯한 인상을 주면 반발을 사게 된다. 심할 경우 정정보도, 반론보도를 요구하기도 하고 언론중재위제소, 민 · 형사상 소송까지 내기도 한다. 개인적으로 취재의 도움을 받고, 아무리 친한 사이라도 기사를 쓸 때만큼은 기자의 본분을 잊어서는 안 된다.

셋째, 정치인의 발언은 신중하게 다뤄야 한다. 정치인의 발언을 액면 그대로 받아들일 순진한 정치부 기자는 없다. 거짓말을 서슴없이 하는 우리 정치풍토에서 정치인들의 정직성을 기대하기는 어렵다. 자신의 정치적 이해에 따라 말을 바꾸거나, 불리한 보도가 나오면 '그런 말을 한 적이 없다', '진의가 왜곡됐다', '기억이 나지 않는다'는 식이 발뺌을 하기 일쑤다. 무엇보다 정치인의 발언은 말로 표현하는 것과 진의가 다를 수 있다는 점에 유의해야 한다. 발언의 진의를 정확히 파악하는 것이 중요하다. 예로 정치인들이 수뢰혐의를 받게 되면 한결같이 '10원 한 장 받은 적이 없다'고 이른바 '오리발'을 내밀지만 실제 수사결과는 정반대인 사례가 비일비재하다. 이럴 때 정치인의 말을 그대로 보도하는 것은 객관성에는 부합할지 모르지만 진실은 아니니다. 정치인의 선전요원 노릇을 하는 꼴이다. 언론보도의 생명은 진실이다. 기자는 진실추구 노력을 멈춰서는 안 된다.

넷째, 인용을 정확히 해야 한다. 정치인의 말은 은유적, 다의적인 경우가 많기 때문에 인용을 정확히 해야 한다. 기자의 기사의도에 맞춰 거두절미하거나 필요한 부분만 추려서 인용을 한다면 사실을 왜곡하는 처사다. 당사자의 발언 취지에 맞게 인용해야 한다.

다섯째, 비판적 시각을 가져야 한다. 언론의 중요한 기능 중의 하나는 환경감시기능이다. 정치권력에 대한 감시와 견제는 환경감시기능의 핵심이다. 언론이 국민을 대신해서 권력을 감시한다는 사명감을 갖고 비판적 시각에서 기사를 써야 한다. 그러나 비판을 위한 비판이나 언론사 또는 기자 개인의 자존심이나 영향력을 과시하기 위한 기사는 배격해야 한다. 무리한 헐뜯기, 흠집 내기, 권력 흔들기 기사는 정치에 대한 불신과 냉소주의를 부추긴다. 대안을 제시하는 건설적, 생산적 비판이 되어야 한다.

여섯째, 언론윤리를 철저히 준수해야 한다. 정치기사는 취재원과 비공식적 접촉을 통한 취재가 대종을 이루다보니 취재원과 기자 간에 부적절한 관계를 형성하기도 한다. 촌지수수와 향응접대 등 여러 가지 언론윤리를 벗어난 바람직하지 못한 행위가 일어날 수 있다. 나아가 권력과 언론, 정치와 언론 간 유착관계로 발전한 사례도 많다. 유력 언론과 권력이 야합해 언론은 권력의 지지기반을 확충하는 홍보나팔수 역할을 하고, 반대급부로 권력은 언론사 또는 기자에게 기사를 흘려주거나 각종 물질적 특혜를 베풀어줌으로서 공생관계를 유지하는 것을 말한다. 이런 정도까지는 아니라도 권력과 언론이 상호필요에 의해 비공식적 접촉을 하다보면 정도를 벗어난 행위가 발생할 소지가 크다.

한나라당 최연희 의원의 여기자 추행사건도 마찬가지다. 한나라당 대표위원을 비롯한 당 수뇌부가 D일보 편집국장, 정치부장 등 편집국 간부들과 비공식적인 회동을 갖는 과정에서 일어난 사건이다. 제 1야당 수뇌부가 특정 언론과 비공식적인 술자리 회동을 갖는 것부터 정언유착의 오해를 살 여지가 없지 않다. 게다가 야당 사무총장이 아무리 만취한 상태라지만 동석한 여기자와 과도한 신체적 접촉을 했다는 것은 납득하기 어렵다. 취재원과 늦게까지 어울려 술을 마시고, 세상을 떠들썩하게 하는 물의를 빚은 언론도 반성할 대목이 많다.

3) 정치기사의 유형

① 청와대기사

청와대기사는 대통령과 관련한 기사다. 청와대는 막강한 권한을 가진 대통령을 정점으로 한 권부의 상징이다. 내각을 총괄하고 집권당을 거느린 대통령의 일거수일투족은 행정부 각 부처는 물론 정치권, 국회 나아가 국민들에게 미치는 영향이 크다. 그만큼 청와대를 취재원으로 한 기사는 비중이 클 수밖에 없다. 국정운영의 기본방향을 설정하고, 주요한 정책결정, 각종 인사권의 행사, 국무회의 운영, 행정부처에 대한 지시와 감독권 행사와 같은 내정(內政)뿐 아니라 정상외교를 비롯한 외교관접견, 조약체결, 군대파견 등 중요한 대외 관계 업무를 관장한다.

청와대기사라 해서 반드시 정치적 사안만 다루는 것은 아니다. 국무회의를 주재하거나 임명장, 훈·포장 수여, 외교사절 접견 등 일상적인 업무에서부터 신변잡기성 대통령 주변얘기, 건강, 국민과의 대화, 각계의 어려운 사람과 선행인사 격려 등 국정을 총괄하는 대통령에 대한 국민의 궁금증을 언론이 대신해서 풀어주는 기사도 얼마든지 있다.

② 국회기사

대의민주주의가 보편화된 오늘날 국민의 대표기관인 국회는 문자 그대로 민의의 전당이자 정치의 본산이다. 각 정파간 이해가 첨예하게 부딪치는 국회는 기사의 보고이다. 국회를 소스로 한 주요기사는 교섭단체 대표연설, 대정부 질문, 각 정파 간 현안 이슈에 대한 회담과 협상, 각 상임위 활동, 국정 감사 및 조사, 각종 법안 및 동의안 처리, 예산안 심의 및 처리과정에서 나온다.

③ 정당기사

정치가 가장 역동적으로 행해지는 곳이 정당이다. 정치는 '살아 움직이는 생물'이라는 표현처럼 끊임없이 변화하고 새로운 상황을 조성해 나간다. 국민의 지지획득을 위해 정당 간에 치열한 경쟁을 벌이고, 정국운영의 주도권을 잡기 위해 기민하게 움직인다. 모두가 국민의 지지를 획득, 선거에 승리하고 궁극적으로 정권을 잡기 위한 것이다. 정당 내의 계파 간 움직임에도 취재의 촉각을 곤두세워야 한다. 당내에서도 당권, 당직을 차지하기 위한 권력투쟁이 쉴 새 없이 벌어진다.

당 대표, 당의장을 비롯한 유력 정치인들의 언동을 비롯해 총재단 회의, 최고위원 회의, 원내대책회의, 의원총회, 고위당정회의 등 주요한 회의 내용은 반드시 챙겨야 한다. 공식적인 브리핑 외에 발표하지 않은 내용이 있는지 참석자들을 상대로 꼭 보충취재를 해야 한다. 전당대회, 대통령 후보 등 선출직 후보자를 뽑기 위한 당내 경선, 정책개발기사, 여야 공방 또는 협상기사 등이 정당관련기사이다.

④ 선거기사

대통령 선거, 국회의원 선거, 지방자치단체 선거, 재 · 보궐선거를 취재대상으로 해서 나오는 기사가 선거기사다. 선거는 대의정치의 기본이자, 국민이 정부와 정당을 평가함으로써 주권재민을 행사할 수 있는 통로이다. 선거기사는 객관적 사실을 전달하는 보도기사보다 선거와 관련한 각종 기획기사가 훨씬 많다. 선거기사는 유권자에게 선거에 관한 정확한 정보를 제공하고 공정한 판단과 올바른 전망을 할 수 있도록 기사를 써야 한다.

각 정당의 공직후보 경선, 후보검증, 유세전과 선거전략, 특정현안에 대한 후보 간 공방, 후보 간 TV토론, 선거판세 분석, 여론조사, 정치광고, 투 · 개표 현황, 선거결과 및 반응 등에 대한 다양한 기사가 쏟아져 나온다. 특히 대통령을 뽑는 선거기사는 기사의 내용이나 방향에 따라 특정후보의 당락이 좌우되는 결정적 영향을 미치기 때문에 객관성, 공정성, 균형 감각이 절대적으로 필요하다.

우리 언론의 선거보도는 그동안 흥미위주의 경마식 보도, 갈등 · 대결구도 조장, 추문 밝히기식 폭로, 확대 · 축소 · 은폐보도, 유력후보 중심의 가십성 보도, 선거쟁점보다는 스케치중심 보도 등의 폐단이 지적돼 왔다.

4. 경제기사

1) 경제기사의 성격

경제기사는 국가경제정책을 포함해 국민의 경제생활에 미치는 모든 분야를 망라한다. 통화, 물가, 금융, 증권, 무역, 기업, 고용, 농림어업, 유통, 식품, 건설 및 부동산, 재테크, 소비자 등 그 범위가 매우 넓다. 특히 1990년대 말 IMF체제 이후 경제기사에 대한 수요가 급증하고 있으며 국제화, 세계화추세에 따라 국제경제기사의 비중도 날로 커지고 있다. IT · 벤처열풍, 증권투자 인구의 급증과 각종 국내외 펀드 상품의 범람, 서울 강남을 중심으로 한 집값 폭등, 경제발전에 따른 서비스 산업의 번창 등에 힘입어 경제기사에 대한 수요가 크게 늘면서 주요 언론들은 경제면을 본지에서 분리, 경제뉴스를 따로 모아 20 ~ 24면 분량의 별도 경제섹션을 제작하고 있다. 지상파 방송도 총 뉴스시간의 20 ~ 30%를 경제뉴스에 할애하고 있는 것으로 나타났다.

경제기사는 상호연관성이 크다. 물가 문제를 예로 들면 물가 그 자체만으로 정책결정을 할 수 없다. 물가는 경기, 통화, 환율, 금리, 수출입, 내수경기, 고용 등 다양한 경제적 요소들이 톱니바퀴처럼 맞물려 있다. 여기에 물가 문제는 민생과 직결된다는 점에서 여론이라는 정치적 변수도 고려해야 한다. 경제현상은 겉으로는 독립적인 것 같지만 상호연관성이 매우 깊다는 사실을 고려해 경제현상을 종합적으로 들여다보면서 끊임없이 추적하고 분석하는 노력을 기울여야 제대로 기사를 쓸 수 있다.

경제기사는 상호모순적인 측면이 혼재한다. 환율이 올라 수출에 청신호라는 기사가 나올 수 있는 반면 수입물가가 올라 물가가 걱정이라는 기사가 나올 수 있다. 정부가 강력한 부동산값 억제정책을 발표하면 강남 집값 상승을 잡기 위해 불가피한 조치라는 기사가 나오기도 하지만, 건설경기의 위축과 경기침체의 장기화를 우려하는 기사도 있다.

경제정책에 대한 경제주체 간 입장차가 현격하다. 최저임금 문제를 예로 들면 최저임금 수준을 올릴 것인지 말 것인지에 대해 정부, 기업, 노조, 가계가 입장에 따라 이해관계를 달리한다. 같은 정부 부처 내에서도 재경부와 노동부의 입장이 다를 수 있다. 따라서 경제기사는 이런 경제주체의 다양한 이해관계를 고려하되 분배의 형평성 및 양극화해소, 저소득 소외계층에 대한 사회안전망 구축과 같은 공공의 이익을 우선으로 해서 써야 한다.

2) 경제기사 작성 시 유의점

첫째, 쉽게 써야 한다. 경제기사 하면 딱딱하고 재미없다는 것이 일반적인 인식이다. IMF를 거치면서 일반인들의 경제에 대한 관심이 커지고 경제면이 대폭 증면되면서 경제기사에 대한 가독성을 높이기 위해 언론이 많은 노력을 기울이고 있다. 전문가가 아니더라도 읽는 데 지장이 없도록 지면을 쉽고 재미있게 꾸며야 한다.

여성의 경제인구가 폭발적으로 증가하고, 가정주부들이 재테크를 선도하면서 경제면에 대한 여성 독자층이 크게 늘어났다. 또 취업난으로 과거 경제면에 무관심했던 대학생 등 젊은 층의 경제면 수요도 커졌다. 이런 독자층의 변화에 따라 언론들이 어려운 전문용어는 가급적 피하고 내용을 이해하기 쉽게 풀어쓰는 경향을 보이고 있다. 또 전문용어는 용어풀이라는 난(欄)을 만들어 독자들의 이해를 돕고 있는 것도 바람직한 변화다.

둘째, 경제기사는 배경설명과 장래전망이 중요하다. 경제정책이 발표되거나 어떤 경제현상이 일어나면 스트레이트 기사 외에 왜 그런 정책이 나왔는지, 그 영향은 어떠하며, 장차 어떤 결과를 가져올 것인지를 분석하고 해설해주는 깊이 있는 기사가 함께 나와야 좋은 경제기사다. 이를 위해서는 기자가 경제의 흐름을 정확히 파악하고 종합적, 거시적 안목을 갖고 분석하는 전문가적 식견을 가져야 한다.

해설기사가 태동한 것도 미국에서 1920년대 대공황이 발생한 데에 기인한다. 국민들이 왜 갑자기 이런 일이 일어났으며 앞으로 어떻게 되는 것인지, 무슨 대책을 세워야 하는지 등에 대한 문의가 언론사에 빗발치자 국민들의 궁금증을 해소하는 기사를 쓰면서 해설기사라는 형식이 자리를 잡았다고 한다.

셋째, 기업의 홍보성 기사에 주의를 기울여야 한다. 기업체를 취재원으로 하는 기사는 기업홍보인지, 정보인지 구분이 애매한 경우가 있다. 결국 기사가치를 따져 판단하는 수밖에 없다. 국민들에게 유익하고 알릴만한 정보가 있으면 설사 기업 홍보성 내용이라도 기사화해야 한다.

문제는 기사가치가 떨어짐에도 불구하고 기업 측의 로비나 교묘한 언론플레이, 홍보담당자와의 인간적인 관계 때문에 기사를 쓰는 행위이다. 기자가 철저하게 보도자료를 분석, 기업홍보를 위해 사실을 과장하거나 확인되지 않은 사실은 가려내는 분별력을 가져야 한다.

넷째, 광고주의 압력 문제다. 정치민주화가 이뤄지면서 과거 언론에 대한 통제나 외압의 대명사였던 권력 요소는 현저하게 줄어들었다. 정부의 영향력이 미치는 공영언론을 제외하고 적어도 신문의 경우 권력의 눈치를 보느라 쓸 기사를 못 쓴다든지, 기사를 빼거나 제목을 고치는 것과 같은 행태는 거의 사라졌다.

대신 언론의 경영이 어려워지면서 공공성보다는 기업적 측면이 강조되고, 사주·경영주의 영향력이 편집권을 압도하면서 자본의 영향력이 가장 강력한 통제요인으로 등장했다. 언론사 수입의 80~90%를 광고에 의존하고 있는 상황에서 광고주의 요구를 외면할 수 없는 것이 현실이다. 자사에 불리한 기사를 빼달라거나 고쳐달라는 수준을 넘어, 광고배정에서 제외하거나 광고를 전제로 기업홍보성 기사를 주문하기도 하고, 광고와 기사를 맞바꾸는 일까지 벌어지고 있다.

광고주 쪽의 직·간접적 압력도 압력이지만 광고부족에 시달리는 언론사들이 광고수주에 기자들을 동원하거나 광고성 기사를 써주고 광고배정을 강요하는 등 언론윤리를 벗어난 행태가 빈번하게 일어나고 있다. 일부 언론사의 경우 경제부 기자들이 일선에서 부딪치는 가장 큰 어려움이 광고 문제라고 호소하는 실정이다. 언론사가 경영난을 타개하기 위해 다각도의 노력을 기울이고 있는 점은 평가할 부분이지만 편집권이 자본의 논리에 함몰되면 언론으로서의 생명은 끝장이 난다는 사실을 명심해야 한다.

3) 경제기사의 유형

① 일반경제정책기사

재정경제부, 기획예산처, 산업자원부, 건설교통부, 노동부, 공정거래위원회 등 경제부처를 중심으로 해서 나오는 정책기사이다. 경기, 물가, 고용, 수출, 투자, 성장, 예산 등 주로 경제현상을 포괄하는 기사이다. 경제정책은 기업뿐 아니라 개인들에게도 미치는 영향이 큰 만큼 새로운 정책을 발표하거나 제도를 변경될 경우 배경과 전망 등을 상세히 설명하는 해설기사가 필요하다.

② 금융 · 증권기사

금융 · 증권 · 보험업계와 한국은행, 금융감독위원회에서 나오는 기사이다. 금융은 은행을 중심으로 한 일반금융과 투자신탁, 상호신용금고 등 제 2금융권을 포괄한다. 환율, 주가, 금리 등 주로 돈의 흐름을 다룬다. 증권시장, 외환시장, 자금시장은 매일 기사를 써야 하는 분야다. 사회부 사건기자가 경찰서를 출입하면서부터 기사취재의 노하우(*know-how*)를 터득하듯이 경제부 기자는 금융권, 그중에서 한국은행을 출입하면서부터 경제기사의 맥을 잡아간다는 말이 나올 정도로 경제부 기자가 거쳐야 할 필수코스다.

③ 기업기사

기업 활동과 관련된 일들을 취재해서 쓰는 기사이다. 기업기사 또는 산업계기사, 업계기사라고도 한다. 생산과 판매, 기술개발, 인력, 손익, 재무, 투자 등 광범위한 분야가 취재대상이다. 우리나라 경제력이 세계 11위에 이를 정도로 규모가 커지고, 세계화 흐름이 가속화되면서 기삿거리도 많아지고 내용도 다채로워졌다. 기업기사가 차지하는 비중도 경제력에 비례해 훨씬 커졌다. 지식정보사회의 발달로 IT, 정보통신 등 지식산업분야의 비약적인 발전에 힘입어 관련기사가 차지하는 비중이 크게 늘어났다.

④ 유통 및 소비자기사

경제발전으로 생활수준이 향상되고 소비가 늘어날수록 유통기사가 중요하다. 백화점, 할인점, 슈퍼마켓, 홈쇼핑, 편의점, 재래시장, 농수산물시장, 전문상가 등 유통업체와 물건을 배달하는 택배회사 같은 물류회사 등을 포괄한다. 동네구멍가게, 담배소매상, 세탁소 등 소비자를 상대로 한 모든 업소가 유통분야에 포함될 정도로 영역이 매우 넓다. 당연히 취재영역이 무궁무진하다.

소비자기사는 소비자의 권리를 보호하고 특징적 소비패턴, 바람직한 소비문화를 소개하는 기사를 말한다. 소비자가 제품을 구입해서 사용하고, 사용 후 느끼는 만족도, 그리고 불만을 개선하기 위한 노력 등의 분야가 포함된다. 한국소비자보호원과 각종 소비자 권익보호를 위한 시민단체의 활동이 주요한 취재처다.

⑤ 농업기사

농업은 여러 면에서 여전히 한국의 근본을 이루는 분야다. 농업정책과 식량, 국제농업, 식량개발, 농산물 유통정책, 축산정책 등이 여기에 속한다. 자연재해로 인한 농어민 피해, 조류독감을 비롯한 닭 등 주요 축산물의 피해 및 수요, 공급, 가격변화, 쇠고기 수입쿼터 문제, 주곡의 변동추이 등도 다 농업관련 기삿거리다.

⑥ 건설, 교통기사

건설기사는 국민의 일상생활과 밀접한 관련이 있는 주택과 토지 등과 관련된 일반 부동산시장, 건설업계 전반, 건설정책으로 구분된다. 부동산시장과 부동산 경기 동향은 국민들의 지대한 관심사다. 부동산관련기사는 시장에 미치는 영향이 크기 때문에 신중하게 써야 한다.

교통기사는 교통시설 개발 및 이용관련기사, 교통관련 통계기사로 구분된다.

⑦ 재테크기사

재산을 어떻게 관리해야 돈을 벌 수 있는지에 대한 정보를 제공하는 것이 재테크기사다. 사람은 누구나 돈을 벌어 잘 먹고 잘 살고 싶은 욕망이 있기 때문에 재테크기사는 독자가 많다. 주식 및 부동산투자를 비롯해 저축상품, 채권, 보험, 연금관리 등이 주요대상이다. 기사로 인해 자칫 금전적인 손해를 입힐 가능성이 있기 때문에 기사작성에 세심한 주의를 기울여야 한다. 분양업체들의 과장선전을 사실 확인없이 보도해 투기 심리를 부추기는 일이 없어야 할 것이다.

5. 문화기사

문화기사는 문화관광부, 문화재청 등을 취재원으로 한 문화행정기사와 음악 · 연극 · 무용 등 공연기사, 문학 · 학술 · 출판 등 지식산업기사, 종교, 미술, 영화, 방송 관련기사 등 범위가 넓다. 경제발전으로 사람들이 삶의 여유가 생기면서 생활의 질을 추구하는 웰빙(*well-being*) 바람이 불면서 문화, 레저기사에 대한 수요가 급증하고 있다. 이런 독자수요에 부응해 주요지들의 경우 섹션 면을 대폭 늘리고 편집국 문화부를 확대개편하고 있다.

언론사마다 다소 차이는 있지만 문화행정기사와 음악 · 연극 · 무용 · 출판 · 학술 · 미술 · 종교 · 문화재 등 전통적인 순수문화는 문화부에서 다루고 영화 · 연예 · 오락 · 레저 · 게임 · 방송과 같은 부분은 대중문화부 또는 연예레저부 같은 별도의 부 또는 팀을 신설해서 취급하고 있다. 특히 게임과 애니메이션, 만화영화, 캐릭터 분야 등 과거 거의 기사화되지 않았던 분야가 문화기사의 주요 영역이 되고 있다. 방송관련기사도 KBS, MBC, SBS 등 지상파방송 위주에서 탈피, 위성 · 케이블TV 쪽의 기사가 차지하는 비중이 커지고 있다. 그만큼 문화기사가 포괄하는 범위가 날로 확대되고 있는 추세이다.

문화기사는 전통적으로 문화행정에 관한 관급기사보다는 생생한 현장 중심의 기사가 대종을 이룬다. 방송사 취재는 주로 프로그램 취재이지만 이밖에도 방송위원회 및 방송사 동향이나 인사, 구조조정 등도 중요한 기삿감이다.

6. 외신(국제)기사

교통·통신의 발달로 세계가 하나의 지구촌시대가 되었다. 게다가 한국의 국력신장으로 우리 국민들의 활동영역이 세계화되면서 외국뉴스는 이제 더 이상 어떤 특정한 사람들의 관심사가 아니다. 세계적 통신사를 통해 국제 뉴스가 실시간으로 국내에 전달되고, 누구나 인터넷검색을 통해 현재 세계에서 일어나고 있는 주요 뉴스들을 접할 수 있다.

미국 월가의 주가 등락 소식이 곧바로 국내 증권가에 영향을 미치고, 중동국가의 석유감산조치나 이라크·이란의 정정(政情)불안이 국내경제에 영향을 미친다. 이제 국제뉴스는 국내뉴스 못지않게 독자와 시청자의 관심을 끌고 있다.

외신기사는 ‣한국통신사(연합뉴스)와 외국통신사 및 외국신문사의 뉴스서비스가 제공하는 기사 ‣외국에 파견된 자사 특파원과 통신원이 보내오는 기사 ‣본사 국제부 기자들이 쓰는 외국관련기사로 구분된다. 기사의 성격과 내용에 따라 스트레이트기사, 해설기사, 피처기사, 칼럼 등이 있고, 한때 해외에서 일어나는 재미있고 기발한 내용을 모은 해외토픽기사가 인기를 끌었다.

전 세계에서 날마다 쏟아져 들어오는 국제뉴스의 양은 엄청나다. 이 가운데 어떤 것을 골라서 기사화할 것인가? 외신에 대한 기사가치의 판단기준은 기자마다 다소 다를 수 있으나 앞에서 소개한 기사가치의 판단기준을 참고해서 세계뉴스의 구체적 현실에 적용하면 큰 무리는 없을 것 같다.

외신기사 작성과 관련해 유의할 점은 국내로 전송되는 외신뉴스의 대부분이 서방 선진자본주의 국가의 주요 통신사가 보낸 뉴스라는 점이다. 그들의 관점에서 사태를 보고 해석하는 외국뉴스라는 점에서 국제사회의 정보가 선진국에서 후진국으로 일방통행식으로 흐르는 정보 불평등, 불균형 구조이다. 서방 강대국 중심에서 벗어나 우리의 시각에서 외신을 선정하고 보도하는 노력이 필요하다. 일반적인 외신기사 선정기준을 제시하면 다음과 같다(남시욱, 2001).

첫째, 세계적 차원에서 영향력이 큰 사건
둘째, 한국에 직·간접적으로 영향을 주는 사건
셋째, 한국에 근접한 지역에서 일어난 사건
넷째, 국제기구의 활동에 관한 사항(UN, IMF 등)
다섯째, 전쟁·내전·쿠데타·인종분규·종교 갈등
여섯째, 세계경제 뉴스와 다국적 기업의 동향
일곱째, 자연재해·화산폭발·지구환경·과학·의학·제약·발명
여덟째, 강대국지도자나 유엔사무총장, 국제올림픽위원회위원장, 달라이라마, 만델라 등 세계적 지도자와 국제적 중요인사들의 동정
아홉째, 올림픽, 월드컵 등 국제스포츠행사 및 세계적인 프로경기
열째, 세계적 토픽성 화제기사

7. 스포츠기사

스포츠(체육)기사는 종목에 관계없이 경기기사, 경기 예고기사, 해설기사, 경기초점기사, 화제(피처)기사 등으로 구분된다. 스포츠기사는 단순히 경기결과, 경기예고를 전하는 스트레이트 기사보다는 스트레이트와 해설 또는 피처성을 가미, 읽을거리 형식으로 작성하는 것이 상례다. 경기결과를 초래한 원인과 전망, 여론조사, 기록 분석, 수훈선수, 경기전환점과 득점의 상세한 내용 등 심층기사에 역점을 둔다. 예고기사도 마찬가지다. 경기전망이나 경기전략, 활약이 기대되는 선수인터뷰 등 지면을 다채롭게 꾸민다. 기사문장도 정확성, 객관성을 바탕으로 하되 화려한 수식어를 사용하고 재치 있게 씀으로써 가독성을 높이고 있다. 표제도 다른 기사에 비해 과감하게 뽑는다.

우리나라는 전두환 정권 시절 정치성을 가미한 스포츠 장려에 힘입어 스포츠가 급속하게 보급되고, 1988년 서울 올림픽을 계기로 스포츠 붐을 이뤘다. 이 무렵부터 스포츠 전문지들이 잇따라 창간되고 일간지의 스포츠 면의 대폭적인 증면, 방송사의 스포츠국 신설 등 스포츠기사 전성시대를 맞이하게 된다. 프로 야구, 축구, 농구, 배

구 등 프로팀이 창단되어 스포츠 애호가들을 경기장으로 끌어들였다. 박세리, 박찬호 선수 등 세계적인 선수들의 활약상에 열광하고, 무엇보다 2002년 서울에서 개최된 한일월드컵은 온 국민을 '붉은 악마'로 만들 정도였다. 대구광역시가 2011년 세계육상선수권대회를, 인천광역시가 2014년 아시아경기대회를 유치함에 따라 한국 스포츠가 또다시 국제적인 각광을 받을 전망이다.

외신뉴스와 마찬가지로 해외 스포츠도 중요하다. 우리 선수들의 해외 진출이 늘어나면서 국민들의 해외 인기스포츠에 대한 관심이 고조되고 있기 때문이다. 일본이나 서구 유명 구단, 축구팀에 진출한 우리 선수들의 활약은 국내선수보다 더 각광을 받고 있으며, 우리 선수들이 출전하는 주요 프로경기를 국내에 실시간 중계한다.

스포츠기사 작성 시 유의할 점은 다음과 같다.

첫째, 스포츠경기를 하는 쌍방이 있기 때문에 공정성을 생명으로 한다.

둘째, 경기에 대한 전문적인 안목을 갖고 기사를 써야 한다. 스포츠기사 독자들은 전문가 못지않은 식견을 갖고 경기장을 찾고 기사를 읽는다. 경기내용이나 선수 개인들에 대해서도 다 알고 있다. 경기 스코어, 진행상황 이상을 알고자하는 독자들의 욕구에 답할 의무가 기자에게 있다.

셋째, 취재원과의 관계에서 독립성을 지녀야 한다. 경기단체나 프로팀 소속사로부터 출장비를 포함한 금전적 취재지원은 취재의 부담요인으로 작용하기 때문에 가급적 받지 말아야 한다.

넷째, 선수들의 사생활 보도에 신중해야 한다. 유명 선수들은 공인이나 다름없이 세인의 주목을 받기 때문에 어느 정도 사생활의 공개는 불가피하다. 그러나 선수들의 과거의 어두운 면을 들춰내 스포츠팬, 특히 청소년들에게 실망을 안겨주는 것은 바람직하지 않다. 다만 부정스카우트나 부정선수, 프로팀 소속회사의 횡포, 프로스포츠의 역기능, 선수들에 대한 가혹행위, 편파판정, 경기장 난동과 같은 사회적 상궤를 벗어난 비리나 부정행위는 단호히 고발해야 한다.

다섯째, 선수와 경기를 보호해야 한다. 취재를 하기위해 선수들의 훈련과 경기를 방해해서는 안 된다. 특히 과도한 취재로 경기를 앞둔 선수들의 심리적, 육체적 안정감을 깨는 일이 없도록 각별히 주의해야 한다.

연_습_문_제_

1. 6하원칙에 따른 기사 분석하기

〈분석 예시〉

9일 오전 10시 30분쯤 서울 강남구 역삼동 101 제일증권 앞길에서 과속으로 달리던 그랜저 승용차(운전자 손오공, 34)가 중앙선을 넘어 마주 달려오던 오토바이를 들이받아 오토바이 운전자 사오정(45) 씨가 그 자리에서 숨졌다.

when: 8일 오전 10시 30분쯤
where: 서울 강남구 역삼동 101 제일증권 앞길
why: 과속으로 달리던
who: 그랜저 승용차(운전자 손오공, 34)
how: 중앙선을 넘어 마주 달려오던 오토바이를 들이받아
what: 오토바이 운전자 사오정(45) 씨가 그 자리에서 숨졌다.

〈예시 2〉

5일 오전 7시 10분쯤 경남 마산중부경찰서 유치장에 수감 중이던 송 모(29, 경남 거제시 동구) 씨가 유치장 출입문에 입고 있던 상의로 목을 맨 것을 근무자가 발견해 병원으로 옮겼으나 숨졌다.
이날 유치장에는 경찰관 2명이 근무를 하고 있었지만 사고 당시 감시가 소홀했고, 숨진 송 씨가 수감된 4호실에는 다른 수감자가 없어 목을 맨 것을 일찍 발견하지 못했다.
경찰서 상황실에 유치장 내부를 감시할 수 있는 폐쇄회로(CC)TV가 있었으나 사고시간을 전후해 17시간 동안 작동하지 않는 바람에 송 씨가 목을 맨 사실을 알지 못했다.
경찰은 "당시 수감자가 술값 시비로 워낙 소란을 피워 다른 수감자가 없는 방에 입감시켰는데 갑자기 조용해져 확인해 보니 등을 돌린 채 앉은 모습으로 목을 맸다"고 말했다.

〈예시 3〉

경기경찰청 사이버수사대는 7일 인터넷 화상채팅사이트를 만들어 회원들로부터 돈을 받고 음란 화상채팅을 하도록 한 K사 대표 박 모(30) 씨 등 인터넷 화상채팅업체 대표 7명을 불구속 입건했다.
경찰에 따르면 박 씨 등은 지난해 5월부터 네티즌들에게 무차별 스팸메일을 발송하거

나 사이트 광고를 통해 회원을 모집한 후 1분당 300 ~ 600원을 내고 사이버머니를 사도록 한 뒤 사이트를 통해 여성회원의 음란행위를 보도록 한 혐의다. 이들 7개 업체는 이 같은 수법으로 지난 1년간 모두 20억 원을 벌어들였다.
경찰조사 결과 K사는 여성회원 1600여 명 가운데 900여 명이 주부였고 H사 등 나머지 6개사도 주부와 여대생이 60 ~ 70%인 것으로 나타났다.

2. 기사 쓰기 연습

〈예시 1〉

- 이름난 도굴꾼이었던 김구라(67) 씨 등 2명은 국보급 금제귀고리 등의 모조품을 골돌품상에게 진품이라고 속인 뒤 1억2천만 원을 받고 팔았다.
- 김 씨는 2004년 4월 시중에서 구입한 금제 귀고리 5쌍과 토기 1점을 방금 도굴한 것처럼 화학약품으로 표면을 처리하고 이를 땅에 며칠간 묻었다 꺼낸 뒤 대구지역 골동품 판매상 이허국(55) 씨에게 "전남 나주고분에서 직접 도굴해 온 삼국시대 유물"이라고 속여 거액을 받고 팔아 넘겼다.
- 경찰조사 결과 위조 귀걸이는 현재 금값 시세로 5쌍을 합해 약 450만 원 정도이다.
- 이들은 자신들이 모조한 것과 똑같은 국보 90호 부부총 태환(太環) 금귀걸이 한 쌍이 경주박물관에 소장되어 있는 사실을 발견한 골동품상 이 씨가 속은 사실을 알고 경찰에 신고하는 바람에 덜미가 잡혔다.
- 이 씨는 전국적으로 20년 이상 이름을 날린 유명 도굴꾼인 김 씨가 가져온 것이라 이들 물건이 가짜일 것이라고는 상상도 못했다고 말했다.
- 경찰은 이들이 보관 중이던 가짜 반가사유상과 가짜 통일여래불상 등 위조품 13점을 압수했다. 경찰은 또 이들의 통장에 거액의 돈이 입 · 출금된 것으로 미루어 추가 범행이 있을 것으로 보고 수사를 하는 중이다.

〈예시 2〉

- 오늘(16) 오후 2시 30분경 서울 양천구 목3동 710의 10 이홍기 씨(29, 보일러설비업)가 세 들어 사는 집에서 불이 났다.
- 이 불로 이 씨의 딸 진희(3) 양과 아들 종은(2) 군이 불에 타 숨졌다.
- 불은 1층 단독 목조주택 30여 평을 모두 태웠다.
- 경찰은 피해액을 1천만 원으로 추산하고 있다.
- 불이 난 원인에 대해서는 아직 알 수 없다.
- 행상을 하는 이양 남매의 어머니 김경숙 씨(28)는 애들이 나가지 못하도록 문을 밖에서 잠가놓고 나왔는데 불이 나 애들이 방밖으로 나오지 못한 것 같다고 말했다.

〈예시 3〉

- 지난 3월 속칭 뉴월드파 조직폭력배들이 W호텔 나이트클럽에 들른 강남파 소속 폭력배 이창정(21)을 집단 폭행한 사실이 있다.
- 강남 일대에서 세력 확장에 몰두하고 있던 강남파 30여 명은 4월 20일 새벽 2시쯤 뉴월드파 본거지인 W호텔 나이트클럽을 급습, 회칼과 도끼 등으로 뉴월드파 조직원 4명을 보복 살해하고 5명에게 중경상을 입혔다.
- 당시 이 습격은 강남파의 두목 이정화(李正和 · 21)의 지시를 받아 행동대장 송구형(宋丘亨 · 28)의 지휘 아래 행해졌다.
- 행동대원 중 이성직(21)이 도끼로 2명을 살해하고 김광수(23)가 회칼로 2명을 살해했다. 서문철(22) 현상진(24) 정대의(23)도 도끼와 회칼을 휘둘러 여러 명에게 중경상을 입혔다.
- 검찰은 이들을 구속 기속해 이정화와 송구형, 이성직, 김광수에게 사형을, 서문철에게 무기징역을, 현상진에게 징역 20년을, 정대의에게 징역 15년을 구형한 바 있다.
- 서울형사지법 합의 12부(부장판사 李夏塋)는 21일 선고공판에서 이정화, 송구형에게 사형을, 이성직, 김광수에게 무기징역을, 서문철에게 징역22년을, 현상진에게 징역 15년을, 정대의에게 징역 10년을 선고했다.
- 재판부는 “피고인들이 조직을 위해서라면 무슨 일이라도 해야 한다는 폭력배 사회의 그릇된 가치관에 빠져 전혀 반성의 빛이 없어 사회에서 격리하기 위해 중형을 선고한다”고 판결 이유를 밝혔다.

〈예시 4〉

- 15일 오후 6시 30분경 서울 송파구 A아파트 화단에서 이 아파트 11층에 사는 주민 B(52, 여) 씨가 숨져 있었다.
- 경비원 김 모(50) 씨가 숨진 B 씨를 발견해 경찰에 신고 했다.
- 김 씨는 경찰에서 갑자기 ‘퍽’하는 소리가 들려 경비실 밖으로 나가봤더니 사람이 죽어 있었다고 말했다.
- A씨의 남편 이 모(51) 씨는 경찰에서 “아내가 미국에서 공부중인 아들의 유학비 문제로 계속 고민을 해왔으며 2, 3년 전부터 우울증을 앓아 치료를 받아왔다”고 진술했다. 이 씨는 “아내가 두 달 뒤 재대할 예정인 둘째 아들이 복학해야 하는데 돈이 넉넉하지 않아 걱정을 많이 했으며, 3년 전에도 아들 유학비 문제로 고민하다 자살을 시도한 적이 있다”고 말했다.
- 남편 이 씨는 2000년 회사에서 명예퇴직한 뒤 퇴직금과 이전에 모아 놓은 돈으로 생활해 와 아들의 유학비가 큰 부담이었다. A씨는 5억 원을 은행에서 대출받았고 최근에도 집을 담보로 남편 몰래 은행대출을 받았다.

3. 각 분야별 기사를 찾아보자.

4. 사건기사와 행정기사 또는 출입처 기사의 차이점에 대해 토론해 보자.

5. 행정기사 중 발표저널리즘에 매몰되었다는 비난을 받을만한 기사를 찾아보자.

6. 구체적인 기사를 예로 들어 우리나라 정치기사 특히 선거보도의 문제점을 지적해 보자.

7. 의학, 과학, 건강, 레저, 여행 등 책에서 언급하지 않은 기사를 찾아서 기사작성의 특성을 분석해 보자.

제11장

방송기사쓰기

1. 방송기사의 특성

방송뉴스는 말과 그림(영상, 그래픽, 문자자막 등)으로써 시청자에게 메시지를 전달한다. 방송이 인간생활에 엄청나게 영향을 줄 정도로 위력을 떨치는 것은 글이 아닌 말을 전달수단으로 하기 때문이다. 말은 글보다 정서적 호소력, 설득력이 강하고 언제 어디서나 들을 수 있다.

방송은 정보를 빠르고 간단하게 제공한다. 방송은 일단 뉴스기사를 던져 놓고(一報), 각종 후속기사, 기획기사를 통해 상세하고 깊이 있는 보도를 한다.

방송기사는 신문기사의 술어를 구어체로 바꿔놓은 것이 아니다. 매체의 기술적 특성이나 운용이 판이하게 다르다. 방송기사는 언어뿐 아니라 취재를 위한 접근방식, 기사작성에 이르기까지 신문기사와 큰 차이가 있다. 신문기사는 정적인 데 비해 방송기사는 앵커와 기자, 비디오카메라, 오디오박스, 조명장비 등이 동원되고 관계자의 멘트, 화면 삽입 등 동적이다.

방송기사 문장은 길어야 50~60자이다. 방송시간도 1분 30초 이내 보도가 대부분이며, 메인 종합뉴스도 30 ~ 40분 정도이다. 특히 라디오뉴스는 기사 한 건이 보통 10초 내지 20초짜리에서 1분 이내로, 20초부터 2분 이내인 TV뉴스보다 짧다. 다만 신문기사든 방송기사든 적실성(*relevance*), 유용성(*utility*), 흥미 유발성(*interest*) 3박자가 맞아야 한다. 신문, 방송매체의 특성을 요약하면 다음과 같다.

(1) TV기사의 특성

첫째, 음성언어, 문자언어 및 동화상을 사용하는 시청각매체다. 신문은 눈으로 읽는 시각매체인데 반해 TV는 눈으로 보면서 귀로 듣는 시청각매체다. 시청자는 화상을 통해서 기자, 앵커와 마주 앉아 뉴스를 듣는다. 그래서 구어체, 존댓말을 쓴다.

둘째, 정보를 시간의 흐름에 따라 배열하여 시간적으로 구성한다. 신문은 독자에게 도달하는 시간이 소요되지만 TV는 제작이 끝나면 곧바로 시청자에게 도달한다. 계속 속보가 가능하기 때문에 시의성이 신문에 비해 앞선다.

셋째, 기사가 짧다. 내용은 간략하게 줄여서 요점만 전달한다. 신문은 이해가 안 되면 또 읽으면 되지만 TV는 스쳐 지나가기 때문에 쉬운 말을 써야 한다. 문장도 짧고 알아듣기 쉬워야 한다. 표준말을 쓰고 고저장단을 제대로 맞춰야 한다. 발음 및 발성연습을 많이 해야 한다.

넷째, 해독을 눈으로 한다는 점은 신문과 TV가 같지만 TV는 동영상을 본다. 현장감을 높여주는 동영상이 좋아야 뉴스가 산다. 기사 작성의 형식도 신문기사는 6하원칙을 중심으로 작성하지만 TV는 동영상에 맞춰 현장감을 살린다.

예 문

신문기사

7일 오전 3시 서울 중구 다동 금성빌딩에서 누전으로 불이나 3명이 불에 타 숨지고 2억 원의 재산피해를 낸 뒤 1시간 만에 꺼졌다. 이날 불은 빌딩 5층 카페 주방 천정에서 … (후략)

TV기사

불이 난 금성빌딩입니다. 5층 건물이 온통 시커멓게 탔습니다. 이 빌딩에서 누전으로 불이나 세 명이 목숨을 잃었습니다 … (후략)

다섯째, 내용을 쉽고 재미있게 전해야 한다. TV기사는 보기, 듣기, 읽기를 통해 내용을 파악하므로 매우 효과적이나 쉽게 이해하기 어렵고 기억효과가 떨어진다. TV 시청자는 신문에 비해 엄청나게 많고 다양하다. 따라서 사건의 핵심을 짧고 정확하게 전하되 쉽고 재미가 있어야 한다. 생생한 동영상, 현장 인터뷰 등 뉴스를 한 편의 작은 드라마처럼 구성한다. 신문은 많은 정보를 실을 수 있지만 TV는 그렇지 않다. 기사 한 건이 60~70초, 1분 30초를 넘기는 기사는 거의 없다.

여섯째, 시청자는 뉴스를 선택할 수 없으며 채널 선택만 가능하다. 신문은 지면선택이 가능하지만 TV는 선택의 여지가 없다.

예 문

신문기사

새마을 금고 2인조 강도
3천만 원 털었다가 범행 9시간 만에 붙잡혀

설 연휴를 앞두고 2인조 복면강도가 지방의 새마을 금고에 침입, 현금 3000만 원을 빼앗아 달아났다가 범행 9시간 만에 경찰에 붙잡혔다. 강릉경찰서는 16일 오전 9시쯤 강원도 강릉시 교동 H마트 인근 새마을 금고에 들어와 직원들을 흉기로 위협하고 현금을 털어 달아났던 박 모(30), 이 모(30) 씨 등 2명을 이날 오후 6시쯤 삼척에서 붙잡았다. 이들은 여직원 1명을 인질로 잡아 새마을금고를 빠져 나간 뒤 렌터카를 타자마자 인질을 풀어주고 달아났다. 당시 이 금고에는 6명의 직원이 개점 직후 고객을 맞이하기 위한 준비를 하는 중이었다. 범인들은 차량번호를 가린 종이가 떨어져 차량번호가 노출되자 인근 공터에 차를 버린 뒤 시외버스를 타고 삼척으로 도주했다. 경찰은 렌터카에서 이들의 지문을 채취해 신원을 확인한 뒤 삼척으로 가 범인들을 붙잡았다. 경찰은 범인들을 상대로 정확한 범행 동기를 조사하고 있다. 〈중앙일보, 2007. 2. 17〉

TV기사

새마을 금고 강도범 검거

〈앵커 멘트〉

강릉 새마을 금고 2인조 복면강도가 범행 9시간 만에 경찰에 붙잡혔습니다.

검거된 용의자들은 강탈한 3천만 원을 절반씩 나누어 빚진 돈을 온라인으로 갚는 여유까지 보였습니다. 정현교 기자가 취재했습니다.

〈리포트〉

기자 검거된 용의자들의 범행 당시 모습입니다. 새마을 금고가 업무를 시작하기 직전 복면강도 한 명이 흉기를 든 채 창구로 뛰어듭니다.
나머지 한 명은 객장에 서 있던 여직원을 인질로 잡고 위협합니다.
강도들이 열려있던 금고 속의 현금 3천만 원을 털어 달아난 시간은 3분 안팎.
범행은 신속했지만 2인조 복면강도는 범행 9시간 만에 덜미를 잡히고 말았습니다. 범행 차량에 남겨진 지문이 결정적 단서였습니다.
경찰은 이들이 버린 차량에서 지문을 채취해 인적사항을 파악하는 즉시 연고지에 형사대를 잠복시켜 검거했습니다.

강릉 경찰서장 주변 수색을 하다 차량을 발견하고 지문을 감식해 용의자를 특정했습니다.

기자 검거된 용의자는 삼척시 정상동에 주소를 둔 30살 박 모 씨와 친구인 30살 이 모 씨입니다. 이들은 밀린 핸드폰 요금과 빌린 돈을 갚기 위해 범행을 저질렀다고 털어놨습니다.

강도 용의자 집에서 자꾸 잔소리하고 돈도 없고 빚 재촉으로 그랬습니다.

〈YTN, 2007. 2. 16〉

---

(2) 라디오기사의 특성

1950년대 TV가 출현하자 라디오가 없어질 것이라고 예측했으나 그렇지 않았다. 지금은 자동차 문화의 발달로 오히려 라디오 전성시대를 맞고 있다. 자동차에 TV수상기를 달기도 하지만 역시 운전하면서 편안히 들을 수 있는 것은 라디오이다. 신문이 읽는 매체라면, TV는 보는 매체, 라디오는 듣는 매체다.

첫째, 음성언어를 사용하는 청각매체이다.

둘째, 정보를 시간의 흐름에 따라 배열하여 시간적으로 구성한다.

셋째, 기사가 짧고 내용을 간략하게 줄여서 요점만 전달한다.

넷째, 듣기를 통해 내용을 파악해야 하므로 필요할 때 피드백이 불가능하다.

다섯째, 청취자는 뉴스를 선택할 수 없고, 채널만 선택할 수 있다.

예 문

라디오 기사

14일 새벽 3시쯤 서울 역삼동의 한 호텔에서 서울 모 대학 졸업생 25살 서 모 씨가 숨진 채 발견됐습니다. 경찰은 서 씨가 인터넷 자살 사이트에서 만난 모 대학 1학년 20살 강 모 씨와 함께 독극물을 마신 것으로 드러났다고 밝혔습니다.

함께 독극물을 마신 강 씨는 경찰 조사에서 독극물을 토하는 바람에 의식만 잃었다가 깨어났는데 서 씨가 숨져 있어 경찰에 신고했다고 진술했습니다.

경찰은 서 씨가 대학 졸업 뒤 약대 편입시험을 준비했으나 실패하자 우울해 했다는 유족들의 말에 따라, 서 씨가 자신의 처지를 비관해 스스로 목숨을 끊은 것으로 보고 정확한 경위를 조사하고 있습니다. 〈SBS, 2007. 7. 15, 종합뉴스〉

신문 기사

명문대를 졸업한 20대 여성이 처지를 비관해 스스로 목숨을 끊었다. 지난 14일 오전 3시쯤 서울 역삼동의 한 모텔에서 명문대를 졸업한 서 모 씨(25 · 여)가 숨져 있는 것을 함께 있던 강 모 씨(20 · 여)가 발견해 경찰에 신고했다.

경찰에 따르면 서 씨는 1주일 전 자살 사이트에서 만난 강 씨와 함께 인터넷에서 구입한 독극물을 마시고 자살을 시도하다 끝내 숨졌다. 그러나 강 씨는 독극물을 토하는 바람에 목숨을 건졌고 이날 낮 12시쯤 깨어나 경찰에 신고했다.

서 씨의 유족은 "서 씨가 대학 졸업 후 약대 편입시험을 준비했으나 실패한 뒤 우울해 했다"며 "노트북과 일기장에 '죽고 싶다' '죽기에 좋은 장소' 등의 메모를 했다"고 경찰에 진술했다. 〈경향신문, 2007. 7. 16〉

(3) 신문기사의 특성

첫째, 문자언어와 보도사진을 사용하는 시각적 매체이다.

둘째, 정보를 모자이크 식으로 배열하여 공간적으로 구성한다.

셋째, 기사가 길고, 내용을 상세하게 기술하고 보충설명을 한다.

넷째, 읽기를 통해 내용을 파악해야 하므로 인지과정이 필요하다.

다섯째, 독자가 읽는 기사 선택이 가능하다.

2. 방송기사의 선택기준

많은 연구자들이 뉴스가치의 구성 요소를 〈표 11-1〉에서처럼 다각도로 분석했다. 이 가운데 핵심적인 것들을 정리하면 아래의 5가지 정도다.

〈표 11-1〉 뉴스가치의 구성요소

연구자	뉴스가치의 구성요소
Bleyer	이상성, 권력투쟁, 로맨스, 신비, 모험, 인간적 흥미, 어린이, 동물, 쾌락과 취미
Bastian & Case	행동, 투쟁, 서스펜스, 즉시성, 근접성, 중요성, 저명성, 성취성, 성과, 염문, 미, 로맨스, 모험과 비애, 수의 크기, 재산, 시의성, 진기함과 유머, 어린이, 동물, 장소
Harris & Johnson	갈등, 참사와 발전, 영향성, 지위와 저명성, 시의성과 근접성, 진기성, 인간적 흥미
Warren	즉시성, 근접성, 영향성, 저명성, 서스펜스, 기이성, 갈등, 성, 감정, 발전
Edward	시의성, 근접성, 대량성, 중요성
Crump	근접성, 사적 이해관계, 저명성, 영향성, 재해와 발전, 갈등, 인간적 흥미, 시의성, 편집방침
Golding & Elliot	수용자 접근성, 적합성의 3대 기준, 드라마, 시각적 매력성, 오락성, 중요성, 크기, 지리 문화적 근접성, 간결성, 부정성, 시의성, 엘리트, 퍼스낼리티
Itule & Anderson	시의성, 근접성, 갈등성, 저명성, 영향성, 인간적 흥미
Mayeux	근접성, 저명성, 적시성, 영향, 갈등, 논쟁, 독특성, 인간적 흥미, 긴장감, 최신화, 이용 가능한 사운드 및 사진

출처: 이기현, 2001, 텔레비전 보도프로그램의 뉴스가치 분석

① 시의성(*timeliness*)

방송기사는 지금의 현실, 사건을 전달하는 '현재 미디어'이다. 방송기사의 생명은 시의성이다.

② 정보성(*information*)

사건이 왜, 어떻게 일어났느냐보다 무엇이, 어디서 일어났느냐가 중요하다. 사실이나 소식 자체에 대한 기사가 중요하다. 일보(맨 처음 보도한 소식기사)의 경쟁이다.

③ 시청각적 영향성(*audio or visual impact*)
기사보다는 영상이 더 중요하다. 시청각 자료부터 챙겨야 한다.

④ 사람들의 활용성(*participation of people*)
방송은 이야기를 인간화한다는 말처럼 사람에 관한 보도가 가장 흥미를 유발한다. 특히 유명인이나 연예인은 대중에게 여러 가지 상상을 일으키며 그들의 업적이나 행동양식, 의상, 취미 등 다양한 관심을 불러일으킨다. 언론은 이런 수용자들의 욕구에 맞춰 유명인사와 관련한 기삿거리를 끊임없이 발굴한다. 따라서 이런 취재대상 인물에 대한 인터뷰, 촬영이 가능해야 한다. 방송에 동원되는 사람들을 고려해야 한다. 아무리 훌륭한 아이템일지라도 기자 혼자 취재할 수는 없다. 카메라맨, 방송기술자 등 인력의 동원가능성부터 체크해야 한다.

⑤ 오락적 요소(*human interest*)
방송기사는 경성(*hard*)뉴스에서 연성(*soft*)뉴스로 옮아가는 추세이다. 윌버 슈람(Wilbur schramm)은 뉴스를 경성뉴스와 연성뉴스로 분류했다. 경성뉴스는 수용자들에게 지연적 보상(*delayed reward*)을 주는 뉴스로서 인간이 사회에 적응하고 대처하는 데 필요한 정보와 지침, 해설 등에 관한 기사이다. 연성뉴스는 수용자에게 즉각적인 보상(*immediate reward*)을 주는 뉴스로서 스포츠, 오락, 인간적 흥미 등의 뉴스이다. 경우에 따라 인간의 본능적 욕구를 만족시키는 범죄, 부정부패, 사고기사도 여기에 포함된다.

방송뉴스는 재미가 있어야 시청자를 채널 앞에 붙들어 놓을 수 있다. 상업주의적인 미디어 환경에서 뉴스 제작자들은 보다 많은 시청자의 관심을 끌만한 내용을 찾게 된다. 그 판단 기준은 인간적 흥미를 끌 수 있는 재미이다.

⑥ 기 타
앞의 뉴스론에서 설명한 뉴스가치 기준인 근접성, 영향성, 갈등성, 신기성, 부정성의 요인도 방송뉴스 선택기준에 동일하게 적용된다.

3. 방송문장의 특성

방송기사는 아나운서가 읽는 스트레이트기사(낭독형 기사)와 앵커와 함께 진행하는 리포트형 기사로 나뉜다. 방송기사 작성의 기본원칙은 모든 시청자들이 쉽게 이해할 수 있는 문장이어야 한다. 이를 위해 간결하고 단순명료한 KISS(*Keep In Short Simple*)의 원칙을 지켜야 한다. 여기에 알기 쉽게(*easily*) 라는 원칙을 추가하면 방송뉴스의 3대 원칙이 된다.

방송은 어느 매체보다 막강한 영향력을 갖는다는 점에서 공정하고 빠르고 친근감을 주어야 한다. 방송기사든 신문기사든 좋은 기사의 요건은 동일하다. 즉 논리적 설득력을 갖추면서 어법에 맞는, 적절한 어휘를 선택하고 단락과 단락사이가 물 흐르듯 자연스럽게 이어지도록 해야 한다.

예 문

스트레이트(낭독형) 기사

범여권의 대선주자로 거론돼 온 정운찬 전 서울대 총장이 오늘 대선 불출마를 전격 선언했습니다.

정 전 총장은 세실 레스토랑에서 기자회견을 갖고 지난 몇 달 간 정치 참여를 신중히 생각했지만 능력과 자격이 부족하다고 생각돼 17대 대선에 참여하지 않기로 결론을 내렸다고 밝혔습니다.

정 전 총장은 정치는 국가의 미래와 방향을 제시하고 정치세력화 활동을 통해 지도자로서 자격을 인정받는 과정을 거쳐야 하지만 자신은 정치지도자로 나설 준비가 돼 있지 않다고 생각한다고 말했습니다.

정 전 총장의 대선 불출마 선언으로 범여권의 통합추진에 차질이 불가피해졌고 향후 전체 대권 판도에도 적잖은 영향을 미칠 것으로 예상됩니다.

〈MBC, 2007. 4. 30〉

리포트형 기사

앵커 멘트 범여권의 유력한 대선주자로 거론되어 온 정운찬 전 서울대 총장이 오늘 대선에 출마하지 않겠다고 선언했습니다. 범여권은 허탈감을 감추지 못하고 있습니다. 민경의 기자가 보도합니다.

기자 정운찬 전 총장이 끊임없이 고민해 오던 정치의 꿈을 접었습니다.

정운찬 전 총장 세력화 활동을 이끌어 본 적이 없는 저는 국민들 앞에 정치 지도자로 나설 준비가 돼 있지 않다고 생각합니다.

기자 정 전 총장은 지난해 말 정치참여에 강한 의욕을 보였습니다.

정 전 총장(2006년 12월 26일, 공주 향우회 발언) 충청인들이 나라의 가운데에서 중심을 잡아왔습니다. 충청도는 충절의 고향이기도 합니다.

기자 하지만 지난 넉 달 동안의 행보는 강렬한 인상을 주지 못했고 1% 안팎에 머문 지지율은 본인과 지지자들의 속을 태웠습니다. 〈MBC〉

---

① 간결한 표현

"짧은 문장이 왕이다. 글은 단순하고 직선적으로 써야 한다"(Mark Twain)는 말처럼 기사는 짜임새 있고 살아 움직이는 문장을 써야 한다. 어법이 맞아야 하고 군더더기 수식어가 없어야 한다. 복문, 중문 대신 단문으로 쓰고, 수동태는 능동태로 고친다. 간결성과 평이성을 유지하기 위해서는 다음의 사항에 유념해야 한다.

첫째, 복잡한 내용을 쪼개어 단순화시킬 것.

둘째, 꼭 긴요하지 않은 사항은 과감히 생략할 것.

셋째, 일체의 독립단어나 독립구를 없앨 것.

(예컨대 중재자, 김 xx 씨(64살) → 중재자인 64살 김 xx씨로)

넷째, 성명이나 직책은 처음만 사용하고 다음에는 약칭 또는 대명사를 사용할 것.

다섯째, 직접 인용은 불가피할 경우를 제외하고 가급적 사용하지 말고 대신 녹음 테이프를 사용할 것.

② 단순하고 명료한 표현

사람들이 잘 이해할 수 있도록 기사 문장이 단순해야 한다. 신문은 눈으로 읽고 머리로 생각하기 때문에, 다소 문장이 길거나 내용이 복잡하더라도 이해가 된다. 그러나 방송은 눈으로 화면을 보고 귀고 듣기 때문에, 기사가 단순하고 명료해야 이해가 빠르다. 여기에는 내용의 정확성이 전제되어야 한다.

③ 알기 쉬운 문장

방송뉴스는 보도되면서 사라지기 때문에 시청하는 순간 청취자가 내용을 파악할 수 있어야 한다. 상징적이고 난해한 언어보다 가능한 한 쉽고 적은 어휘로 간결하게 만들어진 문장이 좋다. 방송문장은 같은 말을 되풀이해도 상관없다. 주어와 술어는 가급적 가까이 둔다.

객(客) → 손님, 구랍(舊臘) → 지난 연말, 한발 → 가뭄, 노파 → 할머니, 도서 → 섬, 상승세/하락세 → 오름세/내림세, 귀경하다 → 서울에 돌아오다, 해후 → 만나다, 경감하다 → 부담을 가볍게 하다

④ 즉시성(*immediacy*)을 살린 문장

현재형, 능동형의 문장을 써야 한다. 특히 외국어 직역 문장은 피해야 한다. 청취자의 주의를 끌 강한 첫 문장을 찾아내는 것이 매우 중요하다.

정부 고위관계자에 따르면 → 정부 고위관계자는 ~ 라고 말했습니다.
되어져야 합니다 → 돼야합니다,
북한의 정책 변화로 인해 → 북한의 정책변화로, 북한의 정책이 바뀌었기 때문에

⑤ 대화체(구어체)의 문장, '명사 + 하다' 형태의 문장

식수 → 물, 화재 → 불, 가옥 → 집, 안면 → 얼굴, 사망하다 → 죽다,
완료하다 → 끝내다, 노력하다 → 애쓰다
조사를 벌였습니다 → 조사했습니다
수색작업을 벌이고 있습니다 → 수색하고 있습니다
질적 향상을 위해 → 질을 높이기 위해,
사망하는 사고가 발생했습니다 → 사망했습니다, 숨졌습니다

⑥ 뉴스 스토리가 잘 연결되고, 리듬을 살린 문장

뉴스기사의 아이디어들은 상관관계가 있도록 매끄럽게 연결(*flow*)되어야 하며 특별한 경우를 제외하고 시제별로 기술해야 한다. '그러나, 그리고, 그래서, 또한' 등과 같은 연결어를 잘 사용해야 한다. 어휘의 강약, 문장의 장단 등 읽는 사람의 호흡이 잘 조절되어야 듣는 사람이 편하다. 흐름에 방해가 되는 내용은 과감하게 생략한다.

⑦ 마무리 논평은 피하라

시청자에게 객관적인 판단의 자료만을 제공하면 된다. '공자님 말씀' 같은 마무리 논평으로 억지로 결론을 강요하는 것은 시청자를 무시하는 처사다.

4. 방송뉴스 용어

(1) 존댓말, 표준말, 품위 있는 말씨를 사용한다

(2) 어려운 한자식 표현은 피한다

철야조사를 벌였습니다 → 밤샘 조사를 벌였습니다,
자살했습니다 → 스스로 목숨을 끊었습니다. 진화했습니다 → 불을 껐습니다,
중상을 입었습니다 → 크게 다쳤습니다,
농성을 해제했습니다 → 농성을 풀었습니다, 귀가 중 → 집으로 돌아가던 중,
상의 → 윗옷, 하의 → 아랫도리, 사인 → 사망원인, 실지(失地) → 잃은 땅,
총신(寵臣) → 총애하는 신하, 민주주의의 의의 → 민주주의 참뜻

(3) 복잡한 수치와 통계는 피하고 꼭 써야 할 경우는 단순화한다

- 단 물가 상승률, 주가지수 등 통계적 의미가 있는 것은 예외다.

  서울 강남구 대치동의 30평 아파트 값은 10억 5천 2백 50만원이다. → 서울 강남구 대치종의 30평 아파트 값은 10억 5천만 원이다.

- 명사 + 숫자의 원칙

  한 잔의 술을 주시오 → 술 한 잔 주시오

- 어림수, 평균값을 쓴다.

  5천 톤급, 5천만 원 가량

- 숫자가 이해를 도와야 한다.

  그레나다의 면적 4백 40 평방미터 → 거제도보다 조금 큰

- 숫자 자체가 뉴스인 경우는 자세히 쓴다.

  스포츠 신기록, 복권의 1등 당첨번호, 합격자의 번호, 선거 때의 득표수, 위조지폐의 번호, 뺑소니차량의 번호 등

- 18세, 19번처럼 소리가 이상하게 들리는 숫자는 가급적 사용하지 않는다.

(4) 약어, 어려운 전문용어와, 외국어 사용은 삼간다

예로 유엔 안보리, 게리멘더링, 환차손, CP어음, 흑자도산, 컨버전스 등은 대화체로

바꾸거나 그것이 어려울 경우 풀어서 설명을 해주어야 한다.

(5) 접속어 지시어 지칭어는 가능하면 쓰지 않는다

이같이, 이에 대해, 그러므로, 그는, 그녀는
어쨌건, 아무튼, 그런데, 이와 관련해

(6) 군말을 없앤다

예정으로 하고 있다 → 예정이다. 미리 준비한 → 준비한,
분위기 속에서 → 분위기에서, 상황 하에서 → 상황에서,
술에 만취한 → 만취한, 농성을 했습니다 → 농성했습니다,
수사를 하고 있습니다 → 수사하고 있습니다

(7) 겹치는 말을 줄인다

방학기간 동안 → 방학동안, 돌이켜 회고해 보건데 → 회고해 보건데
구비서류를 갖추다 → 서류를 갖추다. 먼저 선취점을 → 선취점을
약 3분가량 → 3분가량, 갑자기 졸도 → 졸도

(8) 말의 표현을 정확히 한다

술 먹고 → 술을 마시고, 공산이 강하다 → 공산이 크다
범인의 소재 → 범인의 행방, 오명을 만회하다 → 오명을 씻다

(9) 불쾌감을 주거나 특정인을 빗댄 말은 쓰지 않는다

이 잡듯 뒤지다, 미친 개 같이 날뛰다, 작살을 내다, 병신육갑한다
절름발이 행정, 눈뜬장님, 색마, 첩 자식

(10) 모호한 말, 대명사는 내용을 정확히 밝힌다

지나친 속도(거리마다 다르다), 운전부주의로(모든 교통사고는 운전부주의)
'이날 사고'는 조 씨의 차가 빗길에 미끄러지면서 일어났습니다 → '어제 사고는', '오늘 사고는'

(11) 간접화법보다는 직접화법을 사용한다

지나친 과장 표현이나 생략은 피한다.

김 씨에 따르면 … 했다는 것입니다 → 김 씨는 … 라고 말했습니다,
경찰에 따르면 김 씨는 했다는 것입니다 → 경찰조사 결과 김 씨는 … 한 것으로 밝혀졌습니다.
반만년 역사상 찬연히 빛나는 금자탑을 세우다. 죽기보다 사랑한다.
귀에 익지 않은 말: 오 · 남용, 개 · 보수, 지 · 파출소, 연 · 근해
보조동사 '하다'를 생략한 것: 관련, 비롯, 언급, 폭발 등
파열음: 교체케(→ 교체하게), 선발케, 졸도케

(12) 어순을 바르게 한다

특히 형용사 부사는 수식하는 말에 가까이 놓는다.

주요 정부공사 → 정부의 주요공사
아주 연구심이 강하다 → 연구심이 아주 강하다
전혀 범인으로 의심하지 않았다 → 범인으로 전혀 의심하지 않았다

(13) 시간, 장소, 숫자 표시

① 시 간

- 정밀한 시간이 필요한 경우를 제외하고 30분 단위로 끊는다('쯤'을 사용).

  1시 16분 → 1시 반쯤, 3시 50분 → 4시쯤, 4시 7분 → 4시쯤
  0 ~ 6시: 새벽, 6 ~ 9시: 아침, 9 ~ 11시: 오전, 11 ~ 14시: 낮, 14 ~ 18시: 오후, 18 ~ 21시: 저녁, 21 ~ 24시: 밤
- 과거는 '지난', 미래는 '오는'을 사용한다.

  지난 20일, 오는 7일
- 가까운 과거, 미래(1주일 안팎)는 요일을 활용한다.

  지난 화요일, 지난 주말, 내주 초

② 장 소

- 대도시의 경우 구(區)는 생략한다.

  서울시 성북동, 광주광역시 황금동

‣ 군단위의 경우 읍, 면은 생략한다.

포천군 교문리, 광주군 미사리

‣ ‘동’이나 ‘리’는 단순화 시킨다.

봉천10동 → 봉천동, 사직3리 → 사직리

‣ 일반인이 널리 알고 있는 지명은 ‘동, 리’보다 우선적으로 쓴다.

서울역 부근, 구로공단 안

‣ 비교적 덜 알려진 지명은 ‘동’과 함께 쓴다.

방배동 노천시장, 황학동 공구상가

‣ 비교적 알려진 시(市)는 도를 표기하지 않는다.

전주시, 청주시

‣ 덜 알려진 시는 도를 표기한다.

경북 상주시, 전북 정주시

③ 숫 자

‣ 표기

백 단위 이하는 숫자로 표기(90명, 22마리), 백 단위 이상은 숫자와 한글 병행 표기(3백33명, 3천3백33명, 3백33마리)

‣ 읽기

백 단위 이하는 우리말로 읽는다(77 → 일흔 일곱), 백 단위 이상은 한문읽기로 읽는다(777 → 7백7십칠), 숫자를 단순화 시킨다(195만원어치 → 2백여만 원어치, 112차례 → 백여 차례).

5. 방송기사의 구조

① 제목/자막(*super*)

간결하고 산뜻하고 힘이 있어야 한다. 생동감과 입체감을 부여한다. 주체나 주제를 분명히 할 수 있고 장면전환의 효과가 있다. 복잡한 사안을 나열할 때도 유용하다. 앵커의 어깨 옆쪽에 배치하기 때문에 앵커의 어깨걸이라 한다. 글자 수는 8~14자 이내이며, 두 줄 이하로 주로 편집 데스크가 작성한다. 두 줄을 쓸 경우 윗줄과 아래 줄의 균형 및 의미 연결에 각별히 신경을 써야 한다. 단어 중간이나 토씨가 분리되지 않도록 주의한다.

- 야당, 작전권 이양 반대
- 미국산 쇠고기, 추석 전 수입될 듯
- 정부. 사회간접자본 적극 투자
  가양대교, 월드컵 앞서 완공
- 바다이야기 등 사행성게임
  추방위해 이르면 내일 회의
  ➜
  사행성게임 추방 대책회의
  이르면 내일 총리 공관서

인터뷰 자막은 인터뷰한 사람(*interviewee*)의 이름과 신분, 직함을 정확하고 간결하게 쓴다.

박 장관 → 박명재 행정자치부 장관
정 의장 → 정세균 열린우리당 의장
강 대표 → 강재섭 한나라당 대표

② 리 드

앵커 멘트는 50자 내외의 리드 1개 또는 2개로 복잡한 상황을 일목요연하게 정리한다. 간결하면서도 해당 뉴스의 전체 내용을 압축해야 한다. 리드는 본문의 길잡이로 본문보다 리드 쓰기가 힘들다. 시청자들에게 새롭고 의미 있고 신선하며 충격적인 자극을 줄 수 있어야 훌륭한 리드라고 할 수 있다.

리드의 종류는 이미 신문기사의 리드에서 기술한 것처럼 다양하다. 방송기사에서도 핵심적 내용(*main point*)을 담고 있는 리드, 우산형 리드(두개 이상의 중요 내용을 동시에 전달), 시간과 날짜를 강조하면서 내용을 뒤로 미루는 지연형 리드, 고발 또는 질문형 리드, 토픽 또는 유머형 리드, 성명이나 중요한 발표문의 핵심적인 내용을 녹음해 인용하는 리드, 현장음이나 현장사진, 효과음악을 사용하는 리드 등 다양하다. 전달하고자 하는 뉴스의 성격, 핵심적 내용을 가장 잘 효과적으로 전달할 수 있도록 작성해야 한다.

③ 본 문

기자의 리포트가 본문이다. 리드에 제시된 내용을 중요한 순서에 따라 구체적으로 풀어준다. 단순한 구조로 가능한 한 복합문장을 피해야 한다. 문장의 리듬도 중시해야 한다.

기사의 문장은 논리적으로 자연스럽게 다음 문장으로 연결돼야 한다. 각 문장은 짧아야 하며 주제가 복잡하거나 문장이 길어지면 알아듣기 쉽게 쪼개서 쓴다.

- 의미가 모호한 표현은 피한다.
- 과도한 명사, 명사구 사용은 자제한다.
- 복합문장, 긴 문장은 쓰지 않는다.
- 주술 관계가 불일치하거나, 단어간 호응이 불일치해서는 안 된다.

④ 녹화테이프와의 조화

TV뉴스는 항상 영상을 염두에 둬야 한다. 말과 영상이 어긋나서는 안 된다.

예 문

㉠ 정운찬, 대선 불출마 선언

㉡ 앵커멘트 범여권의 유력한 대선주자로 거론되어 온 정운찬 전 서울대 총장이 오늘 대선에 출마하지 않겠다고 선언했습니다. 범여권은 허탈감을 감추지 못하고 있습니다. 민경의 기자가 보도합니다.

ⓒ **기자** 정운찬 전 총장이 끊임없이 고민해 오던 정치의 꿈을 접었습니다.

ⓓ **정운찬 전 총장** 세력화 활동을 이끌어 본 적이 없는 저는 국민들 앞에 정치 지도자로 나설 준비가 돼 있지 않다고 생각합니다.

ⓔ **기자** 정 전 총장은 지난해 말 정치참여에 강한 의욕을 보였습니다.

정 전 총장 멘트(2006년 12월 26일, 공주 향우회 발언)**삽입** 충청인들이 나라의 가운데에서 중심을 잡아왔습니다. 충청도는 충절의 고향이기도 합니다.

ⓕ **기자** 하지만 지난 넉 달 동안의 행보는 강렬한 인상을 주지 못했고 1% 안팎에 머문 지지율은 본인과 지지자들의 속을 태웠습니다. 특히 40여 명의 제자 그룹과 가족들의 권유로 지난 20일 쯤 포기를 결심하고 재 · 보선에 영향을 주지 않도록 발표를 늦췄다고 측근 교수는 밝혔습니다. 낮은 지지율과 인격모독성 비방, 자금과 조직의 어려움이 큰 장벽이었습니다.

통합의 구심점으로 생각해 온 범여권의 정파와 주자들은 당혹감을 감추지 못했습니다.

ⓖ **손학규 전 경기지사** 한국 정치의 새로운 중심을 만드는 데 중요한 역할을 하실 분이라 생각했는데 안타깝습니다.

ⓗ **정동영 전 장관** 진흙 밭에 발을 들여 놓기 전에 꿈을 접으셨습니다만 그러나 밖에 계시면서도 나라의 장래를 위해 계속 큰 도움을 주실 것으로 … .

ⓘ **기자** 고건 전 총리가 하차한 지 100일 만에 범여권은 또 한 명의 유력 대선주자를 잃게 됐습니다. 이로써 범여권의 통합작업은 돌파구를 찾지 못한 채 더 깊은 수렁 속으로 빠져들고 있습니다. 〈MBC 9시 뉴스데스크〉

위 기사에서 ㉠은 제목, ㉡은 리드 ㉢~㉧은 본문이다. 전체적으로 깔끔하게 정리된 TV기사다.

6. TV기사

1) 유 형

TV는 보도와 시사, 교양, 스포츠, 드라마, 연예 오락을 위한 종합매체이다. TV기사는 뉴스보도와 기획보도, 뉴스좌담, 인터뷰, 시사해설 등이 있다.

(1) 뉴스보도

보도국에서 만드는 뉴스다. 발생된 사건이나 이슈를 가장 간략하고 쉽게 압축해서 시청자들에게 전달하는 뉴스포맷이다. 보통 라디오뉴스는 20초에서 1분 이내, TV뉴스는 20초부터 2분 이내에 처리한다. 방송뉴스의 핵심적 가치인 진실성, 속보성, 객관성, 공정성, 보편성의 원칙을 최대한 충족시켜 줄 수 있는 보도양식이다.

① 뉴스시간별

- 종합뉴스: 스트레이트기사 + 리포트형 기사
- 간추린 뉴스
- 토막뉴스: 1분 예고뉴스
- 임시뉴스: 긴급뉴스, 자막뉴스(*spot news*)

② 기사양식별 뉴스

- 일반뉴스기사
- 스케치, 르포기사
- 분야별기사: 스포츠기사, 경제뉴스, 북한뉴스, 환경뉴스, 문화뉴스, 해외뉴스

(2) 기획보도

보도제작국에서 만드는 뉴스프로이다. 신문의 읽을거리 기사와 해설, 탐사보도와 비슷한 유형의 기사다.

① 보도특집(*news specials*)

특별한 이슈나 사건이 발생해 정규뉴스 시간 이외에 특별히 제작 방송하는 프로그램이다. 경우에 따라 정기 뉴스시간에 뉴스특집 프로그램을 제작해 방송하는 경우도 있다.

〈시사포커스〉, 남북정상회담, 재난방송, 월드컵특집 등

② 해설보도(*news interpretation*)

법안해설, 정치해설 등 뉴스보도를 보충하는 기사이다.

③ 심층 고발, 탐사보도(*in-depth investigative program*)

사회적 문제와 병폐를 파헤치는 고발프로는 수용자들의 관심도가 높지만, 제작진 입장에서는 만들기 어려운 프로그램이다. 입체적 포맷으로 취재, 제작, 방송하는 것이기 때문에 사안에 따라 대단한 시청률을 확보할 수 있지만 프로그램의 속성상 공정성이나 객관성보다는 주관적 조명과 평가를 내려야 하는 부분이 많기 때문에 이해당사자와의 법적, 물리적 충돌을 일으킬 염려가 크다. KBS 〈추적60분〉, 〈취재파일 4321〉, MBC의 〈시사매거진 2580〉, 〈PD수첩〉 등이 여기에 속한다. 〈PD수첩〉은 황우석 서울대 교수 논문조작사건을 특종, 큰 반향을 불러 일으켰다.

④ 다큐멘터리 프로그램(*news documentary*)

뉴스 다큐멘터리는 현장에서 발생된 사실을 근거로 하여 각종 보도 방송테크닉을 총동원해 극화시키는 심층취재프로그램이다. 시사뉴스의 성격에다 설득적, 오락적 기능을 추가한 것이다. 사전 계획된 의도(프로파간다)가 강하게 반영된다.

〈KBS 일요스페셜〉, 〈MBC 스페셜〉 등

⑤ 심층인터뷰(*in-depth interview*)

생중계 프로그램 이외에 가장 생동감 있는 뉴스프로그램이 인터뷰이다. 수용자들이 보고, 듣고 싶어 하는 뉴스를 생생하게 전달하고 새로운 뉴스를 창조, 발굴한다. 방송 인터뷰의 대표적인 인물은 제 2차 대전을 전후해 미국 CBS런던 특파원 에드워드 머로(Edward R. Murrow)이다. 그는 윈스턴 처칠 영국수상과의 인터뷰에서, 제 2차

대전의 배경과 경과, 전망, 미국민에게 하고 싶은 말들을 생생하게 전달했다. 그는 인도 수상 네루, 이집트 대통령 낫셀 등과도 차례로 인터뷰함으로써 방송 인터뷰, 방송 저널리즘의 정착에 크게 기여했다. 우리나라는 KBS 〈일요진단〉 등이 인터뷰 프로이다.

⑥ 패널토론 프로그램(*the panel discussion*)

토크쇼(*talk show*)의 일종으로 방송사의 입장에서 시간적으로나 경제적, 윤리적인 면에서 제작하기 용이한 보도프로그램이다.

〈쟁점토론〉, 〈생방송 심야토론〉, 〈MBC 100분토론〉, 〈정관용의 시사토론〉

⑦ 현장중계보도

미국 최초의 라디오 방송국인 KDKA가 설립 첫 해인 1920년에 하딩 후보와 콕수 후보 사이의 대통령 선거개표 결과를 중계방송 한 이래 방송의 현장 중계방송은 정치, 경제, 사회, 문화, 종교, 스포츠 등 큰 행사와 사건뿐 아니라 지진, 화재, 홍수, 해일, 전쟁 등 천재지변과 인재(人災)까지 대상이 더욱 넓어지고 있다.

대통령 기자회견 중계, 국회 대정부질문, 청문회 중계, 달 착륙 중계,
올림픽게임 중계 등

(3) 방송해설 및 논평

방송저널리즘을 정착시킨 것은 바로 뉴스해설(*editorials*)과 논평(*commentaries*) 프로그램이다. 기본적인 성격(사건의 배경과 경과, 문제, 향후 전망 소개)에 있어서는 신문의 해설과 동일하지만 구성 기법과 표현 방법은 전혀 다르다. 방송해설과 논평은 시간과 길이의 제한으로 인해 최대한 압축해야 하고, 내용 설명이 매우 쉽고 자연스러워야 한다. 신문해설처럼 난해한 언어의 사용, 행간의 의미를 두는 표현, 변칙적인 문장구성방식 같은 기법을 동원해 방송해설이나 논평을 한다면 알아들을 청취자나 시청자가 많지 않을 것이다.

그러나 각 방송사들이 객관성, 공정성에 치중했던 과거와는 달리 방송사설이라 불러도 좋을 만큼 주관적인 주장이나 견해를 강하게 표현하고 있다. MBC, SBS는 해설위원의 명칭도 논설위원으로 바꿨다. 그날 발생한 주요 이슈에 대해 풍자, 해학,

비판하는 프로그램인 시사비평 또는 시사만평도 논평프로그램의 한 종류다.

2) 낭독형 기사와 리포트형 기사

(1) 낭독형 기사

낭독형 기사(*tell story*)는 뉴스캐스터가 읽고, 르포기사 탐사보도 및 심층보도, 다큐멘터리는 앵커 없이 기자 혼자서 진행한다.

- 낭독형 기사
- 르포기사: 대지진 피해 및 구조상황, 조류독감 기사
- 탐사보도 및 심층보도: 점집 성황, 청소년 흡연, 왕따
- 다큐멘터리: 운보 김기창의 삶과 예술, 다큐멘터리 5부작 〈미술〉, 〈3일〉 등

(2) 리포트형 기사

리포트형 기사(*news show story*)는 설명형 뉴스 형식으로 앵커와의 문답식으로 진행한다.

- 사건기사
- 뉴스피처기사: 어린이 사망률 등
- 분야별 보도: 정치, 경제, 사회, 문화기사 등
- 보도특집: 대보름행사, 추석 및 설날 귀향길 중계 등

7. 방송기사 쓰기 실제

1) 기사작성 절차

TV기사는 취재계획 수립에서 뉴스송출까지 전 과정에 걸쳐 여러 사람의 협업이 필요하다. 뉴스보도를 위해 취재기자뿐 아니라 많은 사람과 장비가 동원되기 때문에 카메라 녹음장치 확인, 중계차 동원여부, 앵커와 협의 등 철저한 사전 점검과 협의가 필수적이다. 그래야 좋은 보도가 된다.

(1) 일일 취재계획표 작성

국회의장 회견 취재라면 취재시간, 장소, ENG(*electronic news gathering*) 카메라 대수, 녹취여부 등을 적은 취재계획서를 데스크에게 제출한다. 만약 중계차가 동원되면 카메라가 3대 필요하다.

(2) 일일 취재진행계획표 작성

취재팀 구성, 차량, 카메라 등 취재장비의 배정과 점검, 현장답사와 촬영장소 결정, 구체적인 뉴스 취재 및 작성방안 수립 등의 내용을 포함한다.

(3) 뉴스 제작표 확정

취재를 마치고 기사를 작성해 데스크에게 제출한 다음 분단위의 뉴스제작 진행표를 만들어 데스크와 협의한다. 기자가 화면에 등장하는 온 카메라 멘트(*on camera ment*)가 오프닝에서 나올지, 중간에 나올지, 맨 끝에 나올지를 협의해 결정한다. 음성테이프, 회견테이프 배치 등을 결정하고 편집제작에 들어간다. 편집기로 뉴스에 알맞은 비디오와 오디오를 배열한다.

(4) 뉴스진행표 작성

뉴스시간 전체의 진행표(*cue sheet*)를 작성한다. 방송될 뉴스를 순서대로 시간과 분 단위로 진행계획을 마련하고 앵커의 멘트를 프롬프터에 맞도록 준비한다.

2) TV 인터뷰

신문 인터뷰와 마찬가지로 TV 인터뷰도 사전에 대상자 섭외와, 충분한 준비가 필요하다. 인터뷰는 반드시 본인이 해야 한다. 바쁘거나 귀찮다는 이유로 다른 사람에게 인터뷰를 대신해 달라고 해서는 안 된다. 직접 인터뷰를 해야 현장의 분위기를 파악하고, 공식적인 자리에서 들을 수 없는 취재원의 개인적인 고민이나 견해, 이면의 얘기를 들을 수 있다. 성공적인 인터뷰를 위한 요령을 정리하면 다음과 같다.

첫째, '예, 아니오'로 답할 수 있는 질문을 하지 말라.

둘째, 길다는 인상을 주는 질문은 피하라.

셋째, 피회견자에게 답변을 시사하지 말라.

넷째, 대상자의 답변에 의존하라.

다섯째, 한 번에 한 가지씩 질문하라.

여섯째, 타이밍 감을 개발하라. 중언부언하면 말을 끊어라.

일곱째, 회견하기 전에 피회견자를 편안하게 하라.

여덟째, 회견은 가급적 하나의 화제에 한정하라.

아홉째, 질문의 어조는 피회견자의 경력에 상응하도록 하라.

3) 기사작성 기법

방송의 보도기사는 각기 포맷에 따라 기사의 작성기법이 다르다. 즉 단순 스트레이트(불리틴)뉴스, 리포트, 해설이나 논평, 심층취재물 등 스토리 작성기법은 각기 독특한 포맷에 따라 달라지게 마련이다. 그러나 프로그램의 차이에도 불구하고 현상을 진실하고 정확하게 시 · 청취자들에게 전달해야 한다는 목적은 동일하다. 모든 방송뉴스는 영어 리포트(*report*)로 번역된다. 그러나 한국방송의 관행은 앵커나 뉴스 캐스터가 직접 단위기사 문장(*copy*)을 모두 읽는 방식은 스트레이트 뉴스(*straight news*)라 하고, 취재기자가 작성한 원고에 맞춰 화면까지 편집해 바로 송출할 수 있도록 만든 '사전제작물'을 리포트(*report*)라 한다. 두 가지 기사 작성 기법과 특성을 알아본다.

(1) 스트레이트 기사

방송기사는 ‣음성언어를 사용 ‣길이가 짧음 ‣정보를 시간적으로 구성 ‣소리 및 동작화면을 사용하는 일반적 특징이 있다. 여기에 3C, 즉 간결(*concise*), 분명(*clear*), 정확(*correct*)하게 표현되어야 한다는 일반적인 스트레이트 기사작성의 기본원칙이 동일하게 적용된다(윤재홍, 1998, 216 ~ 263쪽 인용).

① 기사작성 요령

첫째, 리드는 간단, 명료하게 작성해야 한다.

예 문

지난 86년 세계 최악의 원전사고로 방사능에 노출돼 고통을 받고 있는 러시아 어린이 99명이 오늘 우리나라에 왔습니다. ➜

체르노빌 원자력 발전사고로 방사능 피해를 입은 러시아 어린이들이 오늘 우리나라에 왔습니다.

고침/ 장황하게 쓴 리드를 압축한다.

예 문

한국은행은 오늘 지난달의 무역수지 적자가 7억 9,000만 달러, 무역외수지와 이전수지 적자가 6억 5천만 달러를 기록해 한 달 동안 경상수지가 14억 4,000만 달러에 이르렀다고 밝혔습니다. ➜

한국은행은 오늘 지난달까지의 경상수지 적자가 모두 14억 4,000만 달러에 이르렀다고 밝혔습니다.

고침/ 경제기사는 과감하게 수치를 단순화한다.

둘째, 내용의 중복을 피하고, 복잡한 문장은 나눠서 쓴다.

예 문

경기도 포천군은 오늘 00골프클럽이 폐수를 무단 방류해 하천을 오염시키는가 하면 클럽하우스 등을 불법용도 변경해 사용해온 사실을 적발해 시정명령을 내렸습니다. ➜

경기도 포천군은 00골프클럽이 각종 폐수를 팔당 상류에 무단 방류해 온 사실을 확인하고 시정명령을 내렸습니다. 또 클럽하우스 등을 멋대로 용도 변경해 식당으로 사용해 온 사실도 적발했습니다.

고침/ 기사의 비중은 폐수를 방류한 환경문제에 있는 만큼 이를 강조해 정리한다.

셋째, 내용이 하나라도 긴 문장은 가급적 압축한다.

예 문

송민순 외교부장관은 러시아가 6자회담에서 제외된 이후 한국과의 관계가 나빠지고 있지 않느냐는 질문에 대해 양국간 협력관계는 90년 수교 이래 계속 발전하고 있으며 최근에는 안보분야까지 이어지고 있는 만큼 앞으로 6자회담 등 한반도 안보문제 해결과정에서 러시아가 소외감을 갖지 않도록 외교적 노력을 다할 것이라고 밝혔습니다. ➜

송민순 외교부장관은 6자회담 등 한반도 안보문제 해결과정에서 러시아가 소외감을 갖지 않도록 외교적인 노력을 다할 것이라고 밝혔습니다. 송 장관은 오늘 기자회견에서 러시아가 6자회담에서 제외된 이후 한국과의 관계가 나빠지고 있는 않느냐는 질문에 이 같이 대답하고 한국과 러시아와의 협력관계는 최근 안보분야까지 이어지고 있다고 말했습니다.

고침/ 질문과 답변은 분리한다.

넷째, 화면순서에 따라 기사를 작성한다. 방송기사는 물 흐르듯이 자연스럽게 눈과 귀를 통해 그 내용이 전달돼야 한다. 라디오 기사는 오디오를 중심으로 작성돼야 하며, TV기사는 비디오(화면)를 보면서 이해할 수 있도록 기사를 작성하는 것이 원칙이다.

예 문

국회는 오늘 본회의를 열어 원 구성 절차를 매듭지으려 했으나 여야 의원들 간의 대치상태가 되풀이돼 진행하지 못하고 나흘간 휴회를 결의했습니다. 이에 앞서 여야 원내대표들은 회담을 열어 절충방안을 모색했지만 합의점을 찾지 못한 채 당분간 냉각기를 갖기로 의견을 모으고 휴회하기로 결정했습니다. 지난 13일에 이어 오늘 다시 열린 본회의에서 열린우리당 의원들은 임시의장인 이용희 의원을 의장석에 진출시켜 단독으로 회의를 강행하려 했으나 야당의원들의 저지로 실패했습니다. ➜

국회는 오늘 본회의를 열어 … 나흘간 휴회하기로 결의했습니다. 지난 13일에 이어 사흘 만에 다시 열린 오늘 본회의에서 열린우리당은 … 실패했습니다. 이에 따라 여야 원내총무들은 회담을 갖고 절충방안을 모색했지만 합의점을 찾지 못한 채 당분간 냉각기를 갖기로 의견을 모으고 휴회하기로 결정했습니다.

고침/ 화면구성: 본회의 → 원내대표회담 → 본회의로 되어 있는 것을 본회의 → 원내대표회담으로 수정한다.

다섯째, 속보성 기사, 중계방송식 기사는 최신 화면을 설명하는 방향으로 작성한다. 속보성기사의 생명은 생생한 현장화면을 보여주면서 현 상황을 설명하는 데 있다. 과거 상황이나 향후 예측상황은 과감히 생략하거나 기사의 뒷부분에 짤막하게 언급해주면 된다.

예 문

방금 전 서울지방법원 대법정에서 시작된 12 · 12와 5 · 18사건 제17차 공판에서는 사건 당시의 육군본부 장성 측과 신군부측 변호인이 치열한 공방전을 벌일 것으로 예상됩니다. 검찰은 이 시각 현재 진행되고 있는 정승화 씨에 대한 증인신문에서 신군부측의 불법적 체포과정을 집중 부각시키고 있습니다. 이어 오후에 있게 될 변호인 측 신문에서는 정 총장의 행동에 대한 의문점 등을 부각시키면서 정 총장 체포의 정당성을 입증시키려 할 것으로 알려졌습니다. ➜

12 · 12와 5 · 18사건 제17차 공판이 조금 전 오전 9시부터 서울중앙지법 대법정에서 열리고 있습니다. 이 시간 현재 검찰은 사건 당시 육군참모총장이었던 정승화 씨에 대한 증인신문을 벌이고 있는데 신군부측이 정 씨를 불법적으로 체포했다는 상황을 부각시키고 있습니다. 오후에는 변호인 측의 증인신문이 있을 예정인데 정 씨 체포의 정당성을 입증하기 위해 정씨의 당시 행적에 의혹이 많았다는 점을 집중 부각시킬 것으로 알려져 심한 법정공방이 예상됩니다.

고침/ 사전 취재한 내용부터 전달하면 속보의 의미가 없다. 현 상황부터 전달해야 현장성, 속보성을 살린다.

여섯째, 수동태, 고사성어식 한자어, 약어는 가급적 피한다.

예 문

오늘 50주년 광복절에서는 독립유공자 20명에게 건국훈장이 수여되며, 청각장애를 딛고 미국 코넬 공대를 수석 졸업한 안선미 양 등 해외동포 청소년 40명이 초청됩니다. ➜
오늘 50주년 광복절에서는 독립유공자 20명이 건국훈장을 받으며, 청각장애를 딛고 미국 코넬 공대를 수석 졸업한 안선미 양 등 해외동포 40명이 참석합니다.

② 기사 연습

가. 사건 · 사고기사

화재, 살인, 강도, 교통사고, 자살(변사), 가스폭발, 시위집회 등을 다루며 큰 사건 · 사고가 아닌 이상 기사 전체 길이가 30초를 넘지 않도록 한다.

사건 · 사고기사 쓰기의 기본 순서는 다음과 같다.

리드(lead) → 사건(사고)의 개요 → 피해(인명 및 재산) → 사건(사고) 현장 스케치 → 목격담 → 수사방향(원인)

ㄱ. 화재기사

예 문

㉠ 경기도 반월공단 안에 있는 플라스틱 공장에서 불이 나 10억여 원의 재산피해를 내고 1시간 반 만에 꺼졌습니다.
㉡ 오늘 아침 6시쯤 경기도 군포시 반원공단에 있는 플라스틱 용기 제작회사인 삼화플라스틱 공장에서 불이나 5백여 평을 태우고 1시간 반 만에 꺼졌습니다.
불이 나자 소방차 30여 대가 출동해 진화작업에 나섰으나 공장 안에 있는 인화성이 강한 플라스틱 제품이 불에 타면서 내뿜는 독한 연기 때문에 소방관들의 접근이 어려워 진화가 늦었습니다.
㉢ 경찰은 오늘 가동 중이던 콤프레샤가 과열되면서 불이 난 것으로 보고 이 회사 대표 유성근 씨를 불러 정확한 화재원인을 조사하고 있습니다.
고침/ 문장이 길고, 리드 ㉠과 ㉡이 중복되어 있다. ㉢은 관행화된 표현이다.

리드

경기도 반월공단 안에 있는 플라스틱 공장에서 불이 나 10억여 원의 재산피해를 냈습니다.

사건개요

오늘 아침 6시쯤 경기도 군포시 반월공단 안에 있는 삼화플라스틱 공장에서 불이 나 건물 5백여 평을 태우고 한 시간 반 만에 꺼졌습니다. 불이 나자 소방차 30여 대가 출동해 불을 껐으나 플라스틱 원료가 타면서 내뿜는 독한 연기 때문에 불을 끄는 데 어려움을 겪었습니다.

원인

경찰은 가동 중이던 콤프레샤가 과열되면서 불이 난 것으로 보고 있습니다.

예 문

술집에서 불이 나 연건평 2백여 평 되는 3층 건물을 모두 태우고 두 시간 만에 진화됐습니다. 오늘 오후 5시쯤 서울 성동구 성수동 41살 한말복 씨가 운영하는 지하카페 고고클럽에서 불이 나 연건평 2백여 평짜리 3층 건물을 모두 태웠습니다. ㉠ 불이 나자 성동소방서 소방차 10대가 출동해 진화작업을 벌였으나 강한 바람이 부는 데다 카펫 등이 타면서 생긴 유독가스 때문에 건물내부에 진입하지 못해 두 시간 만에 불길을 잡았습니다.

고침/ 화재원인이 빠져 있고, ㉠ 이 너무 길고 장황하다.

리드

술집에서 불이 나 3층 건물을 모두 태웠습니다.

사건개요

오늘 오후 5시쯤 서울 성동구 성수동 41살 한말복 씨가 운영하는 지하카페 고고클럽에서 불이 나 3층짜리 목조건물을 모두 태우고 두 시간 만에 꺼졌습니다.

㉠ 소방차 10대가 출동해 진화작업을 벌였으나 카펫 등이 타면서 생긴 유독가스 때문에 불을 끄는데 어려움을 겪었습니다.

원인

경찰은 ~ 때문에 불이 난 것으로 보고 있습니다.

고침/ ㉠ 은 생략할 수 있다.

ㄴ. 교통사고

화재기사와 기본틀이 같다.

예 문

리드

승용차와 트럭이 정면충돌해 1명이 숨지고 2명이 크게 다쳤습니다.

사건개요

오늘 새벽 2시 반쯤 서울 충무로 대한극장 앞에서 32살 김형준 씨가 몰던 승용차가 중앙선을 넘어 달리다 마주오던 트럭을 들이받았습니다. 이 사고로 승용차를 몰던 김 씨가 숨지고 트럭운전사 44살 김갑동 씨 등 2명은 크게 다쳤습니다.

사고원인

오늘 사고는 승용차를 몰던 김 씨가 차선이 줄어든 사실을 모른 채 중앙선을 넘어 계속 달리다 일어났습니다.

ㄷ. 자살사건

예 문

리드

평소 성적이 나쁜 것을 비관해 오던 여고생이 한강에 빠져 숨진 채 발견됐습니다.

사건개요

어제 낮 12시쯤 서울 마포대교 남단 한강 고수부지 옆에서 서울 공덕동에 사는 모 여고 3학년 오 모 양이 숨진 채 발견됐습니다.

목격담

숨진 오 양의 가족은 오 양이 평소 열심히 공부해도 성적이 오르지 않아 몹시 고민해왔다고 말했습니다.

원인

경찰은 오 양이 한강에 뛰어들어 스스로 목숨을 끊은 것으로 보고 있습니다.

ㄹ. 변사사건

예 문

리드

설악산에서 20대 남자가 숨진 채 발견됐습니다.

사건개요

오늘 낮 1시쯤 설악산 한계령 부근에서 경기도 포천군 이동리에 사는 22살 박말동 씨와 신원이 밝혀지지 않은 20대 여자가 숨진 채 발견됐습니다.

원인

경찰은 시체가 부패된 점으로 보아 3개월 전 쯤에 등산 왔다 조난당해 숨진 것으로 보고 있습니다.

ㅁ. 강도사건

예 문

리드

보석상에 강도가 들어 귀금속 5천여만 원 어치를 털어 달아났습니다.

사건개요

어제 밤 12시쯤 서울 종로2가 황금당 보석상에 20대 강도 3명이 들어와 주인 43살 박말동 씨를 흉기로 위협한 뒤 다이아몬드반지를 비롯한 귀금속 5천여만 원 어치를 털어 달아났습니다.

목격담

박 씨는 가게 문을 닫으려는 순간 복면을 한 20대 청년 3명이 갑자기 들어와 자신을 회칼로 위협했다고 말했습니다.

수사방향

경찰은 주변 불량배들의 짓으로 보고 수사하고 있습니다.

ㅂ. 검거(구속)기사

1단 기사는 기사길이를 줄이기 위해 리드를 쓰지 않는다. 큰 기사 또는 정보가치가 있는 기사는 리드를 쓴다. 검거기사에서 리드를 쓸 때 피의자를 단정적으로 몰아붙이지 않도록 주의해야 한다.

예 문

리드를 안 쓰는 경우

서울 용산경찰서는 오늘 승용차를 몰고 가던 부인을 아파트까지 쫓아가 금품을 빼앗은 혐의로 서울 천호동에 사는 23살 박칠성 씨를 붙잡아 구속영장을 신청했습니다. 박 씨는 지난 11일 새벽 2시 쯤 서울 역삼동 네거리에서 서울 이촌동에 사는 50살 송 모 부인이 고급승용차를 몰고 가는 것을 발견하고 송 씨의 아파트 주차장까지 쫓아가 500여만 원 어치의 금품을 빼앗은 협의입니다.

예 문

리드를 쓰는 경우

6천만 원의 몸값을 받아 달아났던 인천 어린이 유괴범이 경찰에 붙잡혔습니다.
인천 부평경찰서는 오늘 인천시 주안동 33살 강감찬 씨를 서울 구로동 PC방에서 붙잡아 구속영장을 신청했습니다. 경찰은 최근 인천지역 교도소 출소자들의 사진을 유괴됐던 이지민 군에게 보여줘 강 씨가 범인임을 확인했습니다. 경찰은 강 씨의 애인이 살고 있는 구로동 일대 PC방을 뒤져 게임 중이던 강 씨를 붙잡았습니다.
강 씨는 지난 6일 인천시 십정동에 사는 이화춘 씨의 외아들 5살 지민 군을 유괴해 인천 수봉공원 입구에서 이 씨로부터 5천만 원을 건네받을 뒤 잠복경찰을 따돌리고 달아났습니다.

ㅅ. 시위 집회기사

시위, 집회, 농성, 점거, 기자회견, 회의 등의 기사는 모두 같은 형식이다. 대부분 리드 없이 쓴다.

예 문

집회

서울대학교 학생 2천여 명은 오늘 낮 1시쯤 교내 아크로폴리스 광장에서 비상총회를 열고 학교수업을 전면 거부하기로 결의했습니다.
학생들은 집회에서 학원의 비민주적 요소를 뿌리 뽑기 위해 수업거부에 들어간다고 밝히고 학생들이 학사행정에 참여할 수 있도록 허용해 줄 것을 요구했습니다.

예 문

회의

고려대는 오늘 오전 학 · 처장 회의를 열고 교수 감금사태와 관련해 징계처분을 받은 학생 22명을 모두 구제하기로 했습니다. 학교측은 학생들에게 내려졌던 무기정학 처분을 모두 풀고 학생들의 요구대로 오는 10일 학생대표와 총장이 참여하는 간담회를 열기로 했습니다.

예 문

리드가 있는 기사

현대자동차가 오늘부터 정상조업에 들어갔습니다. 현대자동차 노조대표 70여 명은 오늘 오전 울산공장에서 회의를 열어 회사 측이 제시한 협상안을 받아들이기로 하고 오후부터 정상조업에 들어가기로 결정했습니다.

---

② 일반기사

예 문 1

노무현 대통령은 지역균형발전 정책이 다음 정부에서도 이어질 수 있도록 이번 대선에서 지방민들이 힘을 모아 대선주자들의 균형발전 공약을 이끌어내야 한다고 말했습니다. 노 대통령은 오늘 포스코 파이넥스공장 ㉠ 준공식 참석 뒤 포항시청에서 가진 포항지역 혁신리더 토론회에서 이 같이 말했습니다.
노 대통령은 참여정부의 지역균형발전 정책을 일부에서 포퓰리즘이라고 비판하는데 언론에 영합할 줄 모르는 대통령이 포퓰리즘 정책을 어떻게 내놓겠느냐면서 이런 비판은 기본적으로 모욕이라고 말했습니다. 〈KBS, 2007. 5. 30〉

예 문 2

버시바우 주한 미국대사는 마카오 ㉡ BDA은행의 소유주가 바뀌고 새로운 경영진으로 교체된다면 미 재무부의 돈세탁은행 지정 철회 가능성이 있다고 말했습니다. 버시바우 대사는 오늘 서울 프레스센터에서 '한반도 평화체제 구축을 위한 국제 심포지엄'에 참석한 뒤 기자들과 만나 BDA은행의 경영진이 교체된다면 돈세탁은행 지정 철회 가능성이 항상 있다고 말해 중국과 마카오 당국의 처리에 따라, 북한 자금 송금문제의 해결이 탄력 받을 수 있음을 내비쳤습니다. 〈KBS, 2007. 5. 30〉

예 문 3

한국과 미국은 내일부터 서울에서 전시에 대비해 한국의 탄약고에 비축해 놓은 5 조 원 규모의 전쟁 예비 탄약을 처리하기 위한 공식 협상을 시작합니다.
ⓒ 탄약처리와 관련해 우리 측은 장기저장 탄약 중 정비 대상 탄약량이 20만 톤에 이르고, 90% 이상이 20년 이상 장기 보관됐기 때문에 전량 구매 대신 무상인수나 일부 필요한 물자에 한해 선택적으로 구매하겠다는 입장입니다.
ⓔ 그러나 미국 측은 2005년 말 공정 시장가격으로 탄약을 처리하도록 규정한 '탄약 처리에 관한 법률'을 제정한 바 있어 국제 시장의 공정가격으로 구매토록 제안할 것으로 예상됩니다. 〈KBS, 2007. 5. 30〉

고침/ (예문 1)의 ㉠은 '준공식에 참석한 뒤'로 고치는 것이 자연스럽다. (예문 2)의 ㉡은 BDA은행 즉 '방코 델타 아시아 은행'으로 은행 이름을 밝혀주는 것이 좋다. (예문 3)의 ⓒ의 밑줄 친 부분은 '우리 측은 탄약처리와 관련해', '가운데', '전량을 구매하는 대신에'로 각각 손질해야 한다. 또 ⓔ는 '탄약처리에 관한 법률'을 어느 나라가 제정했는지 불분명하다. '구매토록'은 '구매하도록'으로 고쳐야 한다.

예 문 4

한덕수 국무총리는 어제 밤 국회본회의에서 의원들의 대정부질문에 대한 답변에서 시위에 참가한 대부분의 시민들이 질서를 잘 지키고 있으나, 일부 시민들에 의한 무질서가 사라지지 않고 있다고 답변했습니다.
고침/ 어제 밤 → 어젯밤, 대정부 질문에 대한 → 정부에 대한 질문,
일부 시민들에 의한 → 일부 시민들의

우리나라 국민들은 대부분 환경오염 문제가 심각한 상태에 있으며, 환경을 파괴하지 않는 범위 안에서 경제성장을 해야 한다고 생각하고 있는 것으로 나타났습니다.
고침/ 우리나라 국민들은 대부분 → '우리나라 사람 대부분은'으로 고친다.
환경오염문제 → 문제는 군더더기,
'나타났다'는 생각이 나타날 수 없기 때문에 '조사 되었습니다' 또는 '밝혀졌습니다'가 되어야 한다.

고노 일본외상은 한 · 일 외상회담을 오는 8월 15일 이후 빠른 시기에 서울에서 열 것을 한국 측에 타진했다고 일본정부의 고위소식통이 11일 밝혔습니다.
고침/ 한 · 일 외상회담 → 한 · 일 외무장관회담,
일본정부의 고위 소식통은 → 다음 문장의 주어로 하는 것이 더 적절하다.

---

(2) 리포트 기사

리포트는 TV드라마나 쇼 프로그램처럼 뉴스라는 내용물을 담고 있는 하나의 잘 짜여진 프로그램이다. 스트레이트 기사가 말과 영상의 결합이라면 리포트 기사는 말과 영상, 현장 상황, 인터뷰, 그래픽, 음악 등이 유기적으로 연결된 살아 있는 생명체라 정의할 수 있다. 방송기자는 리포트 기사를 얼마나 잘 작성하느냐에 따라 자질이 판가름 난다. 좋은 리포트가 뉴스의 구체적인 메시지를 시청자들에게 잘 전달할 수 있기 때문이다.

① 리포트 원고 작성순서

1단계

- 인터뷰, 스탠드업(*stand up*)을 포함해 취재한 내용을 모두 열거한다.
- 논리를 어떤 방식으로 전개할 것인가를 결정한다.
- 취재한 내용을 논리적 흐름에 따라 재배치(구성)한다.

2단계

- 취재 내용의 배치가 끝나면 앵커 멘트를 작성한다.
- 인터뷰와 스탠드업의 위치를 결정한다.
- 현장음이나 음악을 끼워 넣을 장소를 정한다.
- 중복되거나 흐름을 깨는 내용을 삭제한다.
- 그래픽 화면 원고를 그래픽 작업실에 넘긴다.
- 문장을 가다듬고, 시제와 장소, 인명, 수치 등을 재확인한다.
- 데스크의 교열을 거친다.

3단계

- 원고를 녹음한다.
- 녹음테이프를 편집한다. 반드시 현장음을 살린다.
- 자막 원고를 편집팀에 넘긴다.
- 편집된 녹음테이프에 화면을 입힌다.

4단계

- 특수 효과처리를 한다.

‣ 완성된 마스터테이프를 뉴스 진행팀에 넘긴다(김구철, 2005).

② 작성기법

리포트는 기자의 내레이션(오디오), 현장/자료화면(비디오), 컴퓨터그래픽(CG) 등 세 요소로 구성된다. 기사는 도입부(*Lead, Top*), 본문(*Narration*), 인터뷰(*Interview*), 기자 현장 목소리(*On Mike Ment*), 크로징(*Closing Ment*)으로 짜인다. 가장 중요한 것은 도입부 약 10초이다. 기사의 방향과 성격, 시청자의 관심을 집중시키느냐 여부가 판가름 나기 때문이다.

가. 독립형 도입부

많은 사람들이 관심을 가질 만한 폭로, 경고, 특이한 사건 뉴스, 대형 사건·사고나 교통사고, 화재사고의 극적이고 충격적인 장면 등을 강조하기 위해 사용하는 기법이다.

리포트가 시작되기 직전 몇 초 동안의 짧은 순간에 전체의 주제를 강렬한 영상과 음향효과(*sound effect*)로 보여준 다음 기자의 내레이션을 시작하는 방법이다. 사건의 성격을 가장 효과적으로 시청자들에게 전달할 수 있는 화면 3~4컷을 고른 다음 이를 3 ~4초 정도의 길이로 다양하게 편집해서 현장음(*natural sound*) 또는 배경음악을 깔아 보여준 뒤 기자의 리포트를 넣는다.

▸ **가스폭발 사고**

이펙트 가스 폭발하는 불길 + 연기 + 헬기 소리(3 ~ 4초 방영)

내레이션 도심 한복판에서 불기둥과 함께 검은 연기가 치솟아 오릅니다. 가스 충전소에서 시작된 불길은 탱크로리로 옮겨 붙어 직경 50미터에 이르는 화염이 주변을 삼키고 있습니다.

나. 주제형 도입부

사건의 원인, 배경, 과정 등을 설명할 때 가장 많이 활용하는 기법이다. 1분 30초 이내 리포트가 대부분인 9시 뉴스 리포트에 가장 많이 사용한다. 이 방법을 사용할 때는 이펙트가 들어가지 않고 바로 기자의 내레이션이 먼저 나온다. 주로 시간이나 장소, 지역 등 객관적 사실(*fact*)을 제시하면서 시작하는데 자칫 신문기사를 읽는 것 같은 건조하고 지루한 느낌을 줄 우려가 있다.

따라서 주제형 도입부는 첫 문장을 간결하게 작성하고, 요점을 먼저 제시하며, 첫 그림과 내레이션을 일치시키는 것이 시청자의 주의를 끄는 데 효과적이다.

▶ **앞의 가스폭발 사례**

(이펙트 없이 처음부터 내레이션) 인천시 ○○동에서 첫 폭발이 일어난 때는 오후 2시 14분쯤, 충전하기 위해 차량들이 줄지어 대기하고 있던 곳 부근이었습니다.

▶ **청소년 충동자살**

지난 5일 경기도 안산시 한 모텔에서 자살사이트에서 만난 여중생 4명이 함께 목숨을 끊었습니다. …

다. 자유형 도입부

앞의 두 가지 유형이 아닌 모든 TV리포트는 자유형 도입부라 할 수 있다. 규칙에 얽매이지 않고 개성에 따라 독창적인 멋을 부리는 기법이다.

이 경우도 흥미 있는 내용, 문어체가 아닌 대화체 문장, 핵심적인 내용의 제시, 짧고 간결한 문장, 수동태가 아닌 능동태 문장 사용과 같은 방송기사 일반의 특성을 살려야 한다.

▶ **가을 초등학교 운동회**

초가을 햇살 아래 힘찬 함성이 울려 퍼집니다. 썰렁했던 운동장이 학생과 학부모들로 모처럼 꽉 찼습니다. …

▶ **가을 스케치**

남산에서 바라본 서울시내 전경입니다. 가을 하늘을 담은 한강이 유난히 파래보입니다. …

③ 유형별 리포트 기사

가. 대형 사건 · 사고

첫째, 대형사건 사고 리포트에서 가장 중요한 것은 현장상황을 자세히 묘사하는 것이다. 이를 위해 화면과 기자의 내레이션을 일치시켜야 한다. 화면과 내레이션이 어긋나면 시청자들의 주의가 분산된다.

둘째, 화면 구성에 세심한 관심을 기울여야 한다. 사건 · 사고 현장 전체를 풀샷

*(full shot)*으로 먼저 보여주고 구체적인 장면을 클로즈업 시키는 것이 일반적이다.

셋째, 현장에서 직접 취재했음을 알리는 취재기자의 온 마이크 멘트*(on mike ment)*가 들어가야 한다. 이는 시청자들이 현장을 누비는 것 같은 대리만족을 준다.

넷째, 현장 주민 관계자들의 생생한 체험담이나 목격담은 리포트의 효과를 배가시킨다.

다섯째, 교과서를 읽듯이 리포트를 해서는 안 된다. 대형사건 사고의 보도에서는 호흡과 리듬감을 살려야 기사가 산다.

다음은 2006년 10월 3일에 발생한 서해대교 29중 추돌사고의 메인 스트레이트, 스케치, 사고원인을 차례로 리포트한 기사이다.

예 문

서해대교 29중 추돌 11명 사망

앵커 오늘 오전 서해안고속도로 서해대교 상행선에서 29대의 차량이 연쇄 추돌하는 사고가 발생했습니다. 모두 11명이 숨지고 50여 명이 다쳤습니다. 먼저 김희웅 기자가 보도합니다.

기자 길이 7.3km의 서해대교, 숯 무더기를 쌓아 놓은 듯 다리 한쪽이 시커멓습니다. 불에 탄 차량 수십 대가 어지럽게 널려 있고 견인차량은 도르레를 이용해 사고차량들을 끌어내고 있습니다. 트럭은 차체가 휘어버렸고, 승용차와 버스는 뼈대만 남긴 채 불타버렸습니다.

29중 추돌사고는 오늘 오전 7시 50분쯤 서해대교 서울 방향 차로에서 시작되었습니다. 다리 위에 안개가 짙게 낀 상황에서 25톤 화물차가 앞에 가던 1톤 트럭을 들이받았고 뒤따르던 승합차가 다시 이 트럭을 추돌했습니다. 안개 때문에 시야가 가려진 버스와 탱크로리, 승용차 운반트레일러 등 11대의 차량이 계속해서 앞 차량을 들이받았고 폭발과 함께 12대의 차량이 순식간에 불길에 휩싸였습니다. 다리 위는 아수라장으로 변했고 통행은 완전히 끊겼습니다.

트레일러 운전자 제 차하고 옆 차가 같이 불에 타고 있었어요. 운전대쪽으로 못 나가고 조수석 쪽으로 뛰쳐나왔죠.

기자 불바다가 되어 버린 사고 현장을 뒤늦게 발견한 차량들은 연이어 급브레이크를 밟았고 또다시 차량 15대가 추돌했습니다. 오늘 사고로 인한 사망자는 모두 11명. 하지만 시신이 불에 심하게 훼손돼 신원확인에 시간이 걸리고 있습니다. 부상자 50여 명은 경기도 평택의 중앙성심병원과 안중 백병원, 충남 당진 백병원 등 8곳의 병원에 후송돼 치료를 받고 있습니다. MBC뉴스 김희웅입니다.

예 문

화염, 아비규환

앵커 사고현장은 보셨다시피 마치 전쟁터를 방불케 했습니다. 거대한 화염은 순식간에 차들을 집어삼키고 미처 빠져나오지 못한 사람들은 꼼짝없이 차 안에서 참변을 당해야 했습니다. 참혹했던 현장을 김경호 기자가 보도합니다.

기자 검은 연기와 함께 시뻘건 불길이 치솟았습니다. 트레일러에 실린 자동차까지 불타고 있습니다. 불에 탄 차량들이 폭격을 맞은 듯 일그러진 채 뒤엉켜 있습니다. 버스는 앙상한 철골을 드러낸 채 연기를 내뿜습니다. 차에서 녹은 하얀 쇳물이 흘러내리고 곳곳에서 불에 탄 시신들이 수습됩니다.

목격자 1 뒤에 따라온 차들이 막 엉키고 화재에 죽고 심하게 데여서 나오지도 못하고 그 차 안에서 불타서 죽은 사람들이 많았습니다.

기자 화재 직후 지나던 차량에서 시민들이 내려 구조를 시도했지만 불길이 치솟으면서 더 이상 손을 쓸 수 없었습니다.

목격자 2 두 분이 난간에 끼어계신데 불이 너무 확산이 되서 구출을 못했어요.

기자 사고차량에 타고 있던 승객들은 바로 자기 눈앞에서 사람들이 죽어가는 모습을 그대로 지켜봐야 했습니다.

부상자 거기에 탄 사람도 1명 죽고 내 앞에 있는 학생도 죽고 …

기자 구조대가 출동했지만 이미 순식간에 벌어진 참혹한 현장에서 사고 뒤처리밖에 할 수가 없었습니다. MBC뉴스 김경호입니다.

예 문

안개에 화재까지

앵커 오늘 대형 사고는 앞을 도저히 볼 수 없을 정도로 짙은 안개가 화근이었습니다. 관측 이래 최저 가시거리를 기록했다는데 안개에 화재까지 발생해 피해가 더 컸습니다. 박선하 기자입니다.

기자 오늘 아침 7시 서해대교의 가시거리는 61m로 서해대교가 개통된 지난 2000

년 이후 가장 짧았습니다. 이렇게 안개가 짙을 경우 도로를 통제했어야 하지만 도로공사나 경찰 모두 안개에는 무방비였습니다.

고속도로 순찰대 제1지구대장 시야의 정도에 따라서 세부적인 사고예방을 할 수 있는 교통통제를 한다든가 아니면 다른 방안들을 강구해서…

기자 안개 때문에 대피도 힘들었습니다. 이러한 가운데 차량 화재가 잇따르면서 인명피해는 더 컸습니다. 중간에 끼어 있던 화물차의 엔진이 충격으로 기름이 흘러서 도로에 떨어지면서 스파크가 일어났고 폭발과 함께 다른 차들로 불이 옮겨 붙었습니다. 차량에 붙은 금속이 이렇게 녹아내릴 정도로 폭발은 강력했습니다. 사망자 대부분이 불에 탔거나 질식했습니다.

사고피해자 불이 붙었는데 아무도 구하러 안 오는 거예요. 다른 분은 몸이 성하니까 빠져나가는데 저 같은 경우 애기 놓고 나가겠어요?

기자 기록적인 안개에 화재, 당국의 안일한 대응까지, 온갖 악조건들이 결국 대형 참사를 불러왔습니다. MBC뉴스 박선하입니다.

〈2006. 10. 3. 9시 뉴스데스크〉

3일 오전 29중 추돌사고가 발생한 경기도 평택시 포승면 만호리 서해대교 상행선에서 119구조대와 경찰이 불에 탄 차량의 잔해를 살펴보고 있다. /평택=연합

▶ 서해대교 29중 추돌사고 현장과 이를 리포트하는 기자

나. 일반 사건 · 사고

기본적으로 대형사건 · 사고 보도와 다르지 않다. 사건의 성격에 따라 어떤 형의 도입부를 쓸 것인지를 결정하고 화면 구성, 사건 · 사고의 재현을 위한 그래픽 사용 여부, 현장 멘트의 삽입 등 생생한 현장감을 줄 수 있도록 기사를 작성한다.

예 문

김선일 씨 끝내 피살

앵커 여러분, 안녕하십니까? 김선일 씨는 끝내 참수되고 말았습니다. 무고한 민간인을 말입니다. 테러단체의 만행 앞에 분노하면서 고 김선일 씨와 유가족들에게 온 국민이 심심한 조의와 애도를 표합니다. 오늘 이 비통한 특집 뉴스데스크는 김선일 씨의 마지막 모습부터 보도해 드립니다. 권순표 기자입니다.

김선일(지난 21일 알 자지라 TV) 나는 죽고 싶지 않다. 죽고 싶지 않다. 나는 살고 싶다.

기자 그토록 살고 싶다던 김선일 씨의 절규는 결국 싸늘한 주검으로 돌아왔습니다. 오늘 새벽 2시쯤 아랍계 위성방송 알 자지라는 김 씨의 피살 직전 모습을 공개했습니다. 복면을 한 무장조직원들 앞에서 눈을 가린 채 김 씨가 무릎을 꿇고 있습니다.

테러단체 조직원 우리는 당신들에게 경고했지만 당신들은 듣지 않았다. 이것(김 씨 살해)은 당신들의 손이 저지른 것이다. 거짓말을 멈추라. 이라크에 있는 한국군은 이라크 사람을 돕기 위해 온 것이 아니라 저주받을 미국을 기쁘게 하기 위해 온 것이다.

기자 어깨를 들썩이며 울먹이는 모습은 피살 직전 김 씨가 느꼈을 공포를 섬뜩하게 증언합니다. 테러범들은 김 씨의 살해과정 전체를 알 자지라에 보냈지만 방송사측은 피살 장면을 방송하지 않았습니다. 다만 진행자는 김 씨가 참수됐다고 전했습니다. 이보다 앞선 어젯밤 10시 20분쯤 미군측은 동양인으로 추정되는 시신 한 구를 발견했다고 우리 군 당국에 연락해 왔습니다. 발견 장소는 바그다드에서 팔루자 방향 35km 지점이었습니다. 미군은 오늘 새벽 0시 45분쯤 이메일로 시신의 사진을 보내왔고, 우리 대사관측은 김선일 씨임을 확인했습니다. 테러범들은 통첩시한을 넘긴 지 하루가 채 지나지 않아 민간인 인질을 참혹하게 살해했고 김 씨를 구출하기 위한 모든 노력은 물거품이 됐습니다. MBC뉴스 권순표입니다. 〈2004. 6. 23〉

다. 스케치 리포트

첫째, 스케치는 화면 배열이 우선이다. 가능하면 시간순서에 맞춰 화면을 먼저 편집하고 편집된 화면을 보면서 기사를 써나가는 것이 좋다.

둘째, 여의치 않을 경우 가장 좋은 장면을 풀 샷으로 잡아서 점점 클로즈업으로 들어간다.

셋째, 스케치는 일반 리포트와는 달리 내레이션을 극도로 절제해야 한다.

넷째, 한 컷의 길이가 너무 짧지 않도록 한다. 인간이 싫증을 내지 않고 기억할 수 있는 화면은 최대 8초라고 한다. 일반 리포트처럼 3~4초 정도의 화면은 단절감을 줄 수 있다.

다섯째, 문장을 간결하고 짧게 하되 직접적 표현보다는 상징적이고 은유적인 표현이 좋다.

여섯째, 내레이션은 여유 있고 리듬감 있게 읽어 나가는 것이 좋다.

예 문

모두가 동심으로

전국 놀이공원과 유원지, 하늘에서 내려다본 어린이날

앵커 신나는 어린이 세상, 오늘 다들 즐거우셨죠. 전국의 놀이공원과 유원지에는 말 그대로 발 디딜 틈이 없었습니다. 하늘에서 내려다본 오늘 어린이날, 강민구 기자가 보도합니다.

기자 놀이공원 주차장이 빈 공간 하나 없이 꽉 들어찼습니다. 놀이기구마다 수백 명씩 기다리는 사람들로 발 디딜 틈이 없습니다.

아이들은 악단의 음악에 맞춰 춤 솜씨를 뽐냈습니다. 솟아오르는 물줄기 사이를 뛰노는 것이 마냥 즐겁기만 합니다.

먹이를 던져주는 아이들만큼 잉어들도 신이 나 연신 입질을 해댑니다. 5월의 맑은 햇살에 빛나는 형형색색 꽃들이 눈부십니다. 더운 날씨 때문에 스프링쿨러는 어느 새 장난감이 돼 버렸습니다.

아이와 엄마는 사진 한 장으로 소중한 추억을 남깁니다. 수목원 한켠 연못에서는 아이들이 생전 처음 해보는 올챙이 잡이에 푹 빠졌습니다. 혼잡한 유원지를 피해 남한 강변으로 나온 가족들은 그물까지 쳐놓고 고기잡이에 열중입니다. 모처럼만에 낚인 팔뚝만한 숭어 한 마리, 이이들보다 어른들이 더 신났습니다. 물살을 가르며 내달리는 모터보트, 가족들의 환한 웃음만큼이나 시원스럽습니다.
그러나 오후부터 제주도와 경남 해안지방에 호우주의보가 내려 한라산 성판악은 220mm가 넘는 많은 비가 내렸습니다. MBC뉴스 강민구입니다.
〈2006. 5. 5〉

라. 비리고발 리포트

화면구성부터 생각한다. 리포트 전체 길이에 현장 비디오, 인터뷰, 음악 등을 배치한 다음 리포트 내용을 쓴다. 매우 짧고 간결한 문장으로 고발할 TV화면을 설명하되 분명하고 강한 메시지를 전달할 수 있도록 기사를 작성한다.

현장고발 리포트는 영상취재가 우선이다. 먼저 고발현장을 얼마만큼 잘 촬영해서 화면 그 자체가 뉴스가 되도록 하느냐가 관건이다. 카메라 기자의 순발력과 촬영기법 등이 필수적으로 요구된다. 신문의 경우 스틸 사진 한두 장만 쓰고, 나머지는 취재기자가 내용을 자세히 기사화해 현장을 충분히 이해시킨다.

그러나 TV기사는 신문과 반대다. TV뉴스 리포트는 뉴스현장을 취재한 현장 비디오가 주가 된다. 방송 취재기자는 카메라기자가 촬영한 그림 설명 위주의 짧고 간결한 기사만 잘 쓰면, 기사가 짧아도 시청자들은 그림만으로도 충분히 이해한다. 현장 비디오가 있느냐 없느냐에 따라 기사의 생명력은 물론 경쟁사와 승부가 판가름난다. 따라서 TV 리포트 제작은 취재기자와 카메라기자가 얼마나 호흡을 잘 맞춰 취재를 하느냐가 성공 여부를 판가름 낸다.

현장 인터뷰를 잘 따야 한다. 주요 사안에 대한 관계자의 핵심적인 인터뷰만 잘해도 그 리포트는 일단 성공이다. 리포트의 핵심은 기사가 아니라 사건현장의 주인공 인터뷰나 자연스런 말 자체이다. 이는 시청자에게 뉴스의 신뢰성을 강하게 느끼게 한다.

기자의 현장 멘트도 중요하다. TV뉴스 전달에 있어서 기자가 쓰는 기사의 비중보다는 현장 비디오, 인터뷰, 현장 멘트가 더 우선한다. 방송기자는 현장에 가기 전에 무슨 멘트를 할 것인가를 먼저 생각한다. 멘트의 내용 못지않게 기자가 카메라 앞에서 어떤 모습, 어떤 태도로 말하느냐에 따라서 뉴스의 이해나 전달, 신뢰도가 달라진다. 현장멘트는 리포트를 시작하자마자 현장에 기자가 등장하는 오프닝 아나운스먼트, 리포트 중간에 등장하는 브리지 아나운스먼트, 리포트 맨 끝에 나오는 크로징 아나운스먼트 세 가지가 있다. 세 가지 유형 중 어느 것을 선택하느냐는 리포트의 성격과 주제에 따라 기자가 판단해 결정한다. 북극 도착과 같은 극적인 결과를 전할 때는 오프닝 아나운스먼트, 사건 · 사고, 고발성 리포트는 브리지 아나운스먼트, 큰 행사 등에는 크로징 아나운스먼트를 주로 사용한다.

아나운스먼트의 리포트 시간은 보통 10초에서 20초 사이이며 기자의 얼굴이 나오는 시간은 6~7초이다. 따라서 매우 간결하고 의미가 담긴 현장감 있는 문장이 필수적이다.

예 문

카메라 출동/ 군 의회 의원들 고가품 밀수 관광

앵커 해외 산업시찰을 한다면서 군청의 예산으로 해외여행을 나간 군의회 의원들의 가방에서 롤렉스시계와 사파이어 같은 수천만 원대의 고가품이 쏟아져 나왔습니다.
외국에서 이들의 행태를 지켜본 우리 교민의 제보로 카메라 출동팀이 공항세관 검색대에 나가서 현장을 카메라에 담았습니다. 박성재 기자입니다.

기자 어제 오후 김포공항 제2청사, 자카르타 발 대한항공 여객기가 도착했습니다. 승객 가운데는 동남아시아 여행을 마치고 돌아온 인천시 옹진군 의회 소속 의원 7명이 있었습니다. 한 사람은 앞가슴에 의원 배지까지 달았습니다. 세관 검색대, 짐이 많은 것을 수상히 여긴 세관직원들이 정밀검사를 시작했습니다. 의원들의 표정이 굳어집니다.

세관 직원 신고하실 물품 없습니까?

옹진군 의원 싼 거라서 없는데요.

기자 그러나 가방 한구석에서 진주 목걸이 여러 개가 숨져져 있습니다.

세관 직원 이거 얼마예요?

옹진군 의원 얼마 줬는지 정확하게 모르겠습니다.

기자 다른 의원의 짐에서는 유명상표의 티셔츠 수십 장이 쏟아져 나옵니다.

옹진군 의원 그거는 제게 아니고, 하나씩 입으려고 사왔습니다. 하나에 22만 원 정도 해요.

기자 은으로 만든 식기세트, 물소뿔, 스위스제 골프화, 프랑스제 핸드백, 가죽지갑 수십 개, 사파이어와 각종 보석, 심지어 금으로 된 단추까지 의원들의 가방에 없는 게 없습니다. 그러나 세관 신고서에는 이 가운데 단 하나도 적어 넣지 않았습니다.

기자 왜 안 적으셨어요?

옹진군 의원 대개 그런 거 여행사에서 다 적어주잖아요.

기자 또 한 사람의 가방에서 롤렉스시계 상자가 나왔습니다. 가격은 싱가포르 달러로 25,000불, 우리 돈으로 1,500만 원이 넘습니다. 그러나 정착 시계가 없습니다.

기자 시계 어디 갔어요?

옹진군 의원 없어요. 케이스를 하나 주더라고요. 케이스만 얻었어요.

기자 시계를 산 사람은 누굴까? 바로 군 의회 의장이었습니다. 시계는 이미 여행사 가이드를 통해 공항 밖으로 빼돌렸습니다.

방 모 씨(옹진군 의회 의장) 시계 이런 게 괜찮은 게 있는데, 자기가 한국에 까지 갖다 줄 테니까 하나 장만하라고 그래서 시계 샀어요.

기자 세관직원들이 공항 밖으로 달려 나가 시계를 압수해 왔습니다.

전체가 금으로 만들어졌고, 자판에는 다이아몬드가 박혀 있는 최고급 모델입니다. 군 의원들은 동남아 각국의 산업을 시찰한다는 명목으로 수천만 원의 군청예산을 썼습니다.

군청에서 1인당 300만 원씩을 지원받아 10박 11일 동안 싱가포르, 인도네시아, 태국, 베트남 등을 돌았습니다.

게다가 군청 직원 3명이 이들의 호화판 여행을 수행했습니다. 결국 의원들 가운데 일부는 세관 조사실로 끌려가 밤늦게까지 조사를 받았습니다.

김포세관 조사반장 외국에서 물품을 구입했으면 거기에 대한 세금을 물고 정상적으로 통관을 해야 되는데, 그걸 안 한 자체는 밀수입니다.

기자 주민들의 세금으로 호화판 관광을 한 것도 모자라 값비싼 사치품까지 몰래 숨겨 들여오다 적발된 군 의원들, 이들에게 표를 던진 사람들이 어떻게 느낄지 궁금합니다. 카메라 출동입니다.

---

④ TV리포트시 유의할 점

- 많은 내용을 전달하려는 욕심은 금물이다.
- 연설투, 외국인의 말투, 교과서 읽는 말투, 연설하는 말투는 삼간다.
- "내가 직접 장관께 물었더니 …", "내가 직접 가서 중계방송을 했습니다만 …" 같은 자기과시형 말투를 써서는 안 된다.
- 기자가 진행자의 질문을 무시하고, 원고만 읽는 것은 모양이 좋지 않다.
- 기자가 잘 아는 것, 흥미 있는 것부터 말한다.
- 옷이나 태도를 예의 바르게 하고, 기침을 하면 반드시 사과한다.

⑤ 리포트기사 고치기

예 문

영동유조선 열차 사고현장에는 ㉠ 이 시간 현재까지 ㉡ 모두 7구의 시체가 ㉢ 나타난데다가 ㉣ 20여 명의 사고현장 주민들이 ㉤ 나타나지 않고 있어 사망자가 ㉥ 모두 30여 명에 이를 것으로 보입니다.

오늘 새벽 ㉦ 4시 35분 경부선상 영동역 남쪽 1백m지점에서 ㉧ 전복돼 불이 난 지 8시간이 지난 ㉨ 이 시간 현재 불길은 잡혀 ㉩ 현재 영동, 옥천, 대전 등지의 소방대가 마지막 불길을 잡고 있는데 ㉪ 지금까지 모두 7구의 시체가 신원을 알 수 없는 상태로 ㉫ 발견됐으며, 20량의 열차 가운데 10량이 철로변 민가로 굴러 떨어지면서 20채의 민가에 불이 붙었습니다. 이 불로 민가에 있던 최대현 씨 가족 10명 등 ㉬ 20여 명이 보이지 않고 있어 모두 숨진 것으로 보입니다.

고침/

㉠, ㉨, ㉩, ㉪ 은 같은 단어의 중복이다. ㉠, ㉨, ㉩ 은 없어도 관계없으며 ㉪ 만 써도 된다. '이 시간 현재'의 '이 시간'이 바로 '현재'다. ㉡, ㉥ 역시 같은 단어 중복으로 '모두 7구 시체'와 '사망자가 모두 30여 명' 간에 혼동을 줄 가능성이 있다.

㉢, ㉤ 의 '나타나다'도 중복

㉣ 20여 명의 주민 → 주민 20여 명

㉦ 4시35분 → 4시 반 지나, 경부선상 → 경부선

㉧ 전복돼 → 뒤집혀

㉩ 불길을 잡고 있습니다.

㉫ 발견됐습니다.

㉬ 20여 명은 확인되지 않은 숫자이며, 이들을 사망자로 보는 것은 위험하다.

예 문

앵커 건설교통부는 ㉠ 피서지로 가는 열차의 운행횟수를 크게 늘리는 등 ㉡ 피서객 임시수송대책을 마련했습니다. 건교부가 마련한 ㉢ 피서객 수송대책을 ○○○ 기자가 전해드립니다.

기자 서울시는 주 5일제 근무가 본격화됨에 따라 주말이나 공휴일에 집중적으로 몰리는 피서객을 원활하게 수송하기 위해 ㉣ 피서지로 가는 열차 수를 크게 ㉤ 늘이도록 하는 등 ㉥ 피서객 특별수송대책을 마련해서 오늘 철도공사에 ㉦ 긴급지시했습니다.

고침/

㉠, ㉣는 피서지로 가는 열차가 중복

㉡, ㉢, ㉥은 수송대책이 중복

㉤ 늘이도록 → 늘리도록

㉥ 긴급지시 → 지시

* 기사 사례 일부는 숙명여대 언론정보학부에서 발간한 학습 자료에서 인용하였음.

연_습_문_제_

1. 다음 사항을 토대로 TV기사를 써보라.

예시 1

‣9일 오후 5시 50분쯤 제주발 김포 행 아시아나 항공 8942편이 경기도 오산 부근 1만 피트(지상 3000m) 상공에서 갑작스런 우박과 벼락을 맞았다.

‣이 사고로 조종석 유리창이 산산이 부서지고 비행기 앞부분이 싹둑 잘린 것처럼 완전히 떨어져 나갔다.

‣사고 순간 '쿵' 소리와 함께 기체가 심하게 흔들렸으며 승객들은 비명을 지르는 등 큰 혼란에 빠졌다. 다행히 조종사의 침착한 대응으로 비상착륙에 성공해 승객들은 모두 무사했다.

‣이 비행기는 승객 200명을 싣고 오후 5시 7분 제주공항을 출발, 오후 6시 김포공항에 도착할 예정이었다.

‣사고 후 여객기는 오후 6시쯤 김포공항 활주로에 1차 착륙을 시도했으나 실패하고 재상승한 뒤 오후 6시 14분쯤 2차 착륙을 시도해 성공했다.

‣사고기의 비상착륙으로 김포공항과 인천공항의 항공기 운항이 일시 중단됐다.

‣사고 당시 주변 상공은 심한 바람과 함께 번개가 치고 우박이 쏟아지는 등 최악의 기상상황이었다.

‣아시아나 항공 측은 "갑작스런 기상 악화로 벼락과 우박이 함께 쏟아져 일어난 사고다. 기체에 피뢰침이 설치되어 있지만 벼락을 맞을 수도 있다"고 말했다.

‣항공기 전문가들은 "극히 희박하긴 하지만 우박이나 번개로 인해 기체가 손상될 수 있다"고 말했다.

‣건교부와 아시아나 항공은 기체결함 여부 등 사고원인을 규명하기 위해 사고 비행기에 대한 정밀조사에 착수했다.

예시 2

‣27일 낮 서울 성북구 하월곡동 속칭 '미아리 텍사스촌'에서 불이 나 여종업원 5명이 숨지고 1명이 부상했다.

‣이 업소는 전날 경찰의 단속에 걸렸는데도 영업을 계속했다.

‣불은 낮 12시 36분쯤 집창촌 내 4층짜리 건물 3층에서 발생해 20분 만에 진화됐다.

‣화재 당시 업소에는 업주를 포함해 10명이 있었다. 숨진 여종업원 2명은 건물 3층 계단 근처와 화장실 앞에서, 다른 4명은 4층 침실 베란다에서 각각 쓰러진 채 발견됐다. 이 중 유독가스에 중독된 2명은 인근 병원으로 옮겨졌으나 1명은 치료를 받다 숨졌다.

‣경찰은 여종업원 1명이 술에 취해 담배를 피우다 꽁초를 그냥 바닥에 버리는 것을 봤다는 여종업원의 진술로 미뤄 담뱃불이 인화물질에 옮아 붙어 불이 난 것으로 보고 있다.

‣사고 당시 종업원들이 술에 취해 있었던 데다 늦게까지 일을 해 피곤해서 미처 피하지 못한 것 같다.

예시 3

‣개그맨 김형인(26) 씨가 고속도로에서 교통사고를 낸 뒤 신고를 하지 않고 종적을 감췄다.

‣김 씨는 10일 오전 2시쯤 매니저 등 동료 2명과 함께 자신의 벤츠 승용차를 타고 대구시 서구 이현동 구미고속도로 서대구IC를 빠져 나오던 중 급커브 구간에서 도로를 벗어나 차량이 전복되는 사고를 냈다.

‣김 씨는 이 사고로 승용차가 크게 부서지고 가로수가 뽑히는 등 피해를 냈으나 경찰

에 신고도 하지 않은 채 도주한 혐의를 받고 있다.

▸김 씨는 "사고 직후 같이 타고 있던 동료들이 다친 것 같아 구급차를 불러 병원에 가느라 경찰에 신고하지 않았다"고 해명했다.

▸대구서부경찰서는 11일 김 씨를 도로교통법 위반 혐의로 불구속 입건했다.

2. 다음 대화내용을 참조하되 필요하다고 생각하는 사항을 덧붙여 TV기사를 써보자.

제보자: 교통사고가 났습니다.

기자: 언제 어디서요.

제보자: 사고가 난 것은 오늘(14일)오후 6시 반쯤인데요. 여기는 강원도 원통인데요. 인제 쪽에서 설악산 쪽으로 가는 체어맨 승용차하고 설악산에서 인제 쪽으로 가는 관광버스(설악관광 소속 서울 43아 5364)하고 맞부딪쳤어요.

기자: 사상자가 났나요.

제보자: 예. 관광버스가 언덕 아래로 굴러 관광객 세 명이 현장에서 죽었데요. 승용차 운전자도 죽고 승용차에 타고 있던 사장님도 많이 다쳤나봐요. 관광버스는 승용차와 부딪친 뒤 가로수를 들이받고 논으로 빠졌어요.

기자: 사상자는 어디로 갔나요.

제보자: 모두 인제 도립병원으로 갔어요.

기자는 경찰서와 병원에 가서 다음과 같은 사실을 취재했습니다.

▸사망자

정난숙(48, 관광객, 서울 도봉구 방학1동)

박선주(49, 관광객, 서울 서초구 서초3동)

김충식(34, 승용차 운전자)

▸부상자

최종균(36, T실업대표이사, 서울 강남구 압구정동)

박윤자(48, 관광객, 서울 송파구 오금동)

조유희(48, 관광객, 서울 동작구 상도동)

김정수(48, 관광객, 서울 송파구 문정동)

이유화(48, 관광객, 서울 서초구 반포동)

▸사고원인(관광객 정 모 씨의 말): 우리들이 노래를 부르고 춤추고 하니까 운전사가 뒤를 돌아보면서 "자리에 앉으세요."하고 소리 질렀어요. 그 뒤에 곧바로 사고가 났어요.

▸관광버스에 탄 관광객은 36명으로 모두 서울 K여고 75년 졸업생들임.

3. 다음 기사를 라디오용 기사로 고쳐 써라.

대구지방경찰청은 25일 밤 땅 속에 매설된 송유관을 뚫어 기름을 훔친 혐의로 김 모(35, 무직) 씨 등 6명을 구속하고, 정 모(33, 주거부정) 씨 등 2명을 장물취득 혐의로 불구속 입건했다.

경찰에 따르면 김 씨 등 6명은 지난 4일 오후 11시께 경북 경산시 진량읍 신상리 한 식당 뒤에 매설된 대한송유관공사의 송유관에 구멍을 뚫어 유압 호스로 2만 ~ 3만 리터의 휘발유를 빼내는 등 지금까지 비슷한 수법으로 경산과 김천, 칠곡 일대에서 모두 150만 리터(시가 23억 원 상당)의 기름을 훔친 혐의를 받고 있다.

정 씨 등 2명은 김 씨 등으로부터 훔친 기름을 장물인 줄 알면서도 시가보다 싼 가격으로 사들여 시중에 판매한 혐의를 받고 있다.

제 5 부 언론법제론

제 12 장 언론보도와 법적 책임

제12장

언론보도와 법적 책임

1. 언론의 자유와 책임

언론의 자유는 기본권 중에서도 가장 중요한 권리로서 근대헌법이 국민의 기본권으로 인정한 표현의 자유의 한 형태이다. 특히 현대 대부분의 국가들이 대의민주주의를 채택하고 있는 상황에서 언론의 자유는 민주주의 실현의 초석이나 다름없다. 대의민주주의는 국민여론을 바탕으로 한 다수결의 원리에 의한 정치이다. 이 여론을 형성하고 매개하는 시스템이 바로 언론이다. 언론의 자유로운 취재와 보도가 제한받는다면 민주주의의 기초인 국민의 참여와 사회적 합의 도출은 기대하기 어렵다. 따라서 민주주의 사회에서 언론의 공적 기능을 지탱해주는 언론의 자유, 취재보도의 자유를 보장하는 것은 당연한 것이다.

우리 헌법도 21조 1항에 "모든 국민은 언론출판의 자유와 집회, 결사의 자유를 가진다"고 규정하고 있다. 언론자유에는 의견 표현과 전파의 자유, 정보의 자유 및 알 권리, 언론사와 기자의 보도 및 취재의 자유, 편집권과 편성권의 자유 등이 포함된다. 그러나 우리 헌법은 '언론 또는 출판의 자유를 제한하는 법률을 제정할 수 없다'

고 명시한 미국의 수정헌법 제1조처럼 다른 여타의 개인적 기본권보다 우월적 지위를 인정하지 않고 있다.

여기서 취재의 자유란 국민들에게 전달해 줄 필요가 있다고 생각되는 다양한 정보에 언론이 제한 없이 접근해서 그 내용을 자유롭게 파악·수집할 수 있는 자유를 말한다. 보도의 자유란 수집된 정보를 사실대로 국민에게 전해줄 수 있는 자유를 일컫는다. 그러나 엄밀한 의미의 언론자유란 보도의 자유를 말하는 것이며, 취재의 자유는 보도의 자유에 포함된 전제조건이라고 간주하기도 한다. 취재보도의 자유는 국민의 기본권인 언론자유의 실현 차원에서 사회가 통념적으로 인정하고 보호하는 자유이다. 따라서 취재보도의 자유가 권리로서 인정되거나 국민의 기본권에 우선하는 것은 아니며 법률적 강제력도 없다(팽원순, 1989).

언론자유가 보장된다 해서 무제한의 취재자유가 인정되는 것은 아니다. 우리 헌법 37조 2항은 "국민의 모든 자유와 권리는 국가안전보장, 질서유지 또는 공공복리를 위하여 필요한 경우에 한하여 법률로 제한할 수 있다"고 규정하고 있다. 이에 따라 '신문 등의 기능보호 및 독자의 권익보호 등에 과한 법률'(신문법), 방송법, 군사기밀보호법, 군사시설보호법, 소년법 등에 제한조항이 마련되어 있다. 형법, 국가보안법, 계엄법, 군형법, 국가공무원법 등에 국가비밀보호 조항이 있다.

아울러 언론은 자유 못지않게 책임이 수반된다. 책임에는 윤리적 책임과 함께 법적 책임이 있다. 헌법 17조는 "모든 국민은 사생활의 비밀과 자유를 침해받지 아니한다"고 규정되어 있고 헌법 21조 4항은 "언론과 출판은 타인의 명예나 권리 또는 공중도덕이나 사회윤리를 침해하여서는 아니 된다. 언론 출판이 타인의 명예나 권리를 침해한 때에는 피해자는 이에 대한 피해의 배상을 청구할 수 있다"고 규정하고 있다. 언론은 타인의 명예와 권리, 사생활의 비밀과 자유, 공중도덕과 사회윤리를 지킬 의무가 있다. 특히 최근 들어 개인의 권리의식이 높아지고 사생활과 명예를 중시하는 경향이 두드러지면서 언론사와 기자를 상대로 한 소송이 급증하는가 하면 언론에 불리한 판결이 증가 추세를 보이고 있다. 또 언론과 갈등이 격화된 국민의 정부와 참여정부 하에서 국가, 공공기관이 언론을 상대로 각종 소송을 거는 일이 부쩍 늘었다. 참여정부에서 제·개정한 신문법이나 언론중재위원회법은 언론보도로 인한 권리침해에 대한 구제기능을 대폭 강화했다.

〈그림 12-1〉 역대 정부의 대언론 중재신청 건수 및 관련기사

'언론과의 전쟁'에 내몰리는 공무원들

비판언론 댓글달기 1~8월 2271건

정병국 의원 자료공개

올 1월부터 시행된 언론보도 내용에 대한 정부 부처 공무원들의 '댓글 달기(부처 의견 달기)'가 8월까지 2271건에 달하는 것으로 조사됐다. 하루 평균 9.4건의 댓글 달기가 이뤄지고 있는 셈이며 중앙 부처 일반직 공무원(2006년 말 현재 8만9971명) 40명당 1건 꼴로 '비판 언론'에 대한 견제를 하고 있는 것이다. ▶관련기사 3면

18일 국회 문화관광위 정병국(한나라당·경기 양평 가평) 의원이 언론중재위원회 등으로부터 제출받은 자료에 따르면 정부 부처 공무원들의 언론 보도에 대한 댓글 달기가 올 1월부터 8월말까지 모두 2271건에 이르는 것으로 드러났다.

한달 평균 284건의 댓글 달기가 이뤄지고 있으며, 올 4월이 389건으로 가장 많았다. 부처별로는 재정경제부와 건설교통부가 각각 240건으로 댓글이 가장 많았으며 ▲교육인적자원부 186건 ▲외교통상부 161건 ▲보건복지부 158건 ▲국방부 145건 ▲행정자치부 109건 ▲산업자원부 76건 ▲환경부 66건 등의 순으로 나타났다. 청와대도 같은 기간 80건의 댓글을 달아 부처 상위에 올랐다.

공무원 40명당 1건… 재경·건교부 최다

국정홍보처 IP제출 요구 공문도 보내

재경부와 건교부의 댓글 달기가 많은 것은 정부의 부동산 정책 등에 대한 언론의 보도가 집중된 게 영향을 미친 것으로 보인다.

특히 2004년, 2006년 국정홍보처가 각 부처를 대상으로 실시한 정책홍보관리 평가 결과에서 문제보도 대응, 대국민 직접 홍보 등의 항목에서 우수 그룹에 속한 부처들이 댓글 달기에 적극 나선 점이 눈에 띈다.

부처별 댓글 달기는 올 초 국정홍보처가 언론 보도에 적극 대응하기 위해 시행한 것으로, 홍보처는 올 2월과 3월 두 차례에 걸쳐 공문을 통해 각 부처 공무원들에게 댓글 달기를 독려하고 해당 언론사 간부와 출입기자에게 부처 의견 e메일 전송을 지시했다.

댓글 달기는 홍보처가 운영하는 '국정브리핑(www.news.go.kr)'의 국내언론보도 종합 코너에 올라온 기사에 대해 해당 부처 공무원들이 '팩트(사실)' 수정이나 의견 달기, 오보 대응 등을 하는 시스템이다. 정 의원은 "국정홍보처가 중심이 돼 공무원들의 댓글 달기 이행 여부를 점검하고 통제하기 위해 각 부처 공무원의 인터넷 접속 IP 제출을 강요하는 공문을 올 2월 보내기도 했다"며 "이는 비판 언론의 입을 막고 국민들의 귀를 막는 결과를 초래할 것"이라고 비판했다.

국정홍보처 관계자는 이에 대해 "댓글 달기는 언론과 정부간의 정책 커뮤니케이션을 위한 유효한 통로"라고 주장했다.

김홍남기자 utopian21@

부처별 댓글(의견)달기 상위 10위

(단위: 건, 올 1~8월)

순위	부처	건수
1	재경부	240
	건교부	240
3	교육부	186
4	외교부	161
5	복지부	158
6	국방부	145
7	행자부	109
8	청와대	80
9	산자부	76
10	환경부	66

자료: 한나라당 정병국 의원실

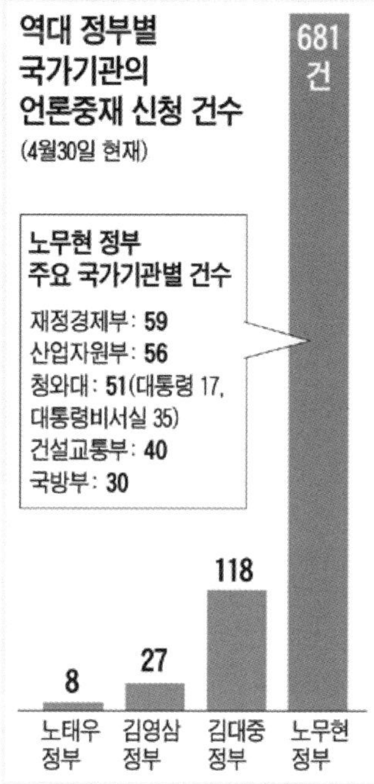

소송 규모도 갈수록 대형화 · 거액화되고 있다. 언론사를 상대로 수십억대의 소송이 제기되고 배상액이 수천만에서 억대에 이르는 판결도 나오고 있다. 미국에서 시행하는 것과 같은 징벌적 손해배상(*punitive damages*)제도가 도입되지는 않았지만, 이의 도입 필요성을 주장하는 목소리가 높아지고 있다. 언론관련 소송에서 언론사 면책사유가 되는 이른바 '위법성 조각(阻却)사유'의 적용이 훨씬 까다로워지고 있다. 취재내용이 타인의 명예나 권리를 훼손한 경우라도 보도물의 성격상 진실성과 공익성이 있고, 보도할 만한 상당한 이유, 즉 상당성이 있는 경우 면책되는 위법성 조각사유에 대한 언론사의 주장을 법원이 그대로 받아들이지 않는 것이 최근의 경향이다.

국민의 알권리를 충족시키기 위한 언론의 자유를 최대한 보장해야 한다는 데는 이론이 있을 수 없다. 그러나 언론의 자유가 자칫 언론사 또는 기자의 자유로 착각하는 일이 있어서는 안 될 것이다. 기자의 지나친 특종의식이나 불성실로 인해 사실확인을 제대로 하지 않은 채 일단 보도하고 보자는 식의 태도는 더 이상 통하지 않는 시대가 되었다. 부주의한 보도로 소송에 휘말리면 소송준비에 따른 시간과 정력

의 소모는 말할 것도 없고 많은 심적 부담을 안게 된다. 패소판결을 받는다면 당연히 금전적 피해가 뒤따른다. 아직까지 대다수 언론사가 소송비용이나 배상액을 기자에게 부담시키지 않고 회사가 부담하는 것이 관행이지만, 일부 지방언론사는 기자에게 직접 부담시키거나 구상권을 행사는 곳도 없지 않다. 결국 '확인하고 또 확인하라'는 기사쓰기의 원칙이 철저히 지켜져야 한다는 점을 다시 한 번 일깨워준다.

과거처럼 언론사를 권력기관으로 인식하거나 우월적 지위를 인정하는 경우도 없다. 정치민주화에 편승, 언론자유가 회복되면서 언론이 질적 경쟁보다는 판매부수를 늘리기 위해 무차별적인 시장쟁탈전을 벌이고, 무소불위의 권력을 휘두르는 행태에 대해 국민들은 실망하고 있다. 디지털시대를 맞아 새로운 미디어들이 속속 등장하는 마당에 기존 언론들이 구태(舊態)를 벗어던지고 환골탈태된 모습을 보이지 않는 한 설자리가 없다. 언론 자유 못지않게 책임과 쇄신이 우리 언론의 화두가 되어야 한다.

2. 명예훼손

1) 명예훼손의 개념

언론 보도와 관련해 가장 많이 제기되는 소송이 명예훼손(*libel*)과 관련한 사건이다. 여기서 명예란 사람의 품성, 덕행, 명성, 신용 등 인격적 가치에 대해 사회에서 부여하는 평가를 말한다. 법인의 경우 그 사회적 명성, 신용을 가리키는 것이다(대법원 1988. 6. 14. 선고 87다카1450 판결). 명예훼손은 개인의 인격, 행상, 덕성, 신용, 전문적 능력 등에 대한 사회적 평가를 위법하게 저하시키는 일체의 행위를 의미한다(대법원 1999. 10. 8. 선고 98다40077 판결).

이로 인해 형법상으로는 명예훼손죄가 성립되며, 민법상으로는 인격권의 침해로서 불법행위가 되어 손해배상을 발생시킨다. 예로 어떤 개인의 추행 소문을 유포하고 다니거나, 허위의 고소를 하거나, 언론이 단순히 범죄용의자를 진범인 것으로 오인하도록 보도하거나 하는 행위들이 여기에 포함된다.

2) 명예훼손죄

형법 제307조는 명예훼손죄를 '공연히 사실을 적시하여 타인의 명예를 훼손하는 죄'라고 규정하고 있다. 이는 통상 비방의 목적이 없는 경우로 단순 명예훼손죄라고 부른다. 이 죄의 보호법익은 개인의 명예, 즉 윤리적, 사회적, 인격적 가치 등에 대한 사회적 평가로서 외적 명예를 의미한다. 단순히 보도에서 특정(언급)한 사람이 자신의 명예감정이 상했다거나 사람으로서 당연히 갖는 내재적 가치인 인간적 존엄성(내적 명예)에 피해가 발생했다는 것만으로는 명예훼손을 인정하지 않는 것이 통설이다. 일반인들이 언론보도로 인하여 당사자에 대한 평가를 저하시켜야 한다. 경제적 가치에 대한 사회의 평가도 명예의 일종이지만 신용훼손죄에서 따로 보호한다.

사람을 비방할 목적으로 신문, 잡지 또는 라디오, 기타 출판물에 의하여 타인의 명예를 훼손하는 경우에는 형이 가중된다(형법 제309조). 언론에 의한 명예훼손의 경우 비방의 목적이 없는 경우가 대부분일 것이므로 출판물에 의한 명예훼손죄가 아니라 단순 명예훼손죄가 성립되는 것이 통상적이다. 명예훼손죄는 피해자의 의사에 반하여 처벌할 수 없는 반의사불벌죄이다.

명예훼손죄가 성립하기 위한 요건은 다음과 같다.

첫째, 사실이 적시되어야 한다. 이때 사실은 악행, 추행은 물론 그 밖에도 사람의 사회적 평가를 해할 만한 것이면 어떤 것이든 족하다. 또 그 사실이 진실한 것이어야 하며 만일 허위사실을 적시하는 경우에는 형량이 가중된다. 적시의 방법에는 제한이 없으며, 특정인의 명예가 해하여 질 수 있는 정도로 구체적이면 족하다.

둘째, 명예의 주체는 자연인(유아, 정신병자, 무능력자 포함), 법인은 물론 법인격이 없는 사단도 사회생활상 독립된 존재로 인정되어 활동하고 있는 한 주체가 될 수 있다.

셋째, 명예훼손에 있어 '훼손'의 의미는 반드시 명예가 현실적으로 침해되는 것을 요하지 않으며, 단지 명예를 해할 우려가 있는 행위를 하는 것으로 족하다.

넷째, 적시된 사실이 '진실한 사실'이고 또한 그 행위가 '오로지 공공의 이익'에 관한 때에는 처벌하지 않는다.

3) 공인의 명예훼손

공인(公人)이란 그 직업과 명성, 재능 때문에 일반인이 관심을 가지는 공적 인사가 된 사람을 뜻한다. 자의로 유명인이 된 사람(정치인, 운동선수, 연예인 등)이 이에 해당되지만 자의와 상관없이 유명인이 된 사람(범인과 그 가족, 피의자)도 이에 속한다.

소송을 제기한 원고가 공인인가, 사인인가에 따라 명예훼손죄의 적용이 달라진다. 미국은 지금까지 판례를 통해 분류된 명예훼손법상의 원고의 지위를 공직자(*public official*), 전적인 공적 인물(*pervasive public figure*), 한정적 공적 인물(*limited public figure*), 사적 인물(*private figure*)로 구분한다. 명예훼손법상 공인이란 공직자와 전적인 공적 인물, 한정적 공적 인물을 말한다. 미국법의 경우 이들을 구분하여 법 적용의 수준이 다른 반면, 한국법은 이런 지위에 있는 사람들을 통칭하여 공인으로 표현하고 있으며 여타 사인들과 비교해 법적용의 차이가 없다.

미국에서 공인이란 용어가 명예훼손법에 나타나서 법리적 전통을 세운 것은 1964년 〈뉴욕타임스〉 대 설리반 사건(New York Times v. Sulivan)이다. 연방대법원은 '현실적 악의의 원칙'(*actual malice principle*)을 설정하여 명예훼손을 수정헌법 제 1조에서 보장하는 언론자유의 문제로 다루었다.

이 사건 이전의 경우 대부분의 주에서 명예훼손법상의 원고는 명예훼손적 언사가 잘못된 것인지 또는 원고가 그러한 기사로 고통을 받았는지를 증명할 필요가 없었다. 소송을 제기한 원고는 언론이 문제가 되는 내용을 타인에게 공표하여 원고에게 분노, 모욕감, 우스꽝스러움을 야기하는 결과를 가져왔다는 사실을 설득하면 되었다. 반면 언론이 명예훼손적 언사가 진실이거나 또는 그러한 보도에 대해 제한적이든 절대적이든 면책이 가능한지를 입증해야하는 부담을 졌다.

그러나 〈뉴욕타임스〉 사건에서 연방대법원은 사인이 아닌 공직자의 경우 명예훼손적 보도가 원고의 명예를 훼손하려는 '현실적 악의'를 갖고 작성되었는지를 원고가 증명해야 한다고 판결했다. 이로 인해 진실 증명의 짐이 피소자(언론)에서 제소자(공직자 개인)로 옮겨지게 되었다. 그 후 현실적 악의의 원칙은 공직자에서 공적 인물로 확대 적용되었다. 이는 언론이 명예훼손으로 인해 위축되지 않고 취대한 공인과 그들의 공적 활동을 감시, 비판할 수 있도록 함으로써 언론 본연의 기능을 달성하도록 하는 중요한 장치가 되었다.

반면 한국 법원은 원고가 공인인 경우 오히려 사인인 경우보다 명예훼손의 중요성을 더욱 고려하는 경향을 보였다. 언론매체의 영향력 때문에 오보로 인하여 일반인들이 입을 피해보다 공인들에 대한 손해가 더욱 크고 그 회복이 어렵다는 이유로 공인에 대한 보도에서 언론기관의 주의의무를 강조하는 경향이 있다. 언론이 뉴스보도에서 잠재적 소송에 대한 두려움 없이 공인을 과감히 비판할 수 있는 법적 장치가 없다보니 오히려 언론이 소송을 피하기 위해 정, 재계인사 또는 사회적으로 영향력이 있는 인물에 대한 비판이나 논평에 있어 극히 신중한 입장을 취했다.

한국의 언론관련 판례에서 나타난 공인의 요건은 첫째, 얼마나 미디어에 용이하게 접근해 제 목소리를 낼 수 있는가 하는 접근용이성, 둘째, 개인의 행위가 사회의 공적 관심사와 직접적으로 상호 연관되어 있는가 하는 점이다. 이에 따른 공인의 범주는 정치인, 공무원, 경제 및 사회지도자, 유명인 등 5가지다.

3. 프라이버시 (*privacy*)

1) 프라이버시의 개념

프라이버시는 개인의 사생활이나 사적인 일과 관련해서 개인의 의사와 상관없이 공개되거나 간섭받지 않을 자유를 말한다. 즉 다른 사람으로부터 침해를 받지 않고 개인적 생활을 자유롭게 할 수 있는 권리를 말한다.

사생활권은 1890년 미국의 새뮤얼 워런(Samuel Warren)과 루이스 브렌다이스(Louis D. Brendeis)가 *Harvard Law Review*에 게재한 "The Right to Privacy"라는 논문에서 처음 주장했다. 여기서 사생활권이란 '혼자 가만히 놔두어질 권리'(*the right to be alone*)라고 정의했다.

이런 사생활권 보호의 필요성이 제기된 것은 1890년대 언론매체가 대중화되기 시작하면서부터다. 대중지가 나오면서 선정적 내용이 많이 등장하는 '옐로 저널리즘'(*yellow journalism*)이 본격화되고 일반 독자들이 쉽게 접하고 이해할 수 있는 사람

(*people*)을 주제로 내세우게 되었다. 사람들의 일상적인 이야기란 사건·사고 소식에서 가십거리에 이르기까지 극히 개인적인 정보와 관련된 것들이 주를 이뤘고, TV가 안방에 보급되면서 이런 경향은 더욱 심화되었다. 최근에는 집단생활이 보편화되고 타인의 사생활을 엿볼 수 있는 고도의 첨단장비가 발명되어 사생활보호의 필요성이 더욱 증대되고 있다.

2) 명예훼손과의 차이

언론에 의한 사생활 침해는 명예훼손과 법적으로 약간의 차이가 있다. 명예훼손이 사람에 대한 신뢰와 명성과 같은 사회적 평가를 저하시킬 때 발생하는 반면 프라이버시 침해는 피해여부와 관계없이 단지 개인의 주관적 감정을 손상하는 경우에도 성립되는 것으로 본다.

명예훼손은 보도 출판의 경우 기사화된 사실이 진실일 경우 면책받을 수 있으나 사생활 침해는 공개된 사실의 진실여부에 관계없이 감추고 싶은 사생활을 폭로했을 경우 문제가 된다. 즉, 사실 그대로 공개한 것이라 해도 프라이버시 침해가 된다. 명예훼손은 사자(死者)도 가족 등 대리인이 제기할 수 있으나 사생활 침해는 일신 전속적 속성을 갖고 있어 사자는 소송을 제기할 수 없다.

사생활 침해는 명예훼손처럼 구제를 위한 구체적 수단이 법적으로 구체화되어 있지 않다. 아직 법적 권리로서 완전한 구체성을 갖지 못하고 있으며 지속적으로 발전하고 있는 개념이다. 1990년대 들어 사생활권은 혼자 있을 소극적 권리로부터 사생활의 비밀이 드러나지 않을 권리, 나아가 자신의 사생활에 대한 정보를 외부적 압력 없이 자신이 통제할 수 있는 청구권 권리라는 적극적 개념으로 변화하고 있다(이재진, 2005).

3) 프라이버시 성립요건

첫째, 공표된 내용이 일반인들에게 사생활에 대한 사실이나 사실처럼 받아들여질 우려가 있어야 한다.

둘째, 통상의 사회관념, 인식, 관습으로 미루어 공개됨으로써 심리적 부담이나 불안을 갖게 될 수 있는 것이어야 한다.

셋째, 일반인에게는 아직 공개되지 않은 것으로 그 공개로 인해 당사자가 실제로 불쾌감이나 불안감을 가져야 한다.

넷째, 공개된 사적 사항이 피해자에게 관한 것이라는 증명이 필요하다.

다섯째, 공표된 개인적 사항의 진실성이나 공개자의 악의의 결여는 항변이 될 수 없으나 당사자의 사전 동의가 있는 경우에는 그렇지 않다.

4) 프라이버시 침해의 유형 (Prosser, Walliam L., 1960)

첫째, 개인의 성명, 초상 등을 상업적 목적으로 이용하는 행위

둘째, 개인의 평온(안위)을 침해하는 행위

셋째, 개인의 사적 정보를 공표하는 행위

넷째, 공중이 오인하도록 허위의 사실을 알리는 행위

5) 공인과 프라이버시

공인의 경우는 프라이버시가 일반인에 비해 제한된다. 공인의 인격이나 사건은 이미 공적인 것이 돼 있으므로 일반인이 정당한 관심을 가지는 공익이나 공공성과 관련된 사생활은 언론이 알릴 의무가 있기 때문에 프라이버시가 어느 정도 공개되는 것을 감수해야 한다.

그러나 단순히 타인의 호기심을 충족시키는 데 불과한 사항은 해당되지 않는다. 공인이라 하더라도 사적 공간이나 비밀 등은 법에 의해 보호를 받는다.

국민의 알권리와 관련된 사안일 경우 국민에게 알릴 권리가 개인의 프라이버시에 우선한다는 것이 통설이다. 보도적 가치, 계몽적 가치, 교육적 가치가 있는 사실은 일반에게 알리는 것이 공익에 도움이 된다. 따라서 그런 내용을 공개하는 것은 프라이버시 침해로 보지 않는다. 공인의 프라이버시는 기사에 공익성이 인정되고 기사화된 사실이 진실이라면 면책 받을 수 있다. 국회의원, 고위 공무원, 법조인, 기업이나 단체의 간부 등 사회적 영향력을 가진 공인이 뉴스의 대상자로서 그 내용이 정치활동, 범죄, 반윤리적 행위, 주요한 민사사건 등 공공의 이해와 관련돼 있을 경우 프라이버시에 저촉되더라도 그것이 진실이라면 실명으로 보도해도 프라이버시 침해가 되지 않는다.

6) 프라이버시권의 한계

프라이버시권은 우리 생활에 필요한 권리지만 무제한적으로 보장되는 권리는 아니다. 다른 자유권과 상충되는 경우 어느 권리를 우선하느냐의 문제가 있다.

우선 공공 이익은 프라이버시권보다 우선한다. 국민의 알권리를 충족시키고, 사회 구성원이 정당한 관심을 가지는 어떤 사실을 아는 것이 사회에 이익이 될 때 공공의 이익에 해당한다. 일반인이 알권리의 대상이 되고 일반인의 정당한 관심의 대상이 되는 것은 어떤 가치를 가져야 하느냐가 문제가 되는데 일반적으로 보도적 가치, 교육적 가치, 계몽적 가치 등을 들고 있다.

위에 언급한 '공적 인물 이론'의 측면에서도 프라이버시권은 일정한 한계를 갖는다. 최근에는 사건과 직접적 관계없이 범죄에 관련된 주변 인물들이나 범죄 피해자 또는 그 가족들에 대한 기사 때문에 프라이버시가 침해받는 사례가 증가하면서 이들의 프라이버시 보호가 새로운 쟁점이 되고 있다. 사회적 충격을 몰고 온 쇼킹한 범죄와 관련된 인물들은 언론의 취재경쟁으로 인해 가해자, 피해자 같은 당사자는 물론이고 가족 등 주변 인물들의 사생활이 언론에 노출되는 경우가 흔하다. 사생활이 범죄의 중요부분과 관련이 돼 있어 노출시킬 수밖에 없다면 익명으로 보도하는 것이 바람직하다.

〈그림 12-2〉 백지연 앵커의 명예훼손 사건을 보도한 기사

MC 백지연, '인터넷 이혼배경소문'관련 본보 연예기자 소송

MBC 앵커우먼 출신 MC 백지연씨(35)가 21일 자신의 이혼배경에 대한 헛소문과 관련된 인터뷰 기사를 게재, 명예를 훼손했다며 스포츠투데이 최윤정 기자를 상대로 5억원의 손해배상 청구소송을 서울지법에 냈다.

백씨는 소장에서 "최기자는 7월16일자 스포츠투데이 1면에 '백지연 모함,이혼 배경관련 사이버테러'라는 기사에서 이혼배경에 대해 PC통신에 오른 허위 내용을 소개하고 통화내용을 실었다"면서 "기사를 쓰지 않기로 약속했는데도 기사화해 고통을 준 만큼 손해를 배상해야 한다"고 주장했다.

이에 대해 스포츠투데이와 최윤정기자는 "백씨의 억울함을 변호해줬음에도 불구하고 백씨가 최근 취한 일련의 행동은 스포츠투데이와 기자의 명예를 크게 실추시켰기 때문에 민·형사상의 법적 맞대응을 준비하고 있다"고 밝혔다.

최기자는 "백씨는 7월11일부터 7월15일 새벽까지 날마다 수차례의 전화통화를 통해 이번 사안에 대한 입장을 밝혀왔다.기사를 언제쯤 싣는게 좋을지 게재 시점을 놓고 서로 의견을 나누기 까지 했다.하지만 전화통화중 '기사화하겠다' '기사화하지 않겠다' 등의 어떤 약속은 전제하지 않았다."고 주장했다.

[투데이사이트] 백지연사건 어디까지 와있나··

올 하반기 세간의 관심을 모았던 '백지연 사건'은 어디까지 와있나.

그 시작은 미주통일신문 발행인이라고 밝힌 배부전이란 사람이 천리안 등 PC통신과 인터넷에 '모 유명 여성앵커가 이혼한 배경에는 그녀의 아이가 모 방송사 고위층 인사의 아이라는 소문이 있다'는 이혼배경을 둘러싼 루머를 올린 지난 7월초. 통신의 속성상 이같은 의견에 대해 네티즌들은 연일 갑론을박을 벌였고 네티즌들은 '백지연'이라는 실명까지 공공연하게 거론했다. 말하자면 백지연의 입장에서는 이른바 '사이버 테러'를 당하기 시작한 셈이다.

사이버 테러에서 불거져 고소,그리고 손해배상 청구소송,친권박탈소송까지 이어진 그간의 과정을 간추려본다.

☆진실 1

백지연은 통신상에 자신의 사생활 관련 루머를 올린 배부전씨를 지난 7월16일 명예훼손 혐의로 고소했다. 헛소문이라며 진실을 밝히기 위해 마침내 재판부에 유전자 감식을 요청했고 검사결과,친자임을 밝혔다. 그러나 전 남편이 친자확인을 위한 검사에 불응하자 전 남편을 상대로 친권박탈소송까지 내기에 이른 것. 다행히 늦게나마 전 남편이 유전자 검사에 응하면서 친자임이 확인됐고 소문에 얽힌 일련의 사건은 일단락됐다. 진실 하나는 확연히 입증된 셈.

다만 배부전씨가 재판부기피 신청을 낸 상태여서 고소건 자체에 대한 결심 공판은 예상보다 지연되고 있다.

4. 통신기사 게재 면책 (*wire service defense*)

1) 의미

오늘날과 같은 뉴스 홍수시대에 개별 언론사가 국내외 곳곳에서 일어나는 뉴스를 모두 취재해 보도하는 것은 불가능한 일이다. 이 때문에 대부분의 언론사들은 통신사와 같은 뉴스네트워크로부터 기사를 제공받아 활용함으로서 시간적, 공간적, 경제적 제약을 극복하고 뉴스의 공백을 보완하고 있다. 특히 지구촌 곳곳에서 일어나는 소식을 전하는 외신의 경우 세계적인 취재망을 확보하고 있는 통신사가 제공한 기사에 의존하고 있다.

통신기사를 인용해 게재한 기사가 명예훼손이나 사생활 침해와 같은 법적 분쟁이 제기될 경우 통신사와 기사를 게재한 언론사 어느 쪽이 책임을 져야 하느냐이다. 통신기사 인용과 관련해 가장 문제가 되는 것은 우리 언론의 보도관행이다. 통신 등 다른 언론매체의 기사를 인용하는 경우 정확한 출처를 밝히지 않고 마치 자신들이 취재한 것처럼 각색해 기사화하고 있다. 본래 기사에서 리드만 교묘히 바꾼다든지, 새로운 내용을 부가하거나 여러 소스의 관련기사를 혼합해 재작성하는 과정에서 과장, 왜곡, 조작하는 등 정도를 벗어난 행위가 발생하는 경우가 있다. 이 때문에 책임 소재를 둘러싸고 피해 당사자와 언론사, 통신사와 언론사간 법적 다툼이 벌어질 가능성이 상존한다.

명예훼손 소송으로 발전하지는 않았지만 지난 2001년 11월 영국에서 발생한 어학연수생 '진효정 · 송혜인 양 살해사건' 보도는 잘못된 관행으로 인한 인격권 침해의 좋은 사례다. 이 사건에서 두 사람의 피살원인과 관련해 영국에 특파원이 없는 국내 언론들은 연합뉴스 런던특파원이 전송한 '진 씨가 마약 과다복용, 약물밀매 조직과 연계가능성'을 언급한 추측성 기사를 받아서 사실 확인 없이 대서특필했다. 그러나 진 씨가 묵었던 민박집 주인인 김 모 씨가 연합뉴스에 보낸 전자메일을 근거로 작성한 것이다. 이후 진 씨는 마약을 복용한 사실이 없는 것으로 드러났으며 민박집 김 씨가 바로 진 양 등을 살해한 범인으로 밝혀졌다.

2) 법적 책임

미국은 언론자유의 우월성을 인정한 수정헌법 제1조의 정신에 근거해 통신기사를 인용한 언론사에 대해 일정한 조건하에서 법적 책임을 면제하는 이른바 '통신기사 게재 면책' 또는 '통신서비스 면책'(*wire service defense*)을 인정하고 있다. 신뢰성 있는 통신사가 제공하는 기사를 정확하게 게재한 언론사는 그 기사의 내용이 명예훼손 사실을 포함하고 있더라도 '현실적 악의'(*actual malice*)나 과실(*fault*)이 있다고 할 수 없어 불법행위 책임을 지지 않는다.

국내외 모든 곳에서 일어난 뉴스들에 대해 언론사가 일일이 진위여부를 다 확인하고 보도하기는 어렵다. 이런 상황에서 신뢰성 있는 통신사가 보낸 기사를 그대로 전제한 언론사에 대해서까지 책임을 묻는 것은 지나친 부담을 지우는 것이며, 이는 언론의 자유를 위축시켜 국민의 알권리를 제한하는 효과를 초래할 가능성이 크다는 입장이다. 아직 연방대법원의 판례는 없지만 20개주 이상에서 통신기사 게재면책을 인정하고 있다.

다만 통신기사 면책을 인정하는 경우에도 다음의 4가지 요건을 충족시켜야 한다.

첫째, 통신 기사가 신뢰할 만한 통신사로부터 서비스를 받은 것이어야 하며,
둘째, 통신 기사가 허위임을 알지 못했고,
셋째, 피고가 합리적인 생각으로 통신기사에서 허위의 개연성을 느끼게 하는 부분을 발견하지 못했으며,
넷째, 기사의 본질적인 내용의 수정 없이 그대로 보도해야 한다.

반면 우리나라는 통신기사를 인용해 보도한 기사로 인해 명예훼손 등의 법적 다툼이 벌어지면 책임은 기사를 보도한 해당 언론사에 있다. 대법원은 "언론매체가 다른 매체의 보도내용을 참작해 보도하더라도 자신의 보도로 인한 책임을 면할 수 없으므로 자기 책임하에 그 내용의 진위여부를 직접 확인해야 한다"고 판시했다(대법원 94다33828 판결).

통신사로부터 입수된 기사가 비록 그 진실여부를 확인하기 힘들다고 해도 해당

언론사가 이를 확인할 책임이 있으며, 그 기사로 인해 소송이 발생할 경우 통신사가 아닌 해당 언론사가 져야 한다. 법원의 판례와는 별개로 언론사와 통신사간에도 기사전제계약을 맺어 권한과 책임의 소재를 분명히 하는 것이 일반적인 관례이다.

참고 문헌

국내 저서 · 논문

강명구(1994), 《한국저널리즘이론》, 나남출판.
강성철(1999), 《정보취재수첩》, LG상남언론재단.
강형철(2004), 《공영방송론》, 나남출판.
고영신(2005), "정치변동에 따른 한국 언론의 뉴스프레임연구", 한양대 대학원 박사학위 논문.
구본권(2005), 《인터넷에서 무엇이 뉴스가 되나》, 커뮤니케이션북스.
김구철(1998), 《첨삭지도 TV뉴스 리포트》, LG상남언론재단.
김구철(2005), 《방송뉴스 이렇게 쓴다》, 커뮤니케이션북스.
김민환(2003), 《언론문장연습》, 나남출판.
김숙현(2004), 《디지털시대의 기사취재에서 작성까지》, 범우사.
김익현(2005), 《인터넷신문과 온라인스토리텔링》, 커뮤니케이션북스.
김주옥(2006), "세계화시대 TV 역사 다큐멘터리 변화에 관한 연구", 한국방송영상진흥원.
김정기 외(2006), 《미디어사회》, 인북스.
김춘옥(2004), 《방송저널리즘》, 커뮤니케이션북스.
김창룡(2004), 《실전취재보도론》, 커뮤니케이션북스.
김호준(1998). 《사설이란?》, LG상남언론재단.
남시욱(2001), 《인터넷시대의 취재와 보도》, 나남출판.
문철수(1998), "새로운 사건 · 사고 기사쓰기", 한국언론연구원.
박금자(2001), 《인터넷미디어 읽기》, 커뮤니케이션북스.
박종화(2003), 《미디어문장과 취재방법론》, 한울아카데미.
백선기(2004), 《한국언론보도의 기호학》, 커뮤니케이션북스.
손 룡(1987), 《放送原論 : 뉴미디와 放送》, 세영사.
신상현(1989), 《방송문장론》, 전예원.
신현응(1988), 《방송저널리즘》, 범우사.
안병찬(1999), 《저널리즘 강의》, 나남출판.
오택섭 · 강현두 · 최정호(2003), 《미디어와 정보사회》, 나남출판.

우병현(2001), 《디지털미디어와 저널리즘》, 한국학술정보(주).
유일상(2002), 《매스미디어입문》, 청년사.
유일상(2000), 《언론법제론》, 박영사.
윤석홍(1997), 《Off the Record》, LG상남언론재단.
윤석홍 · 김춘옥(2000), 《신문방송, 취재와 보도》, 나남출판.
윤재홍(1998), 《TV뉴스 취재에서 보도까지》, 커뮤니케이션북스.
이광범 외(2002), 《한국언론과 명예훼손소송》, 나남출판.
이기현(2000), "텔레비전 보도 프로그램의 언어연구", 한국방송진흥원.
이민우(1998), "기사문장론", 《기사작성 길잡이》, 연합뉴스.
이민웅(1996), 《TV저널리즘의 이해》, 나남출판.
이재진(2002), 《한국 언론윤리법제의 현실과 쟁점》, 한양대학교 출판부.
이재진(2003), 《언론과 명예훼손 소사전》, 나남출판.
이재진 · 고영신(2003), "통신기사 인용과 면책항변에 관한 연구", 《언론과 사회》 11권 3 · 4호.
이헌구(2002), 《세상에서 가장 쉬운 취재보도론》, 커뮤니케이션북스.
이행원(1996), 《취재보도의 실제》, 나남출판.
이효성(1996), 《한국언론의 좌표》, 커뮤니케이션북스.
조맹기(2004), 《커뮤니케이션의 역사》, 서강대학교 출판부.
조용철 · 김진홍 · 송정민(2003), 《취재보도론》, 법문사.
주돈식(2004), 《우리도 좋은 대통령을 갖고 싶다》, 사람과 책.
진행남(2002), 《온라인 저널리즘 연구》, 나남출판.
최문휴(2002), 《인터넷과 TV시대의 선거전략》, 예음.
최민재(2006), 《포털 뉴스의 의제설정》, 한국언론재단.
최재완(2006), 《신문, 좋은 문장 나쁜 문장》, 커뮤니케이션북스.
추광영(1998), 《컴퓨터활용 보도론》, LG상남언론재단.

국내 기타자료

《경향신문 50년사》(1996), 경향신문사.

경향신문 인터넷팀(2002), 《인터넷을 취재한다》, LG상남언론재단.

《경향스타일북》(1993), 경향신문사.

관훈클럽(2000), 《한국언론의 좌표 : 한국언론2000년위원회 보고서》.

미국탐사기자, 편집인협회, 스티브 와인버그 저, 이용식 역(2000), 《미국 기자들, 이렇게 취재한다》, 학민사.

〈미디어문장연습〉(2001), 숙명여대 언론정보학부 학습자료집.

삼성언론재단(1998), 《21세기 한국 언론을 생각한다 : 상 · 중 · 하》, 삼성언론재단.

연합뉴스(1998), 《기사작성 길잡이》.

한국방송학회(2000), 《방송보도론》, 나남출판.

한국언론연구원(1988), 《자율경쟁시대의 언론》.

한국언론재단(2000), 《인터넷뉴스사이트: 편집과 기사쓰기》.

한국언론재단(2000), 《한국의 신문칼럼》.

한국언론재단(2001), 《언론소송 10년의 판례 연구》.

외국 저서

Altschull, J. Herbert(1990), *From Milton to Mcluhan*, 《현대언론사상사》, 양승목 옮김, 나남출판.

Gaye Tuchman(1978), *Making News : A Study in the Construction of Reality*, 《메이킹 뉴스》, 박홍수 옮김, 나남출판.

McLuhan, M.(1994), *Understanding Media : The Extensions of Man*, Cambridge: MIT Press. 《미디어의 이해》, 박정규 옮김, 커뮤니케이션북스.

Mencher, Melvin(2000), *News Reporting and Writing* (8th ed), Boston: Mcgraw-Hill Publishing Co.

Pavlik, John(2001), *Journalism and New Media*, New York: Columbia University Press.

Brooks, Brian S., et al.(1999), *The Missouri Group : News Reporting and Writing* (6th ed), Boston: Bedford/St. Martin's Press.

찾아보기

ㄱ

ㄴ

ㄷ

ㄹ

ㅇ

ㅈ

ㅊ

ㅋ

ㅌ

ㅍ

ㅎ

영문